典藏版

# 胡适书信选

胡适

胡 适 / 著

耿云志 宋广波 / 编

外语教学与研究出版社

北京

**图书在版编目 (CIP) 数据**

胡适书信选：典藏版 / 胡适著；耿云志，宋广波编. —— 北京：外语教学与研究出版社，2024.3
ISBN 978-7-5213-4994-8

Ⅰ. ①胡… Ⅱ. ①胡… ②耿… ③宋… Ⅲ. ①胡适（1891-1962）- 书信集 Ⅳ. ①K825.4

中国国家版本馆 CIP 数据核字 (2024) 第 030406 号

出 版 人　王　芳
责任编辑　段会香
责任校对　仲志兰
封面设计　彩奇风
出版发行　外语教学与研究出版社
社　　址　北京市西三环北路 19 号（100089）
网　　址　https://www.fltrp.com
印　　刷　三河市北燕印装有限公司
开　　本　650×980　1/16
印　　张　32
版　　次　2024 年 3 月第 1 版 2024 年 3 月第 1 次印刷
书　　号　ISBN 978-7-5213-4994-8
定　　价　83.00 元

记载人类文明
沟通世界文化
www.fltrp.com

# 编 者 说 明

　　胡适从读书时起，就喜欢交朋友。后来成了知识界的领袖，成了国内外享大名的人，所以他与别人的书信往来十分的频繁。我曾根据胡适自己所作的三个不同时段的书信记录，推算他一生写给别人的书信至少应有两万通左右。但现在我们能够收集到的中文书信只有二千五百通左右，英文书信只有七百余通。这就是说，现在保留下来的胡适书信，只有很少的一小部分，大部分散失了，毁掉了。当然不排除可能还有少数散存于民间的胡适书信，或许将来某个时候会出现。

　　自从胡适研究成为一个学术课题以来，内地（大陆）有多种胡适书信辑本出版。最早的是《胡适来往书信选》（上、中、下三册），虽体例不精，选择亦缺乏一定的标准，但因为它出现最早，收录的书信亦较多，所以用它的人不少。后来又出现一些专题性的胡适书信选辑，如胡适家书，论学书信之类。到目前为止，收录最多的是《胡适书信集》和《胡适全集》里面的胡适书信四卷。但两书都存在校对不精的问题。收录多而又可靠的是《胡适遗稿及秘藏书信》，但这是一部影印的大型资料书，印数很有限，价格亦甚昂，用它的人不多。

　　我们现在编辑出版的这本《胡适书信选》，是为广大的普通读者，特别是为广大的青年读者选编的。我们从两千多通书信里，只挑选出三百二十余通。

　　选编这本书，还有如下几点须要说明：

　　一、本书只选中文书信，不选英文书信，也不选电报和代电之类的文件。

二、本书收录的胡适书信，最早的一通写于1908年。那一年胡适还不满17岁。最晚的一通写于1962年1月30日，那时，距离胡适病逝只有25天。

三、本书所选书信，从《胡适全集》的第23、24、25、26四卷中录出，再用《胡适遗稿及秘藏书信》加以校订。《胡适遗稿及秘藏书信》中所无者，借用台北胡适纪念馆存件之副本核校。有一部分，则只能用较早印行本参校。所选书信均保留原貌。

四、内容的考量，我们着重选择那些表现家人亲朋之间的情谊，谈论做人的修养和做学问的态度与方法，对国家、社会以及世界大事件的观察与分析，对人生、伦理及宗教等问题的思考等等。我们以为，这些内容可能是普通读者和青年读者比较感兴趣的。

本书在选录文献和文字校订上，可能存在缺陷，欢迎读者批评指正。

编　者

# 目　录

# 一九〇八 年

## 一 致 春度 [①]

**春度我兄如握：**

别后已逾半月。遥想高谊，时萦梦寐。兄近居思诚能相安否？府上想均安好。弟于兄行后之第三日始入校，盖以兄起程之日，即家大、二兄抵沪之日。家大、二兄既抵沪，即有奸人构隙其间。家大兄原是糊涂虫，闻之几致阋墙。弟所处地位非数数进言之地位，现在只有不复系念，听其自然已耳。吾绩现象如何？有进步之希望否？国事弥不堪问，苏杭甬大失败，二辰丸案又大失败，正如吾乡俗语所谓好像一个棉花团，任人搓捏，欲方则方，欲圆则圆者也。唉！《竞业旬报》已开办，定三月十日出版。《中国公报》则以资本不足故暂缓开办。俟旬报出版，当奉寄数份，用饷吾乡人士。何如？式如、蕙君皆已来。蕙君入青年会，式如仍在本校，际覃尚未来，不省何故？公学近日几起大风潮，苟非监督明白事理，则公学已破坏矣。此事始末甚繁，容下次详告，今不遑也。兄在思诚，任何课目？近况奚似？幸即相告。前议《绩溪报》能行否？弟拟以《新绩溪》名之，兄谓何如？课余拉杂书此，不尽欲言。即祝桑梓幸福！

弟骍顿首

（1908年春）

——《胡适遗稿及秘藏书信》第20册

① 冯顺弟 （1872~1918）， 绩溪中屯村人。 1889 年与胡传 （胡适父亲）结 婚。——编者

# 一 致 母 亲 <sup>①</sup>

**慈亲大人膝下：**

　　谨禀者，今日接得大人训示及近仁叔手札，均为儿婚事致劳大人焦烦。此事男去岁在里时大人亦曾提及，彼时儿仅承认赶早一二年，并未承认于今年举行也。此事今年万不可行。一则男实系今年十二月毕业，大哥及诸人所云均误耳。此言男可誓之鬼神，大人纵不信儿言，乃不信二哥言耶？二则下半年万不能请假。盖本校定章若此学期有一月中请假一小时者，于毕业分数上扣去廿分；有二月中均有请假者扣四十分，余以次递加。大人素知儿不甘居人下，奈何欲儿以此儿女之私，抑儿使居人后乎！（一小时且不敢，何况二三礼拜乎？）三则吾家今年断无力及此。大人在家万不料男有此言，实则二哥所以迟迟不归者，正欲竭力经营，以图恢复旧业。现方办一大事，拮据已甚，此事若成，吾家将有中兴之望（此事亦不必先行禀知，以里中皆非善口，传之反贻人猜疑，贻人啧啧烦言也）。若大人今年先为男办此事，是又以一重担加之二哥之身也。且男完婚，二哥必归，而此间之事将成画饼矣。大人须念儿言句句可以对越上帝，儿断不敢欺吾母。儿今年尤知二哥苦衷，望大人深信儿言，并以此意语二嫂知之。四则男此次辞婚并非故意忤逆，实则男断不敢不娶妻，以慰大人之期望。即儿将来得有机会可以出洋，亦断不敢背吾母私出外洋不来归娶。儿近方以伦理勖人，安敢忤逆如是，大人尽可放心也。儿书至此，儿欲哭矣，嗟夫吾母，儿此举正为吾家计，正为吾二哥计，亦正为吾一身计，不得不如此耳。若此事必行，则吾家四分五裂矣，大人不可不知也。若大人因儿此举而伤心致疾或积忧成痗，则儿万死

不足以蔽其辜矣。大人须知儿万不敢忘吾母也。五则大人所言惟恐江氏处不便，今儿自作一书申说此中情形，大人可请禹臣师或近仁叔读之，不识可能中肯，以弟<sup>②</sup>思之，除此以外别无良法矣。大人务必请舅父再为男一行，期于必成，期于必达儿之目的而后已。六则合婚择日儿所最痛恶深绝者，前此在家曾屡屡为家人申说此义。为人父母者，固不能不依此办法。但儿既极恨此事，大人又何必因此极可杀、极可烹、鸡狗不如之愚人蠢虫瞎子之一言，而以极不愿意、极办不到之事，强迫大人所生所爱之儿子耶？以儿思之，此瞎畜生拣此日子，使儿忤逆吾所最亲敬之母亲，其大不利一。使儿费许多笔墨许多脑力宛转陈辞以费去多少光阴，其不利二。使吾家家人不睦，其大不利三。使母亲伤心，其大不利四。使江氏白忙一场，其不利五。使舅父奔走往来，两面难为情，其不利六。有大不利者六，而犹曰今年大利，吾恨不得火其庐、牛马其人而后甘心也。儿言尽于此矣，大人务必体谅儿子之心，善为调停，万不可待至临时贻无穷之忧。男手颤欲哭，不能再书矣。戊申七月初四日不孝儿子嗣縻百拜谨禀

　　男现在不时回店，有信不如由泾县转寄之速也。此用红圈皆极紧之言，用作标识耳。

　　尤有一事，男不敢不告于大人者，男自得此消息至今消瘦甚矣。昨日拍有一照他日寄归，大人当亦伤心，儿何憔悴至此耶！

　　前寄余川汪上宾兄（即宅坦三老表嫂之义女婿）带有二哥及儿之信已收到未？儿已将致江村之信写好，因大人既以八月毕业为辞，故男信中亦以此为辞，庶不使大人失信于江氏。儿思儿之岳氏既有意与吾家为姻眷，今得儿书，当念二姓他日尚须来往，女婿他日尚须登堂相见，断不肯使儿为难，以阻二姓之好。则大人所言一切为难情形皆儿一身当之。望大人垂念儿子一片为吾家为吾母之苦心，助

儿一臂，请舅父亲自为儿一行。有儿此信，大人及舅父均有可措词之道，事无不成之理。儿以昨日作两书，今日又作致江氏书，天气太热，作字太多，致背脊酸痛，今不能多作书矣。今并万言为一句曰："儿万不归也"。

儿子嗣糜饮泣书

（1908年7月31日）

——《胡适遗稿及秘藏书信》第21册

# 一 致 春度

**春度我哥如见：**

前上一邮片想已达览矣。弟来年以家境之困迫，人事之错连，遂决计暂且辍学，专为糊口之计。鄙意此为万不获已之举。盖不如此，则弟读一日书，中心一日不安，吾寿或且日促一日。且弟年尚少，一二年后俟境遇少裕，再来读书，正复不晚。年来以此问题大费踌躇，今决计向此途，此心反觉泰然自得。此时种种留学西洋研究文学之妄想已不再入梦矣。明年啖饭处大约仍在上海，近拟与新公学订约教授戊己两班英文，每日四时，月可得八十元，此外或尚可兼任外事。惟此约尚未订定，故行止尚未大定，大约上海一方面居其多数。盖弟意在上海有三利：人地两熟，一也；可为吾绩旅沪旅淞诸人作一机关部，二也；课余之暇尚可从人受学他国文字，三也。弟来年境况大略如是。

足下闻之，千万勿为吾悲。人各有志，吾行吾素而已。此中曲折许绍南君类能言之。兄友我数年，稍一悬揣，亦可得之。无俟弟言矣。兄迩来景况如何？穷年岁入能敷用否？年来在里除教书外，作何消遣？并乞一一告我。奉上《竞业》十三册，其中有署适之、铁儿、适盦、蝶儿、冬心、胡天者皆拙作也。其三十五、六两期所载《钝夫诗词钞》即先大夫之遗著。俟他日财力稍裕，当另刊单行本。今先载此报，惧万一有失，尚可裒集耳。子承先生情意恳恳，惜未一相见，不敢冒昧通问讯，尚乞足下代为致意，何如？吾邑来沪诸人无不争自濯磨，争自树立，殊足为桑梓庆，此皆思诚所结之果。思诚以外之人如蕙君、际罿皆不能及此诸人。此可见办学之效果矣。鄙意思诚宜日益扩张，注重国文，而稍习英文、算学，以为来沪预备，则十年之后吾绩桃李尽出思诚矣。近闻有范围收小之说，此自画其进步也。尊处诸先生似不宜出此。

足下试以鄙意商之诸公何如？橘仙先生和易近人，所谓万顷之陂者，非耶。胡绍庭敏而好学，一日千里，此诚吾家千里驹也。许绍南热诚感人，少年之中大不易得。程乐亭、章洛声、程敷模、程干诚，亦皆兢兢好学，惟际罿年来有退无进，殊为可惜。其人愚而好自用，无可如何也。信口雌黄，谬加月旦，足下得勿笑我狂耶？意君（即干诚）今年将与弟同居度岁。今胡、章、程诸人皆将一一归去，仅我与橘丈师弟三人而已。回首今年元旦，足下冲寒见过，此等情景如在目前。今此店已盘与他人，久易主矣。言念及此，可为一哭也。绩溪学务闻已扫地以尽。公等目击此等景况，感慨何限？绩溪杂志，尚不知何日始可出现？兄藏有《绩溪县志》一书，拟乞见借一观，请托明年来沪诸君带来何如？拉杂书此，遂逾千言，钟十一下矣。弟且止此，明日又须送人归也。十二月八夜吾邑所谓腊八之夜。弟骍顿首

弟之境遇，兄可不必告人。又及。

（1908年12月30日）

# 一九〇九年

## 一 致 母亲

**慈亲大人膝下：**

日前接读七月十二日手谕，欢喜无量。男与二哥在此均各平安，请勿远念。儿近已不欲他往，下半年仍在中国新公学，已于七月二十六日开课。儿每日授课四时，以外有暇，时时研习他国文字，以为出洋之预备。现所授之时间比上半年每日较少一时，便觉省力多矣（上半年每日五时）。

大人来谕言及债款家用等情，儿自当赶紧筹寄。儿在此所苦出息甚微，校中又万分拮据，以致今年未寄一钱。惟儿从不敢妄用一钱，致蹈浪费之弊，此则大人所能信儿者也。

来谕述舅父病状，令人骇异不已。所望抵家以后得泽舟及禹臣师诸君协力调治，药到回春，则此愿慰矣。惟人命至重，千万不可信愚人之言，妄服仙方或祈禳求愈，想大人必不以儿此言为过虑也。

来谕中附有与二哥一谕及聪儿一禀，均已交二哥看过。二哥昨夜往川沙（廿八日）料理店事，须数日始能回沪。前此二哥曾有痔疾，现已告痊，请大人及二嫂均可放心，毋庸焦虑也。

大人手谕中附有一信，乃一女子致其母者，署名宝孙。函中称呼人物皆儿所不解。以手谕有"儿妇于初八日来吾家"一语度之，似此函即儿妇手书。果尔，则此函字迹词意已略有可观，不可谓非大进步，此皆出吾母之赐也。儿甚愿其暇日能时时用功，稍稍练习，在吾家有诸侄可以问字，在岳家有其母可以问字，即此已足。现旌、绩两邑俱无完全女学，虽入学亦无大益，不如其已也。儿近年以来于世事阅历上颇有进步，颇能知足。即如儿妇读书一事，至今思之颇悔。从前少年意气太盛，屡屡函请，反累妇姑、岳婿、母子之间多一层意见，岂非多事之过。实则儿如果欲儿妇读书识字，则他年闺房之中又未尝不可为执经问字之地，以伉俪而兼师友，又何尝不是一种乐趣，何必亟亟烦劳大人，乃令媒妁之人蹀躞奔走，为儿寄语。至今思之几欲失笑，想大人闻儿此言，亦必哑然失笑也。

　　禹臣师嘱买教科书及永儿读书，皆已购就，一并附呈。闻二哥言聪儿近能勉强看小说，此大好事。惟小说中有一种淫书，切不可看。又有石印字太小之书，亦切不可看。聪儿眼目已有毛病，千万不可令以小说之故又受损伤，望大人及二嫂时时留意。此事关系甚大，不可轻易放过也。今日下课无事，执笔作此。舅父现在吾家，故不另禀问安，即乞大人致意问病，无任企切。谨此，叩请金安，伏乞垂鉴

　　儿糜百拜

　　又，家中析产阄书，均已见过，惟姨太现在是否仍与大人合住，现在颇康健否，甚念念也。

七月廿九日<br>（1909 年 9 月 13 日）

——《胡适遗稿及秘藏书信》第 21 册

# 致 胡近仁

**穊禅老叔赐鉴：**

　　秋风萧瑟，忽得故人书，长跽奉读，乃复满纸作凄怆语，令

人尤难为怀。侄前此闻烧灰叔道及老叔现方赴皖考优，侄已知老叔此行必将有后悔。盖优拔一举，为停科举后第一条生路，捷足者、强有力者早已钻营奔走，岂复尚有余润及于公等乎！老叔念此可以释然矣。所嘱之事，自必竭力代谋。今冬侄亦欲回里一行，届时必有消息奉告。明春或能同时来沪亦未可知，老叔但请放心可也。老叔此时不来沪亦好，若来此见侄在此情形，恐老叔又须抛一副眼泪，为侄一哭也。迩来情况无足告语左右者。小诗数章，写呈就正，亦令老叔知我迩来感慨也。匆匆奉闻，即祝旅安

　　　　　　　　　　　　　侄适顿首上言
　　　　　　　　　　　　　九月望日灯下
　　　　　　　　　　　　　（1909 年 10 月）

　　　　　　　　　　　　——《胡适研究丛录》

# 一九一〇年

## 一 致母亲

**慈亲大人膝下：**

敬禀者，本月曾托方庆寿兄带上胡开文借票一纸，并嘱其向开文取款带家，不知已收到若干。儿今年本在华童公学教授国文。后，二兄自京中来函，言此次六月京中举行留学美国之考试，被取者留在京中肄业馆预备半年或一年，即行送至美国留学。儿思此次机会甚好，不可错过。后又承许多友人极力相劝，甚且有人允为儿担任养家之费。儿前此所以不读书而为糊口之计者，实为养亲之故。而比年以来，穷年所得，无论儿不敢妄费一钱，终不能上供甘旨，下蓄妻孥，而日复一日年复一年岁不我与，儿亦鬘鬘老矣。既不能努力学问，又不能顾瞻身家，此真所谓"肚皮跌筋斗，两头皆落空"者是也。且吾家家声衰微极矣，振兴之责惟在儿辈。而现在时势，科举既停，上进之阶惟有出洋留学一途。且此次如果被取，则一切费用皆由国家出之。闻官费甚宽，每年可节省二三百金，则出洋一事于学问既有益，于家用又可无忧，岂非一举两得乎。儿既决此策，遂将华童之事辞去，一面将各种科学温习，以为入京之计。儿于四月中即已将此事始末作书禀告大人。此书交弥臣姊丈带上，不意弥臣逗留上海不即归去，及儿知之已隔廿余日。事隔多日，遂将此信索回。今儿于廿二夜与二哥同趁〔乘〕"新铭轮"北上，舟中蜷伏斗室不能读书，因作此书奉禀。儿此举虽考取与否，成败尚不可知，然此策实最上之策，想大人亦必以为然也。儿此行如幸而被取，则赶紧归至上海，搬取箱箧入京留馆肄业，年假无事当可归来一行。如不能被取，则仍回上海觅一事糊口，一面竭力预备以为明年再举之计。年假中亦必回家一行，望大人放心可也。儿此行舟中风平浪静，又有二兄同行，尤可无虑。抵京之后二哥往东三省，儿则留京预备，考期定于六月中，惟尚无定期，当俟抵京后再行报告也。儿有一照片托弼臣姊丈（即樟林）带上，大人已见之否？弼臣此次来沪带病而归，所患病乃系极危险之症，家中万不能医治，此次以资斧乏绝不能在沪诊治。如抵里后尚未痊愈或更利害，望大人转述儿意，令其再筹款来上海或杭州就西医诊治，千万不可再延，以误终身也。儿抵京后一切情形及考试之事，均俟入京后再行禀告。谨此，叩请金安。

家中诸长老均此。

穈儿百拜　五月廿四日

（1910年6月30日）

作于"新铭"舟中，时舟行黑水洋，水皆作黑色也。

——《胡适遗稿及秘藏书信》第21册

# 一 致 胡绍庭、章希吕、<br>胡暮侨、程士范 ①

**绍庭、希吕、暮侨、士范诸兄同鉴：**

七月十二日匆匆远别，于今经月矣。途中幸顽躯健全，不畏风浪，于八月七日抵 San Francisco。休息两日即以火车东行，车中凡四日始抵 Chicago，又一日始抵 Ithaca 即 Cornell University 所在地也。此大学依山傍湖，风景绝佳。学生三千余人中有吾国学生约五十人（并新生而言），弟已得大学允许为正科生，专习农科 Agriculture。此校农科最著名，为国家农科大学。凡农科学生概不纳费，即此一项，一年可省百五十金，可谓大幸。途中一路极蒙学界欢迎，每至一城，可不费一钱而得周游全市。美国风俗极佳。此间夜不闭户，道不拾遗，民无游荡，即一切游戏之事，亦莫不泱泱然有大国之风。对此，真令人羡煞。

过日本时如长崎、神户、横滨皆登岸一游。规模之狭，地方之龌龊，乃至不如上海、天津远甚。居民多赤身裸体如野蛮人，所居屋矮可打头，广仅容膝，无几无榻，作书写字，即伏地为之。此种岛夷，居然能骎骎称雄于世界，此岂〔非〕吾人之大耻哉！今日韩已合并矣。韩之不祀，伊谁之咎！吾国人犹熟视若无睹然，独不念我之将为韩续耶！呜呼！伤已！

昨阅报知绍庭已被取入邮部实业中学四年级，大可欣慰。尚有诸君不知何往，如无所归宿，可入游美预备学校。此中有王云五、朱经农二君为弟至好之朋友，兄等往访之，当可为力。此校有二君经营，当有可观也。乐亭闻尚卧病，不知已痊愈否？意君今年想不出来矣。相见时均乞为我致意也。弟住址附后，有信可持至虹口东洋公司码头对面，美国书信馆邮寄（在黄浦路）。天涯故人，时念故国，能时时以书慰我岑寂，极所欢迎也。匆匆草此，馀俟续陈。附上致橘丈书及致仲诚、觐庄书，乞诸君代为邮致何如。此询近佳，即祝德业孟晋！

弟适顿首①

怡荪处另有信去，兄等能以其最近住址见告，尤所盼望。又及。

可不必写汉文

——《胡适家书手迹》

## ── 致 胡近仁

**樆禅老叔大人道席：**

　　濒行去国曾上一书，想已达览。适此行对于家庭抱歉殊深，惟家二兄爱弟甚殷，期望弥切，故对于适之去国异常欣慰。当适去国时，家兄特乞假南来与适一诀，穷途万里得此稍慰羁怀。七月十二日去国，八月七日抵美国境，中秋日抵绮色佳城，计日三十三昼夜，计程三万余里。适当地球之半，此间晨兴之时，正吾祖国人士酣眠之候，此间之夜祖国方日出耳。乘风之志于今始遂，但不识神山采药效果如何，又不知丁令归来，能不兴城郭人民之叹否？念之怃然。此行携有古籍千三百卷，惟苦暇日无多，不能细细研读，甚恐他日学殖荒落，有手生荆棘之惧也。自适行后家慈不深见责否？乡里有何新消息，便中乞赐书示知。附上信封二个，可用此信封托人带至上海，托汪裕太号程云翁转寄交适，可直达也。海天故人引领翘望，以望于老叔者，惟此一纸之鱼书，想老叔必不令我失所希冀也。草草奉闻。即祝令闻昭著不一。

　　顺颂双安

侄适再拜　重九

（1910年农历九月初九，阳历10月11日）

——《胡适全集》第23卷

# 一九一一年

## — 致 母亲

**第四号　元旦**

糜儿百拜，遥祝吾母大人新禧百福。儿今日有大考一次，考毕无事，因执笔追记入学以来之事，以告吾母。想吾母新春无事，家人团聚之时，得此书以为家人笑谈之资，当是一乐也。

（一）体育　外国大学有体育院，中有种种游戏，如杠子、木马、跳高、爬绳、云梯、赛跑、铁环、棍棒之类，皆为习体育之用。大学定章，每人每星期须入此院练习三次。儿初一无所能，颇以为耻。因竭力练习，三月以来，竟能赛跑十围，爬绳至顶，云梯过尽，铁环亦能上去，棍棒能操四磅重者，舞动如飞。现两臂气力增加，儿前此手腕细如小儿，今虽未加粗，然全是筋肉，不复前此之皮包骨头矣。此事于体力上大有关系，如能照常习练，必可大见功效。现儿身体重一百十磅（脱去衣履时称得之重），每磅约中国十二两零，一年之后，必可至一百五十磅矣。

（二）交际　美国男女平权，无甚界限。此间大学学生五千人，中有七八百女子，皆与男子受同等之教育。惟美国极敬女子，男女非得友人介绍，不得与女子交言。（此种界限较之中国男女之分别尤严，且尤有理。）此间有上等缙绅人家，待中国人极优，时邀吾辈赴其家坐谈。美俗每有客来，皆由主妇招待，主人不过陪侍相助而已。又时延女客与吾辈相见。美国女子较之男子尤为大方，对客侃侃谈论，令人生敬。此亦中西俗尚之不同者也。

（三）饮食　此间食宿分为二事，如儿居此室，主人不为具食。须另觅餐馆。每日早餐有大麦饭（和牛乳）、烘面包（涂牛油）、玉蜀黍衣（和牛乳）之类。中晚两餐，始有肉食，大概是牛羊猪之类。至礼拜日，始有鸡肉。美国烹调之法，殊不佳，各种肉食，皆枯淡无味，中国人皆不喜食之。儿所喜食者，为一种面包，中夹鸡蛋，或鸡蛋火腿，既省事，又省钱，又合口味。有时有烤牛肉，亦极佳，惟不常有耳。儿所居之屋，房东是一老孀，其夫为南美洲人。南美洲地本产米，故土人皆吃饭，其烹肉烧饭之法，颇与中国相同。十一月中，主妇用一女厨子，亦是南美洲人，遂为同居之房客设食。同居者，有中国人七人，皆久不尝中国饭菜之味，今得日日吃饭食肉，其快意可想，儿亦极喜，以为从此不致食膻酪饮矣。不意主妇忽得大病，卧床数日，遂致死去。死后其所用之厨子亦去。如是此种中国风味之饮食，又不可得矣。此一段事实，颇有趣味。吾母闻之，亦必为之大笑不已也。

右举三事，拉杂书之，即以奉禀。顺叩

金安

縻儿百拜　辛亥元旦

（1911年1月30日）

家中长幼均此。

——《胡适遗稿及秘藏书信》第21册

# 致 胡近仁

**近叔有道：**

今日得汪瑢章转寄手书藉悉一切。老叔爱我无已，令我得闻此事，感谢感谢。宾兴一说竟是笑话，适虽贫，然何致出此下策？考试之举又官府申送，又非国家定例，何能领宾兴之款？且适与县城章、胡诸绅已有宿怨，叔所素知。今岂可再令此种小人笑我为贪鄙无耻哉？已有书致仁里程玉櫆君，（字春度），托其代为取消此说，并声明非出鄙意，并以附闻。适有生以来习遭坎坷，四岁失父，遂成孤零。十余年来，幸有一母一兄提携、育养，以有今日。十余年来，心中目中，梦魂中，亦惟有此二人而已，其他戚属但恨为伦理所羁，否则适且唾弃之不暇，更安能顾覆之耶？适在此数月，甘旨之奉尚未有分文，彼独何心而遽及于此？岂国家津贴士子之金钱而可以为养活废民游手民蠹国蠹之用哉？每一念及令人恨恨。嗟夫！櫆叔定知我握管时愤愤之状也。谱事想大忙，偶有暇暑望以书来。不一。

侄适书　辛亥正月廿五日

（1911年2月23日）

——《胡适全集》第23卷

## —— 致 江冬秀 ①

①
江冬秀
（1890~1975）
安徽旌德人。
1917年与胡适
结婚。——编者

**冬秀贤姊如见：**

此吾第一次寄姊书也。屡得吾母书，俱言姊时来吾家，为吾母分任家事。闻之深感令堂及姊之盛意。出门游子，可以无内顾之忧矣。吾于十四岁时，曾见令堂一次，且同居数日，彼时似甚康健。今闻时时抱恙，远人闻之，殊以为念。

近想已健旺如旧矣，前曾于吾母处，得见姊所作字，字迹亦娟好，可喜，惟似不甚能达意，想是不多读书之过。姊现尚有工夫读书否？甚愿有工夫时，能温习旧日所读之书。如来吾家时可取聪侄所读之书，温习一二。如有不能明白之处，即令侄辈为一讲解。虽不能有大益，然终胜于不读书坐令荒疏也。姊以为何如？吾在此极平安，但颇思归耳，草此奉闻。即祝无恙。

胡适手书　四月廿二日
（1911年4月22日）

——《胡适遗稿及秘藏书信》第21册

## 致 章希吕

**希吕足下：**

　　现方外出，赴一耶教学生会于 Pocono 山之巅。此间地高气爽，天寒有围炉者。今日忽得由 Ithaca 城转来手书，读之亦悲亦慰。乐亭之噩耗已于怡荪手书中知之。自是以后，日益无聊。又兼课毕终日无事，每一静坐，辄念人生如是，亦复何乐。此次出门，大半为此，盖欲借彼中宗教之力稍杀吾悲怀耳！

　　乐亭已矣，吾辈生者，失一分功之人，即多一分责任。今方求负责任之人而不可得，而忍见沉毅少年如乐亭者夭折耶！

　　来书言旧日同学将为乐亭开哀悼会，适与乐亭非独友朋之感而已，岂可默然无一言以写吾哀！惟顷见怡荪已有长诗哭之，适心绪如焚，不克有所作，仅集文选句成一联如下：

长路漫浩浩

平原独茫茫

惟不能书，弟能为我倩人书之否？上款可书"乐亭吾兄"，下书"弟胡适顿首遥挽"可矣。

此间耶教学生会乃合二会而成：一为美国东省耶教学生会，一为中国留美东省耶教会。中国学生到者，约三十余人，适连日聆诸名人演说，又观旧日友人受耶教感化，其变化气质之功，真令人可惊。适亦有奉行耶教之意，现尚未能真正奉行。惟日读Bible，冀有所得耳。

来书言有"无恒"之病，此为今日通病，不止弟一人而已也。治之之法，在于痛改。其法大概如下：

一、读书非毕一书，勿读他书；

二、每日常课之外，须自定课程而敬谨守之；

三、时时自警省，如懈怠时，可取先哲格言如："人而无恒，不可以作巫医。"（古谚）"德不进，学不勇，只可责志。"（朱子）"精神愈用则愈出。"（曾文正）之类置诸座右，以代严师益友，则庶可有济乎？匆匆奉闻，即祝

无恙

士绍、范庭诸君相见乞代致意

小兄适之顿首

（1911年6月17日）

适有去Cornell之志，不知能实行否？

居此十日便仍归去。又及。

——《胡适研究丛录》

# 一 致 许怡荪 ①

①
许怡荪
安徽绩溪人。在中国公学时与胡适同学。——编者

**怡荪吾兄足下：**

得手书及哭乐亭诗之后，已有书奉复，想已得之。此后日益无聊，适大考已毕，益无所事事。适此间耶教学生会会于李可诺（Pocono）山之巅，余往赴之。此会合二会而成：一为Chinese Student's Christian Association，一为美国东省耶教学生会。计中国学生到者约三十五人，美国学生约二百人。此山地高二千英尺，故寒如在深秋，早晚有拥炉者，可称避暑福地。会中有名人演说，Mott（即《青年会报》所称之穆德，乃世界名人），Beach（此君曾居中国，能通《说文》，亦一奇也），Gilbert Reid（李佳白）等。弟愁苦之中，处此胜境，日聆妙论，颇足杀吾悲怀。连日身所经历，受感益甚，昨日之夜，弟遂为耶氏之徒矣。想故人闻之，必多所骇怪，颇思以五日以来感人最甚之事为足下言之。

方弟入中国公学时，有同学陈绍唐君（广西人）与弟同班，一年之后，此君忽入守真堂专读英文，后遂受洗为耶教徒。他于前年来美，今于此相见。其人之言行，真如程朱学者，令人望而敬爱。其人信道之笃，真令人可惊。然其人之学问、见识非不如吾辈也。此可见宗教之能变化气质矣。

昨日（十八日）之夜，有Mercer者，为Mott之副，其人自言在大学时染有种种恶习（美国大学学生之风俗有时真如地狱），无所不为，其父遂摈弃之，逐之于外。后此人流落四方，贫不能自活，遂自投于河，适为水上巡警所救，得不死，而送之于一善堂。堂中人劝令奉耶教。从此此人大悔前行，遂力行善以自赎。数年之后，一日有会集，此君偶自述其一生所历，有一报纸为揭登其词。其父于千里之外偶阅

是报，知为其子，遂自往觅之。既至，知其果能改行，遂为父子如初。此君现卒成善士，知名于时。此君之父为甚富之律师，其戚即美国前任总统也。此君幼时育于白宫（总统之宫），则所受教育不言可知，而卒至于此。一旦以宗教之力，乃举一切教育所不能助，财产所不能助，家世所不能助，友朋所不能助，贫穷所不能助之恶德而一扫空之，此其功力岂可言喻！方此君述其父再见其子时，抱之于怀而呼曰："My boy，My boy..."予为堕泪，听众亦无不堕泪。会终有七人（此是中国学生会会员，大抵皆教中人，惟八九人未为教徒耳。）起立，自言愿为耶教信徒，其一人即我也。

是会在一小屋之中，门矮可打头，室小如吾南林里所居之半，拾门外落叶枯枝为炉火，围炉而坐，初无宗教礼仪之声容节奏，而感人之深一至于此，不亦异乎？现弟尚留此，三日后即归Ithaca城。……

匆匆奉闻，即祝

无恙

弟　适顿首　六月廿一日<br>（1911年6月21日）

——《胡适留学日记》卷一

# 一九一四 年

## 一 致 胡近仁

**近仁老友如见：**

十余日前以室中读书图奉寄，附小诗一绝，有"廿载忘年友，犹应念阿咸，奈何归雁返，不见故人缄。"几作怨望之词矣。今日邮人书来乃得老友手书，不独老友未忘阿咸，且于大病濒危之际犹念念故人，适何修而得此于老友。读来书几令我堕泪。老友今幸于九死中逃得一生，吾二人相见之期不远。老友宜为故人珍重。吾乡文献之替已不堪回首，桑梓文人独使君与操耳。吾二人不可自弃，他日事业吾辈负担正重也。

老友代吾母所作致白特生夫人书极佳，稍嫌多客套语耳。西方人作书如说话，不作无关系之客气话。老友见适所译原书，可见一斑也。吾国书札套语极可厌，即如家书中"大人""膝下""敬禀者""伏惟""肃此""请安""百拜""顿首"种种诳语，如戏台上之说白，真是可厌！适亦未能免俗改之，数年犹未敢免去"大人膝下"等字，思之可笑也。

去国数年他无所得，惟能随事存乐观之念，无绝望之思。今以为天下无不可为之事，但一息之尚存终回天之有日。去国以来所得仅此一念持献老友。惟老友振作精神崇德修业，为他日效力桑梓效力祖国之计，海外故人翘企望之。

最爱英国大诗人卜朗吟之诗，其人终身持希望之思，其临终之诗曰：

吾生惟知猛进兮，未尝却顾而狐疑。

见沉霾之蔽日兮，信云开终有时。

知行善或不见报兮，未闻恶而可为。

虽三北其何伤兮，待一战之雪耻。

吾寐以复醒兮，亦再蹶以再起。

写寄老友，用寄吾悠悠之思。

老友病后须调养。调养之法不在药石，最好莫如野外步行。初日行一里，以次加至二里、三里、四五里；初行平地，继上山坡；初空手行，继持重物而行；但日日行之百病都可去。此百验奇方，老友试行之一年之后而犹未复原者，吾眸子可抉也。

吾绩十五都有许君绍南，字怡荪，为适至友。其人为吾乡人物，吾与交六七年矣。吾数年日记皆藏此君处。老友如能与相遇，可向索观（观后可仍还之，以适有宿约托其收存也）。深愿老友得交其人也。

夜深不能多作书，且与老友暂别，深望时以书来，慰我远怀。

菊坪夫人无恙耶？

适白　三年五月廿日

（1914年5月20日）

——《胡适全集》第23卷

## ── 致 江冬秀

**冬秀贤姊如见：**

前由家母转交照片三种（一大二小，小者乃六月内所寄），想皆已收到。适留此邦已四载，已于去秋毕业。今已决计再留二年，俟得博士学位时始归，约归期当在民国五年之夏矣。适去家十载，半生作客他乡，归期一再延展，遂至今日，吾二人之婚期，亦因此延误，殊负贤姊。惟是学问之道，无有涯涘。适数年之功，才得门径，尚未敢自信为已升堂入室，故不敢中道而止。且万里游学，官费之机会殊不易得，尤不敢坐失此好机会。凡此种种不能即归之原因，尚乞贤姊及岳母曲为原谅，则远人受赐多矣。适去家日久，家慈倚闾之思，自不容已。幸贤姊肯时时往来吾家，少慰家慈思子之怀，寂寞之况。此适所感谢不尽者也。前曾得手书，字迹清好。在家时尚有工夫读书写字否？如有暇日，望稍稍读书识字。今世妇女能多读书识字，有许多利益，不可不图也。前得家母来信，知贤姊已肯将两脚放大，闻之甚喜。望逐渐放大，不可再裹小。缠足乃是吾国最惨酷不仁之风俗，不久终当禁绝。贤姊为胡适之之妇，正宜为一乡首倡。望勿恤人言，毅然行之，适日夜望之矣。适在此起居如意，名誉亦好，可慰远念。姊归江村时，望代问岳母起居，及令兄嫂、令叔暨诸人安好。

匆匆不尽欲言。即祝无恙。

适手书　三年七月八日<br>（1914年7月8日）

——《胡适遗稿及秘藏书信》第21册

## — 致 胡近仁

**近仁老叔足下：**

久不通问讯矣。舍间书来，知去冬以《图书集成》一事，重劳足下与禹臣兄查检数日。感谢！感谢！

　　家母处极困窘之境，犹事事为儿子设想，真令游子感谢无地矣！适今已毕业，且不归来，拟再留两年可得博士学位，然后作归计。适岂不怀归？顾求学之机难得而易失，一旦归去，则须任事养家，无复再有清闲工夫，为读书求学计矣。故此时只得硬起心肠再留二年。适离家七年余矣（适丁未归省一次，庚戌去国），二年之后，归期在丙申之夏。九年之别，此情不易受也。所可自慰者，堂上尚在中年，岳氏亦无责言。否则，虽能勉强忍心居此，亦难自遣耳！

　　老叔近状如何？

　　菊坪夫人无恙耶？膝下已有子女若干人？近常作诗文否？吾乡文献衰歇，老叔为桑梓文人魁杰，此责不容旁贷也。适近年以来，为蟹行文字所苦，国学荒落不可问。偶有所感，间作诗词，惟都不能佳。写去冬所作古诗三首，奉寄足下，即乞削正。此三诗皆写此间景物，如足下得暇，乞为家慈诵讲之，则感谢不尽矣！适在外不得暇晷，或犹有辞。足下里居，不宜永弃故人坐令以岑寂死也。

　　附呈英文信面二个，无论粘在何种信封，皆可寄来。匆匆。即祝

双安

　　适白①

　　附诗乞示禹臣兄何如？又及。

——《胡适研究丛录》

①
此信约1914年夏写于美国康奈尔大学。——编者

# 一 致母亲

## 第十九号上
吾母：

前于上月廿七日发第十八号书（此书但有山水图片数张，无他言语）想已收到。儿现有小事，故十余日未作书矣。前书中曾乞吾母将儿书箱中之《楚辞集注》及《墨子》两书寄出，今此二书已由上海办到，可无庸寄矣。儿现所若①知者数事，望吾母下次写信告知。其事如下：

一、吾邑自共和成立后，邑人皆已剪去辫发否？有改易服制者否？

二、吾乡现有学堂几所，学堂中如何教法？

三、乡中有几人在外读书（如在上海、汉口之类）？

四、目下共有几项税捐？

五、邑中政治有变动否？（近仁、禹臣或能告我）县知事由何人拣派，几年一任，有新设之官否，有新裁撤之官否，县中有小学几处？

现欧洲有大战事，世界强国惟美、日本、意大利及南美诸国未陷入此战云中，今交战之国如下：

德国、奥国（又名奥）为一组，

英、法、俄、比、塞维亚为一组，两组交敌。

此诸国除比及塞之外，皆世界第一等强国。今之战役亦不知何时可以了结，尤不知须死几百万生灵，损失几千万万金钱，真可浩叹。

以大势观之，奥、德或致败衄，然亦未可知也。英、德在中国皆有土地财产（英之香港、威海卫，德之青岛、胶州湾），战祸或竟波及东亚亦意中事也。

此邦严守中立，又去战地远，故毫无危虞，望吾母放心也。

酷暑已去大半，早晚凉风送爽，居此甚可乐。有时夜出

①
原文如此。
——编者

玩月散步，颇念少时在吾家门外坦场夜坐石磴上乘凉，仰看天河数流星，此种乐趣都如梦寐。曩时童稚之交，如近仁叔，如细花兄，如秫兄，今想皆儿女盈前作人父矣。凤娇姐、蕙苹侄女今想皆已出嫁。人事卒卒，真可省味。

适儿 八月九日
（1914年8月9日）

——《胡适遗稿及秘藏书信》第21册

## 致 江冬秀

**冬秀贤姊如见：**

夏间得家慈寄来小影一幅。得之如晤对一室，欢喜感谢之至。适去国四载又半，今尚须再留此一年半，约民国五年之秋，可以归国。每念去国日久，归娶之约一再延误，何以对卿。然适今年恰满廿三岁（以足年计），卿大于适约一岁。再过二年，卿廿六岁，而适廿五岁，于婚嫁之期未为晚也。西方男女嫁娶都迟，男子三十、四十始婚者甚多。以彼例此，则吾二人尚为早婚耳。岳母大人近想康健如常，乞时代适问安为盼。令兄嫂处亦乞致意问好。适前有书，嘱卿放足。不知已放大否。如未实行，望速放之。勿畏人言。胡适之之妇，不当畏旁人之言也。

适之 十二月十二日
（1914年12月12日）

——《胡适遗稿及秘藏书信》第21册

# 一九一五 年

## 一 致 母 亲

**第三号上**
**吾母:**

前日得十一月十八日家书（不列号），具悉一切。儿前仅寄美金四十元，一二月内当续寄款归家。

白特生夫人及维廉姑娘处，儿当代达母意致谢。

白特生夫人于儿子生日（十一月十七日）特设馔招儿餐于其家，为儿作生日。儿客中得此，感激之私，何可言喻！吾母下次作书时，乞附及之。

此间又有韦莲司夫人者，其夫为大学地文学教师，年老告休。夫人待儿甚厚，儿时时往餐其家，亦不知几十次矣。去冬曾嘱儿附笔道候，想已收到。母下次作书时能附一短书与之，想韦夫人必甚喜也。

韦夫人之次女（即吾前廿五号所记之为儿好友韦莲司女士也）为儿好友。女士在纽约习美术。儿今年自波士顿归，绕道纽约往访之，本月以事往纽约又往访之。儿在此邦所认识之女友以此君为相得最深。女士思想深沉，心地慈祥，见识高尚，儿得其教益不少。儿间与谈及吾母为人，女士每赞叹不已，嘱儿问母安好。吾母如有暇，亦望以一书予之。

吾母书中道及以吾乡产物作赠品，贡墨则西人无所用之，蜜枣及黄柏山茶皆好。吾国产物西方人得之每宝贵之，况吾乡土产乎！望吾母将此二种各寄些来，最好是用小瓶或小匣装好寄来。

附上封面数纸可用以寄邮也（赠品不在多，乞母寄黄柏山茶或六瓶或四瓶〔每瓶半斤足矣〕及蜜枣四盒，以便分赠也）。前次信中所附之冬秀小影，得之甚喜。如下次有照像者至吾乡，望吾母再摄一影寄来（有半身大影更佳）。儿久不得见吾母颜色，能得照像亦慰情聊胜于无之计也。

书中又道及立大嫚康健如恒，闻之甚喜。乞母代儿致意问安为盼。并望代贺凤姣姐合婚大喜。

家中亲长年庚生日已收到，得之甚喜。今年仅得家书一封，甚念甚念。儿在此平安，乞吾母勿念。匆匆，即祝

吾母康健百福

合家清吉

适儿　二月十八日

（1915年2月18日）

——《胡适遗稿及秘藏书信》第21册

# ── 致 留美学界公开信

**亲爱的弟兄们：**

从上期（中国学生）月报上所表现的（抗日）情绪来看，我恐怕我们都已完全昏了头，简直是发疯了。有一个同学会竟然主张"对日作战！必要的话，就战至亡国灭种！"纵使是 W. K. 钟君（译音）这样有成熟思想的基督徒，也火辣辣地说："纵使对日作战不幸战败而至于亡国——纵使这是命中注定不可避免的后果，我们也只有对日作战！除此之处，别无他途可循……让我们对日

抗战，被日本征服，作比利时第二！"纵使是本刊的总编辑，他在社论上曾忠告我们说，感情冲动实无补于对当前国难的研讨；我们除运用感情之外，也应诉诸理智——纵使如此主张，他在本刊的另一页上也认为"中国人如今只有对日作战（毫不迟疑的对日作战），除此之外再没有第二条路可走！"

这些在我看来简直是不折不扣的疯癫。我们都情感冲动，神经紧张——不是的，简直是发了"爱国癫"！弟兄们，在这种紧要的关头，冲动是毫无用处的。情感冲动，慷慨激昂的爱国呼号，和充满情绪的建议条陈，未尝有助于任何国家（的危难）。谈兵"纸上"对我辈自称为"（留）学生"和"干材"的人们来说，实在是肤浅之极。

在我个人看来，我辈留学生如今与祖国远隔重洋；值此时机，我们的当务之急，实在应该是保持冷静。让我们各就本分，尽我们自己的责任；我们的责任便是读书学习。我们不要让报章上所传的纠纷，耽误了我们神圣的任务。

弟兄们，这才是我们的当务之急！

我敢说，在目前的条件下，对日作战，简直是发疯。我们拿什么去作战呢？我们的总编辑说，我们有百万雄师。让我们正视现实：我们至多只有十二万部队可以称为"训练有素"，但是装备则甚为窳劣。我们压根儿没有海军。我们最大的兵船只是一艘排水量不过四千三百吨的第三级的巡洋舰。再看我们有多少军火罢！我们拿什么来作战呢？

所以出诸至诚和报国之心，我要说对日用兵论是胡说和愚昧。我们在战争中将毫无所获，剩下的只是一连串的毁灭、毁灭和再毁灭。

再说比利时罢。那个英勇的比利时！亲爱的弟兄们，我愿披肝沥胆的向诸位陈述：用只手来推挽大海的狂澜，算不得勇敢；以卵击石，更不算英雄。再者，比利时原亦无心自招覆灭。吾人试读比国作家查理·沙罗利（Charles Sarolea）博士所著的《比利时如何拯救欧洲》一书，便见分晓。盖比利时深知（一旦战争爆发）英法两国必然赴援。加以该国对其号称世界最坚固的堡垒的李格（Liege）和安特渥堡（Antwerp）两地坚固防线也深具自信心，而自觉有恃无恐，所以比利时才为国家的荣誉而孤注一掷。这是真正的勇敢和英雄气概吗？弟兄们，请为比利时着想，且看今日比国，为这一英雄光彩所作的牺牲，真正值得吗？

我并无意非难比国人民；我只是觉得比利时不值得我们仿效而已。若有人硬要中国去蹈比利时的覆辙，则此人必然是中华民族的罪人。

总而言之，让我重述前言，请大家不要冲动；让我们各尽我们应有的责任；我们的责任便是读书求学！

远东问题最后解决的症结所在，不系于今日的对日作战；也不系于一强或列强的外在干涉；也不系于任何治标的办法如势力平衡或门户开放；更不系于任何像日本门罗主义一类的策划。最后的真正解决之道应另有法门——它较吾人今日所想像者当更为深奥。但其解决之道究在何处，我个人亦无从探索；我只是知道其不在何处罢了。让我们再为它深思熟虑，从长计议罢！

深盼大家在诅咒我之前，细读拙文，（实不胜企祷之至！）

弟　胡适　于纽约之绮色佳城

（1915年3月19日）

此信原为英文，载《胡适留学日记》

此处据唐德刚译注之《胡适口述自传》

# —— 致 母 亲

**第五号上**

**吾母：**

雪消已尽，人皆以为春已归来，不意昨夜今朝又复大雪。惟春雪不能久留，又不能积厚。但道途泥泞，可厌耳。昨日为星期，有本市"监理会"教堂请儿演说。儿所说《耶教人在中国之机会》，听者颇众。此间教堂甚多，皆豁达大度。儿乃教外人，亦得在其讲坛上演说，可见其大度之一斑也。儿在大学中，颇以演说著名，三年来约演说七十余次，有时竟须旅行数百里外，以应演说之招。儿所以乐为之者，亦自有故：一以此邦人士多不深晓吾国国情民风，不可不有人详告之。盖恒人心目中之中国，但以为举国皆苦力洗衣工，不知何者为中国之真文明也。吾有此机会，可以消除此种恶感，岂可坐失之乎？二则演说愈多，则愈有进境。吾今日之英语，大半皆自演说中得进益。吾之乐此不疲，此亦其一因也。人言美国人皆善演说，此虚言也。儿居此五年，阅人多矣。所见真能演说者，可屈指数也。大学中学生五千人，能演说者，不过一二十人，其具思想能感动人者，吾未之见也。传闻失实，多类此。

中日交涉消息颇恶。儿前此颇持乐观主义，以为大隈伯非糊涂人，岂不明中日唇齿之关系？不图日人贪得之念，遂深入膏肓如此。今日吾国必不能战，无拳无勇，安可言战？今之高谈战战战者，皆妄人也。美人爱人道主义，惟彼决不至为他国兴仗义之师耳。

儿远去祖国，坐对此风云，爱莫能助，只得以镇静处之。间作一二篇文字，以笔舌报国于万一耳。

儿居此平安，朋友相待甚殷，望吾母勿念。匆匆，即祝
吾母康健百福。
诸亲长均此。

白特生夫人及维廉姑娘处，均已代吾母致意，彼等甚盼吾母书来也。四月初当寄美金二三十元来。

适儿　三月廿二日
（1915年3月22日）

# 一 致母亲

吾母：

十二日得吾母第三号书，附致维廉思姑娘书，及致韦莲司夫人母女二短简，均已分译送去。吾母书中道及白特生夫人为儿作生日一事，并于致维姑娘书中附笔道谢。不意吾母书到之第三日，白特生夫人忽得急病，卧床一时许而暴卒，死时享年五十九岁。夫人待儿真如家人骨肉，天涯羁旅中得此厚爱，真非易事。今夫人遽尔仙逝，报德之私遂成虚愿。儿往唁其家，凭尸一叹，哀从中来。如此书抵家之日，吾母前所备送白夫人礼物尚未寄出，乞且将此诸物竟寄来，当交其夫收。昔吴季子挂剑墓上，以践宿诺；今白夫人虽死，儿与吾母皆心许此赠品矣。

家用已寄十金（五月），六月初当再寄十金，此后当月月寄上。

岳母处已有信附前第八号寄上，想已代送去。不知其病状已有起色否？

二哥来书，言吾母有喘疾未痊，不知近已痊愈否，望早日延医诊视为要。下次家书中望详细告知病状为要。

儿于第三号书中所言冬秀之教育各节，乃儿一时感触而发之言，并无责备冬秀之意，尤不敢归咎吾母。儿对于此事从无一毫怨望之心。盖儿深知吾母对于儿之婚事，实已尽心竭力，为儿谋一美满家庭。儿如有一毫怨望之心，则真成不明时势，不通人情，不识好歹之妄人矣。

今之少年，往往提倡自由结婚之说，有时竟破坏已订之婚姻，致家庭之中龃龉不睦，有时其影响所及，害及数家，此儿所大不取。自由结婚，固有好处，亦有坏处；正如吾国婚制由父母媒妁而定，亦有好处，有坏处也。

女子能读书识字，固是好事。即不能，亦未必即是大缺陷。书中之学问，纸上之学问，不过人品百行之一，吾见有能读书作文而不能为令妻贤母者多矣。吾安敢妄为责备求全之念乎？

伉俪而兼师友，固是人生莫大之幸福。然夫妇之间，真能智识平等者，虽在此邦，亦不多得，况在绝无女子教育之吾国乎？若儿悬"智识平等学问平等"八字，以为求耦之准则，则儿终身鳏居无疑矣。

（1915年5月19日）

——《胡适遗稿及秘藏书信》第21册

## 一 致 母 亲

**第十一号上**
吾母：

一月以来因学年休假在即，课极繁忙，竟无暇作书，至今日始得暇操笔，望吾母恕儿疏懒之咎也。儿近思离去绮色佳，来年改入哥伦比亚大学。此学在纽约城中，学生九千人，为此邦最大之大学。儿所以欲迁居者，盖有故焉。

一、儿居此已五年，此地乃是小城，居民仅万六千人，所见闻皆村市小景。今儿尚有一年之留，宜改适大城，以观是邦大城市之生活状态，盖亦觇国采风者，所当有事也。

二、儿居此校已久，宜他去，庶可得新见闻。此间教师虽佳，然能得新教师，得其同异之点，得失之处皆不可少。德国学生半年易一校，今儿五年始迁一校，不为过也。

三、儿所拟博士论文之题需用书籍甚多，此间地小书籍不敷用。纽约为世界大城，书籍便利无比，此实一大原因也。

四、儿居此已久，友朋甚多，往来交际颇费时日。今去大城，则茫茫人海之中可容儿藏身之地矣。

五、儿在此所习学科，虽易校亦都有用，不致废时。

六、在一校得两学位，不如在两校各得一学位更佳也。

七、哥伦比亚大学哲学教师杜威先生，乃此邦哲学泰斗，故儿欲往游其门下也。

儿居此五年，不但承此间人士厚爱，即一溪一壑都有深情，一旦去此岂不怀思？然此实为一生学业起见，不得不出此耳。

去此之时大约在九月中旬以后，家书可仍寄旧地，有友人可代转也。

儿身体平安，乞吾母勿念。匆匆奉禀，即祝
吾母康健。

适儿　七月十一日

（1915年7月11日）

——《胡适遗稿及秘藏书信》第21册

# 一 致 胡近仁

**近仁老叔足下：**

适负老叔深矣。比年以来屡欲作长函奉复数次来书，而人事卒卒，终未如愿。久之积书既多，益不能即复。因循复因循，而适积欠日益深，譬之负债之家，债负日积，则益不易偿还，其不至于倒账者幸矣。今日偶有暇晷，决计与老叔为长夜之谈，以赎前愆。

老叔近有志于著小说，来书中屡言及之，今愿为老叔一陈所见。

小说在今日为文学中一大分子，其价值功用早为世所公认。吾国文人向视为小道，今世风所趋亦不能不认附庸为大国。二十年来，林琴南之译本，李伯元、吴趼人之著书，皆足为吾国文学界开一新殖民地，此大幸事也。在今日文学过渡时代，著小说者殊乏异材，李南亭之《官场现形记》乃《儒林外史》之脱胎，《文明小史》亦不出此窠臼。此二书虽于世道有关，其铸鼎照奸之苦心虽不可没，然二书皆零碎不完，结构极劣。吴趼人自是今代第一作手，其书以《九命奇冤》、《恨海》、《目睹之怪现状》为最。《怪现状》，亦是《儒林外史》一派，以用心命意见长，而布局极松，《九命奇冤》可称近世一杰作，《恨海》亦自非凡品，二书皆有深意，布局又佳，可传之作也。此外则《老残游记》、《禽海石》皆近世名著，《孽海花》则稍逊矣。此外则自桧以下无讥焉矣。近出之小说（著本）如来书所称之《玉梨魂》，均未寓目不敢妄为月旦。译本则林译之迭更司之《滑稽外史》、《块肉余生》、《贼史》，司各得之《十字军英雄记》、《撒克逊劫后英雄略》，小仲马之《茶花女》，皆世界名著，有志小说者不可不三复读之。君朔译之大仲马之《侠隐记》、《续记》、《法宫秘史》（三书是一部大书）亦可诵。

今之作小说者，须取法两途：一复古；一介新。[①]小说中得力不少，故其所著书乃是中国文学，非如近日之小说家如蒋景缄之流，但能作一二书假充译本而已。

古小说中，下列之书都可不朽：

《水浒》第一，看其写生状物置之司各得、迭更司书中何有愧色？

《儒林外史》第二，看其写人物之逼真及其用意之高，眼光之远（如科举之毒）。

《石头记》第三，看其状物叙事，看其写纤屑细事何等精密，看其写贵族社会之荡逸淫奢，何等婉而尽。

①
此处似有漏字
——编者

《镜花缘》第四，看其见识之高。此书全书为女子抱不平，看其写女儿国一段何等眼光，何等魅力。看其政治思想之新。

介新云者，取法于西方大家名著，如上所述诸书足备一斑矣。复古云者，以新眼光读吾国旧小说，撷其精华，法其写生之真透，布局之雄奇，用意之高苦，然后以之施诸今日之社会，得古人之精髓，发为当代之文章，是之谓复古。吴趼人、李南亭、洪都百练生皆自奇特，此乃吾国希有之理想小说也。

《西游记》第五，此书奇处在其无中生有，说鬼话滔滔不绝，其想像力之奇可叹。

《七侠五义》第六，此书文学家多不屑道之，余独赏识之，以为杰作。看其用土语写生写人物，为后世开苏白粤话之先河，看其人物如蒋平、智化何等生动。

《儿女英雄传》第七，看其布局之奇。

此外则无足道矣，《品花宝鉴》亦有佳处，《金瓶梅》则一无足道，人之誉之实过当也。

上所举七书作小说者不可不熟读，正如作文者之于《左传》、《史记》、韩、柳、欧、苏也，正如作诗者之于《三百篇》、汉、魏、李、杜也。

唐人小说如《虬髯传》、《红线隐娘》诸篇皆吾国杰作，不可不读。

老叔如有志小说，不可不取法乎上。取法乎上，无他道，远取诸古小说，近取诸欧西名著而已矣。

小说之宗旨有二：一以娱人，一以淑世。《西游记》、《七侠五义》娱人之作也；《儒林外史》、《镜花缘》淑世之作也；司各得、仲马父子娱人之作也；迭更司淑世之作也。李伯元、吴趼人其志皆在淑世，故其书甚有关世道，其人皆可附以不朽。老叔将何择乎？

无论娱人淑世，小说之法不出两端：一在状物写生，一在布局叙事。吾国小说盖以状物写生胜，西方小说则兼二者之胜。今当以西方之结构，补吾之不足。前所举各书中布局最奇者，莫如《撒克逊英雄略》，写生最工者莫如《水浒》，《儒林外史》次之。

布局非多读书苦思不可，写生状物非多阅历不可。

短篇小说尤不易为，年来译有二三篇，最近有《柏林之围》一篇载《甲寅》第四号，乃法国名著也，曾见之否？手头无有此本，否则当以寄呈矣。

大著《刀笔吏》及《柔情记》，近已有出版处否，甚欲一读之。来书以初次寄稿被退回，即欲废然掷笔，此大不可。古人怀刺三年，字漫灭而不已。西方文人往往屡投稿而不获刊行经年而不倦，一书不售再作他书，若一击手不中，即飘然远飏，则未免近乎悻悻器小之流，非所望于老叔也。

老叔耻于投稿他家，此亦非久计。适有时有所著作投一家不受，则另投一家，此不足耻也。今以文字糊口者日众，而杂志业未发达，自难无遗珠之憾。然苟文章有价值终有知音之人，望老叔勿遽尔灰心也。近颇作诗否？适去国日久，文学荒废不少，间有时偶作诗词，写意而已，不能佳也。附呈数章，即乞教正之。所寄数诗内之《自杀篇》，自谓在今日文学界可占一席，沾沾自喜之私，老叔得勿笑其狂妄乎！

今之文士结"南社"，自命为文学坛坫而流品极滥，屡邀适入社不愿应之也。吴草庐注本《老子》已觅得一本，乞叔勿再抄。老叔为适觅书事煞费苦心，感谢不尽。字典诚如来书所云，无有善本，商务书馆新出《词源》一书可谓空前绝作，曾见之否？

来书感叹身世，读之慨然。吾乡文献坠绝，今日椽笔端推老叔一人，甚望终始努力，修德进学，为桑梓光宠天下。何事不可为不朽之计者，文章特其一端耳。教育童蒙亦足以报国；尽力桑梓，亦足以报国；分功易事，正是此理。儿时与观宗祠祭事，每闻唱曰："执事者各司其事"，今十余年不与祭事矣，而此七字历历犹在耳中。今人但患不尽职于所习之事耳，若官忠于其职，士忠于其学，民忠于其业，天下更有何患乎？

老叔今虽无用武之地，然教授童蒙乃今日第一大事业。老叔虽屈居乡里，未尝无救国淑世之机会也。

今日吾乡私塾尚用旧法教授否？适幼时得讲书之力不少。今私塾中为儿童讲书否？窃谓旧法高声朗诵不解字义，直是误人子弟，一无用处。今日私塾教师不可不急改良。识字不在多，在通字义。若儿童入学数年而不通字义，则教师之罪不可赎也。若谓讲书太费时刻，则宜用分班之法，令诸生同读一书者，同时上书，同时听讲书，则不费时矣。其实，教人子弟不宜惜时，私塾教师之天职在教书，其他皆外务，非其本分也。本分之外而有余力乃可以作他事。吾国内地塾师多为私事分心，殊非社会之福也。此意偶尔感触而发，适去乡十余年，亦不知桑梓现状，正如村夫野老说朝廷事，可笑。

适近思往哥仑比亚大学肄业，其迁校理由见第十一号家书。适尚有一年之留，一年后归来亦不知作何事业，能得一教席或报馆撰述，便可安身，不作奢念也。现尚不能预为归国后糊口之计，去国已久，情形隔膜，一无把握。老叔其何以教我乎？

舍间多承照拂，令游子得安心远游，此意非语言所能道谢，惟当铭之心腑，俟他日面谢耳。

菊坪夫人想安好，膝下儿女无恙耶？适数月前得冬秀一书，词旨通畅，颇疑为老叔拟稿，乞老叔有以释吾疑也。

适客中平安，可告慰。匆匆即祝
为故人珍重加餐。

适白　七月十三日夜

（1915年7月13日）

——《胡适全集》第23卷

# 一 致 母 亲

**第十五号上**
**吾母:**

顷得第七号家书,惊悉七叔父已于七月廿日长逝。先人一辈至今遂无一人,诚如吾母所言,良可恸叹。

此次家书谆谆以归期为念。此事已于前号(第十三号即第十二号)书中言之,可以复按也。

儿亦不自知何时可以得归。总之,儿之所以不归者,第一只为学业起见,其次即为学位。学业已成,学位已得,方可归来。儿决不为儿女婚姻之私,而误我学问之大,亦不为此邦友朋之乐,起居之适,而忘祖国与故乡。此二语可告吾母,亦可以告冬秀,亦可以告江氏岳母。儿远在三万里外,亦无法证此言之无虚。吾母之信儿,儿所深知。若他人不信儿言,儿亦无可如何,只好听其自然而已。至于外间谣传,儿已另行娶妻一说,此种无稽之谈,本不足辩。既有人信之,自不容不斥其妄。

一、儿若别娶何必瞒人?何不早日告知岳氏,令其另为其女择婿?何必瞒人以贻误冬秀之终身乎?

二、儿若有别娶之心,宜早令江氏退婚。今江氏之婚,久为儿所承认。儿若别娶,于法律上为罪人,于社会上为败类。儿将来之事业名誉,岂不扫地以尽乎?此虽下愚所不为,而谓儿为之乎?

三、儿久已认江氏之婚约为不可毁,为不必毁,为不当毁。儿久已自认为已聘未婚之人,儿久已认冬秀为儿未婚之妻。故儿在此邦与女子交际往来,无论其为华人、美人,皆先令彼等知儿为已聘未婚之男子。儿既不存择偶之心,人亦不疑我有觊觎之意,故有时竟以所交女友姓名事实告知吾母。正以此心无愧无怍,故能坦白如此耳。

四、儿主张一夫一妻之制，谓为文明通制。生平最恶多妻之制（娶妾或两头大之类），今岂容躬自蹈之？

五、试问此种风说从何处得来？里中既无人知儿近状，又除儿家书之外，无他处可靠之消息，此种谣传若有人寻根追觅，便知为市虎之讹言。一犬吠影，百犬吠影（原文如此—编者），何足为轻重耶？

以上所云，望吾母转达岳氏以释其疑（或即以此函送去亦可）。母意若令儿作书（儿现实无暇作客气语）寄岳氏"表明心迹，确叙归期"，表明心迹则可，确叙归期则不可。以儿本不自知何时为确定之归期也。大约早则明年之秋，至迟亦不出后年之春，此则可以预告耳。

岳氏向平之愿未了，兼之以疾病，甚为此事焦急，儿岂不知，岂不能为之原谅？但儿终不能以儿女婚姻之细，而误我学问事业之大。亦决不能以此邦友朋之乐，起居之适，而忘吾祖国故里也。

适儿　十月三日

（1915年10月3日）

——《胡适遗稿及秘藏书信》第21册

# 一九一六 年

## 一 寄 陈独秀 [①]

① 陈独秀（1879～1942）字仲甫，安徽怀宁人。1915年创办《青年杂志》（后改名《新青年》），后成为中国共产党主要创始人之一。——编者

......今日欲为祖国造新文学，宜从输入欧西名著入手，使国中人士有所取法，有所观摩，然后乃有自己创造之新文学可言也。......

译事正未易言。倘不经意为之，将令奇文瑰宝化为粪壤，岂徒唐突西施而已乎？与其译而失真，不如不译。此适所以自律，而亦颇欲以律人者也。......

译书须择其与国人心理接近者先译之，未容躐等也。贵报（《青年杂志》）所载王尔德之《意中人》（Oscar Wilde's "The Ideal Husband"）虽佳，然似非吾国今日士夫所能领会也。以适观之，即译此书者尚未能领会是书佳处，况其他乎！而遽译之，岂非冤枉王尔德耶？......

（1916年2月3日）

——《胡适留学日记》卷十二

# 一 致 母 亲

**十八号上**
**吾母：**

二月十九号得第十一号家书，惊悉大姊大哥及江氏岳母之死耗。半月以来日日欲作家书，而每一执笔辄不知从何说起。十年去家，遂与骨肉生死永诀，如此如此。今吾家兄弟姊妹仅存二姊二兄及儿三人而已。大姊之死犹（尤）为儿所深痛。犹忆幼时，母尝言"大菊乃非男子，真我家最大不幸之事"，使大姊与大哥易地而处，吾家宁有今日之现状乎？大姊一生好高，而生平所处境地处处限阻之，遂令抑抑以殁，可叹可哀。倘令大姊生于西方女子自由之国，其所成就宁可限也哉！

大哥一生不长进，及老而贫始稍稍敛迹，然已来不及矣。大哥近年来处境大苦，生未必较死乐也。惟身后萧条，闻之伤心。其身后妻子之累，尤不易存养。所望明儿立志成人，庶可养母育弟，为其父稍赎前愆耳。

齐儿之病，儿细思之，乃是其父之遗毒。此种遗毒乃是一种遗传病，非如世俗所谓因果报应也。西方之言曰："父之罪愆乃种于其子女之身"，此之谓也。此儿终身当成残废懵懂，无可药救也。

家中自经此番不幸之事，想吾母自必悲伤不已。所望吾母达观，一切以保身体，以慰游子之心。幸甚幸甚，切盼切盼。

儿自得此书，数夜不能合眼，今颇能自排解，已能读书如故矣，望吾母勿以为念。

岳氏之死，闻之惨然。此老向平之愿未了，抱憾以殁，儿不得辞其咎也。江宅并未有信来，祭文之事甚欲为之。奈无可措辞，如何如何！若但作应酬俗套之语，则又耻为之。儿于岳氏仅甲辰春间遇于中屯外婆家，此外别无往来，欲为文祭之，每苦无话可说（去年曹怀之世兄万里书来，为其母七十寿辰征诗，却之不可，仅成一诗与之，亦以无话可说故也）。

此事儿当努力为之，俟成时寄家，如届时不成，则辍之可也。盖作祭文不从心坎中说话，不如不作也。

一二日内当作书慰唁江宅及章宅。岳氏葬后，冬秀似可久居吾家，不必归去矣。彼姑嫂之间颇能相安否？

前得节公来书，言已于年内寄五十金至吾家，并允于今春寄五十金，想皆已到。节公厚意可感也。

儿迩来甚思归，此后当力图早归之计。惟此时国中纷乱如麻，归亦何用，当待少承平时再定行止耳。昨日得南京友人来书，言南京高等师范学校校长江易园先生欲招儿往该校教授，儿已以不能即归辞之。大约儿归国后当可觅一啖饭养家之处耳。去年四川高等师范学校欲得一英文教习，寄书此邦某君，言欲得"中西文兼长如胡适者"，某君举以相告，儿为大笑。

第十一号书中又言"曹尚友君自京都来，说及尔时汇寄洋银与尔二兄"，此言全属子虚。吾国人最喜造谣言，此其一证也。二兄从未乞儿之助，儿亦未寄分文与之，望吾母勿信旁人之言也。二哥年来仅有一书与儿，盖彼年来景况不佳，百不得意，故不乐多作书。其所以不寄书与吾母者，想亦因此之故，非有怠慢之心也。

外婆之病想已占勿药之庆，儿别有书问之。

儿此刻无小影可寄家，俟有印成之时，即当寄来也。

前寄之茶叶、蜜枣收到之后，除已分送友人外，余留自用。蜜枣早已吃完，因此间中国朋友皆喜吃之，故早完也。茶叶尚存许多，可敷一年之用。儿室中有小炉子，有时想喝茶则用酒精灯烧水烹茶饮之，有时有朋友相访，则与同享之。

惟所寄丝巾至今未到，想因附在大包内途中遗失耳。

匆匆，即祝

吾母百福

适儿 三月十五日

（1916年3月15日）

——《胡适遗稿及秘藏书信》第21册

① 江亢虎（1883~1954）原名绍铨，江西弋阳人。早年留学日本，受无政府主义影响，组织中国社会党，后赴美任教。——编者

# 答 江亢虎 ①

……今日思想闭塞，非有"洪水猛兽"之言，不能收振聩发聋之功。今日大患，正在士君子之人云亦云，不敢为"洪水猛兽"耳。适于足下所主张，自视不无扞格不入之处。然于足下以"洪水猛兽"自豪之雄心，则心悦诚服，毫无间言也。……

（1916年8月30日）

——《胡适留学日记》卷十四

# 致 母 亲

**第十四号上**

**吾母：**

九月四日寄第十三号信，想已收到。今日为九月廿七日，为科仑比亚大学开学之期，明日上课。第七年第一学期开课矣。

儿所作博士论文，夏间约成四分之一。今当竭力赶完，以图早归。今年归期至多不过九、十月耳。当此九、十月时间，有许多事均须早日筹备。

第一、归国时作何事业。

第二、归国未得久远事业时，该如何办理，如何糊口。

第三、家事如何安排，何时结婚，何时出门。

凡此诸事，似宜早为打算，免得他日临时抱佛脚也。然此三事之中，以第一事为要。此事一定，其他二事，不待言

矣。俟有定局时，即当禀知，以释吾母之远念。

一年以来，久不得冬秀之书，岂因其不会写信，就不肯写乎？其实自己家人写信，有话说话，正不必好，即用白字，亦有何妨？亦不必请人起稿，亦不必请人改削也。望母以此意告之。如冬秀尚在吾家，望母令彼写信与我，两行三行都无不可也。

写信最忌作许多套话，说许多假话。前得明侄、永侄两信，都犯此病。冬秀前年来信，并犯此病。若用假话写家信，又何必写乎？

此间有朱经农者，乃儿之旧同学也。日前曾告儿言，新得其夫人来书，"虽有白字，颇极缠绵之致"。儿为填一白话词戏之曰：

> 先生几日魂颠倒，
> 他日书来了。
> 虽然纸短却情长，
> 带上两三白字又何妨。
> 可怜一对痴儿女，
> 不惯分离苦。
> 别来还没几多时，
> 早已书来细问几时归。

连类想及之，遂写于此，以博家中人一笑。匆匆，即祝
吾母康健

适儿　九月廿七夜
（1916年9月27日）

——《胡适遗稿及秘藏书信》第21册

# 一九一七年

## ── 寄 陈独秀

**独秀先生左右：**

今晨得《新青年》第六号，奉读大著《文学革命论》，快慰无似！足下所主张之三大主义，适均极赞同。适前著《文学改良刍议》之私意，不过欲引起国中人士之讨论，征集其意见，以收切磋研究之益耳。今果不虚所愿，幸何如之！此期内有通信数则，略及适所主张。惟此诸书，似皆根据适寄足下最初一书（见第二号），故未免多误会鄙意之处。今吾所主张之八事，已各有详论（见第五号），则此诸书，当不须一一答复。中惟钱玄同先生一书，乃已见第五号之文而作者，此后或尚有继钱先生而讨论适所主张八事及足下所主张之三主义者。此事之是非，非一朝一夕所能定，亦非一二人所能定。甚愿国中人士能平心静气与吾辈同力研究此问题！讨论既熟，是非自明。吾辈已张革命之旗，虽不容退缩，然亦决不敢以吾辈所主张为必是而不容他人之匡正也。

顷见林琴南先生新著《论古文之不当废》一文，喜而读之，以为定足供吾辈攻击古文者之研究，不意乃大失所望。林先生之言曰：

知腊丁之不可废，则马班韩柳亦自有其不宜废者。吾识其理，乃不能道其所以然，此则嗜古者之痼也。

"吾识其理，乃不能道其所以然"，此正是古文家之大病。古文家作文，全由熟读他人之文，得其声调口吻，读之烂熟，久之亦能仿效，却实不明其"所以然"。此如留声机器，何尝不能全像留声之人之口吻声调？然终是一副机器，终不能"道其所以然"也。今试举一例以证之。林先生曰：

呜呼！有清往矣！论文者独数方姚，而攻踣之者麻起，而方姚卒不之踣。

此中"而方姚卒不之踣"一句不合文法，可谓"不通"。所以者何？古文凡否定动词之止词，若系代名词，皆位于"不"字与动词之间。如"不我与"，"不吾知也"，"未之有也"，"未之前闻也"，皆是其例！然"踣"字乃是内动词，其下不当有止词，故可言"而方姚卒不踣"，亦可言"方姚卒不因之而踣"，却不可言"方姚卒不之踣"也。林先生知"不之知""未之有"之文法，而不知"不之踣"之不通，此则学古文而不知古文之"所以然"之弊也。

林先生为古文大家，而其论"古文之不当废"，"乃不能道其所以然"，则古文之当废也，不亦既明且显耶？

钱玄同先生论足下所分中国文学之时期，以为有宋之文学不独承前，尤在启后，此意适以为甚是。足下分北宋以承前，分南宋以启后，似尚有可议者。盖二程子之语录，苏、黄之诗与词，皆启后之文学，故不如直以全宋与元为一时期也。足下以为何如？总之，文学史与他种史同具一古今不断之迹，其承前启后之关系，最难截断。今之妄人论诗，往往极推盛唐，一若盛唐之诗，真从天而下者。不知六朝人如阴铿，其律诗多与摩诘、工部相敌（工部屡言得力于阴铿，其赠李白诗，亦言"李侯有佳句，往往似阴铿"。则太白亦得力于此也），则六朝之诗与盛唐固不可截断也。此意甚微，非一书所能尽，且俟他日更为足下作文详言之耳。

白话诗乃蒙选录，谢谢。适去秋因与友人讨论文学，颇受攻击，一时感奋，自誓三年之内专作白话诗词。私意欲借此实地试验，以观白话之是否可为韵文之利器。盖白话之可为小说之利器，已经施耐庵、曹雪芹诸人实地证明，不容更辩；今惟有韵文一类，尚待吾人之实地试验耳（古人非无以白话作诗词者。自杜工部以来，代代有之；但尚无人以全副精神专作白话诗词耳）。自立此誓以来，才六七月，课余所作，居然成集。因取放翁诗"尝试成功自古无"之语，名之曰《尝试集》。尝试者，即吾所谓实地试验也。试验之效果，今尚不可知，本不当遽以之问世。所以不惮为足下言之者，以自信此尝试主义，颇有一试之价值，亦望足下以此意告国中之有志于文学革命者，请大家齐来尝试尝试耳。归国之期不远，相见有日，不尽所欲言。

胡适白　四月九日作于美国纽约

（1917年4月9日）

——《胡适文存》卷一

# 一　致 江冬秀

昨日之来，一则因欲与令兄一谈，二则欲一看姊病状。适以为吾与姊皆二十七八岁人，又尝通信，且曾寄过照片，或不妨一见。故昨夜请姊一见。不意姊执意不肯见。适亦知家乡风俗如此，决不怪姊也。

适已决定十三日出门，故不能久留于此，今晨即须归去。幸姊病已稍愈，闻之甚放心。望好好调养。秋间如身体已好，望去舍间小住一二月。适现虽不能定婚期，然冬季决意归来，婚期不在十一月底，即在十二月初也。匆匆将归去，草此问好。

适　七月初八

（1917年8月25日）

——《胡适遗稿及秘藏书信》第21册

# — 答钱玄同

**玄同先生：**

前奉读"二十世纪第十七年七月二日"的长书，至今尚未答复。此中原因，想蒙原谅。先生对于吾前书所作答语，大半不须我重行答复。仅有数事，略有鄙见，欲就质正：

（4）（数目字指三卷第六号中原书之各条）《三国演义》一书，极为先生所不喜。然先生于吾原书所云，似有误会处。吾谓此书"能使今之妇人女子皆痛恨曹孟德，亦可见其魔力之大"。吾并非谓此书于曹孟德、刘备诸人褒贬得当。吾但谓以小说的魔力论，此书实具大魔力耳。先生亦言："《说岳》既出，不甚有何等之影响。《三国演义》既出，于是关公，关帝，关夫子，闹个不休。"此可见《说岳》之劣而《三国演义》之优矣。平心而论，《三国演义》之褒刘而贬曹，不过是承习凿齿、朱熹的议论，替他推波助澜，并非独抒己见。况此书于曹孟德，亦非一味丑诋。如白门楼杀吕布一段，写曹操人品实高于刘备百倍。此外写曹操用人之明，御将之能，皆远过于刘备、诸葛亮。无奈中国人早中了朱熹一流人的毒，所以一味痛骂曹操。戏台上所演《三国演义》的戏，不是《逼宫》，便是《战宛城》，凡是曹操的好处，一概不编成戏，此则由于编戏者之不会读书，而《三国演义》之罪实不如是之甚也。先生又谓此书"写刘备成一庸懦无用的人，写诸葛亮成一阴险诈伪的人"。此则非关作者"文才笨拙"，乃其所处时代之影响也。彼所处之时代，固以庸懦无能为贤，以阴险诈伪为能，故其写刘备、诸葛亮，亦只如此。此如古人以"杀人不眨眼""喝酒三四十大碗"为英雄，今人如张春帆之徒以能"吊膀子"为风流。故《水浒传》之武松，自西人观之，必诋为无人道；而《九尾龟》之章秋谷，自吾与先生观之，必诋为淫人。此与吾前书所言《品花宝鉴》不知男色为恶事，同一道理。此理于读书甚有益，故不惮重言之。即如孔子时代，原不以男女相悦为非，故叔梁纥与徵在"野合而生孔子"（见《史记》），时人不以此遂轻孔子。及孔子选诗，其三百篇中，大半皆情诗也。即如《关雎》一篇，明言男子恋一女子，至于"寤寐思服"，"辗转反侧"，害起"单思病"来了。孔子不以为非，却说"《关雎》乐而不淫，哀而不伤"。又如"陟彼南山，言采其薇。未见君子，忧心惙惙。亦既见止，亦既觏止，我心则说"，明言女子与男子期会于野。凡此诸诗，所以能保存者，正以春秋时代本不以男女私相恋爱为恶德耳。后之腐儒，不明时代之不同，风尚之互异，遂想出种种谬说来解《诗经》。诗之真价值遂历二千余年而不明，则皆诸腐儒之罪也。更举一例，白香山的《琵琶行》，本是写实之诗。后之腐儒不明风俗之变迁，以为朝廷命官岂可深夜登有夫之妇之舟而张筵奏乐。于是强为之语，以为此诗全是寓言。不知唐代人士之自由，固有非后世腐儒所能梦见者矣。先生以为然否？

（5）先生与独秀先生所论《金瓶梅》诸语，我殊不敢赞成。我以为今日中国人所谓男女情爱，尚全是兽性的肉欲。今日一面正宜力排《金瓶梅》一类之书，一面积极译著高尚的言情之作，五十年后，或稍有转移风气之希望。此种书即以文学的眼光观之，亦殊无价值。何则？文学之一要素，在于"美感"。请问先生读《金瓶梅》，作何美感？

又先生屡称苏曼殊所著小说。吾在上海时，特取而细读之，实不能知其好处。《绛纱记》所记，全是兽性的肉欲。其中又硬拉入几段绝无关系的材料，以凑篇幅，盖受今日几块钱一千字之恶俗之影响者也。《焚剑记》直是一篇胡说。其书尚不可比《聊斋志异》之百一，有何价值可言耶？

以上答先生见答之语竟。

先生论吾所作白话诗，以为"未能脱尽文言窠臼"。此等诤言，最不易得。吾于去年（五年）夏秋初作白话诗之时，实力屏文言，不杂一字。如《朋友》、《他》、《尝试篇》之类皆是。其后忽变易宗旨，以为文言中有许多字尽可输入白话诗中。故今年所作诗词，往往不避文言。吾曾作《白话解》，释白话之义，约有三端：

（一）白话的"白"，是戏台上"说白"的白，是俗语"土白"的白。故白话即是俗话。

（二）白话的"白"，是"清白"的白，是"明白"的白。白话但须要"明白如话"，不妨夹几个文言的字眼。

（三）白话的"白"，是"黑白"的白。白话便是干干净净没有堆砌涂饰的话，也不妨夹入几个明白易晓的文言字眼。

但是先生今年十月三十一日来书所言，也极有道理。先生说："现在我们着手改革的初期，应该尽量用白话去做才是。倘使稍怀顾忌，对于'文'的一部分不能完全舍去，那么便不免存留旧污，于进行方面，很有阻碍。"我极以这话为然。所以在北京所做的白话诗，都不用文言了。

先生与刘半农先生都不赞成填词，却又都赞成填西皮二簧。古来作词者，仅有几个人能深知音律。其余的词人，都不能歌。其实词不必可歌。由诗变而为词，乃是中国韵文史上一大革命。五言七言之诗，不合语言之自然，故变而为词。词旧名长短句，其长处正在长短互用，稍近语言之自然耳。即如稼轩词：

落日楼头，断鸿声里，江南游子，把吴钩看了，阑干拍遍，无人会，登临意。

此决非五言七言之诗所能及也。故词与诗之别，并不在一可歌而一不可歌，乃在一近言语之自然而一不近言语之自然也。作词而不能歌之，不足为病。正如唐人绝句大半可歌，然今人不能歌亦不妨作绝句也。

词之重要，在于其为中国韵文添无数近于言语自然之诗体。此为治文学史者所最不可忽之点。不会填词者，必以为词之字字句句皆有定律，其束缚自由必甚。其实大不然。词之好处，在于调多体多，可以自由选择。工词者，相题而择调，并无不自由也。人或问既欲自由，又何必择调？吾答之曰，凡可传之词调，皆经名家制定，其音节之谐妙，字句之长短，皆有特长之处。吾辈就已成之美调，略施裁剪，便可得绝妙之音节，又何乐而不为乎？（今人作诗往往不讲音节。沈尹默先生言，作白话诗尤不可不讲音节，其言极是。）

然词亦有二短：（一）字句终嫌太拘束；（二）只可用以达一层或两层意思，至多不过能达三层意思。曲之作，所以救此两弊也。有衬字，则字句不嫌太拘；可成套数，则可以作长篇。故词之变为曲，犹诗之变为词，皆所以求近语言之自然也。

最自然者，终莫如长短无定之韵文。元人之小词，即是此类。今日作"诗"（广义言之），似宜注重此种长短无定之体。然亦不必排斥固有之诗词曲诸体；要各随所好，各相题而择体，可矣。

至于皮簧，则殊无谓。皮簧或十字为句，或七字为句，皆不近语言之自然。能手为之，或亦可展舒自如，不限于七字十字之句，如《空城计》之城楼一段是也。然不如直作长短句之更为自由矣。

以上所说，皆拉杂不成统系，尚望有以教正之。

民国六年十一月二十夜　胡适

（1917年11月20日）

——《胡适文存》卷一

# 一九一八 <sub>年</sub>

## — 致 钱玄同

绩溪，上川
七年一月十二日
玄同先生：

　　得十二月三十日手书，感谢感谢！曾有小诗一首奉寄；想已收到了。此次新婚，曾做了几首杂诗，大都记述家事，不足以示外人。只有一首是切本题的，写出来请先生和尹默、仲甫诸位先生指教指教罢！诗如下：

十三年没见面的相思，如今完结。
把一桩桩伤心旧事，从头细说。
你莫说你对不住我，我也不说我对不住你，——
且牢牢记取这"三十夜"的中天明月！

　　你老先生的《（尝试集）序》想早已脱稿，可惜我还没有读过。我大概能于一月廿日左右（老实说个"后"字罢！）动身来京。所以，你若不曾把序稿寄下，请你就不必寄吧！

　　《新婚诗》还没有做完，便又要做《新婚别》了！你想我那里还有工夫做什么"钓者负鱼，鱼何负于钓"的文章？

　　然而百忙中居然还做一篇《惠施、公孙龙的哲学》，预备送与《东方杂志》，赚几个钱来请喜酒！你老别见笑罢！

　　昨日同一班朋友去游一个明末遗民叫做"采薇子"的坟

墓①，人家要我做诗，我便做了二十个字：

> 野竹遮荒冢，残碑认故臣。
> 前年亡虏日，几个采薇人？

这首诗有点旧派习气，先生定笑我又"掉文"了。

如今没有工夫了，有个俗客来会，只好不写了。

尹默、仲甫、幼渔、叔雅、半农诸位先生均此不一一。

适

（1918年1月12日）

——《胡适来往书信选》上册

## —— 答 盛兆熊

**爱初先生：**

　　来信论文学改革实行的程序，极中肯要。先生以为实行的次序应该从最高级的学校里开始改革。实际上看来，这话虽然有理，却也有许多困难。第一，我们现在没有那么大的权力可以把大学入学的国文试验都定为白话。第二，就是我们有这种权力，依我个人想来，也不该用这种专制的手段来实行文学改良。第三，学生学了国文，并不是单为预备大学的入学试验的。他的国文，须用来写家信，上条陈，看报，做报馆里的"征文"，……等等。他出学校之后，若去谋事，无论入哪一途，都用不着白话。现今大总统和国务总理的通电都是用骈体文做的；就是豆腐店里写一封拜年信，也必须用"桃符献瑞，梅萼呈祥，遥知福履绥和，定卜筹祺迪吉"……等等刻板文字。我们若教学生"一律做白话文字"，他们毕业之后，不但不配当"府院"的秘书，还不配当豆腐店的掌柜呢！

所以，我的私意，改革大学这件事，不是立刻就可做到的，也决不是几个人用强硬手段所能规定的。我的意思，以为进行的次序，在于极力提倡白话文学。要先造成一些有价值的国语文学，养成一种信仰新文学的国民心理，然后可望改革的普及。（请参看我的《建设的文学革命论》）

若必须从学校教育一方面着想，似乎还该从低级学校做起。进行的方法，在一律用国语编纂中小学校的教科书。现在所谓"国文"定为"古文"，须在高等小学第三年以上始开始教授。"古文"的位置，与"第一种外国语"同等。教授"古文"，也用国语讲解；一切"模范文"及"典文"的教授法，全用国语编纂。

编纂国语教科书，并不是把现有的教科书翻成国语就可完事的。第一件要事，在于选用教科的材料。现有的材料，如先生信中所举的"留侯论""贾谊论""昆阳之战"……之类，是决不可用的。我的意思，以为小学教材，应该多取小说中的材料。读一千篇古文，不如看一部《三国志演义》。这是我们自己身受的经验。只可惜现在好小说太少了，不够教材的选择。可见我上文所说先提倡白话文学，究竟是根本的进行方法。没有新文学，连教科书都不容易编纂！

现在新文学既不曾发达，国语教科书又不曾成立，救急的方法只有鼓励中小学校的学生看小说。小说之中，白话的固好，文言的也可勉强充数，总比读《古文辞类纂》更有功效了。

七年四月十日　胡适

（1918年4月10日）

——《胡适文存》卷一

# 一 致 胡近仁

**近仁老友：**

前得手书，极所感谢。所云一切，皆极中肯要。我生平最爱率真，若于吾母前尚须饰伪，则人道苦矣。

前得第五号书，言母病状，吾实不料病是真情。吾初疑此必系家庭中如家秕嫂一方面有为难之处，而家母不愿明言之，故以病为言（此节既非事实，望勿为他人言之）。盖家信从未言吾母病发，又时冬秀方在江村未即召回，故不疑吾母真发病甚"沉重"也。吾之作书询足下，正以此故。若真知为病，决不复询问足下矣！

今吾母既决令冬秀来，固是好事。惟自得足下书后，极忧冬秀出外后家中无人照应。吾母又极耐苦痛，平常不肯言病。此亦不是细事，真令我左右做人难矣。吾之就此婚事，全为吾母起见，故从不曾挑剔为难（若不为此，吾决不就此婚。此意但可为足下道，不足为外人言也）。今既婚矣，吾力求迁就，以博吾母欢心。吾之所以极力表示闺房之爱者，亦正欲令吾母欢喜耳，岂意反以此令堂上介意乎！

吾之欲令冬秀早来，其原因已详说于家书中，想已见之。此亦补救之一法。不然，吾十余年独居，岂不能耐此几个月之岑寂耶？此事已成往迹，足下阅此书后，乞拉烧之，亦望勿为外人道，切盼！切盼！

来书言革新事业，已有头绪，闻之甚喜。革新后，里中万不可居。能来京一行，最佳。此间固不易图事，然适处尽可下榻。即不能谋生计，亦可助适著书，亦不致糊不出一人之生活也。无论如何，总比在里中好些，足下以为何如？

冬秀出来时，请足下至吾家将一部《龙川集》，一部《王文成全集》检出令彼带来。

匆匆即祝

进德勇猛

适上　五月二日

（1918年5月2日）

——《胡适家书手迹》

# ── 致 陶孟和 [①]

今天病中把Tess看完了。此书写Clare名为"开通"而实未能免俗，与Jude之写Sue虽久经"释放"而实不能脱去旧日陋想同一用意。……

前日老兄说Tess的事迹有点像《老洛伯》中之锦妮，果然果然。但锦妮是十八世纪中人，故仅"让他亲了一个嘴，便打发他走路"，又"不敢想着他"，还能"努力做一个好家婆"。Tess是十九世纪下半的人，受了新思潮的间接感化，故敢杀了他所嫁而不爱的男子，以图那空屋几日夜的团圆快乐。这个区别，可以观世变。十八世纪的人决不能作Tess，正如十九世纪自Ibsen至Hardy一般人也决不肯用锦妮的解决方法。这两种人生观的是非得失，最难决定。……

中国的我，可怜锦妮，原谅锦妮；西洋廿世纪的我，可怜Tess，原谅Tess。这是过渡时代的现象，也可以观世变了。

七年五月八日

（1918年5月8日）

——《胡适遗稿及秘藏书信》第20册

①
陶孟和
（1889~1960）
原名履恭，天津人，祖籍浙江绍兴，曾赴英国留学，回国后任商务印书馆编辑，北京大学教授、文学院院长、教务长等职。——编者

## 一 致钱玄同

**玄同先生：**

今晚洗浴回来，忽然想写一封信与老兄谈谈。前天那件事（征文告白），我措辞太过火了，后来很懊悔。幸喜老兄不见怪。但我仔细想来，我们若不肯说老实话，更有何人说老实话？更对何人说老实话？我们自己正该不相假借才是，更望老兄永能如此相待才是。千万别以为胡适之爱摆架子就不屑教训他了。

中国文字问题，我本不配开口。但我仔细想来，总觉得这件事不是简单的事，须有十二分的耐性，十二分的细心，方才可望稍稍找得出一个头绪来。若此时想"抄近路"，无论那条"近路"是世界语，还是英文，不但断断办不到，还恐怕挑起许多无谓纷争，反把这问题的真相弄糊涂了。——不但如此，若果然这种主张能惹起许多讨论，也还罢了。只怕人家见了，只当他是一种不切事情，不由衷的"高论"，只可付之一笑，没有讨论的价值。若果如此，——我心想这种主张的效果不过如此，——那就不但失了老兄主张的原意，并且失了这个报的声价了。

老兄千万不可疑心我又来"首鼠两端"了。我不怕人家攻击我们，只怕人家说我们不值得攻击。

老兄前天信里提日本人有用外国语作书报的。这事不够作论证。日本人懂西文的比中国人何止多几百倍，况且日本已有字母的文字，尚且不过能做到这种少数人尝试的地步。试问中国今日能有万分之一的人能懂得一种外国语么？

我这封信，并不是打官司的。我的意思以为国中学者能像老兄这样关心这个问题的，实在不多。这些学者在今日但该做一点耐性的工夫，研究出一些"补救"的改良方法；不该存一个偷懒的心——我老实说这种主张是偷懒的主张！——要想寻一条"近路"。老兄以为这话有一分道理吗？

夜深了，我也要"默"了！

适　五月廿九夜

（1918年5月29日）

——《中国现代文学资料丛刊》第5辑

## 一 致 母 亲

**吾母：**

现在冬秀与耘圃病都好了。

昨日有一位朋友蒋梦麟先生从上海来，我约他在中央公园吃晚饭。到了晚上，他来了，还带了一位客，问起来始知是江苏教育总会会长黄炎培先生。黄先生是当今教育界一个最有势力的人。我们几次想相见总不曾见着，今晚才遇着他，两人都很欢喜。后来谈起，他说明天要到东三省去。我问他可要到吉林省？他说是的。我因说先君曾在吉林做官，又曾到过边界上勘界。他问先人名字，我说是单名一个传字。他忽然大惊道，"原来令先生〔君〕就是铁花老伯！"后来问起，始知他的父亲是黄烨林先生，从前也在吴清帅幕府里，与先人熟。他常听见他父亲说起先人的学问才气，故还记得。此时谈起，方知我们原来是世交。他说"铁花老伯应该有适之兄这样的后人"。我听了这话，心里很欢喜。我在外边，人家只知道我是胡适，没有人知道我是某人的儿子。今次忽闻此语，觉得我还不致玷辱先人的名誉，故心里颇欢喜。

这几天因补编未完之讲义，又须应酬远来客人，故不得暇，有三日不曾写信了。想吾母身体安好，合家清吉为慰。今年北京极热，此时已穿夏布，不知南边气候如何。

适儿　六月廿日晨六时

（1918年6月20日）

——《胡适遗稿及秘藏书信》第21册

# 一 致 母亲

**吾母：**

吾村贞仲娘的儿子蕙生叔在京居住，于月初忽患重病，遍身发烧酸痛，发热而畏寒，卧床数日，势颇沉重。会馆中无人照应伏侍，故由同族生辉公、成亭叔等与我商议，把他送入首善医院。入院已两日，病势未减。我今早亲去看他，据医生云，这是一种利害的热病，由于血管中有毒菌（菌即是微生物）所致。医生曾取血化验，想所云不误。现由院中用杀菌的药救治，但此时尚未见退热。前日已有信关知贞仲娘，不知已寄到否。如吾母有便，可亲自告诉贞仲娘，请他暂时放心。此间住医院之医药费用，已由生辉公与我等代为安排。住院费每日两元，药费另算。我们当为竭力医治，请他家中不必过于焦急。我是会馆中董事，又是同族，定当尽力为他照料。但此种病一时不能即见功效，家中人焦急，亦无益也。他病状如何，我当随时告知。

冬秀到京后，我叫他做阔头鞋放脚。现脚指已渐放开，甚可喜也。

二哥尚未来京。

此间人多平安。

适儿　七月十四

（1918年7月14日）

——《胡适遗稿及秘藏书信》第21册


# 一 答 朱经农

**经农足下：**

在美国的朋友久不和我打笔墨官司了。我疑心你们以为适之已得了不可救药的证候，尽可不用枉费医药了。不料今天居然接到你这封信，不但讨论的是"文学革命"，并且用的白话文体。我的亲爱的经农，你真是"不我遐弃"的了！

来信反对第四种文字革命（把文言白话都废了，采用罗马字母的文字作为国语）的话，极有道理，我没有什么驳回的话。且让我的朋友钱玄同先生来回答罢。

第三种文字革命（保存白话，用拼音代汉字），是将来总该办到的，此时决不能做到。但此种主张，根本上尽可成立（赵元任君曾在前年《留美学生月报》上详细讨论，为近人说此事最精密的讨论）。即如来信所说诗，丝，思，司，私，师等字，在白话里，都不成问题。为什么呢？因为白话里这些字差不多都成了复音字，如"蚕丝"，"思想"，"思量"，"司理"，"职司"，"自私"，"私下里"，"私通"，"师傅"，"老师"，翻成拼音字，有何妨碍？

又如"诗"字，虽是单音字，却因上下文的陪衬，也不致误听。例如说，"你近来做诗吗？""我写一首诗给你看"，这几句话里的"做诗"、"一首诗"，也不致听错的。平常人往往把语言中的字看作一个一个独立的东西。其实这是大错的。言语全是上下文的（Contextural），即如英文的Rite、Right、Write三个同音字，从来不会听错，也只是因为这个原故。

来书论第一二种文字革命（改良文言与改用白话）的话，你以为我"听了狠不高兴"，其实我并没有不高兴的理由。你这篇议论，宗旨已和我根本相同，但略有几个误解的论点，不能不辩个明白。

第一，来书说，"古人所作的文言，也有长生不死的"，你所说的"死"，和我所说的"死"，不是一件事。我也承认《左传》、《史记》，在文学史上，有"长生不死"的位置。但这种文学是少数懂得文言的人的私有物，对于一般通俗社会便同"死"的一样。我说《左传》、《史记》是"死"的，与人说希腊文、拉丁文是"死"的是同一个意思。你说《左传》、《史记》是"长生不死"的，与希腊学者和拉丁学者说Euripides和Virgil的文学是"长生不死"的是同一个意思。《左传》、《史记》，在"文言的文学"里，是活的；在"国语的文学"里，便是死的了。这个分别，你说对不对？

第二，来书所主张的"文学的国语"，"并非白话，亦非文言，须吸收文言（原文作"文字"，疑是笔误）之精华，弃却白话的糟粕，另成一种雅俗共赏的活文学"。这是狠含糊的话。什么叫做"文言之精华"？什么叫做"白话的糟粕"？这两个名词含混得狠，恐怕老兄自己也难下一个确当的界说。我自己的主张可用简单的话说明如下：

我所主张的"文学的国语"，即是中国今日比较的最普通的白话。这种国语的语法文法，全用白话的语法文法。但随时随地不妨采用文言里两音以上的字。

这种规定，——白话的文法，白话的文字，加入文言中可变为白话的文字，——可不比"精华"、"糟粕"……等等字样明白得多了吗？至于来书说的"雅俗共赏"四个字，也是含糊的字。什么叫做"雅"？什么叫做"俗"？《水浒》说，"你这与奴才做奴才的奴才！"请问这是雅是俗？《列子》说，"设令发于余窍，子亦将承之"。这一句字字皆古，请问是雅是俗？若把雅俗两字作人类的阶级解，说"我们"是雅，"他们"小百姓是俗，那么说来，只有白话的文学是"雅俗共赏"的，文言的文学只可供"雅人"的赏玩，决不配给"他们"领会的。

来书末段论白话诗，未免有点偏见。老兄初次读我的"两个黄蝴蝶"的时候，也说"有些看不下去"。如今看惯了，故觉得我的白话诗"是狠好的"。老兄若多读别人的白话诗，自然也会看出他们的好处。就如《新青年》四卷一号所登沈尹默先生的"霜风呼呼的吹着"一首，几百年来，哪有这种好诗！老兄一笔抹煞，未免太不公了。

来书又说，"白话诗应该立几条规则"。这是我们极不赞成的。即以中国文言诗而论，除了"近体"诗之外，何尝有什么规则？即以"近体"诗而论，王维，孟浩然，李白，杜甫的律诗，又何尝处处依着规则去做？我们做白话诗的大宗旨，在于提倡"诗体的解放"。有什么材料，做什么诗；有什么话，说什么话；把从前一切束缚诗神的自由的伽锁镣铐，拢统推翻：这便是"诗体的解放"。因为如此，故我们极不赞成诗的规则。还有一层，凡文的规则和诗的规则，都是那些《古文笔法》、《文章轨范》、《诗学入门》、《学诗初步》的人所定的。从没有一个文学家自己定下做诗做文的规则。我们做的白话诗，现在不过在尝试的时代，我们自己也还不知什么叫做白话诗的规则。且让后来做《白话诗入门》、《白话诗轨范》的人去规定白话诗的规则罢！

七年七月十四日　胡适

（1918年7月14日）

——《胡适文存》卷一

①
梁启超
（1873～1929）
字卓如，号任
公，广东新会
人。著名启蒙
思想家和学者，
戊戌维新运动
的领袖。曾任
北京政府的司
法总长和财政
总长。——编
者

# — 致 梁启超 <sup>①</sup>

**任公先生有道：**

秋初晤徐振飞先生，知拙著《墨家哲学》颇蒙先生嘉
许。徐先生并言先生有"墨学"材料甚多，愿出以见示。适
近作《墨辩新诂》，尚未脱稿，极思一见先生所集材料。惟
彼时适先生有吐血之恙，故未敢通书左右。近闻贵恙已愈，
又时于《国民公报》中奉读大著，知先生近来已复理文字旧
业。适后日（十一月二十二日）将来天津南开学校演说，拟
留津一日，甚思假此机会趋谒先生，一以慰平生渴思之怀，
一以便面承先生关于墨家之教诲。倘蒙赐观所集"墨学"材
料，尤所感谢。适亦知先生近为欧战和议问题操心，或未必
有余暇接见生客，故乞振飞先生为之绍介，拟于廿三日（星
期六）上午十一时趋访先生，作二十分钟之谈话，不知先生
能许之否？适到津后，当再以电话达尊宅，取进止。

胡适　七年十一月廿日

（1918年11月20日）

——《梁任公先生年谱长编》

# 一九一九 年

## ─ 致 黄觉僧

**觉僧先生：**

今天收到来信，承先生许我"邀集同志，为我们后盾"。我看了非常感激。但是先生所痛骂的"取言论自由之原则而残之"的"黑暗手段"，其实并不在北京，乃在休宁安徽第二师范学校。北京还没有人敢禁止《新青年》，也还没有人禁止学生看《新青年》。我梦里也想不到子承先生和先生等竟做出这种手段来，甚至于有因此开除学生的事。我这里收到许多信说第二师范"取言论自由之原则而残之"的事实，我至今不曾发表，因为我总希望子承先生和先生等不至如此。现在先生来信也自认贵处不读《新青年》了。先生等既不读《新青年》，又怎么能够作我们的后盾？这种后盾又有什么价值？先生等既不曾看见我的《贞操问题》原文（先生所见，不过是《时事新报》的一段讨论），又如何能知道我的论点是"从消极方面破坏女子贞操"？

总而言之，如果先生们认《新青年》为"洪水猛兽"，也该实地研究一番，看看究竟《新青年》何以是"洪水猛兽"。如果不看《新青年》，又不准学生看《新青年》，一意把"洪水猛兽"四个字抹煞我们一片至诚救世的苦心，那就是"取言论自由之原则而残之"的"黑暗手段"了。

胡适

——《胡适遗稿及秘藏书信》第20册

请把这信请子承先生一看。

（此信写于1919年5月4日以后，暂系于此。）

## — 致 高一涵、张慰慈、章洛声 ①

①
高一涵
（1884~1968），
安徽六安人。
民国初年留学
日本。曾在北
京大学任教。
1918年1月，
《新青年》改为
责任编辑制，
与陈独秀等轮
流主持编务。

张慰慈
（1890~？），原
名祖训，江苏吴
江人。政治学
家。留美归国
后，曾在北京大
学等校任教。章
洛声：安徽绩溪
人。曾协助胡适
编辑《努力周
报》。——编者

**一涵、慰慈、洛声诸兄：**

　　别后我们就睡觉了。七日早到石家庄，在吴禄贞墓侧的一间屋子内休息，吃了一点面包当早饭。吴墓选（造）得很好，有石台，台上有碑铭，是阎督军做的。我在这墓上颇有点感想，很想做一首吊古的诗，但是一时竟不曾做好，就走了。吴禄贞的死总算是一件很可纪念的事。十年来的人物，只有死者——宋教仁、蔡锷、吴禄贞，——能保盛名。生者不久就被人看出真相来了。这是因为时势变得太快，生者偶一不上劲，就要落后赶不上了，不久就成了"背时"的人了。只有早死的人既能免了落后的危险，又能留下一段去思碑。这两天威尔逊病重，也许会死。倘他死在去年十一月，他便真成了有史以来第一个伟人了！威尔逊真倒霉！

　　七时后，我们上了正太铁路。这条路走过的都是山地，风景极好。路上终日没有饭吃。我们带得有面包、黄油、水果等，吃得很畅快。山西人生计很困难，养成了节俭的习惯，故在火车上不肯吃车上的饭。正太路初成时，车上本有饭，后来因为没有人吃，赔累太多，故停止了。近年南人渐多，仍旧弄不到饭吃（自七时至下午五时），很觉不便。

　　山西大患在一贫字。年来新政不能不用本地人，不能招用

66

客卿，也是因此。客卿远来，很不能与本地人争生计上的优胜。但是山西现在的发展计画决不能全靠本地人才，本地人才决不够用。现在本省曾招了一大班直隶的中学毕业生来太原，另设"二部师范"，预备一年之后出去做高等小学的教员。但是高级机关中，外省人才太少，故很有狭陋的现象。这个困难问题将来正不知如何能解决。

到太原后，本地官署招呼极周到。因杜威夫人女士（儿）同来，故设备颇不易。我们看他们设备得如此周到，心里很不安。今天去见阎督军。他是一个很脱略的人，杜威先生颇满意。杜威去时，颈上带着软领！——可谓哲学家本色。

今天没有讲演，明天开讲。今天我出去走了几处，观察很浅，不敢就下评判。下午见着李泰棻君，谈了半点钟，得益不少。

街上今天（中秋）到处是穿蓝布衣的学生，气象很好。中国旧日的蓝布衣服现在渐渐绝迹，改为浅色的长衫，——以至于白衣。这是很坏的趋势。白衣最不耐污，穿白衣是不做粗事的"绅士架子"——是游民的招牌。山西学生的深蓝布衣服使我很欢喜。

街上路灯柱上都贴着黑地白字的格言，如"公道为社会精神，国家元气"，"公道森严驾富强而上之"，"天下具万能之力者，其惟秩序乎！""不适时之思想言行，愈觉得好，其害愈大"，"亡国之民不如丧家之狗"……等。有许多条都剥落模糊了。我希望剥落之后不要再贴了。这种"圣谕广训"式的道德教育是不会有良好的效果的。人人嘴上能说许多好听的抽象名词，——如"公道"、"秩序"之类，——是道德教育的一大障碍。这个意思，我将来当作文详细说明。

今天所说止此。可与仲甫、守常诸位同看。

适　十月八日
（1919年10月8日）

冬秀来了没有？

——《胡适来往书信选》上册

# 一九二〇年

## — 致 张东荪 [①]

① 张东荪（1887~1973）原名万田，字圣心，浙江杭县人。1919年9月，在北京创办《解放与改造》（后改名《改造》）杂志，任总编辑。时与梁启超等成立讲学社。——编者

**东荪先生：**

我们中国的报界向来没有"书评"一栏，有时有"新书介绍"，也只是寻常的介绍，很少严格的批评。这种缺点，实在是应该救正的，因为著作家若没有批评家的监督，一定要堕落的，即如我的《哲学史大纲》出版以来，已经过五版了，英法文报都有书评，中文报只有《太平洋》评过一次，这是我很不幸的事。

但是我的《尝试集》出版不久，前天上海《神州日报》上已登有胡怀琛先生的长评。他这篇书评却也别致。他不但批评，还替我大大的改削了好几首诗，这种不收学费的改诗先生，我自然很感谢。但是我有一点意见，想借你的"学灯"栏发表。

评书的人是否应该替作者改书，这个问题，我暂且不讨论。

我的意思以为，改诗是很不容易的事。我自己的经验，诗只有诗人自己能改的，替人改诗至多能贡献一两个字，很不容易。为什么呢？因为诗人的"烟士披里纯"是独一的，是个人的，是别人狠难参预的。我想做过诗的人大概都能承认我这话。即如胡先生替我改的"小诗"，原文是：

也想不相思，可免相思苦，
几次细思量，情愿相思苦。

他改的是：

也要不相思，可免相思恼，
几度细思量，还是相思好。

他改的都错了，我的原题是《爱情与痛苦》，故有"情愿相思苦"的话，况且"想相思"三个字是双声，"几次细思"四个字是叠韵，胡先生偏要说"想"与"相"、"次"与"思"读不上口，所以要改。这是他不细心的错处。他又嫌我二、四两句都用苦字煞尾，故替我改押"恼""好"两字。他又错了，我这首诗是有韵的，押的是第二句的第二字和第四句的第二字，"免"和"愿"两字。这种押韵法是我的一种尝试，好不好另是一个问题。但他的改本便把我要尝试的本意失掉了。

我举这一条例来说明改诗的难处。

我很希望大家切实批评我的诗，但我不希望别人替我改诗。请大家指出某篇某句的坏处，好让我自己将来修改，我就感谢不尽了。

——《时事新报·学灯》（1920年5月12日）


# 一 致 吴虞 ①

前接先生三月二十一日手书，当时匆匆未及即时作答。现闻成都报纸因先生的女儿辟疆女士的事竟攻击先生，我觉得我此时不能不写几句话来劝慰先生。春间辟疆因留学的

①
吴虞
（1871～1949）
字又陵。四川新繁人。1906年留学日本。归国后，任成都府中学堂教习。时任北京大学教授。——编者

事来见我，我觉得他少年有志，冒险远来，胆识都不愧为名父之女，故很敬重他。他临行时，我给他几封介绍信，都很带有期望他的意思。后来忽然听见他和潘力山君结婚之事，我心里着实失望。我所以失望，倒并不是因为他们的恋爱关系——那另是一个问题，——我最失望的是辟疆一腔志气不曾做到分毫，便自己甘心做一个人的妻子；将来家庭的担负，儿女的牵挂，都可以葬送他的前途。后来任叔永回国，告诉我他过卡克利见辟疆时的情形，果然辟疆躬自操作持家，努力作主妇了。此事使我心里不能不怨潘君。潘君爱辟疆，亦是人情之常，本不可怪。但他果真爱辟疆，当设法使他先达到求学的志愿，使他充分发展他的天才，不当中道拦截他的进程。我曾与叔永言，我终不愿意不管此事，我若有机会，我总要设法使辟疆继续求学。此虽是一时私愿，确是很诚恳的，但此时尚无法下手耳。

先生对于此事，不知感想如何。我怕外间纷纷的议论，定已使先生心里不快。先生廿年来日与恶社会宣战，恶社会现在借刀报复，自是意中之事。但此乃我们必不可免的牺牲，——我们若怕社会的报复，决不来干这种与社会宣战的事了。乡间有人出来提倡毁寺观庙宇，改为学堂；过了几年，那人得暴病死了；乡下人都拍手称快，大家造出谣言，说那人是被菩萨提去地狱里受罪去了！这是很平常的事。我们不能预料我们的儿女的将来，正如我们不能预料我们的房子不被"天火"烧，我们的"灵魂"不被菩萨"提去地狱里受罪"。

况且我们既主张使儿女自由自动，我们便不能妄想一生过老太爷的太平日子。自由不是容易得来的。自由有时可以发生流弊，但我们决不因为自由有流弊便不主张自由。"因噎废食"一句套语，此时真用得着了。自由的流弊有时或发现于我们自己的家里，但我们不可因此便失望，不可因此便对于自由起怀疑的心。我们还要因此更希望人类能从这种流弊里学得自由的真意义，从此得着更纯粹的自由。

从前英国的高德温（Godwin）主张无政府主义，主张自由恋爱。后来他的女儿爱了诗人薛莱（Shelley），跟他跑了。社会的守旧党遂借此攻击他老人家。但高德温的价值并不因此减损。当时那班借刀报复的人，现在谁也不提起了。

我是很敬重先生的奋斗精神的。年来所以不曾通一信、寄一字者，正因为我们本是神交，不必拘泥形迹。此次我因此事第一次寄书给先生，固是我从前不曾预料到的。但此时我若再不寄此信，我就真对不起先生了。

九，九，三

（1920 年 9 月 3 日）

## ── 答 陈独秀

**仲甫：**

十六夜你给一涵的信，不知何故，到二十七夜才收到。

《新青年》"色彩过于鲜明"，兄言"近亦不以为然"，但此是已成之事实，今虽有意抹淡，似亦非易事。北京同人抹淡的工夫决赶不上上海同人梁浓的手段之神速。现在想来，只有三个办法：

1. 听《新青年》流为一种有特别色彩之杂志，而另创一个哲学文学的杂志，篇幅不求多，而材料必求精。我秋间久有此意，因病不能做计画，故不曾对朋友说。

2. 若要《新青年》"改变内容"，非恢复我们"不谈政治"的戒约，不能做到。但此时上海同人似不便做此一着，兄似更不便，因为不愿示人以弱。但北京同人正不妨如此宣言。故我主张趁兄离沪的机会，将《新青年》编辑部的事，自九卷一号移到北京来。由北京同人于九卷一号内发表一个新宣言，略根据七卷一号的宣言，而注重学术思想艺文的改造，声明不谈政治。

孟和说，《新青年》既被邮局停寄，何不暂时停办，此是第三办法。但此法与"新青年社"的营业似有妨碍，故不如前两法。

总之，此问题现在确有解决之必要。望兄质直答我，并望原谅我的质直说话。

此信一涵、慰慈见过。守常、孟和、玄同三人知道此信的内容。他们对于前两条办法，都赞成，以为都可行。馀人我明天通知。适。

抚五看过，说"深表赞同"。适。

此信我另抄一份，寄给上海编辑部看。

适　12月间

（1920年12月）

——《中国现代出版史料》（甲编）

# — 致 马裕藻 ①

**幼渔先生：**

有一个安徽贵池的女学生许以敬（此事曾与先生谈过），上次投考北大，竟致与家中反目，不能回家，然而竟不曾被取。后来他情愿投考女高师，朋友替他向他的哥哥说情，收他回去。不料他的哥哥因自己的妻子病废，家事无人主持，要他的妹子出来替他管家，并不要他投考任何学校。因此，他的哥哥至今不肯担任学费。现在有人替他设法，允为筹助学费。但此女考北大失败之后，已如惊弓之鸟，怕考如怕虎狼。今天我才听说先生在女高师主持此次国文科考试，所以我写这信来，请你特别注意此女，免他二次失败，或竟有性命之忧。此女国文不很好，有时尚不免写白字。但我们因为不满意于他家庭待他的情形（其兄亦美国留学生，与我同船回国，与陶行知是同学），故冒昧替他说一句话，请原谅。

适上　十九夜[2]

（1920年）

[2]

此信写于1920年前后，暂系于此。——编者

——《胡适全集》第23卷

# 一九二一年

## ── 致 陈独秀

**独秀：**

你给孟和的信与给北京同人（答我）的信，我都见了。

你真是一个卤莽的人！我实在有点怪你。你在北京的日子也很久了，何以竟深信外间那种绝对无稽的谣言！何以竟写出那封给孟和的决绝信！（你信上有"言尽于此"的话！）你难道不知我们在北京也时时刻刻在敌人包围之中？你难道不知他们办共学社是在《世界丛书》之后，他们改造《改造》是有意的？他们拉出他们的领袖来"讲学"——讲中国哲学史——是专对我们的？（他在清华的讲义无处不是寻我的瑕疵的。他用我的书之处，从不说一声；他有可以驳我的地方，决不放过！但此事我倒很欢迎。因为他这样做去，于我无害而且总有点进益的。）你难道不知他们现在已收回从前主张白话诗文的主张？（任公有一篇大驳白话诗的文章，尚未发表，曾把稿子给我看。我逐条驳了，送还他，告诉他，"这些问题我们这三年中都讨论过了，我很不愿他来'旧事重提'，势必又引起我们许多无谓的笔墨官司！"他才不发表了。）你难道不知延聘罗素、倭铿等人的历史？（我曾宣言，若倭铿来，他每有一次演说，我们当有一次驳论。）

但是我究竟不深怪你，因为你是一个心直口快的好朋友。不过我要你知道，北京也有"徐树铮陆军总长，陈独秀教育总长"的话，但我们决不会写信来劝你"一失足成千古恨……"！

这事，我以后不再辨了！（似未完稿）

（约写于1921年初，暂系于此）

——《胡适遗稿及秘藏书信》第20册

# — 致 李大钊等《新青年》编委 ①

**守常、豫才、玄同、孟和、慰慈、启明、抚五、一涵诸位：**

年底的时候，独秀有信寄给一涵与我，信中有云："《新青年》色彩过于鲜明，弟近来亦不以为然。陈望道君亦主张稍稍改变内容，以后仍以趋重哲学文艺为是。但似此办法，非北京同人多做文章不可。近几册内容稍稍与前不同，京中同人来文太少，也是一个重大原因。"（此信日子为十六夜，但至十二月二十七夜始到。）我因答此信，曾提出两条办法。（原信附上）我自信此两条皆无足以引起独秀误会之处，不料独秀答书颇多误解。守常兄已将此书传观，我至今日始知之，未及加以解释，恐误会更深。故附加一函并附独秀与孟和书一份，再请你们各位一看。

第一，原函的第三条"停办"办法，我本已声明不用，可不必谈。

第二，第二条办法，豫才兄与启明兄皆主张不必声明不谈政治，孟和兄亦有此意。我于第二次与独秀信中曾补叙入。此条含两层：1.移回北京。2.移回北京而宣言不谈

①
李大钊
（1899～1927）
字守常，河北乐亭人。时任北京大学教授兼图书馆主任，是中国共产党主要创始人之一。——编者

鲁迅
（1881～1936）
原名周树人，字豫才。浙江绍兴人。著名文学家、思想家。是当时文学革命的健将。

周作人
（1885～1968）
著名文学家。鲁迅的弟弟。原名遐寿，又名启明。浙江绍兴人。时任北京大学等校教授，是《新青年》主要撰稿人之一。

王星拱
（1889～1951，一 作1887～1950）字抚五。安徽怀宁人。时为北京大学教授、《新青年》撰稿人之一。——编者

75

政治。独秀对于后者似大生气。我很愿意取消"宣言不谈政治"之说，单提出"移回北京编辑"一法。理由是：《新青年》在北京编辑或可以多逼迫北京同人做点文章。否则独秀在上海时尚不易催稿，何况此时在素不相识的人的手里呢？岂非与独秀临行时的希望——"非北京同人多做文章不可"——相背吗？

第三，独秀对于第一办法——另办一杂志——也有一层大误解。他以为这个提议是反对他个人。我并不反对他个人，亦不反对《新青年》。不过我认为今日有一个文学哲学的杂志的必要。今《新青年》差不多成了 *Soviet Russia* 的汉译本，故我想另创一个专关学术艺文的杂志。今独秀既如此生气，并且认为反对他个人的表示，我很愿意取消此议，专提出"移回北京编辑"一个办法。

总之，我并不反对独秀，——你们看他给孟和的信，便知他动了一点感情，故轻信一种极可笑的谣言。——我也不反对《新青年》，我盼望《新青年》"稍改变内容，以后仍以趋重哲学文学为是"（独秀函中语）。我为了这个希望，提出一条办法，就是和独秀商量，把《新青年》移到北京编辑。

这个提议，我认为有解决的必要。因为我仔细一想，若不先解决此问题，我们决不便另起炉灶，另创一杂志。若此问题不先解决，我们便办起新杂志来了，表面上与事实上确是都很像与独秀反对。表面上外人定如此揣测。事实上，老实说，我们这一班人决不够办两个杂志。独秀虽说"此事与《新青年》无关"，然岂真无关吗？故我希望我们先解决这个问题。若京、沪、粤三处的编辑部同人的多数主张把编辑部的事移归北京，则"改变内容"、"仍趋重哲学文学"（皆独秀函中语），一个公共目的，似比较的更有把握。我们又何必另起炉灶，自取分裂的讥评呢？

诸位的意见如何？千万请老实批评我的意见，并请对于此议下一个表决。

胡适上十，一，廿二

慰慈赞成此议。适。

一涵赞成此议。适。

赞成移回北京。如实不能则停刊，万不可分为两种杂志，致破坏《新青年》精神之团结。陶孟和。

赞成孟和兄的意见。王抚五。

我还是主张从前的第一条办法。但如果不致"破坏《新青年》精神之团结"，我对于改归北京编辑之议亦不反对。而绝对的不赞成停办。因停办比分裂还不好。守常。

后来守常也取消此议，改主移京编辑之说。适注。

赞成北京编辑。但我看现在《新青年》的趋势是倾于分裂的，不容易勉强调和统一。无论用第一、第二条办法，结果还是一样。所以索性任他分裂，照第一条或者倒还好一点。作人代。

与上条一样，但不必争《新青年》这一个名目。树

玄同的意见，和周氏兄弟差不多，觉得还是分裂为两个杂志的好。一定要这边拉过来，那边拉过去，拉到结果，两败俱伤，不但无谓，且使外人误会，以为《新青年》同人主张"统一思想"，这是最丢脸的事。孟和兄主张停办，我却和守常兄一样，也是绝对的不赞成。我以为我们对于仲甫兄的友谊，今昔一样，本未丝毫受伤。但《新青年》这个团体，本是自由组合的，即使其中有人彼此意见相左，也只有照"临时退席"的办法，断不可提出解散的话。极而言之，即使大家对于仲甫兄感情真坏极了，友谊也断绝了，只有他一个人还是要办下去，我们也不能要他停办。至于《新青年》精神之能团结与否，这是要看各人的实际思想如何来断定，断不在乎《新青年》三个字的金字招牌！玄同附注。

一九二一，一，廿六

（1921年1月26日）

——《中国现代出版史料》（甲编）

① 范源濂（1876~1927）字静生，湖南湘阴人。著名教育家。时任北京高师校长。——编者

# — 致 范源濂 ①

**静生先生：**

  顷闻先生卧病已数日，甚念甚念，不知近日见好否？又闻先生病中听见国立各校教职员罢工之举，颇萌去志。我知道先生本来不爱干此事，故去秋相见时，先生曾有"应该吊我，有何可贺"的话。但我是爱敬先生的人，深不愿见先生因我们罢工而去位。此次教职员罢工之举，并非对先生有所不满意。实因政府太无办法，故有此举。现在中国政府有一个怪现状，就是各部的收入都成了各部的私产。当此国立各大校（学）窘迫万状之时，而交通部方大兴教育事业。交通大学也，铁路职工师范学校也，铁路职工演讲员养成所也，——这些计划，有已实行者（其演讲员养成所本月毕业第一班），不但教职员薪俸无亏，并且学生每月得津贴十八元。此中款项皆由国有各铁道摊派。此路人皆知者也。即如此次中法在上海合办之工商学校，此虽属教育部，闻亦由交通部出钱，故校中人员皆为交通界中人。此次招考，外间啧有烦言，皆知此校又成为交通系新教育事业之一了！

  政府既有余财兴办这些新的教育事业，何以对于国立各大校（学）之区区每月十七八万元独置之不闻不问呢？

  此次教职员要求政府于国有各铁路收入项下拨付各校欠薪及以后国立各大校（学）的经费，并非单为我们讨账，乃是正式提出一个大问题："政府各机关的收入是否应为各机关的私有，抑应为国家的公共收入？"

  我们爱敬先生的人，都希望先生勉力提出这个议案，若不通过，然后去位。若先生于此时先去，定使无数人大失望：并非因我们拿不到钱而失望，乃是因先生不能副我

们的期望而失望。

还有一件大事，也可以值得先生以去就力争的。蒙古的现状，现在我国政府似已无法应付了。我近来访问多数英美人熟于蒙古情形者，他们都说，只有速承认远东共和国，与立助剿蒙乱的协约一个法子。远东共和国为东亚唯一之无侵略政策之国家，且俄之旧党在蒙古活动，亦于远东共和国大不利。故中国此时若承认远东共和国，而以助剿蒙乱为承认之条件，彼自无不乐从之理。此唯一之救蒙方法，而内阁中竟无人肯力争，坐令蒙乱日深而不可救，将来公等皆应负"断送蒙古"的罪名。馀人固不足惜，独先生与颜、董诸君似乎应该有点主张才好。若先生以此事力争而去，亦可以算是尽了一点心力而去了。

好人做官，自然不是为名利。为什么呢？为的是有一个做点好事的机会。我们敬爱先生的人，都不愿见先生于此时默默的就去了。我们很希望先生做一两件大事，提出一两个应该提出的大问题，然后以去就争之，争之不得，然后去。

古人说，"君子爱人以德"，我想先生定不怪我多事。

胡适敬上　十年三月十三晨

（1921年3月13日）

——《胡适遗稿及秘藏书信》第19册

# 一九二二 <sub>年</sub>

## —— 致《晨报》副刊

**《晨报》记者先生：**

我在《努力》第五期上对于《晨报》的批评，自然是"责备贤者"的意思，故把《晨报》特别提出，并且加上"甚至于"三个字。这个意思，不料竟使先生"欠解"，想先生能受纳我这个解释罢。

还有一层，我在《努力》上指出的，乃是指董康"在这个时候敢出来做财政上的清理与改革"的时代受的"嘲笑与讥讽"。《晨报》对于他的大参案的责备，我也认为正当。但这十天内《晨报》对于董康的态度，似乎不能免"嘲笑与讥讽"的名目。如五月二十七日、二十八日、三十日的标题与记载，都可引来作例。《晨报》前日的《新闻纸问题号》中，先生曾表示反对现在流行的那种"议论和事实混合的政治新闻"。这种新闻，我也反对。然而《晨报》近来似乎也不能免去此种方法。如上所举五月二十八日的第一项即是"吴佩孚推荐高恩洪真不错"，附题五行，第五行为"同受吴佩孚激赏的董康听之"。这似乎是议论，不是新闻。这一条新闻中有云：

与高同受吴佩孚赏识之董康氏，只知上条陈，于实际毫无把握，计其就职亦已二日，"节流"二字，尚未做起。较之高氏，何足望其项背也。

这正是先生说的"议论和事实混合的政治新闻"。我们所谓"嘲笑与讥讽"，也就是指这一类的论调。至于我对《晨报》

只有责难的态度，并无恶意，这一层我想先生总该承认罢。说到这里，我不能不提起六月四日《晨报副刊》上的一段小杂感，是对于我们十六个人的政治主张而发的。他说：

> 至于学者，尽有余裕可以作文发表个人意见，又何必许多人聚在一堆学那种宣言、布告的下流方式？

我想借这个机会请问这位"君实"先生，何以宣言、布告是下流的方式？他这个见解很新鲜别致，我很想多领教一点，也许可以"开我茅塞"，使我们以后不再学那种"下流方式"了。他又说：

> 现在又有十六人关于政治的宣言了。医生也赞成，画师也赞成。特不知他的结果怎样了。

我又想问问，这种态度是不是"嘲笑与讥讽"？我是一个笨人，实在看不出他的意思在什么地方。如果他的意思是说医生、画师的赞成使我们的宣言也变"下流"了，那么，我们以后也可以拒绝他们的赞成。如果他的意思是说医生、画师是上流人，不应该降格来赞成这种"下流方式"，那么，我们以后也可以谢绝他们的赞成，免得他们也被我们玷污了。

先生，我对于《晨报》也曾尽过一点小小的力；今天请你看老交情的份上，把我这封信赏登在贵报上。

十一，六，六　胡适
（1922年6月6日）

——《胡适的日记》下册

# ── 致 顾维钧 ①

**少川先生：**

　　近日报载外交部提出阁议，议决认真监视苏俄代表越飞，并饬令京师军警机关于越飞回京时，亦须认真查察。又闻政府近日颁布一种取缔宣传过激主义条例，是司法部的人员照抄日本的条例的。我们初听见这二事，心里都不相信，因为这二事都是与上次先生在外交部招宴谈论俄事时的精神，完全相反的。但近日这些话又很像是真的了。我很想对先生说几句话。

　　第一，越飞确是苏俄的正式代表，中国应对他表示相当的敬礼。他若不是正式代表，何以能和日本开议呢？日本东京《东方时论》上有中野正刚君论对俄交涉，曾说："我国（日本）的使节应该任命第一流的人物。越飞君是布雷斯托里托斯科会议以来的名士，对于此人，不可不表相当的敬意。若令外务部的属僚出而试刀笔吏的外交，对彼为失礼，同时自然生出使人轻视日本的结果。"这种议论似乎是可以注意的。

适 （8月）

（1922年8月）

──《胡适遗稿及秘藏书信》第20册

# 一九二三 年

## — 答 梁漱溟 [①]

①
梁漱溟
（1893～1988）
原名焕鼎，字漱
溟，广西桂林
人。思想家，现
代新儒家早期
代表人物，时
在北京大学任
教。——编者

**漱溟先生：**

顷奉手书，有云，"尊文间或语近刻薄，颇失雅度；原无嫌怨，曷为如此？"

"嫌怨"一语，未免言重，使人当不起。至于刻薄之教，则深中适作文之病。然亦非有意为刻薄也。适每谓吾国散文中最缺乏诙谐风味，而最多板板面孔说规矩话。因此，适作文往往喜欢在极庄重的题目上说一两句滑稽话，有时不觉流为轻薄，有时流为刻薄。在辩论之文中，虽有时亦因此而增加效力，然亦往往因此挑起反感。如此文自信对于先生毫无恶意，而笔锋所至，竟蹈刻薄之习，至惹起先生"嫌怨"之疑，敢不自省乎？

得来示后，又复检此文，疑先生所谓刻薄，大概是指"一条线"、"闭眼"等等字样。此等处皆撷拾大著中语，随手用来为反驳之具，诚近于刻薄。然此等处实亦关于吾二人性情上之不同。适颇近于玩世，而先生则屡自言凡事"认真"。以凡事"认真"之人，读玩世滑稽之言，宜其扦格不入者多矣。如此文中，"宋学是从中古宗教里滚出来的"一个"滚"字，在我则为行文时之偶然玩意不恭，而在先生，必视为轻薄矣。又如文中两次用"化外"，此在我不过是随手拈来的一个Pun，未尝不可涉笔成趣，而在"认真"如先生者，或竟以为有意刻薄矣。轻薄与刻薄固非雅度，然凡事太认真亦非汪汪雅度也。如那年第三院之送别会，在将散会之际，先生忽发"东方文化是什么"之问，此一例也。后来先生竟把孟和先生一时戏言笔之于书，以为此足证大家喜欢说虚伪的话。此又一例也。玩世的态度固可以流入刻薄；而认真太过，武断太过，亦往往可以流入刻薄。先生《东西文化》书中，此种因自信太过，或武断太过，而不觉流为刻薄的论调，亦复不少。页一六，页一六四即是我个人身受的两个例。此非反唇相稽也。承先生不弃，恳切相规，故敢以此为报，亦他山之错，朋友之谊应尔耳。先生想不以为罪乎？

……

适敬上　十二,四,二

（1923年4月2日）

——《胡适文存》二集卷二

①
郭沫若
（1892~1978）
原名开贞，号
鼎堂，笔名沫
若，四川乐山
人。文学家、考
古学家、古文
字学家、历史
学家。五四时
期组建创造社，
是著名新诗人。
——编者

郁达夫
（1896~1945）原
名文，字达夫。
浙江富阳人。诗
人和文学家。是
创造社骨干人
物。——编者

# 一 致 郭沫若、郁达夫 ①

**沫若　达夫两位先生：**

我这回南来，本想早日来看你们两位，不幸在南方二十天，无一日不病，已有十天不曾出门一步了。病中读到《创造》二卷一号，使我不能不写这封信同你们谈谈我久想面谈的话。

我最注意的是达夫在一五二页上说的："因为我在杂志上发表了一篇旧作的文字，淘了许多无聊的闲气。更有些忌刻我的恶劣分子，就想以此来作我的葬歌，纷纷的攻击我起来。"

我很诚恳地希望达夫的第二句话里不含有与我有关的意义。我是最爱惜少年天才的人；对于新兴的少年同志，真如爱花的人望着鲜花怒放，心里只有欢欣，绝无丝毫"忌刻"之念。但因为我爱惜他们，我希望永远能作他们的诤友，而不至于仅作他们的盲徒。

至于我对你们两位的文学上的成绩，虽然也常有不能完全表同情之点，却只有敬意，而毫无恶感。我是提倡大胆尝试的人，但我自知"提倡有心，而实行无力"的毛病，所以对于你们的尝试，只有乐观的欣喜，而无丝毫的恶意与忌刻。

至于我的《骂人》一条短评，如果读者平心读之，应该可以看出我在那一条里只有诤言，而无恶意。我的意思只是要说译书有错算不得大罪，而达夫骂人为粪蛆，则未免罚浮于罪。至于末段所谓"我们初出学堂门的人"，稍平心的读者应明白"我们"是包括我自己在内的，并不单指"你们"，尤其不是摆什么架子。

后来达夫做了一篇短文，内中全不提起译文，而说我所以强出头，是因为原文有跟着外国学者跑来跑去的话，而我是曾跟杜威做翻译的，所以借题雪恨。这篇文章，他寄给北京《晨报》社，社中记者给我看了，我劝他不要登。他说，他因为要表示作者的人格的堕落，所以主张登出。我说："正因为我爱惜作者的人格，所以不愿你登出。"后来他回信赞成我的态度，所以不登了。——然而此文终于在别处发表了。——我追叙这一段故事，只是要你们知道我对于你们，只有爱惜，而无恶意。

后来你们和几位别人，做了许多文章，很有许多意气的话，但我始终不曾计较。因为有许多是"节外生枝"的话，徒伤感情与日力，没有什么益处，我还是退避为妙。

至于就译书一事的本题而论，我还要劝你们多存研究态度而少用意气。在英文的方面，我费了十几年的苦功，至今只觉其难，不见其易。我很诚恳地希望你们宽恕我那句"不通英文"的话，只当是一个好意的诤友无意中说的太过火了。如果你们不爱听这种笨拙的话，我很愿意借这封信向你们道歉。——但我终希望你们万一能因这两句无礼的信的刺激而多读一点英文；我尤其希望你们要明白我当初批评达夫的话里，丝毫没有忌刻或仇视的恶意。

如果你们不见怪，我很诚恳地盼望你们对我个人的不满意，不要迁怒到"考据学"上去。你们做文学事业，也许有时要用得着考据的帮助。例如译Omar的诗，多用几种本子作考据，也许可以帮助本文的了解。考据是一种公开的学问，我们不妨指出某个人的某种考据的错误，而不必悬空指斥考据学的本身。

最后，我盼望那一点小小的笔墨官司不至于完全损害我们旧有的或新得的友谊。

胡适 十二，五，十五<br>（1923年5月15日）

此信能不发表最好，倘有赐复，请寄亚东图书馆转。适。

——《胡适遗稿及秘藏书信》第19册

## — 致 高一涵、陶孟和、<br>张慰慈、沈性仁 ①

①
沈性仁
陶孟和的夫人。
时为《努力周
报》编辑人
员。——编者

**一涵、慰慈、孟和、性仁四位同鉴：**

《努力》事承你们努力维持，至于今日，使我得安心在山中养病，我真不知道怎样感谢你们才好！

我在烟霞洞住了三个多月，虽然很安逸，很快乐，但我真住的不耐烦了。并不是地方不好，实在是心里不安。

一来因为我在大学的功课无人担任；二来因为《努力》久累朋友；三来因为离家日久。所以我决计"下山"来了。（"下山"二字是浙江教育厅长张宗祥用的《思凡》典故！）

四日下山，五夜到上海，一觉醒来，曹锟已当选作总统了。上海一班朋友，都不愿意我此时回来，大家谈论的结果，都劝我暂不回京，医生也不赞成我此时出来工作。因为我现在肛门还有一处痔瘤每天要发二三次，每正坐二时以上，背脊便酸痛。

因此，我于七日晚上请叔永夫妇、经农、振飞们来商议一次。结果是：

（1）《努力》暂时停办，将来改组为半月刊或月刊，专从文艺思想方面着力，但亦不放弃政治。俟改组就绪，再行出版。出版当在我恢复健康之时；此时仍继续《读书杂志》。

（2）我此时暂不回京授课，俟一年假满之时再说。

以上二事皆以我病体未复元为主要理由。

停办之事，原非我的本意。但此时谈政治已到"向壁"的地步。若攻击人，则至多不过于全国恶骂之中，加上一骂，有何趣味？若撇开人而谈问题和主张，——如全国会议，息兵，宪法之类，——则势必引起外人的误解，而为盗贼上条陈也不是我们爱干的事！

展转寻思，只有暂时停办而另谋换一方向傺力的办法。

二十五年来，只有三个杂志可代表三个时代，可以说是创造了三个新时代。一是《时务报》，一是《新民丛报》，一是《新青年》。而《民报》与《甲寅》还算不上。

《新青年》的使命在于文学革命与思想革命。这个使命不幸中断了，直到今日。倘使《新青年》继续至今，六年不断的作文学思想革命的事业，影响定然不小了。

我想，我们今后的事业，在于扩充《努力》，使他直接《新青年》三年前未竟的使命，再下二十年不绝的努力，在思想文艺上给中国政治建筑一个可靠的基础。

在这个大事业里，《努力》的一班老朋友自然都要加入；我们还应当邀请那些年老而精神不老的前辈，如蔡子民先生，一齐加入。此外少年的同志，凡愿意朝这个方向努力的，我们都应该尽量欢迎他们加入。

九月二十三日，自云栖回到烟霞洞，看见山前的梅树都憔悴不堪了，曾有一诗如下：

树叶都带着秋容了，
但大多数都还在秋风里撑持着。
只有山前路上的许多梅树，
却早已憔悴的很难看了。
我们不敢笑他们早凋；
让他们早早休息好了，
明年仍赶在百花之先开放罢！

让我这首小诗预祝我们的新《努力》的生命罢！谢谢你们维持《努力》的热诚和辛苦。

适上　十二,十,九
（1923年10月9日）

——《努力国报》第75期


# 一 致 钱玄同


**玄同：**

今天冬秀上山来，带来你的大札，已拜读过了。

《科学与人生观》，本已决计等候吴老先生的大作完篇后再出版。后来他老先生回无锡去了，文章老不脱稿；亚东因年关紧迫，不便排版久待，故就先行出版了。

你愿意整理的四类书，我都赞成。已选定的三部，即请早日动工。近年多读颜习斋、李恕谷的著作，觉得他们确是了不得的思想家，恕谷尤可爱。你说我"不甚爱颜习斋"，那是"去年的我"了！近作《东原的哲学》，开端即叙颜、李。又有书与梁任公，——已付《读书杂志》，——论颜学与戴学的关系似与是仲明无关，而似以程廷祚——"应征君"——为线索。戴子高所说，似不误也。

《章氏遗书》丢在亚东，不久大概可以寄到。

适 十二, 十二, 廿七
（1923年12月27日）

——《鲁迅研究资料》第9辑

# 一九二四年

## — 致 胡近仁

**近仁叔：**

前不多时，曾寄一信，谈宗武事，想已达览了。

五月二十二日手书已收到。

福保的问题，我以为可先进二师。现在真没有好中学堂！那里不是你说的"机械教育"！二师的危险是很明白的，所以不足怕。易卜生的儿子少时，易卜生送他到俄国去留学。人问，"你是爱自由的人，为什么不送他到美国去？"易卜生说："美国人得着了自由，故不知道自由的真价值。俄国人没有自由，故真能赏识自由的意义。"二师虽专制，却是制造革命党的好地方。胡子承不但替胡适之造了许多信徒，还替陈独秀造了无数党员！（但这个消息，你千万不可让子承先生知道！！）福保不妨先去二师，等到他被子承先生开除出来时，他已是自由的忠心的信徒了。

如果将来福保的经济有不足时，我定可以帮助你一点。

福保的白话诗，都通顺了，"月"一首最好。做诗先要文理通顺，将来总有进步。

绩溪一班少年诗人，无论如何，总还当得起一个"通"字。大概将来绩溪要出不少的诗人！我记得你曾集山谷句送我，中有一句是"少年有功翰墨林"。但将来的少年如果都去学胡适之做白话诗，那么，我也许遗害他们不浅，将来我也许得着"少年流毒翰墨林"的墓铭呢！

素斐又大病，恐不易好了。馀都平安。

适 十三，六，四
（1924年6月4日）

——《胡适家书手迹》

## — 致 张国淦 [1]

①
张国淦
（1878～1959）
字乾若，又字仲
嘉，号石松。湖
北蒲圻人。时任
北京政府教育
总长。——编
者

**乾若先生：**

六月八日见着先生和少川先生时，曾以警厅禁卖《胡适文存》的事奉询，蒙先生允为访问。过了两天，梦麟先生代达尊意，说已代询过内务部及警厅，据云，《胡适文存》及《独秀文存》并未曾禁卖；并云，前次向各书店收去检阅的书，均已发还原店了。当时我自然很觉得满意。但迄今已近一月，而警察仍在干涉各书摊，不许他们发卖这两部书，前次没收的书也并不曾发还。

我曾把先生转告的话说给一两家书摊掌柜的，他们信以为真，就试把一两部《胡适文存》摆出来看看。不料各区警察署仍派便衣侦探干涉此书，不准售卖。

我想再奉托先生再为一问，究竟北京的政令是什么机关作主，究竟我的书为什么不许售卖？禁卖书籍为什么不正式布告该禁的理由？为什么要没收小贩子出钱买来的书？（我所知道的，南城有一家书摊被收去《胡适文存》三部，《独秀文存》七部。西城锦什坊街有一家被收去两种文存约十几部。）我很盼望先生替我一问，因为现在各书摊的掌柜的疑心我说谎。我既然不便疑心梦麟先生和先生说谎，自然只好请先生再为一问了。

最奇怪的是现在警察厅禁售的书不但有这两部《文存》，还有便衣侦探把一张禁售的书单传给各书摊，内中有什么《爱的成年》、《爱美的戏剧》、《自己的园地》等书。这真是大笑话！《爱的成年》乃是英国著名老宿嘉本德（Edward Capenter）的名著，世界各国文字皆有译本，不料在中国竟遭禁卖之厄。《自己的园地》乃是周作人先生评论文学的小品文字的结集，为近年文学界希有的作品，亦不知为何遭此灾厄。

这些书固然于我无关，但这种昏谬的禁令实在太可笑了，我连带说及一句，也很盼望先生们能设法销除这种笑话，不要太丢中国的脸。

匆匆奉闻，乞恕琐屑。

胡适敬上　十三,七,三
（1924年7月3日）

——《晨报副刊》（1924年7月6日）


## 一　致 高一涵

一涵：

久不看报，前日检得你在《晨报副刊》上《关于〈努力月刊〉的几句话》，我仔细读了，实在不懂得你是什么意思。

一个人要表示清高，就不惜把一切卖文的人都骂为"文丐"，这是什么道德？

　　拿尽心做的文字去卖三块钱至五块钱，不算是可耻的事。献寿文，作瞒心昧己的谀墓文，那是文丐。借文字敲竹杠，那是文丐。用抄窃敷衍的文字骗钱，那是文丐。迎合社会的恶劣心理，制造下流读物，那是文丐。但拿不苟且而有价值的文字换得相当的报酬，那是一种正当的生活。我们如果有一点忠恕之心，不应该这样嘲骂他们。如吴稚晖先生在极穷困之中，作文亦不受酬，那是超人待己之严，是可佩服的。但不以此自律，而以此骂人，那是我不希望我的朋友做的，尤其不希望你干的。

　　办一个有资本的杂志，像美国的《新共和》，那是我十年来的梦想。无钱而办杂志办报，全靠朋友友谊的投稿，那是变态的现象，是不能持久的。《努力周报》不出稿费，连发行部的人也不支薪，这是我最不安的事。所以改办《月刊》时，我极力主张，非集点资本，正不必办。《月刊》应该格外注重文字的质量。既要朋友白帮忙，又要挑剔文字的好歹，那是不容易的事。所以我主张《月刊》每月应有最低限度的编辑费。

　　但我们既不要军阀的钱，又不愿把自己卖给那一个帝国主义的或反帝国主义的政府，这笔钱打那儿来呢？

　　"商务"同"亚东"承办《努力月刊》时，我们即提出这笔编辑费作为一个条件。"亚东"情愿借贷来承办此报，但独秀劝他们不必竞争，只要求几个条件，内中有一条是独秀和我的文字不受酬，保留版权（独秀当日也是担任《月刊》撰文的人）。"商务"承办的杂志本无担任编辑费的先例；但对一切杂志皆有"销数满二千部后，其二千部以外销出之数，发行人应以版税二成交付著作人"的规定。《努力月刊》因有《周刊》八千份的底子，故"商务"肯以六千部的销数作为计算的基础，决定即以此项预支的版税作为编辑费。此是"商务"承办此报的事实，并无如你说，"商务印书馆于是便板起资本家的面孔，说：'给你们做文字的人三块钱至五块钱一千字'"的情形。这样说话，但求一时的快意，而不顾事实的不符，也是我不希望我的朋友做的。

至于"商务"对《努力》的关系，并非谋"红利"，乃是"商务"里面有几位朋友赞成我们的奋斗牺牲的态度，故为友谊的帮助。《周刊》出版后，"商务"即破例愿为代售，并为代定。以几百万资本的公司，而担此三个铜子的小生意，至一年半之久，这是他们谋"挣红利"的表示吗？《月刊》之非挣钱营业，人皆知之。"商务"所办杂志，至今能挣钱者，有几个呢？他们这一次不恤冒险而担任《努力月刊》的编辑费，我们自己计算，姑以每年五千四百元编辑费而论，加上印刷、发行、广告的费，须真有八千份的销数方可够本。而月刊不比周刊，周刊能有八千份而月刊不易至此数。"商务"契约上并声明，"以三年为限，限满清算；如著作人应得版税及广告费总数超过三年内预支之总数，应由发行人照数补送。"但如三年内销数不满八千，我们却不须赔偿他的损失。这种单方的条件，我们能说他们是谋红利吗？这种资本家有何威可畏？

君子立论，宜存心忠厚。凡不知其真实动机，而事迹有可取者，尚当嘉许其行为，而不当学理学家苛刻诛心的谬论，——何况我深知"商务"此番全出于好意的友谊，而你说的话太过火了。使我觉得很对"商务"不住。我又不愿把我们的契约无故披露在报纸上，以博一班神经过敏的人的谅解。所以我写这封信给你，请你替我想想我处此境地，应该怎样办法。

我说的话有不免太直切之处，但我对朋友的通信是从来不会作伪的，对你尤其不敢矫饰，想你能谅解。

适　十三,九,八
（1924年9月8日）

——《胡适遗稿及秘藏书信》第19册

# — 致《晨报》副刊

**记者先生：**

我从北戴河回来，听说副刊上有些读者质问《努力》究竟怎么样了，我不幸不曾看到最先的两次投稿，只见着一涵、衣萍、绍原诸位的讨论，你可以许我借这个机会说几句话吗？

《努力》月刊的第一期稿子确是编好了几个月了。但因为我的病的缘故，一班朋友都不愿我担任此事：第一期出版不难，而难乎为继。我们决定请一位张奚若先生回国来专任政治方面的议论，兼做编辑的事，而我退居"小卒子"的地位，帮着出点汗。努力社的朋友并且凑了旅费寄去给张先生。但张先生因为新婚的关系，至今还舍不得回国。

我个人的主张是《努力》应该继续出版。

今日政治方面需要一个独立正直的舆论机关，那是不消说的了。即从思想方面看来，一边是复古的混沌思想，一边是颂扬拳匪的混沌思想，都有彻底批评的必要。近日拳匪的鬼运大亨通：六年前作"克林德碑"那篇痛骂拳匪的大文（《独秀文存》卷一，页三四三至三六〇）的作者，现在也大出力颂扬拳匪了！（《政治生活》十五。）这种现象使我感觉《努力》真有急急出版的必要。

虽有事实上的种种困难，我可以敬告爱《努力》的朋友们：《努力》终要继续出来的，现在不过是迟早的问题。

《努力》的二次出来，是月刊呢？还是扩大的周刊呢？这个问题也要等张先生回来再决定。他主张办周刊；我们也嫌月刊太慢。也许将来的新《努力》还是一种周刊。

听说有一位萧先生提出三个疑问：畏威？灰心？畏难？我是不畏威，也不容易灰心的人，至于畏难，确有一点。耶稣说的好："收成是好的，只是工作的人怎样少呀！"这不必是和绍原先生同梦；不过我这只多病的"徽骆驼"确是往往有这种感想。即如章洛声先生那样帮《努力》的忙，及今思之，这样的一个同工者向那里去找呀！

至于衣萍先生提出的假设，我惭愧不敢当。人家也许疑心我作文敏捷，其实我是很迟钝的；人也许疑心我脸皮厚，其实我是很害羞的。迟钝和害羞是我的著作出版比较迟缓的原因。我的出版物大部分是被外界的压力"榨"出来的。若不是我病了，政治和思想界的混沌早已把《努力》又榨出来了。

至于一涵先生代我作答，我自然是很感谢的。但他提及商务印书馆的一层，未免有点失实。商务印书馆对于努力的关系，并不是资本家对待"脑筋苦力"的关系，办杂志也不是"挣红利"的好法子。至于"商务印书馆于是便板起资本家的面孔说：'给你三块钱至五块钱一千字'"，那更是一涵笔锋的情感，却不是事实。

努力社有几个社员现在商务编译所，这是第一层关系。商务管理部有几个老辈，对于我个人的友谊，是第二层关系。当《努力周报》出版以后，张菊生、李拔可、陈叔通诸先生皆曾表示赞成我们的主张。后来商务发行部自己提议，破例为我们代售《努力》，并代理定阅。以一个几百万资本的大公司，自动的破例经理这三个铜子的生意，这是谋挣红利吗？

周报停办后，我们感于无钱办报的困难，所以主张先筹点资本，然后办月刊；或仿从前《新青年》的办法，由一家书店发行，但发行人须出一点编辑费，以供聘用助手及酬报外来投稿之用。那时商务与亚东都愿任此事，但我和独秀知道亚东的困难，故劝他们让与商务。商务代发行的杂志，本有"二千份以外的销数，每份抽版税三成"的规定；广告费也有二成的税。我们因周报曾销过八千，故以六千份为底子，计算版税与广告税，作为月刊的编辑费。但投稿人愿受酬与否，全由各人的自由。这其间有什么"资本家之畏"可言。

君子立论，宜存心忠厚；凡不知其真实动机而其事有可取者，还应该嘉许其行为，而不当学理学家诛心的苛刻论调。今日那班处处畏资本家的阴谋的人，同时又往往为拳匪曲说巧辩：——这真是"翻手为云覆手雨"，我们只好叫他做"讼棍的行为"（这一段不是对一涵说的，因为一涵并不至于颂扬拳匪。）。

本图简单作答，不料已很长了，糟塌副刊的篇幅，恕罪，恕罪！

胡适　十三，九，九

（1924年9月9日）

——《晨报副刊》（1924年9月12日）

# 一 致 王正廷 ① （稿）

**儒堂先生：**

①
王正廷
（1882~1961），字儒堂，浙江奉化人。时任北京政府外交部长兼财政部长。——编者

先生知道我是一个爱说公道话的人。今天我要向先生们组织的政府提出几句抗议的话。今日下午外间纷纷传说冯军包围清宫，逐去清帝。我初不信，后来打听，才知道是真事。我是不赞成清室保存帝号的，但清室的优待乃是一种国际的信义，条约的关系。条约可以修正，可以废止，但堂堂的民国，欺人之弱，乘人之丧，以强暴行之，这真是民国史上的一件最不名誉的事。今清帝既已出宫，清宫既已归冯军把守，我很盼望先生们组织的政府对于下列的几项事能有较满人意的办法：

（一）清帝及其眷属的安全。

（二）清宫故物应由民国正式接收，仿日本保存古物的办法，由国家宣告为"国宝"，永远保存，切不可任军人政客趁火打劫。

（三）民国对于此项宝物及其他清室财产，应公平估价，给与代价，指定的款，分年付与，以为清室养赡之资。

我对于此次政变，还不曾说过话。今天感于一时的冲动，不敢不说几句不中听的话。倘见着膺白先生，我盼望先生把此信给他看看。

胡适敬上　十三，十一，五
（1924年11月5日）

——《胡适遗稿及秘藏书信》第18册

# 一　致 陈世棻

你的信收到了。

我曾劝杨振声先生作中国教育学说史及中国教育制度史，并且答应他材料上的援助。这是因为教育史的材料往往与哲学史的材料相关，故我自信也许能帮一点忙；并不是因为我对于此项材料有什么特别的搜集。

我看你的信，可以推知你的研究在于制度史的方面。我以为教育制度史有两种做法：

一、单叙述制度的沿革变迁，略如《九通》中所记而加详。这是死的制度史。

二、不但述制度的历史，还要描写某种制度之下的"学生"生活状态。这才是活的制度史。

例如写各时代的太学，应注重在搜求太学生活的材料。如宋之太学生活，宜于各家文集及笔记中求之。试举一例：罗大经《鹤林玉露》卷十四有"无官御史"一条云：

太学古语云："有发头陀寺，无官御史台。"言其清苦而鲠亮也。……

这十个字写宋太学的地位与生活，何等清楚！此条后半写乾淳间与嘉定间的太学生活的不同，详释此十字，也是重要史料。

又如周密《齐东野语》卷十三"张父、林叔躬"一条，可考当日"斋长"与诸生的关系；卷十七"方大猷"一条，可考当日太学生的威势，皇帝尚不敢碰他。此皆太学史料也。

又如述各代的小学，应写当日小学生活作何状况。如"上大人，孔一己"见于《宗杲集》中，可见其起在北宋或北宋以前。如元稹序《长庆集》，说"予尝于平水市中见村校诸童竞习诗，召而问之，皆对曰，'先生教我乐天、微之诗'，固亦不知予之为微之也。"此史料也。

明代小学的情形，最详细的描写莫如《醒世姻缘》小说：此书第三十三回与三十五回真是长篇大幅的绝好教育史料！（所谓"徐文长故事"的最早记载也出在第三十三回及他回）三十五回论南北教书先生的方法不同，其论南方先生一段可引作例：

那南边的先生，真真实实的背书，真真看了字，教你背，还要连三连五的带号。背了还要看着你当面默写。写字真真看你一笔一画，不许你潦草。写得不好的，逐个与你改正。写一个就要认一个。讲书的时节，发出自己的性灵，立了章旨，分了节意。有不明白的，就把那人情世故体贴了，譬喻与你，务要把这节书发透明白，才罢。讲完了，任你多少徒弟，各人把出自己的识见，大家辨难。果有什么卓识，不难舍己从人。……这样日渐月磨，循序化诲，及门的弟子怎得不是成材？……

这种详细的记叙是很不容易得的。《九通》、《二十四史》里那有这样好材料？

又如《儒林外史》里也有许多关于十八世纪上半的教育史料。

以上略举数例，略说教育制度史的性质与史料的来源。来源不拘一格，搜采要博，辨别要精，大要以"无意于伪造史料"一语为标准。杂记与小说皆无意于造史料，故其言最有史料的价值，远胜于官书。

你的四期区分法也不很圆满。我对于此问题，尚无具体主张，但有数点颇自信为教育制度史的分期的必然标准：

一、东周以前，无可信的材料，宁可缺疑，不可妄谈"邃古"。

二、汉代为学制形成的最重要时期；《贾谊》，《董仲舒》，《学记》，《王制》，《文王世子》，《大戴记》，《周礼》，皆极重要的书。

三、宋代为第二个重要时期；一方面为国学的改革与州郡学的建设，一方面为书院制度的形成，一方面为科举制度的改革。书院的成立尤为重要。用这三个标准来区分教育史，可以不至于有大错了。

胡适　十三，十一，七
（1924年11月7日）

——《胡适文存》三集卷七

# 致 周作人

启明兄：

前晚在西山月光中写了一封信给你，昨天回来即得你的信，这真可谓"两地相思"了。

你的信我很能谅解。你不知道此信发于五夜十时，故疑我"不免有点为外国人的谬论所惑"。

我两年前见过溥仪君，他那时就说要取消帝号，不受优待费，并说已召李经迈来清理财产。其后他改派郑孝胥君，与以全权，在醇亲王之上，其意不可谓不诚。外间人说，解决此事，只有暴力一途；若假以时日，则必不成（王正廷君对我如此说）。我不信此是实情。我以为，此次若从容提议，多保存一点"绅士的行为"，此事亦未尝不可办到。只此一点是你和我的不同之点。此外我并没有什么异议。

外国人与清室有关系的，如庄士敦君，我颇相熟，深知他们并没有什么复辟谬论。庄君主张取消优待条件最力；清理财产，整理颐和园收入，皆他所主张。此外，以我所知，英文报纸上也没有鼓吹复辟的论。

你以为"这乃是极自然极正当的事"，这话里的感情分子之多，正与我的原书不相上下。我们若讨论"什么是极正当"，那就又要引起二十五万字的讨论了。所以我不愿意讨论此语，只说明我对此事的态度。

谢谢你的长信。

适　十一月十二日

（1924年11月12日）

——《胡适来往书信选》上册

# — 致 董作宾 ①

**作宾兄:**

《看见她》两册收到了,谢谢。

此书整理的方法极好。凡能用精密方法来做学问的,不妨大胆地假设;此项假设,虽暂时没有证据,将来自有证据出来。此语未可为一般粗心人道,但可为少数小心排比事实与小心求证的学者道,不然流弊无穷无极了!此书中有我征集的两首,其旌德一首是我的夫人念出而我写出的;她说明是从南京传去的,故我注出是南京。其绩溪一首是我的表弟曹胜之君写给我的。你在此书里(页十一)②说此首有北京的风味,疑是北京传去的。曹君今天见了此段,甚赞你的细心。他说此首是他的母亲从四川带回绩溪的;后来他家的人因久居汉口武昌,故又不知不觉地染了湖北的风味。你试把绩溪这一首(45)和成都(26)汉阳①(28)两首相比较,便可明白你的假说已得了证实了。我知道曹君的话大可给你一点高兴,故写出送给你。

# — 致 李书华、李宗侗 ①

**书华、玄伯两先生:**

谢谢你们的信。

人各有所见,不能强同。你们两位既屡以民国为前提,

①
李书华
(1890~1979)
字润章,河北
昌黎人。早年
留学法国,时
任北京大学物
理学教授。

李宗侗
(1898~1974)
字玄伯,河北
高阳人。早年
留学法国。时
在北京大学任
教。——编者

我要请你们认清一个民国的要素在于容忍对方的言论自由。你们只知道"皇帝的名号不取消，就是中华民国没有完全成立"，而不知道皇帝的名号取消了，中华民国也未必就可算完全成立。一个民国的条件多着呢！英国不废王室而不害其为民国，法国容忍王党而不害其为民国。我并不主张王室的存在，也并不赞成复辟的活动，我只要求一点自由说话的权利。我说我良心上的话，我也不反对别人驳我。但十几日来，只见谩骂之声，诬蔑之话，只见一片不容忍的狭陋空气而已。贤如两位先生，尚疑我要"先等待复辟成功，清室复兴，再乘其复兴后之全盛时代，以温和、谦逊、恭敬或他种方法行之"！此语在两位先生或以为是逻辑的推论，但我读了只觉得字里行间充满着苛刻不容忍的空气，使人难受。你们既说我是"根本错误"，我也不愿意申辩。我只要指出，在一个民国里，我偶然说两句不中听、不时髦的话，并不算是替中华民国丢脸出丑。等到没有人敢说这种话时，你们懊悔就太迟了。

弟胡适　十三，十一，廿八

（1924年11月28日）

——《胡适遗稿及秘藏书信》第19册

# 一九二五 年

## 一 致 程秉钊 ①

① 程秉钊 字蒲孙，号公 勗，安徽绩溪 人。——编者

**约斋先生：**

手示敬悉。《绩溪丛书》之计划，至今还只是一种心愿，不曾实行。我的本意是仿《泾川丛书》之例，作为一县文献的结集，以全备为贵。但吾乡经学著述已有刊本，流传者颇不少。现拟先选集一些不曾刊刻之本，用仿宋铅字排印，以保存名人著述为要。俟将来稍有余力，然后次第印行较大部之书及已有刊本之书。

令先太史遗稿及胡甘伯、胡子继两先生的遗稿，均所未见，极愿负流传之责。此时风云遍地，交通断绝，寄稿恐有失坠。最好请先生将此项稿本托妥人带交上海亚东图书馆汪孟邹君暂为保存，或即由该馆代我倩人录写副本。倘蒙先生将令先太史之行状或传志赐寄一份，尤所感激。

先父与令先太史往还之手札，如蒙录副赐寄则更感激了。令先太史之事迹，前惟于《复堂日记》中知其死时情形，余皆不详，深以为憾。

匆匆奉复，即颂
新年安好

世教弟胡适敬上　十四，一，十七
（1925年1月17日）

——《胡适九封未刊书稿》(《明报》1992年2月号)

## 一 致 许世英 ①

①
许世英
（1872～1964）
字隽人，安徽贵
池人，拔贡出
身。历任北洋政
府内务、交通、
司法等部总长，
时任善后会议
筹备处秘书
长。——编者

**隽人先生：**

执政段先生的东电，先生的豪电，都接到了。我是两年来主张开和平会议的一个人，至今还相信，会议式的研究时局解决法总比武装对打好一点；所以我这回对于善后会议虽然有许多怀疑之点，却也愿意试他一试。

（1925年1月）

——《胡适遗稿及秘藏书信》第19册

## 一 致 王国维

**静庵先生：**

手示敬悉。顷已打电话给曹君，转达尊意了。一星期考虑的话，自当敬遵先生之命。但曹君说，先生到校后，一切行动均极自由；先生所虑（据吴雨僧君说）不能时常往来清室一层，殊为过虑。鄙意亦以为先生宜为学术计，不宜拘泥小节，甚盼先生早日决定，以慰一班学子的期望。日内稍忙，明日或能来奉访。匆匆，即颂

起居佳胜

①
邵飘萍
（1884～1926）
名振青。浙江金
华人。著名记
者，新闻学家，
《京报》创办
人。——编者

# ——致 邵飘萍（残）①

**飘萍先生：**

十九日的信收到了，多谢多谢。

青年界对我的议论，乃是意中的事。生平不学时髦，不能跟人乱谈乱跑，尤不能诌事青年人，所以常遭人骂。但八年的挨骂已使我成了一个不怕骂的人；有时见人骂我，反使我感觉我还保留了一点招骂的骨气在自己人格里，还不算老朽。

先生是研究新闻学的人，对于来稿的收受与采择，对于评论人物的态度，皆曾有所论列。我知道先生自能选择判断，不至以爱惜私交之故而废公道。然来书中云：

> 故对于来稿有关于公者，当然慎重发表。且微闻当局对弟极为不满。此固意中，亦无所惧。然发表此类稿件，或疑弟有意与开玩笑，故亦不欲取挑战的态度。……

先生在此处把我和"当局"拉在一块，颇使我诧异。假使先生发表此类稿件，难道"当局"会替我报复吗？"当局"与我，截然两事，毫无关系。明眼如先生者，岂不知之？然先生前日记载我参加善后会议的事，忽云，"其同乡胡适，同派林长民"。此语出之他人，我必不介意；然出之"新闻学者"之笔下，则我不能不感觉一种不愉快。今读来书云云，益知先生真疑我与"当局"有何关系，或疑我之参加善后会议是为"同乡"捧场。如先生果有此意，那就是大错了。我与今日之"当局"毫无关系。

——《胡适遗稿及秘藏书信》第19册

# 一 致 钱玄同

**玄同:**

谢谢你的长信。我从公园回来后，也坐下来作工，写成了《凌廷堪》一章，大有老实不客气的神气。做成也颇得意，大概是良宵风月之赐也乎？

《今文家书目》，真应该磕头道谢的。我一定依这个指南针去寻求。但我近来觉得今文家之中，有陋气的居多，有奇气的颇少，恐怕搜求的结果是粪土之多远过于香水呵。昨晚偶翻《古微堂集》，第一卷名"默觚"，其中都是"气禀物欲皆为性分所本无;去本无以还其固有"。"鬼神之说，其有益于人心，阴辅王教者甚大"。——一类的话，使人大失望。魏源是今文家之佼佼者，尚且如此之陋！大概龚、康、崔要算最少陋气的了。

"挤香水"的话是仲甫的误解。我们说整理国故，并不存挤香水之念;挤香水即是保存国粹了。我们整理国故，只是要还他一个来本面目，只是直叙事实而已。粪土与香水皆是事实，皆在被整理之列。如叙述公羊家言，指出他们有何陋处，有何奇特处，有何影响，有何贡献，——如斯而已，更不想求得什么国粹来夸炫于世界也。你说是吗？

《华国》、《学衡》都已读过。读了我实在忍不住要大笑。近来思想

107

界昏谬的奇特，真是出人意表！我也想出点力来打他们，但我不大愿意做零星的谩骂文章。这种膏肓之病不是几篇小品文字能医的呵。"法宜补泻兼用"：补者何？尽量输入科学的知识、方法、思想。泻者何？整理国故，使人明了古文化不过如此。"七年之病求三年之艾"，虽似迂远，实为要图。老兄不要怪我的忍耐性太高，我见了这些糊涂东西，心里的难受也决不下于你。不过我有点爱惜子弹，将来你总会见我开炮时，别性急呵。你信上也曾提起我的《评东西文化······》及《科学与人生观序》。我觉得这两炮不算不响。只是这种炮很费劲，我实在忙不过来，如何是好？

　　这封信写了两天，时作时辍；若今晚不寄出，怕又要搁起来了，因为明天我有五点钟的课。

适　十四，四，十二<br>（1925年4月12日）

寄上一篇演稿。以文章论，你看如何？

——《鲁迅研究资料》第9辑

# ― 致 沈瑞麟 ①（稿）

①
沈瑞麟
当时任北洋政府外交总长。——编者

**××先生：**

　　此次上海惨杀事件，虽起于上海一隅，而其远因实在于八十余年来外人在中国之特殊地位所造成之怨愤。此当久在洞鉴之中，无待赘陈。今政府所派委员及使团所派委员既已停止谈判，先后北上，此事必将在北京开始交涉。观昨日使团之正式宣言，可知有关系之各国似皆希望上海事件迅速解决。宣言中并曾提及，中国政府如表示愿意，各关系国代表亦愿要求其政府许其讨论公共租界之组织及审判制度。此事今后之责任将全在大部。

　　×等深知先生虚怀纳善，故敢贡其一得之愚供大部之参考。

　　×等以为此次交涉宜分清步骤，以解决沪案为第一步，以修改条约，根本免除将来之冲突为第二步。然于第一步交涉之初即宜为第二步预留地步；即宜同时向有条约关系各国政府郑重指出祸根之所在与夫后患之方兴未已，因以要求各国定期召集修改八十年来一切条约之国际会议。今日之民意非此不能满足，而将来之隐患尤非此不足以消除。不然，则一波未平，狂澜又起，不独大部与国人将永疲于奔命，而国内之工商学界亦将永无恢复安宁之日矣。

　　至于上海事件之交涉，×等私意以为宜以上海总商会所提之条件为最低限度之条件。上海商人处租界积威之下，撄切肤之痛，其所提条件较之他方舆论所要求，已为和平之至，不能再让步矣。

　　约言之，第一步之交涉似可分三层：第一为急待解决之事项，如解除非常戒备，惩凶，赔偿，道歉等项；第二为较难解决之事项，如公共租界之组织及会审公廨之废除等项；第三为根本解决之预备，即上文所言修改条约会议之要求。今使团已表示愿意讨论租界组织及审判制度矣；我国若不乘此时机要求条约之修改，则此事将以租界之改组及会审公堂之收回为最后条件，而八十年之祸根依然存在，此国人所必不承认，当亦大部所不取也。

　　修改条约之会议最好能与关税会议同时举行。俄德之赞助自不成问题；美国亦已有赞助之论调；日本似亦有引为我助之可能。所赖有长才远识之外交家积极运用，庶收全功耳。

　　临书草草，不尽所欲言，伏乞恕其愚忠，赐以省察，幸甚幸甚。

罗文幹　胡适　十四，六，廿一

（1925年6月21日）

——《胡适遗稿及秘藏书信》第19册

# — 致 北大同事公函

本月十八日本校评议会议决与教育部脱离关系的事，我们几个人之中，也有在评议会里力争过的，也有在事后向评议会提过抗议的。但因为这件事关系全校，所以我们把我们的意见报告给本校的同事诸君。

我们认学校为教学的机关，不应该自己滚到政治旋涡里去，尤不应该自己滚到党派政争的旋涡里去。北京的教育界自从民国八年年底发起反对傅岳棻的运动以来，在这政争的旋〔漩〕涡里整整混了六年。成效如何，流弊如何，都是我们亲见亲闻的。我们不说这几年教育界的活动全是劳而无功；但我们到了今日不能不问：这几年纷扰的效果抵得过各学校所受的牺牲吗？

我们对于章士钊氏的许多守旧的主张是根本反对的。他的反对国语文学，他的反对新思潮，都可证明他在今日社会里是一个开倒车走回头路的人。他在总长任内的许多浮夸的政策与轻躁的行为，我们也认为应当反对。但我们主张，我们尽可用个人的资格或私人团体的资格去攻击他或反对他，不应该轻用学校机关的名义；就令学校机关万不能不有所表示，亦不当轻用妨害学校进行的手段。因为学校里大部分的教员学生究竟是做学问事业的；少数人的活动，如果牵动学校全体，便可以妨害多数人教学的机会，实际上便是剥夺他们教学的自由。叫嚣哄闹的风气造成之后，多数的教员学生虽欲专心教学，也就不能了。

所以我们主张：

（一）本校应该早日脱离一般的政潮与学潮，努力向学问的路上走，为国家留一个研究学术的机关。

（二）本校同人要做学校以外的活动的，应该各以个人的名义出去活动，不要牵动学校。

（三）本校评议会今后应该用其大部分的精力去谋学校内部的

改革，不当轻易干预其职权以外的事业。

颜任光　李四光　丁燮林　王世杰　燕树棠　高一涵

陶孟和　皮宗石　胡　适　王星拱　周　览　胡浚济

陈　源　张歆海　陈翰笙　邓以蛰　高仁山

十四，八，二十一

（1925 年 8 月 21 日）

——《胡适遗稿及秘藏书信》第 20 册

## ─ 致 蒋梦麟

**梦麟兄：**

昨发一电，文云："阻不能归，决留此医痔，英文课可否请志摩代？乞告通伯叔永冬秀"此电得达否？

肛门之病，已三年了，给了我不少的痛苦，我颇能忍痛，又怕割治，始终不能彻底治他。今年在天津看见文伯割治，始知他也是 is chio reclal absoess 与我同病。他割进去一个大窟窿，住医院到了三个月之久，花钱近两千，我的系缓性症，不像他的那么严重。但我从那回起，便有戒心了。这回南下，有宝隆医院的西医推荐一个治痔漏专家潘君，说他能治宝隆医院割治无效的痔漏。我去诊视，他说我患的是一个"漏"，不过里面只有一根管，尚不难治。他要百五十元，包断根不发。我因此时北方不太平，到津后未必能到北京，所以决计请他医治，约三四星期可完功，船票也买了，又复去退了。

我想这样长假，是不应该的。昨天我思想一天，决计请你准许我辞职，辞去教授之职，这是我慎重考虑的结果，请你不要疑虑，请你务必准我。我这回决定脱离北大，于上回争独立事件绝无关系，全不是闹意气，实在是我的自动的决心。这个决心的来源，虽不起于今日，而这回的南游确与此事大有关系。

我这回走了几省，见了不少的青年，得着一个教训：国中的青年确有求知的欲望，只可惜我们不能供给他们的需求。

耶稣说："年成是很好的，只是做工的人太少了"！我每回受青年人的欢迎，心里总觉得十分惭愧，惭愧我自己不努力。

前不多日，我从南京回来，车中我忽得一个感想：我想不教书了，专作著作的事，每日定一个日程要翻译一千字，著作一千字，需时约四个钟头。每年以三百计，可译三十万字，著三十万字。每年可出五部书，十年可得五十部书。我的书至少有两万人读，这个影响多么大？倘使我能于十年之中介绍二十部世界名著给中国青年，这点成绩，不胜于每日在讲堂上给一百五十个学生制造文凭吗？

所以我决定脱离教书生活了。这一次请你务必准我辞职，并请你把此信发表在日刊上，免得引起误会的揣测。

祝你好，祝许多同事都好。

适　十四、十一，十。

函电请寄五马路亚东图书馆。

——《北京大学日刊》1925 年 11 月 18 日

# 一九二六 <sup>年</sup>

— 致 陶行知、凌冰（稿）<sup>①</sup>

**知行、凌冰两兄：**

你们三月廿七日的信，寄到我家里，直到昨日（四月廿四）方才转到我手里。

你们给各省教育会的公函，也读过了。你们给威灵顿的信，我已译出给大家看了。

你们这样关心这件事，我们都很佩服。三月廿七日的信，尤多卓识明见，感谢感谢。十六日之会，我在报上已见大概，但不知尚有未记录的情形耳。

我现在以私人名义，作此答书，相熟的朋友请与传观。有许多问题，此时还不曾到可以正式发表的地步；我用私人名义写信，说话比较可以自由些。

英国国会原案乃是一九二二年的旧案，至去年六月卅日始通过两院，成为法令。其中诚多不满人意之点，（1）（4）两条尤坏。但你们根据此案，说英国不肯退还此款，那却不是事实。英国朝野人士及委员会中人都认此举是退还赔款，故我们三月二十二日的宣言直用"退还"字样。不过所谓"退还"并不是完全交与中国政府去自由支配罢了。

实则美国一九〇八年第一次退还也不能算是无条件的交与中国政府，不过条件（用途与管理方法）均不曾见于文字耳。到第二次退还的时候，中国已陷于无政府的状态，内乱不止，中央无主，美国也就更不能像一九〇八年

①
陶行知
（1891～1946）
原名文浚，易名知行，后改行知，安徽歙县人。早年留美与胡适同学，著名教育家，时任中华教育改进社总干事。

凌冰
（1894～？）字济东，河南固始人。毕业于天津南开大学，后赴美留学。1919年回国任南开大学教务主任。——编者

那样慷慨了。一九〇八年的退还，名义上还是交还中国政府。第二次则并此名义也做不到了。他们对于中国政府不信任，却又不好明说，所以原案虽说退还，其实只把此款交与美国大总统全权办理，原案并无组织中美董事会管理此款之条文。久之久之，始有孟禄博士以美总统私人代表名义来华，与中国的教育家、政客作非正式的磋商，始产生董事会。又久之久之，美国总统始将此款交与董事会管理。此中经过的情形，可以使我们觉悟：在这样无政府，这样的纷乱的情状之下，我们决不能希望人家把一万多万①的巨款随便作"无条件的抛弃"。抛弃给谁呢？抛弃给政府，我们固不放心；抛弃给全国教育会联合会，或抛弃给中华教育改进社，难道就没有争端了吗？

　　我在北京这几年，眼见大家争各国庚款的惨史、丑史，思之痛心。法庚款的故事，我至今还莫名其妙；俄款是我知道的，俄款委员是一班政客利用一个政变时期委任的；日本文化事业问题当日的争论，我也很知道，你们也许还记得我前年夏间给你们的长函；倘使当日南北教育界能破除私意，采取"监督的合作"的态度，这件事也许不会糟到这样子了。美款所以较佳者，正因为美国总统操有全权，直到董事会正式开会之后，基础已定，组织已完成，然后他把全权交付董事会，所以流弊较少，成绩较大。然而中美文化基金董事会至今日还不能避免许多方面的指摘与攻击，——这两年的全国教育会联合会年会的记录可以为证，——为什么呢？因为当日孟禄的接洽实在太不公开了，故外间疑为操纵；又太非正式的了，故教育界可以派人，政府也就可以派人。我们知道内容的人可以了解，但外间不明真相，只见改进社董事之多，只见江苏人之多，就不免有烦言了。

　　我们既有各国庚款委员会组织经过的事实作借鉴，自应格外慎重，以求一个满意的结果。

英国国会原案经过三年之久，始得通过。若推翻此案，另提新案或修正案，几近于不可能；即使可能，亦必费去一二年之久。为今之计，只有潜移默运于此案范围之中，使此案不成为障碍，反为有益的根据。

我们主张的解释如下：（一）外交大臣的管理全权是暂时的，略如美国总统的暂时全权管理。（二）咨询委员会给外交大臣决定方针与办法，略如孟禄之使命，而较为正式的，公开的。（三）管理机关（董事会）成立之后，外交大臣以全权移交；正如美国总统之移交全权与董事会。（四）原案第四项年终报账一层，实际上应作为"董事会每年年终应将本年度收支账目作为报告，各以一份分送中英两国政府存案"。此略如中美董事会规定中美两国政府均得派代表出席到会。

如此，则原则之条文具在，而精神根本改变了。这几层意思，甚盼你们和静生、梦麟、叔永诸位细细考虑，随时赐教。

你们三月廿七日信上说的关于组织的五项意见，我们都很赞成（第五项谓用途由董事会决定；咨询委员会虽有决定用途的任务，亦只能定几条大纲，不能为后人详细立法也）。我们大致也是这样主张。

但你们所谓"无条件退还"一句话，却有语病。例如美国原案规定此款用于教育文化，此是有条件呢？是无条件呢？无条件的退还，我们实在没有这样厚脸唱这样高调。但我们也不赞成调子唱的太低，讨价讨的太贱。如湖北教育会提出意见书，只要求"另组中英各半之委员会"，并声明此意见可以代表全国教育会联合会！这就未免讨价太低了，反叫我们中国委员难于开口。

我们三个中国委员虽无他长，至少有一点可以与国人共见，就是都肯细心考虑，为国家谋永久利益；都有几根硬骨头，敢于秉着公心对国人对外人说话。我们的任务有两点：（1）审察舆论，替英庚款计划一个能满人意的董事会，并助其组织成立；（2）博访各方面的意见，规定用途的原则，以免去原案"教育或其他用途"有太空泛的危险。关于这两项任务，我们深盼得你们和北京各位朋友的指教与援助。

我们也许不久就北上。倘十日内有赐书，请寄上海客利饭店，十日后就不必寄了。

又家中转来你们二十二人的公函和油印的文件，也收到了。我盼望你们把此函给他们阅看，省得我百忙中另作书了。

胡适　十五，四，廿五日

（1926年4月25日）

——《胡适遗稿及秘藏书信》第20册

# — 致鲁迅、周作人、陈源 ①

**豫才、启明、通伯三位先生：**

昨天在天津旅馆里读鲁迅的《热风》，在页三三～三四上读到这一段：

> 所以我时常害怕，愿中国青年都摆脱冷气，只是向上走，不必听自暴自弃者流的话。能做事的做事，能发声的发声。有一分热，发一分光；就令萤火一般，也可以在黑暗里发一点光，不必等候炬火。此后如竟没有炬火，我便是唯一的光。倘若有了炬火，出了太阳，我们自然心悦诚服的消失，不但毫无不平，而且还要随喜赞美这炬火或太阳；因为他照了人类，连我都在内。
>
> 我又愿中国青年都只是向上走，不必理会这冷笑和

暗箭。尼采说：

"真的，人是一个浊流。应该是海了，能容这浊流使他干净。

"咄，我教你们超人：这便是海，在他这里，能容下你们的大侮蔑。"

纵令不过一洼浅水，也可以学学大海；横竖都是水，可以相通。几粒石子，任他们暗地里掷来；几滴秽水，任他们从背后泼来就是了。

这一段有力的散文使我很感动。我昨夜一夜不能好好的睡，时时想到这段文章，又想到在北京时半农同我谈的话。今天再忍不住了，所以写这封信给你们三位朋友。

你们三位都是我很敬爱的朋友；所以我感觉你们三位这八九个月的深仇也似的笔战是朋友中最可惋惜的事。我深知道你们三位都自信这回打的是一场正谊之战；所以我不愿意追溯这战争的原因与历史，更不愿评论此事的是非曲直。我最惋惜的是，当日各本良心的争论之中，不免都夹杂着一点对于对方动机上的猜疑；由这一点动机上的猜疑，发生了不少笔锋上的情感；由这些笔锋上的情感，更引起了层层猜疑，层层误解。猜疑愈深，误解更甚。结果便是友谊上的破裂，而当日各本良心之主张就渐渐变成了对骂的笔战。

我十月到上海时，一班少年朋友常来问我你们争的是什么；我那时还能约略解释一点。越到了后来，你们的论战离题越远，不但南方的读者不懂得你们说的什么话，连我这个老北京也往往看不懂你们用的什么"典"，打的什么官司了。我们若设身处地，为几千里外或三五年后的读者着想，为国内崇敬你们的无数青年着想，他们对于这种"无头"官司有何意义？有何兴趣？

我觉得我们现在应该做的事业多着咧！耶稣说的好，"收成是很丰足的，可惜作工的人太少了！"国内只有这些些可以作工的人，大家努力"有一分热，发一分光"，还怕干不了千万分之一的工作，——我们岂可自己相猜疑，相残害，减损我们自己的光和热吗？

我是一个爱自由的人，——虽然别人也许嘲笑自由主义是十九世纪的遗迹，——我最怕的是一个猜疑、冷酷、不容忍的社会。我深深地感觉你们的笔战里双方都含有一点不容忍的态度，所以不知不觉地影响了不少的少年朋友，暗示他们朝着冷酷、不容忍的方向走！这是最可惋惜的。

所以我不能忘记《热风》里那一段文章：

> 这便是海，在他这里，能容下你们的大侮蔑。
>
> 纵令不过一洼浅水，也可以学学大海；横竖是水，可以相通。几粒石子，任他们暗地里掷来；几滴秽水，任他们从背后泼来就是了。

敬爱的朋友们，让我们都学学大海。"大水冲了龙王庙，一家人不认得一家人。""他们"的石子和秽水，尚且可以容忍；何况"我们"自家人的一点子误解，一点子小猜嫌呢？

亲爱的朋友们，让我们从今以后，都向上走，都朝前走，不要回头睬那伤不了人的小石子，更不要回头来自相践踏。我们的公敌是在我们的前面；我们进步的方向是朝上走。

我写这信时，怀抱着无限的友谊的好意，无限的希望。

适之　十五, 五, 廿四, 天津, 裕中饭店

（1926年5月24日）

——《胡适遗稿及秘藏书信》第20册

# ─ 致 江冬秀

**冬秀：**

走了一半路了，还有三天半就到莫斯科了。

今早睡不着觉，想到我们临分别那几天的情形。我忍了十天，不曾对你说；现在想想，放在心中倒不好，还是爽快说了，就忘记了。

你自己也许不知道我临走那时候的难过。为了我替志摩、小曼做媒的事，你已经吵了几回了。你为什么到了我临走的下半天还要教训我，还要当了慰慈、孟录的面给我不好过？你当了他们面前说，我要做这个媒，我到了结婚的台上，你拖都要把我拖下来。我听了这话，只装做没有听见，我面不改色，把别的话岔开去。但我心里很不好过。我是知道你的脾气的；我是打定主意这回在家决不同你吵的。但我这回出远门，要走几万里路，当天就要走了，你不能忍一忍吗？为什么一定要叫我临出国还要带着这样不好过的影象走呢？

我不愿把这件事长记在心里，所以现在对你说开了，就算完了。你不怪我说这话吗？你知道我个人最难过的是把不高兴的事放在心里。现在说了，就没有事了。

志摩他们的事，你不要过问。随他们怎么办，与我家里有什么相干？

有些事，你很明白；有些事，你决不会明白。许多旁人的话都不是真相。那回泽涵、洪熙的事，我对你说了，你不相信。我说你不明白实在的情形，你总不信。少年男女的事，你无论怎样都不会完全谅解。这些事，你最好不管。你赞成我的话吗？

我不是怪你。我只要你明白我那天心里的情形，就够了。我若放在心里不说，总不免有点怪你的意思。所以我想想，还是对你说开的好。

适之　道中　十五，七，廿六

（1926年7月26日）

—————《胡适遗稿及秘藏书信》第21册

## — 致 张慰慈

**慰慈：**

这是莫斯科的第三晚了。

在一个地方遇见美国芝加哥大学教授Merriam与Harpers。今早同他们去参观监狱，我们都很满意。昨天我去参观Museum of the Revolution，很受感动。

我的感想与志摩不同。此间的人正是我前日信中所说有理想与理想主义的政治家；他们的理想也许有我们爱自由的人不能完全赞同的，但他们的意志的专笃（Seriousness of purpose），却是我们不能不十分顶礼佩服的。他们在此做一个空前的伟大政治新试验；他们有理想，有计划，有绝对的信心，只此三项已足使我们愧死。

我们这个醉生梦死的民族怎么配批评苏俄！！……

今天我同Merriam谈了甚久，他的判断甚公允。他说，狄克推多向来是不肯放弃已得之权力的，故其下的政体总是趋向愚民政策。苏俄虽是狄克推多，但他们却真是用力办新教育，努力想造成一个社会主义的新时代。依此趋势认真做去，将来可以由狄克推多过渡到社会主义的民治制度。

我看苏俄的教育政策，确是采取世界最新的教育学说，作大规模的试验。可惜此时各学校都放假了，不能看到什么实际的成绩。但看其教育统计，已可惊叹。

适之 （7月底）

（1926年7月）

——《胡适文存》三集卷一

# — 致 张慰慈

**慰慈：**

我这两天读了一些关于苏俄的统计材料，觉得我前日信上所说的话不为过当。我是一个实验主义者，对于苏俄之大规模的政治试验，不能不表示佩服。凡试验与浅尝不同。试验必须有一个假定的计划（理想）作方针，还要想出种种方法来使这个计划可以见于实施。在世界政治史上，从不曾有过这样大规模的"乌托邦"计划居然有实地试验的机会。求之中国史上，只有王莽与王安石做过两次的"社会主义的国家"的试验，王莽那一次尤可佩服。他们的失败应该更使我们了解苏俄的试验的价值。

去年许多朋友要我加入"反赤化"的讨论，我所以迟疑甚久，始终不加入者，根本上只因我的实验主义不容我否认这种政治试验的正当，更不容我以耳为目，附和传统的见解与狭窄的成见。我这回不能久住俄国，不能细细观察调查，甚是恨事。但我所见已足使我心悦诚服地承认这是一个有理想，有计划，有方法的大政治试验。我们的朋友们，尤其是研究政治思想与制度的朋友们，至少应该承认苏俄有作这种政治试验的权利。我们应该承认这种试验正与我们试作白话诗，或美国试验委员会制与经理制的城市政府有同样的正当。这是最低限度的实验主义的态度。

至于这个大试验的成绩如何，这个问题须有事实上的答案，决不可随便信任感情与成见。还有许多不可避免的困难，也应该撇开，如革命的时期，如一九二一年的大灾，皆不能不撇开。一九二二年以来的成绩是应该研究的。我这回如不能回到俄国，将来回国之后，很想组织一个俄国考察团，邀一班政治经济学者及教育家同来作一较长期的考察。

总之，许多少年人的"盲从"固然不好，然而许多学者们的"武断"也是不好的。……

适之

（此信写于8月初）

——《胡适文存》三集卷一

# — 致 罗素（明信片）

**罗素先生：**

没有及早复信，歉疚殊深。尊函到达之日，我的行程尚未确定。现在我在巴黎，会在此多逗留一周然后转往瑞士。当你回伦敦时，我也会在九月尾左右赶回；盼望那时能得图良晤。敬候阖府安康。

胡适谨启　一九二六年八月七日于巴黎
（1926年8月7日）

# — 致 傅斯年

**孟真：**

前天发一信，已接到否？我决计住到九月三号，甚盼你能早来。今天细读你的长信，格外高兴。相别几年，各自寻觅途径，结果却很接近，如古话所谓"条条路可以到罗马"，又可以因互相印证而知道各人所得的得或失。

你最得意的三件事，我却也有点相像。一、近来每用庞居士临死的遗训劝人："但愿空诸所有，慎勿实诸所无"。庞居士也许注重在上半句，我却重在下半句。你的"几句中国书"还不会忘的"干干净净"，但这不关紧要，只要把那些捆死人的绳索挣断几条，——越断的多越好，——就行了。"二、捆人最利害的是那些蜘蛛肚里吐出来自己捆自己的蛛丝网。这几年我自己竭力学善忘，六七年不教西洋哲学，不看西洋哲学书，把西洋人的蛛网扫去了不少，自己感觉很痛快。例如 Descartes，我只记得他"善疑"，只教人学他"善疑"，其余的他的信条，我早已忘了。这一层我很得意，因为我是名为哲学教授，很不容易做到把自己的吃饭家伙丢了。三、我很佩服你的"野蛮主义"；我近来发表一文论西洋近代

123

①
即《我们对于
西洋近代文明
的态度》，收入
《胡适文存》三
集卷一。——
编者

文明①，你见着了没有？（《现代评论》七月初）你若见了此文，定有许多地方能表示同意。我在那文里说，"西洋近代文明不从宗教出发，而结果成一新宗教；不管道德，而结果自成一新道德"此言与你的"学得其野蛮，其文明自来"，同一见解，但没有你说的痛快。

你赞许我的两件事，也使我很高兴。很少人能尝试我的政论，我却自己很得意，所以编《文存》二集时，把《努力周报》的长短政论都收进了，很惹一些人笑话。关于第二层，——小说的考证，——我也很高兴。老实说，这十年来，没有一篇文字费去的时间与精力有《〈水浒传〉考证》、《〈红楼梦〉考证》那样多的。我那次病倒，也就是从第一篇《〈水浒传〉考证》得来的。但我的辛苦已得了过望的酬报了。几部第一流小说的作者的事实都次第发现了，这差不多是一种"生死人而肉白骨"的功德！最大的报酬却是一些"副产物"（by-products）。我的本意本是想提倡一种方法，做学问的方法。颉刚在他的《古史辨》自序里说他从我的《〈水浒传〉考证》里得着他的治史学方法。这是我生平最高兴的一件事。

关于你说的"古代思想集叙"的大计划，我此时不能多谈，只好留作我们谈话的资料罢。

适之

August，24，1926

（1926年8月24日）

——《胡适研究丛刊》第三辑

# —— 致 徐志摩 ①

①
徐志摩
（1897~1931）
原名章垿，字槚
森。著名诗人，
曾参与创办《现
代评论》《新月》
等刊。——编者

**志摩：**

我在火车上寄你的长信（由眉转）收到了没有？我在
London住了十几天，委员会的人都四散了，没有事可做，
所以来巴黎住几天。还想到瑞士去玩玩。

我这回去国，独自旅行，颇多反省的时间。我很感
觉一种心理上的反动，于自己的精神上，一方面感觉
depression，一方面却又不少新的兴奋。究竟我回国九年
来，干了一些什么！成绩在何处？眼看见国家政治一天糟
似一天，心里着实难过。去国时的政治，比起我九年前回
国时，真如同隔世了。我们固然可以自己卸责，说这都是
前人种的恶因，于我们无关。话虽如此，我们种的新因却
在何处？满地是"新文艺"的定期刊，满地是浅薄无聊的
文艺与政谈，这就是种新因了吗？几个朋友办了一年多的
《努力》，又几个朋友谈了几个月的反赤化，这又是种新因
了吗？

这一类的思想使我很感觉烦恼。

但我又感觉一种刺激。我们这几年在北京实在太舒
服了，太懒惰了，太不认真了。前年叔永说我们在北京
的生活有点frivolous，那时我们也许以此自豪。今年春
间你们写信给我，叫我赶紧离开上海，因为你们以为我
在上海的生活太frivolous。但我现在想起来，我们在北
京的生活也正是十分frivolous。我在莫斯科三天，觉得
那里的人有一种seriousness of purpose，真有一种"认
真""发愤有为"的气象。我去看那"革命博物馆"，看

125

那一八九〇～一九一七年的革命运动，真使我们愧死。我想我们应该发愤振作一番，鼓起一点精神来担当大事，要严肃地做个人，认真地做点事，方才可以对得住我们现在的地位。

我们应当学 Mussolini 的"危险地过日子"，——至少至少，也应该学他实行延长工作的时间。

英国不足学。英国一切敷衍，苟且过日子，从没有一件先见的计划；名为 evolutionary，实则得过且过，直到雨临头时方才做补漏的工夫。此次矿工罢业事件最足表现此民族心理。

我们应当学德国，至少应该学日本。至少我们要想法子养成一点整齐严肃的气象。

这是我的新的兴奋。

你们也许笑我变成道学先生了。但是这是我一个月来的心理，不是一时偶然的冲动。我希望北京的几个朋友也认真想想这点子老生常谈。

傅孟真几天之内可以到 Paris。我在此等他谈谈就走。

见着 Waley，我很爱他。在此见着 Pelliot，我也很爱他。昨天在 Bibliotheque Nationale 里看见敦煌卷子，很高兴。今天去游凡赛野，到傍晚方归。

庚款会大概要到十月初才续开。我十月底到 Frankport A. M. 去演讲一次。十一月须回到英国，到各大学讲演，约有十处，由 British and Irish Universities' China Committee 布置。以后的行止，尚不可知。如身体尚不甚健壮，拟往瑞士可过冬处去住一个冬天。以后便要作归计了。

我预备回国后即积极作工。很想带点"外国脾气"回来耍耍。带些什么还不能知道。大概不会是跳舞。

适之 十五年八月二十七日

（1926 年 8 月 27 日）

志希回国，已见着否？北京朋友有什么消息可告我？祝你们都好。

适之

——《晨报副镌》1926年12月8日

# 一 致 徐志摩

**志摩：**

谢谢你的长信。

让我先给你赔个罪。我在八月底写了一封长信给你，信里说了许多"拉长了面孔"的话。写成了，我有点迟疑，我怕这是完全不入耳之言，尤其在这"坐不定，睡不稳"的时候。所以我把这信搁起了，这一搁就是一个多月。今天取出前信来看看，觉得还可以不必改动，现在补寄给你，并且请你恕我那时对你一点的怀疑。

你对于我关于苏俄的意见似乎不很能赞同。我很高兴，你们至少都承认苏俄有作这种政治试验的权利。但你们要"进一步"问：

第一，苏俄的乌托邦理想"在学理上有无充分的根据，在事实上有无实现的可能"？

第二，他们的方法对不对？

第三，这种办法有无普遍性？

第四，"难道就没有比较平和，比较牺牲小些的路径不成"？

我在苏俄可算是没有看见什么，所以不配讨论这些问题。但为提起大家研究这问题的兴趣起见，我也不妨随便谈谈。

第一，什么叫做"学理上的充分根据？"他们根本上就不承认你心里所谓"学理"，这却也不是蛮劲。本来周公制礼未必就恰合周婆的脾胃，我们也就不应该拿周公的"学理"来压服周婆。平心说来，这个世界上有几个制度是"在学理上有充分的根据"的？记得前年独秀与天仇讨论，独秀拿出他们的"辨证的逻辑"来做武器。其实从我们实验主义者的眼光看起来，从我的历史眼光看来，政治上的历史是《红楼梦》上说的，"不是东风压了西风，便是西风压了东风"。资本主义有什么学理上的根据？国家主义有什么学理上的根据？政党政治有什么学理上的根据？

至于事实上的可能，那是事实的问题。我本来说过，"至于这个大试验的成绩如何，须有事实上的答案，决不可随便信任感情与成见"。

其实这个世界上的大悲剧还只是感情与成见的权威。最大的一个成见就是："私有财产废止之后，人类努力进步的动机就没有了。"其实何尝如此？许多科学家把他们的大发现送给人类，他们自己何尝因此发大财？近年英国医生发现了一种医肺病的药方，试验起来，有百分之八十五的成绩。但他不肯把药方告人，所以英国医学会说他玷辱科学家的资格，所以把他的会员资格取消了。试问，难道今日的医生因为科学的尊严不许他谋私利，就不肯努力去发明新医术或新方子吗？

最明白的例就是我们在国内办杂志。我做了十年的文章，只有几篇是卖钱的。然而我自信，做文章的时候，决不因为不卖钱就不用气力。你做诗也是如此的。

无论在共产制或私产制之下，有天才的人总是要努力向上走的。几百年前，做白话小说的人，不但不能发财做官，并且不敢用真名字。然而施耐庵、曹雪芹终于做小说了。现今做小说可以发大财了；然而施耐庵、曹雪芹还不曾出头露面！

至于大多数的"凡民"（王船山爱用这个名词），他们的不向上，不努力，不长进，真是"富贵不能淫，威武不能屈"的！私产共产，于他们有何分别？

苏俄的政治家却不从这个方向去着想。他们在这几年的经验里，已经知道生产（Production & productivity）的问题是一个组织的问题。资本主义的组织发达到了很高的程度，所以有极伟大的生产力。社会主义的组织没有完备，所以赶不上资本主义的国家的生产力。今年Trotsky著《俄国往哪儿走》（*Whither Russia?*）一书说，苏俄的生死关头全靠他能不能制造出货物，比美国还要便宜还要好。他承认，此时还做不到；但他同时承认此事并不是绝对不可能的。

我们也许笑他痴心妄想。但这又是一个事实的问题，我们不能单靠我们的成见就武断社会主义制度之下不能有伟大的生产力。

第二和第四都是方法。方法多着咧！你们说的是哪一种？你们问："难道就没有比较平和，比较牺牲小些的路径不成？"这是孩子气的问话，你没有读过（*Human Nature in Politics*）吗？你为什么不问问前回参加世界大战的那些文明国家？你为什么不问问英国今日罢工到一百五十多天的矿工人？你为什么不问问吴佩孚、张作霖、冯玉祥、孙传芳？谁说没有"比较平和，比较牺牲小些的路径？"但是有谁肯这样平和静气地去想呢？

去年我有几次向几个朋友说说我的"协商的割据论"，他们都笑我是书生之见，"行不通！行不通！"可是"机关枪对打"就行得通了吗？然而他们却不笑了！

认真说来，我是主张"那比较平和比较牺牲小些"的方法的。我以为简单说来，近世的历史指出两个不同的方法：一是苏俄今日的方法，由无产阶级专政，不容有产阶级的存在。一是避免"阶级斗争"的方法，采用三百年来"社会化"（Socializing）的倾向，逐渐扩充享受自由享受幸福的社会。这方法，我想叫他做"新自由主义"（New Liberalism）或"自由的社会主义"（Liberal Socialism）。

共产党的朋友对我说，"自由主义是资本主义的政治哲学"。这是历史上不能成立的话。自由主义的倾向是渐次扩充的。

十七八世纪，只是贵族争得自由。二十世纪应该是全民族争得自由的时期。这个观念与自由主义有何冲突？为什么一定要把自由主义硬送给资本主义？

美国近来颇有这个倾向。劳工与资本之争似乎很有比较满意的解决法；有几处地方尤其是 Detroit，很可以使英国人歆羡。最近英国政府派了一个考察团去到美国实地调查工业界解决劳动问题的方法。我这回到美国也想打听打听。只怕我这个书生不配做这种观察！

英国是不足学的。英国矿业的危机是大家早已知道的。但英国的苟安政治向来是敷衍过日子的，所以去年到今年，政府津贴矿业，共费了二千三百万金镑，——比退还庚款的本利全数多一倍多！——只买得一年多的苟安无事。这二万多万元的钱是出在纳税人的头上的；纳税人出了这么多的钱，到今年仍旧免不了这一场大乱子。罢工以来，五个多月了，还没有一个根本救济的方法。上个月，工人代表愿意让步，情愿减去一成工资，要求政府召集三方会议。矿主见工人有屈服的倾向，遂拒绝会议（其中内容我前回给慰慈信上略提及）。现在政府仍是没有办法。政府提出的办法是：一、各矿区自定办法，二、政府设仲裁法庭，以处理之。现在工人拒绝“地方解决”；即使工人承认此法，而“仲裁法庭”之案未必能通过这个保守党占多数的议会。也许终于“以不了了之”而已！

这种敷衍的政治，我最反对。我们不干政治则已；要干政治，必须要有计划，依计划做去。这是方法，其余皆枝叶耳。

第三，苏俄的制度是否有普遍性？我的答案是：什么制度都有普遍性，都没有普遍性。这不是笑话，是正经话。我们如果肯“干”，如果能“干”，什么制度都可以行。如其换汤不换药，如其不肯认真做去，议会制度只足以养猪仔，总统制只足以拥戴冯国璋、曹锟，学校只可以造饭桶，政党只可以卖身。你看，那一件好东西到了咱们手里不变了样子了？

你们以为“赞成中国行共产制”是“赤化”，这是根本大错了。这样赤化的有几个人？

我以为今日的真正赤化有两种：一是迷信"狄克推多"制，一是把中国的一切罪状归咎于外国人。这是道地的赤化了。

我们应该仔细想，这两个问题，这两帖时髦药，是不是对的。这两个是今日的真问题，共产制实在不成什么真问题！

我个人的主张，不能详细说，只可说个大意。第一，我是不信"狄克推多"制的。今日妄想"狄克推多"的人，好有一比，那五代时的唐明宗每夜焚香告天，愿天早生圣人，以安中国！这种捷径是不可妄想的。列宁一班人，都是很有学问经验的人，不是从天上掉下来的。况且"狄克推多"制之下，只有顺逆，没有是非，——今日之猪仔（不限于议员），正是将来"狄克推多"制下的得意人物。这种制度之下没有我们独立思想的人的生活余地。我们要救国，应该从思想学问下手；无论如何迂缓，总是逃不了的。第二，我是不肯把一切罪状都堆在洋鬼子头上的。中国糟到这步田地，一点一滴，都是我们自己不争气的结果。为什么外国人不敢去欺负日本呢？我们要救国应该自己反省，应该向自己家里做点彻底改革的工夫。不肯反省，只责备别人，就是自己不要脸，不争气的铁证。

第一，不妄想天生狄克推多来救国，不梦想捷径而决心走远路，打百年计划；第二，"躬自厚而薄责于人"——这是"反赤化"。

关于苏俄教育一层，我现在不愿意答辩。我只要指出：一、苏俄并不是轻视纯粹科学与文学：前天见着苏俄科学院（Academy of Sciences）的永久秘书Oldenburg博士，他说政府每年津贴科学院四百万卢布，今在科学上努力的有六百人之多。他说，一切科学上的设施，考古学家的大规模的探险与发掘，政府总是竭力赞助的。二、我们只看见了他们的"主义教育"一方面，却忽略了他们的生活教育的方面。苏俄的教育制度，用刘湛恩先生告诉我的一句话，可说是"遍地是公民教育，遍地是职业教育"。他的方法完全采用欧美最新的教育学说，如道尔顿制之类，养成人人的公民程度与生活能力，而同时充分给与有特别天才的人分途专习高等学问的机会。这种教育制度是不可抹杀的。三、我用人家的"统计"向来是很慎重的。如他们说，小学教员最低薪俸每月有二十五卢布的，做火柴的工人每月连住屋津贴只有二十八卢布。这是他们自己深抱歉的事实，这不是"说瞎话"的。

完了。今晚一口气写了这许多，手也写酸了，明早还要起来开会。只好不说别的"私话"了。祝你们好，祝你们早日"如愿"，祝你们天大的幸福。

谢谢那张"喜星动"的照片。我可以画朵"梅花"谢谢吗？

适之　十五年十月四日伦敦

（1926年10月4日）

——《晨报副镌》1926年12月8日

# 一九二七 <sup>年</sup>

## — 致 江冬秀

**冬秀：**

我今天哭了女儿一场，你说奇怪不奇怪。

我这几天睡少了，今天下午无事，睡了半点钟。梦里忽然看见素斐，脸上都是面〔病〕容。一会儿就醒了。醒来时，我很难过，眼泪流了一枕头；起来写了一首诗，一面写，一面哭。忍了一年半，今天才得哭她一场，真想不到。

我想我很对不住她。如果我早点请好的医生给她医治，也许不会死。我把她糟掉了，真有点罪过。我太不疼孩子了，太不留心他们的事，所以有这样的事。今天我哭她，也只是怪我自己对她不住。

我把这首诗写给你看看。

见通伯、叔华时，把此诗给他们看看。整整一年不作诗了，谁知却是死了的女儿来破我的诗戒！

我昨天第一次在哥伦比亚开讲，很有意思。

礼拜三晚上（二月二），一个旧同学请我吃饭；他们有一男一女。他夫人说起，他们的女孩子病了两年多，现在好了，一年之中添了十六磅重。但她身体还不很强壮，只送她在一个私立学堂里去，每天只做半天的工课就回来休息。后来我们吃饭时，两个孩子都醒了。女孩子在床上喊妈妈去，说"要看看胡适"。我去见她，她不过八岁，坐起来喊我。我心里很感动。大概今天梦里见着女儿，也是那天留下的影象。

我两星期后到哈佛去，行止还不能十分决定，大概四月的船期不能改了，四月十二开船，月底可到家。

祝你们好。

适之

眼泪也是奇怪的东西。你记得，我母亲死后，我接到电报，手直抖，但没有眼泪。后来走到路上，在饭店里，忽然哭了。到中屯，进外婆家的门，方才大哭。

前年在上海，读法国科学家柏斯德的传，忽然掉了不少的泪，手绢都湿了。

素　斐

梦中见你的面，
一忽儿就惊觉了。
觉来终不忍开眼，——
明知梦境不会重到了。

睁开眼来，
双眼逛堕。
一半想你，
一半怪我。
想你可怜，
想我罪过。

"留这只鸡等爸爸来，
爸爸今天要上山来了。"……
那天晚上我赶到时，
你已死去两三回了。……

病院里，那天晚上，

我刚说出"大夫"两个字，
你那一声怪叫，
至今还在我耳朵边直刺！
……

今天梦里的病容，
那晚上的一声怪叫，
素斐，不要叫我忘了，
永永留作人们苦痛的记号！

（十六年二月五日，梦中见女儿素斐，醒来悲痛，含泪作此诗。忍了一年半的眼泪，想不到却在三万里外哭她一场。）

————《胡适遗稿及秘藏书信》第21册


# — 致 彭学沛 [1]

**浩徐先生：**

今天看见一〇六期的《现代》，读了你的《主客》，忍不住要写几句话寄给你批评。

你说整理国故的一种恶影响是造成一种"非驴非马"的白话文。此话却不尽然。今日的半文半白的白话文，有三种来源。

第一是做惯古文的人，改做白话，往往不能脱胎换骨，所以弄成半古半今的文体。梁任公先生的白话文属于这一类；我的白话文有时候也不能免这种现状。缠小了的脚，骨头断了，不容易改成天足，只好塞点棉花，总算是"提倡"

[1] 彭学沛（1896～1948）字浩徐，江西安福人。早年留学日本，曾任北京大学教授，国民政府内政部代部长，抗战时任国民参政会副秘书长。——编者

大脚的一番苦心，这是大家应该原谅的。

第二是有意夹点古文调子，添点风趣，加点滑稽意味。吴稚晖先生的文章（有时因为前一种原因）有时是有意开玩笑的。鲁迅先生的文章，有时是故意学日本人做汉文的文体，大概是打趣"顺天时报派"的，如他的《小说史》自序。钱玄同先生是这两方面都有一点的。他极赏识吴稚晖的文章，又极赏识鲁迅弟兄，所以他做的文章也往往走上这一条路。第三是学时髦的不长进的少年。他们本没有什么自觉的主张，又没有文学的感觉，随笔乱写，既可省做文章的功力，又可以借吴老先生作幌子。这种懒鬼，本来不会走上文学的路去，由他们去自生自灭罢。

这三种来源都和"整理国故"无关。你看是吗？

平心说来，我们这一辈人都是从古文里滚出来的，一二十年的死工夫或二三十年的死工夫究竟还留下一点子鬼影，不容易完全脱胎换骨。即如我自己，必须全副精神贯注在修词造句上，方才可以做纯粹的白话文；偶一松懈（例如做"述学"的文字，如《章实斋年谱》之类），便成了"非驴非马"的文章了。

大概我们这一辈"半途出身"的作者都不是做纯粹国语文的人，但文学的创造者应该出在我们的儿女的一辈里。他们是"正途出身"的；国语是他们的第一语言；他们大概可以避免我们这一辈人的缺点了。

但是我总想对国内有志作好文章的少年们说两句忠告的话。第一，做文章是要用力气的。第二，在现时的作品里，应该拣选那些用气力做的文章做样子，不可挑那些一时游戏的作品。

其次，你说国故整理的运动总算有功劳，因为国故学者判断旧文化无用的结论可以使少年人一心一意地去寻求新知识与新道德。你这个结论，我也不敢承认。

国故整理的事业还在刚开始的时候，决不能说已到了"最后一刀"。我们这时候说东方文明是"懒惰不长进的文明"，这种断语未必能服人之心。六十岁上下的老少年如吴稚晖、高梦旦也许能赞成我的话。但是一班黑头老辈如曾慕韩、康洪章等诸位先生一定不肯表同意。

那"最后一刀"究竟还得让国故学者来下手。等他们用点真工夫，充分采用科学方法，把那几千年的烂账算清楚了，报告出来，叫人们知道儒是什么，墨是什么，道家与道教是什么，释迦、达摩又是什么，理学是什么，骈文律诗是什么，那时候才是"最后的一刀"收效的日子。

近来想想，还得双管齐下。输入新知识与新思想固是要紧，然而"打鬼"更是要紧。

宗杲和尚说的好：

我这里无法与人，只是据款结案。恰如将个琉璃瓶子来，护惜如什么，我一见便为你打破。你又将得摩尼珠来，我又夺了。见你恁地来时，我又和你两手截了。所以临济和尚道，"逢佛杀佛，逢祖杀祖，逢罗汉杀罗汉"。你且道，既称善知识，为什么却要杀人？你且看他是什么道理？

浩徐先生，你且道，清醒白醒的胡适之却为什么要钻到烂纸堆里去"白费劲儿"？为什么他到了巴黎不去参观柏斯德研究所，却在那敦煌烂纸堆里混了十六天的工夫？

我披肝沥胆地奉告人们：只为了我十分相信"烂纸堆"里有无数无数的老鬼，能吃人，能迷人，害人的厉害胜过柏斯德（Pasteur）发现的种种病菌。只为了我自己自信，虽然不能杀菌，却颇能"捉妖""打鬼"。

这回到巴黎、伦敦跑了一趟，搜得不少"据款结案"的证据，可以把达摩、慧能，以至"西天二十八祖"的原形都给打出来。据款结案，即是"打鬼"。打出原形，即是"捉妖"。

这是整理国故的目的与功用。这是整理国故的好结果。

你说，"我们早知道在那方面做工夫是弄不出好结果来的"。那是你这聪明人的一时懵懂。这里面有绝好的结果。用精密的方法，考出古文化的真相；用明白晓畅的文字报告出来，叫有眼的都可以看见，有脑筋的都可以明白。这是化黑暗为光明，化神奇为臭腐，化玄妙为平常，化神圣为凡庸：这才是"重新估定一切价值"。他的功用可以解放人心，可以保护人们不受鬼怪迷惑。

西滢先生批评我的作品，单取我的《文存》，不取我的《哲学史》。西滢究竟是一个文人；以文章论，《文存》自然远胜《哲学史》。但我自信，中国治哲学史，我是开山的人，这一件事要算是中国一件大幸事。这一部书的功用能使中国哲学史变色。以后无论国内国外研究这一门学问的人都躲不了这一部书的影响。凡不能用这种方法和态度的，我可以断言，休想站得住。

梁漱溟先生在他的书里曾说，依胡先生的说法，中国哲学也不过如此而已（原文记不起了，大意如此）。老实说来，这正是我的大成绩。我所以要整理国故，只是要人明白这些东西原来"也不过如此"！本来"不过如此"，我所以还他一个"不过如此"。这叫做"化神奇为臭腐，化玄妙为平常"。

禅宗的大师说："某甲只将花插香炉上，是和尚自疑别有什么事。"把戏千万般，说破了"也不过如此。"（下略）

适之　十六,二,七

（1927年2月7日）

——《胡适文存》三集卷二

# 　致 胡汉民

**展堂先生：**

一别八年，当日文字讨论的乐趣，至今无缘赓续，而当日参加讨论的执信、仲恺两先生皆已作古人了，念之一叹。回国以来，每想来南京，一见先生，畅谈一切。但因为布置租屋，搬取眷属，尚未就绪，不得脱身，私事稍安定后，当来新都，看看各位朋友。

现在有一件小事奉白。前天有一人来见，片子上写着南民〔京〕《三民导报》总经理胡大刚。及见面时，始认得是从前东南大学开除的学生胡培瀚。他向我说，前不多时曾见胡展堂先生，说起我的事。展堂先生托他致意于我，邀我到南京谈谈，展堂先生本想写信托他带来，只因将往徐州，匆匆不及写信。

我要告诉先生的是，此人是一个招摇撞骗，无所不为的人，向不齿于一乡。他并且到处自称是我的兄弟。我不知道他见着先生与否，更不知道他向先生说些什么话，只盼望先生知道此人是个骗子，说的什么话都只是借题招摇。

此人现住上海一品香，出必汽车，并且带着仆人，招摇的厉害。数日之内，他去访徽州富商程氏之宅，已经数次，亦自称是胡适之的兄弟，大概又是想敲竹杠了。

此种人在一乡则玷辱一乡，在一党则玷辱一党，故略述所知，为先生告，不但为我个人自卫而已。

（1927年6月）

————《胡适遗稿及秘藏书信》第19册

# — 致 钱玄同

**玄同：**

生离死别，忽忽一年，际此成仁周年大典，岂可无诗！援笔陈词，笑不可仰：

## 亡友玄同先生成仁周年纪念歌

该死的钱玄同，怎会至今未死！

一生专杀古人，去年轮着自己。

可惜刀子不快，又嫌投水可耻，

这样那样迟疑，过了九月十二。

可惜我不在场，不能来监斩你！

今年忽然来信，要做"成仁纪念"。

这个倒也不难，请先读《封神传》。——

回家挖下一坑，好好睡在里面，

用草盖在身上，脚前点灯一盏，

草上再撒把米，瞒得阎王鬼判，

瞒得四方学者，哀悼成仁大典。

年年九月十二，处处念经拜忏，

度你早早生天，免在地狱捣乱。


　　《醒世姻缘》的序，如旭生与芝生肯做，那是再好没有的了，请您代问一声。旭生不在京，请先问芝生。能早日回我一信，最好。

　　小说考证，我真干不了了。此事本应该由一般朋友大家分任，人任一部书，则轻而易举。我做了几部最容易做（因为材料多）的小说的考证。材料没有了，考证也做不出了。如《醒世姻缘》便是一例。

　　《封神传》，我请颉刚作序，他也没做成。此时我在客中，手头没有书，成了缴械之兵，更没有法子做考证的文字了，只好胡乱"望文生义"，做几篇评论内容与技术的序罢。

　　近日收到一部乾隆甲戌抄本的脂砚斋重评《石头记》，只剩十六回，却是奇遇！批者为曹雪芹的本家，与雪芹是好朋友。其中墨评作于雪芹生时，朱批作于他死后。有许多处可以供史料。有一条说雪芹死于壬子除夕。此可以改正我的甲申说。敦诚的挽诗作于甲申（或编在甲申），在壬子除夕之后一年多。（也许是"成仁周年"作的！）又第十三回可卿之死，久成疑窦。此本上可以考见原回目本作"秦可卿淫丧天香楼"，后来全删去"天香楼"一节，约占全回三之一。今本尚留"又在天香楼上另设一坛（醮）"一句，其"天香楼"三字上不着天，下不着地，今始知为删削剩余之语。此外尚有许多可贵的材料，可以证明我与平伯、颉刚的主张。此为近来一大喜事，故远道奉告。

《国语文学史》的事，新月书店误用您的姓名，却并无恶意。不过是借重大名来登广告而已。（若说"北京文化书社印了一千本"，就没有味儿了。）广告不是我做的，但我总得代为负责向您请罪。（广告全文附呈。）

国语文学史

胡适著

胡适之先生的著作还用得着广告吗？……

这是国语文学史的上卷，曾经钱玄同先生在北京

印行过一千部。现在胡先生又重加修订，由本店出版。

要研究文学史的，

要研究国语文学的——

不可不读这本书。

《国语文学史》原稿，我本不很看得起。去年检查敦煌写本，检得许多文件，可以证实唐代实有很多的平民文学，——比我推想的还要多的多，——因此我想借此机会修正我的原稿，先出上卷。但此时尚未修改，大约须俟我把参考书收齐，方能下手。

因此，我要请你帮我一点忙：①请代我买一部《沙洲文录》及《敦煌零拾》；②请代买一部半农的《敦煌掇琐》（？）》，或者请他送我一部。③如半农此书尚未出版，请代检他的自序与目录，赐我一份。此二事乞即一办，不胜感谢之至。

最后要提到你的信的末段了。这一段大有"可杀"的气味。所以说四十以上人有该死之道者，正因为他要"回思数年前所发谬论，十之八九都成忏悔之资料"耳。实则大可不必忏悔，也无可忏悔。所谓"种种从前，都成今我，莫更思量更莫哀"是也。我们放的野火，今日已蔓烧大地，是非功罪，皆已成无可忏悔的事实。昔日陆子静的门人有毁朱元晦者，子静正色说道，"且道世

间多个朱元晦、陆子静，是甚么样子；少个朱元晦、陆子静，又成个甚样子"（原文记不得了）。如今只好说，"世间添个钱玄同，成个甚么样子！少了个钱玄同，又成甚么样子！"此中一点一滴都在人间，造福造孽惟有挺着肩膀担当而已。你说是吗？

祝你好。并望常常写信来。

适之，十六，八，十一

（1927年8月11日）

——《鲁迅研究资料》第9辑

# ── 致 教育行政委员会公函

**教育行政委员会的诸位先生：**

承问关于译外国人名地名的意见，我以为此事是无法统一的。其故并不在你们举出的三个原因，而在于著作家的懒惰。即使你们能定出一个"相当之解决办法"，印成图表，颁行各地，你们又有何法能使译者人人遵用？今之译书者大都是待米下锅的寒士，他们在百忙中译书挣饭吃时，那有工夫或心情去时时翻检你们所定的标准译法？

最容易施行的解决法似是提倡原文之注出。无论底本是德文、俄文或英法文，无论译的是京音、苏音或硖石、无锡的土音，只须注出原文，便可稽考检校了。

不然，即使译音有统一的标准，即使人人真能严守此标准译法，而你们终无法规定译者必须用某国文字为底本。如法国女杰"贞德"的译音是从法文来的，仅通英文而不通法文的人必译为

"阿克的迦因"一类的名字。若译者处处注出原文，则译音尽管歧异，读者自有底子可查考了。

鄙意如此，还请诸位先生指正。

胡适敬上　十六，九，二四夜

（1927年9月24日）

—————《胡适遗稿及秘藏书信》第21册

# 一 致 太虚 [①]

**太虚先生：**

功德林席上，太匆匆了，不及细谈。别后又因事忙，不曾得机会写信，千万请恕罪。鄙意以为先生到欧美，不如到日本；去讲演，不如去考察；去宣传教育，不如去做学生。此三层意思，说来甚长，现在只能略引申之。

先生能读日本书籍，若能住日本多读一点基础科学及梵文、巴利文，三五年之后进益当不浅。往欧美则有语言上的困难，虽有译人，终觉相隔几层，用力多而成功少，且费用又很大。故我说，到欧美不如到日本。

传闻先生之行带有讲演与宣传教育之意。此意在今日夸大狂的中国，定有人劝驾。然鄙意则甚不赞成。佛教在中国已成强弩之末，仪式或尚存千万分之一二，而精神已完全没有了。先生是有志复兴佛教的一个人，我虽不热心于此事，然未尝不赞叹先生的热心。倘先生与座下的一班信徒能用全副精力做佛教中兴的运动，灌输一点新信心到这已死的宗教

①
太虚
（1890～1947）
俗姓吕，本名淦森，字太虚，法名唯心。浙江崇德（今属桐乡）人。时任南普陀寺住持兼闽南佛学院院长。——编者

里去，这自然是可敬的事。然此事去成功尚太远太远。此时正是努力向国内做工作的时候，还不是拿什么"精神文明"向外国人宣传的时候。西洋民族文化之高，精神生活之注重，道德之进步，远非东方那班吃素念佛妄想"往生"的佛教徒所能梦见。先生此次若决计去西方，我很盼望先生先打消一切"精神文明"的我执，存一个虚怀求学的宗旨，打定主意，不但要观察教堂教会中的组织与社会服务，还要考察各国家庭、社会、法律、政治里的道德生活。昔日义净寄归内法，于印度僧徒的毛厕上用的拭秽土块，尚且琐琐详述，如今看了，似觉好笑，然古人虚怀求学的精神，殊不可及。先生此行，无论在欧美，在日本，若能处处扫除我执，作一个虚怀的学生，则玄奘、义净的遗风有嗣人了。如为一班夸大狂的盲人所误，存一个宣传东方文化的使命出去，则非我所敢附和的了。

因为先生曾征求鄙见，不敢随便应酬，故贡其狂言，千万请原谅。

胡适敬上　十六，十，八日

（1927年10月8日）

————《胡适遗稿及秘藏书信》第19辑

# 一 致 蔡元培

……大学委员会之事，我决计辞谢，请先生勿发表为感。……我是爱说老实话的人，先生若放我在会里，必致有争论，必致发生意见，不如及早让我回避，大学院里少一个捣乱分子，添一点圆融和祥之气象，岂非好事？例如劳动大学是大学院的第一件设施，我便不能赞同。稚晖先生明对我说这个劳动大学的宗旨在于"无政府化"中国的劳工。这是一种主张，其是非自有讨论的余地。然今日之劳动大学果成为无政府党的中心。以政府而提倡无政府，用政府的经费来造无政府党，天下事的矛盾与滑稽，还有更甚于此的吗？何况以"党内无派，党外无党"的党政府的名义来办此事呢？一面倡清党，一面却造党外之党，岂非为将来造第二次清党的祸端吗？无政府党倡的也是共产主义，也是用蒲鲁东的共产主义来解释孙中山的民生主义，将来岂不贻人口实，说公等身在魏阙而心存江湖，假借党国的政权为无政府党造势力吗？

举此一例，略示我所以不能加入委员会的理由。……类此之例尚多，如所谓"党化教育"，我自问决不能附和。若我身在大学院而不争这种根本问题，岂非"枉寻"而求"直尺"？

十六，十，廿四

（1927年10月24日）

————《胡适遗稿及秘藏书信》第20册

# 一九二八 年

## — 致 曾 朴 ①

①
曾朴
（1872～1935）
初字太朴，后
改孟朴，江苏
常熟人。著有
《孽海花》。时
在上海真美善
书店，出版发
行《真美善》
杂志。——编
者

**孟朴先生：**

前奉上一书，想已达览。近日因小病，不能作工，颇得余暇，遂尽读惠赠的嚣俄戏剧三种。读后更感觉先生的志愿与精神之不可及。中国人能读西洋文学书，已近六十年了；然名著译出的，至今还不满二百种。其中绝大部分，不出于能直接读西洋书之人，乃出于不能外国文的林琴南，真是绝可怪诧的事！近三十年来，能读英国文学的人更多了，然英国名著至今无人敢译，还得让一位老辈伍昭扆先生出来翻译《克兰弗》，这也是我们英美留学生后辈的一件大耻辱。英国文学名著，上自Chaucer，下至Hardy，可算是完全不曾有译本。莎翁戏剧至今止译出一二种，也出于不曾留学英美的人。近年以名手译名著，止有伍先生的《克兰弗》，与徐志摩译的《赣第德》两种。故西洋文学书的翻译，此事在今日直可说是未曾开始！先生独发弘大誓愿，要翻译嚣俄的戏剧全集，此真是今日文学界的一件绝大事业。且不论成绩如何，即此弘大誓愿已足令我们一班少年人惭愧汗下，恭敬赞叹！我十二年不读法文文学书了，嚣俄的戏剧向来更无研究，对于尊译，简直是不配赞一辞，止有敬畏赞叹，祝先生父子继续此盛业，发挥光大，给我们做个榜样，使我们少年人也感慨发愤，各依性之所近而力之所能勉者，努力多译一些世界名著，给国人造点救荒的粮食！已读三种之中，我觉得《吕伯兰》前半部的译文最可读，这大概是因为十年前直译的风气未开，故先生译此书尚多义译，遂较后来所译为更流利。近年直译之风稍开，我们多少总受一点影响，故不知不觉地都走上谨严的路上来了。

近几十年中译小说的人，我以为伍昭扆先生最不可及。他译大仲马的《侠隐记》十二册（从英文译本的），用的白话最流畅明白，于原文最精警之句，他皆用气力炼字炼句，谨严而不失为好文章，故我最佩服他。先生曾见此译本否？……

胡适敬上　十七，二，廿一

（1928年2月21日）

——《胡适文存》三集卷八

## 一　致 吴敬恒

自从大华饭店一见之后，又多时不见了。那天我曾谈起同文书院的四个演讲，现在这四讲的稿子都给孙伏园发表了。其中前半只存大意，戴氏一讲略有增改，稍近讲演时的全文；惟关于先生的一讲则系今年旧历新年里所改作，比原稿多出不止一倍。伏园说，他已把全篇寄给先生了；今寄上末讲校改稿，请先生切实指正。

作此文之意起于几年之前，当时《现代评论》诸君，特别是通伯，都怂恿我早日动手，但终以不得清闲时间，不敢潦草着笔，唐突先生。去年在东京见梁君所编先生学术论著续集，始得读《杭育》全份（我竟没见过一篇，《民国日报》久不到北京），其中第五篇最使我高兴。因为我在一九二六年六、七月中作《对于西洋近代文明的态度》，其见解差不多全同于先生在一九二四年五月中发表的论调。那时便又有作文"述吴稚晖"的意思。直到七八月后，此意方才能实现。所以又迟迟如许之久者，一则先生当日身当政争之冲，述学之文或不免被人认作有意拍马屁；二则七月初我在杭州读先生与杨虎一书论陈延年的案子，我认为先生盛德之累，中心耿耿，不能释然，直到几个月之后方才有续作此文的兴致。今日重提此事，不过表白一个敬爱先生的人对先生的一种责望，先生或不见怪罢？

作此文的大意，先生是明眼人，定能看出此中总不免有点"借刀杀人"的动机。承先生说我于先生的新信仰"虽无具体的相同，却也不曾寻出他的异点来"。这几年来我和先生的主张渐多"具体的相同"，故述先生的信仰都是抬出老将军去打头阵，好让我们腾出功夫来多预备一点子弹来给先生助战。此意与先生所谓"浇块垒"者大不同，或不为先生所痛斥罢？

我的立脚点是历史，故此文把先生排作"反理学"运动的最近一幕（不是最后一幕）。又特别看中了先生的文化史观，把它从附注里提出来作为正文，这一点不知先生能同意否？（我那年在塘〔唐〕山住在先生处，亲见先生壁上的五千年历史图表，故私心总把先生归在国内少数治历史的人里面，只怕先生不愿意受我的"高攀"呵！）

先生当日作《新信仰》一文，先叙宇宙观，次叙三个人生观；这个大纲目之外要说的话，便都放在附注里。我两次试述此文（1924在大连满铁暑期大学，用英文作的；1927同文原稿），皆依此纲目，总觉不能惬意，而不解所以不能惬意之故。今年改稿，始放胆抛弃原文的纲目，把附注之文提作正文，而不复述人生观的三大段。稿成后，觉得这办法比前两次满意多了，试令别人读过，他们也都容易明白了解。不知先生自己对于这个大搬动有何意见？

以上各点，均望先生有空闲时见教。

此外还有一个请求。我在此文开端，竟不曾叙述先生的历史，其实是因为我全不知道先生一生思想变迁的历史，故不敢瞎说。我想请先生腾出一点时间来赐我一篇简单的"自传"，粗枝大叶地谈谈那位常州吴老头子的故事，给我这个朱朝奉的同乡后辈添点史料，使他将来作"朱注"时不致于劈空瞎嚼蛆。否则将来徽州胡朝奉冤枉了常州吴老先，先生也得负几分咎教之罪呵！

十七，二，廿八

（1917年2月28日）

————《胡适遗稿及秘藏书信》第19册

# — 致《京报》社 ①

①
《京报》，原为
邵飘萍于1918
年10月在北京创
办，1926年邵为
军阀杀害，1928
年其夫人汤修
慧在北京复刊，
一年后被查
禁。——编者

**京报社编辑主任先生：**

　　承贵社赠阅《京报》，十分感谢。但每回发行处误寄两份——一份的住址是排印好的，一份是油印的，——未免可惜。请停寄一份，以省糜费。□□请改寄上海极司非而路49号甲。

　　还有一件事奉告。

　　昨读四月廿二日贵报附刊的《饮虹周刊》第六期中的小说《燃犀》，其中引有我的诗句，我才知道此书中的人物有我和蔡子民、林琴南等。何识时即胡适之，凌近兰即林琴南，来河清即蔡鹤庼，即蔡子民先生。

　　我不认得作者"园丁"先生，但我想托先生转达一点意思。

　　我只见了这一期登出的《燃犀》，其中已有许多地方是完全错误的。如

　　（1）我结婚时，先母尚未死，此书中所说完全错了。

　　（2）林琴南并不曾有在路上拾起红女鞋的事。我们可以不赞成林先生的思想，但不当诬蔑他的人格。

　　（3）当陈独秀先生作北大文科学长时，当蔡先生去北大时，林琴南并不在北大当教员。

（4）他给蔡子民先生的长信，并不是辞职的信。

（5）作者引我的新婚杂诗，其中多割裂讹误。

本来这种用活人做材料的小说是很不易做的，做的好也不过成一种闲话的资料（gossip），做的不好便成了造谣言的乱谈了。"园丁"先生有志作文学，似宜向真材料中去努力，不宜用这种不可靠的传说材料。质之作者，以为何如？

匆匆道谢，即祝

贵报发达。

胡适敬上　十七,四,廿五

（1928年4月25日）

——《胡适的日记》（手稿本）第6册

# — 致 江冬秀


**冬秀：**

十八日的信收到了。

你这封信是有气的时候写的，有些话全是误会。纪念碑文当初我本不曾想着要做。士范既留此碑地位，我起初就决定留着空碑，后来再补刻。此墓乃是四人合葬，碑文最不易说话；祖父的事实，我很模糊了；借来一本族谱，不料连他死的年月日都没有，真是奇怪。所以我上回写信给你说碑文不必刻了。

这是实在情形，你说我"不拿你当人"，又说我"害"你，都是想错了。

士范今天也在我家中，他谈到此碑。他说此碑斜平在上，将来不妨补刻。如嫌空碑不雅观，可以不用碑，全用灰泥盖顶，将来有碑时再立不迟。

你此次替我做了这件大事，我心中只有感激，一百二十分的感激。你若怪我害你，那就是太多心了。千万不要往坏处想，我不是一个没有心肝的人，这话是我挖出心肝来同你说的。

我时时刻刻想你回来。卓林回家时，我还托他想法子托个人照应，请他同你回来。

昨天想做两条灰色哔叽单裤，托徐太太去买材料，她叫新六来说，她叫人去做罢。

祖望身体还好。夏天到了，小孩子在这个空气干净地方，总还没有大危险。

祝你们好。

适之 十七，五，廿五

信写成了，我想了一想，也许能自己写一篇空泛的碑文。你等我三天，若三天之后，碑文不寄到，请决计不用碑了。

适之 半夜后两点钟
（1928年5月25日）
————《胡适遗稿及秘藏书信》第21册

# 一 致 蔡元培

**孑民先生：**

发信后收到两函，谢谢。致基金会一函已加封寄去了。

先生不许我辞大学委员会，殊使我失望。去年我第一次辞此事时，曾说我的脾气不好，必至破坏院中和平雍穆的空气。十五日之会果然证明此言。当时我已十分忍耐，故虽被稚晖先生直指为"反革命"，亦不与计较。但日后我决不会再列席这种会，因为列席毫无益处，于己于人，都是有损无益。吴先生口口声声说最大危险是蜀洛党争，然而他说的话无一句不是党派的话，这岂是消弭意见的办法吗？我虽没有党派，却不能不分个是非。我看不惯这种只认朋友，不问是非的行为，故决计避去了。既然已决心不出席，留此名义何用？此为最后陈述，亦不劳先生赐复，我也不登报声明，望先生体谅此意。

前书戆直，不蒙罪责，甚感！甚感！

匆匆，即祝

先生安好

适敬上　十七,六，廿七夜①

（1928年6月27日）

————《胡适遗稿及秘藏书信》第20册

①
信稿前面记有
"此信不曾寄
去，另有信去"
字句。——编
者

# ─ 致 胡近仁

**近仁老叔：**

你昨天说起要进广慈医院去戒烟，我听了十分高兴。希望此事能成功。鸦片之害确可以破家灭族，此不待远求例证，即看本族大分二分的许多人家，便可明白。即如尊府，如我家，都是明例。你是一族之才士，一乡之领袖，岂可终于暴弃自己，沉迷不返？你现在身遭惨痛，正是一个人生转头反省的时候。若任此深刻的惨痛轻轻过去，不能使他在行为上、人格上，发生一点良好的影响，岂不辜负了这一个惨痛的境地？

人生如梦，过去甚快，等闲白了少年的头，糊涂断送了一个可以有为之身，乃是最深重的罪孽也！王荆公诗云：

知世如梦无所求，
无所求心普空寂。
还似梦中随梦境，
成就河沙梦功德。

知世如梦，却要在梦里随时随地做下恒河沙的梦功德，此真有得于佛教之言。若糊糊涂涂过去，世间有我不加多，无我不减少，这才是睁开眼睛做梦，上无以对先人，中无以对自己的天才，下无以对子女也。

我们三十多年的老朋友，什么话不可以说？到今日才说，已是过迟，罪已不轻。若今日仍不说，那才是死罪了。

千万望怂恿同志早日入院戒烟。若无人同去，可移来吾家，我请医生来给你戒烟，冬秀一定能伏侍你。

适之　十七，七，廿四
（1928年7月24日）

——《胡适家书手迹》

## — 致 蔡元培

**孑民先生：**

上月廿八日在报上见先生提出国府会议改组中华教育文化基

金董事会一案，各报所记互有详略，我以为事后当有详细的正式报告，故当时不曾细细研究此案。今已事隔半月，尚未见此案全文，亦不曾收到大学院方面有任何通告。但各报所记，都有我的姓名，为新任命的董事之一。事前我虽未预闻此项改组计画，然我对于此种计画有不敢赞同之处，亦不敢完全缄默，以重蹈杏佛兄所谓"本可沆瀣一气"之讥。

文化基金董事会章程的基本原则为脱离政治的牵动，故董事缺额由董事会自选继任者。前年我们在上海所拟英国庚款董事会的组织，即依此原则为标准。今忽废去此条，改为董事三年期满由大学院呈请政府任命，便是根本推翻此原则了。建此议之意岂不以为当日政府不良，故须防政治的牵动；今为国民的政府，不应防御其干涉了！此言岂不冠冕堂皇？然事实上政治是否安定，是否尽如人意，谁也不敢担保。先生在大学院，能有几年，大学院自身能存在几时，都不可知，则后来者之滥行干涉，或受政局牵动，似亦不可不防。故此原则之取消，在今日似尚太早。此一点不可不奉告也。

去年夏间，孟禄博士南来，与国民政府教育行政委员会接洽文化基金董事会的事。其中细情我虽不知道，但有一晚的宴会（在大华饭店），我也在座，亲见教育行政委员会的委员（宴会的主人）提出一张候选董事四人的名单，交与孟禄。孟禄说，何妨多提出几人，以便选举时有点选择。于是几位教育行政委员又退入旁室商议，加上四人，也交与孟禄（先生与我的姓名即在第一名单之内）。故去年年会黄炎培君辞职，即举先生继任，丁文江君辞职，即举我继任，皆是此次接洽的结果。当日大华之宴会席上，主席韦悫先生再三声明，国民政府赞成基金会的组织法，并声明只反对顾维钧，黄炎培，丁文江，郭秉文四人，余人皆不在反对之列。是夜列席者，教育行政委员有韦悫，钟荣光，金曾澄诸君。听说此夜之前他们已与孟禄谈过几次，我因为始终不曾与闻其事，故不知道他们的接洽是否正式代表国民政府教育行政委员会。但以我所知，孟禄方面自然以为金、韦、钟诸君是代表教育行政委员会的。今忽根本推翻董事会之组织，又并当日所声明不反对者而一并罢免之，又必明文罢免一年前已辞职并已由先生继任之黄炎培君以快意，似殊令局外人不能了解。此第二点不可不奉告也。

文化基金董事会所管款项出入不在小数，所牵涉之机关（如北京两个图书馆及地质调查所等）也不少。开办以来，始终任事最勤劳最熟悉者为张伯苓、周季梅、颜骏人三君。今此三人皆罢免，则会中事务最负责者皆走了，似非维持之意。此第三点也。

周季梅君之忠于董事会，外人或不之知。去年太平洋关系会议执行部苔微士君来华，以重俸延聘季梅为该会常川干事，半年驻檀香山，半年驻中国。季梅因不忍离开文化基金董事会，坚决辞谢。故今年二月间，先生与我联名提议三件事之中，其一为举叔永为干事长，我即附加一段说明，谓如季梅肯连任，则自然请季梅连任，此意曾得先生同意。今既不许季梅为董事，似仍可令季梅继续为干事长，维持会事。此与尊案"董事不得兼任会中任何有俸给之职务"一条不冲突，且可免我们出尔反尔的大错误。不知先生以为如何？若不如此，则以我看来，想叔永亦不便接任。此第四点也。

张伯苓管会中会计多年，此次年会举他为董事长，他辞不肯就。他是中美董事都信服的人，似应留他在董事会。我仔细想想，只有我自己辞职，遗缺推荐张伯苓先生，请先生千万俯允所请。此第五点也。

以上各点，都是就事论事，一半为爱护基金董事会，一半为欲妄想挽回国际信用于万一。

无论如何，我自己是不愿继续作董事的。如先生不愿提出张伯苓先生，则请先生提出杏佛兄继任。

又英国庚款临时委员会，前由国民政府非正式的提出先生与伍朝枢，王宠惠，褚民谊，周佩箴诸先生。此名单在梯云先生宅中决定，专人请示于南京，次晨由亮畴先生交来南京复电，由亮畴和我送到梯云宅中征求他的同意。梯云因身任外交部长，觉得不便于中英邦交正恶时允任此事，故嘱我将名单交与英公使时，口头声明最好他不加入。后英使来电，转致咨询委员会之意，请先生与王、褚两先生加入临时委员会，嘱我征求同意。其后先生与亮畴俱有书面同意书，先生并代民谊声明同意。此项同意书具已正式交去。但不久政局骤变，蒋总司令下野，此事遂搁置至今。然过去事实亦不可不重提一遍，以备将来的参考。

又当日英国庚款咨询委员会本已请定颜惠庆、王景春、丁文江及我四人为临时委员。当日伍宅会议，由先生提议除去丁君一人，余人可仍旧。此意也由我转达。丁君自行引退。此事亦应提及，以备将来的参考。

匆匆写此书，不觉积至几千字之长，要费先生不少时间去读它，罪过不少。

敬祝
先生安好

胡适敬上　十七，八，十一

（1928年8月11日）

——《胡适的日记》（手稿本）第7册

# 一 答 胡朴安 [①]

①
胡朴安
（1879～1947）
原名韫玉，字仲民，后改朴庵，又作朴安。安徽泾县人。文字学家。——编者

**朴安先生：**

接到先生十一月二日的信和"中国学会"的草章，多谢多谢。

我不愿加入发起这个会，因为我不能赞成草章的第一条。我不认"中国学术与民族主义有密切的关系"，若以民族主义或任何主义来研究学术，则必有夸大或忌讳的弊病。我们整理国故，只是研究历史而已，只是为学术而作功夫，

所谓"实事求是"是也，绝无"发扬民族之精神"感情的作用。近时学者很少能了解此意的，但先生自朴学门户中出来，定能许可此意吧？匆匆闻奉，即乞
原谅。

胡适　十七，十一，四
（1928年11月4日）

——《胡适遗稿及秘藏书信》第19册

## 致 蔡元培

**孑民先生：**

前晚晤谈，甚苦不得细谈，故草此信略达近想同先生谈的话。

我从前曾有一封狂妄的信，劝先生离开政府。后来先生辞职，我很赞同。后来政府改组，监察院长仍属先生。先生那天在舍间谈及此事，曾说，"这时候那有监察的事可做？"我当时心里也很想对先生说几句话，但因为先生已决定不干此事，我也就不谈下去了。

近来知道先生不曾辞掉监察院长的名义，但事实上仍不管监察院组织进行的事。我对于这事，还想对先生说几句不中听的话。

今日政府清明的枢纽在监察、考试两种制度的实行。考试之事，暂且不谈。监察之事实在不容再缓了。政治的腐败非此不能矫正，人民的苦痛非此无从申诉。监察之制不实行，乃有蒋主席出游常、锡，拿办三县县长之举，乃有冯焕章查刘纪文的账之传闻。这些事的是非姑且不论，但以政体而论，都是失政体之举。

国家无正当监察的机关，故人民受苦痛无处申诉的，乃向冯焕章告状！

先生在今日似不能不有一个明决的态度。如先生真认监察为无可为，则宜毅然求去，不可仍居其名，而以一个重要制度的创设大事付于三数无忌惮的政客之手。

先生如真感觉身任党国之重，良心上不能脱然而去，则宜积极任事，把监察制度积极筹划实行起来，在开始之日，提起一两件大参案，使人民的耳目一新，使贪官污吏的心胆一震，使世界人士的视听一变。此事关系一国的百年大计，非同教育行政机关之可有可无。故我的意思颇以为先生晚年报国正在此，不敢不力劝先生仔细想想。

国家无监督政府之机关，则人民将厌恶政府，鄙弃政府。近数月来中兴煤矿公司之事便是一例。此案中政府（？）勒索之巨，手续之黑暗，真骇人听闻。公司呈诉无门，只好以呈文刊登报纸的广告，然终无效果，只好俯首听政府（？）的宰割。然而政府的尊严与信用从此扫地了，厌恶鄙弃，谁能怨他们呢？

国家无监察吏治之机关，则不但恶人敢于为恶，即平常可与为善的人亦不能不为恶习惯卷括而为恶。即如我们的朋友李垕身先生，先生的同乡，我的同学，岂非可与为善之人？然而他在沪宁铁路局长任内的成绩弄到如此狼藉，其人本身固不能完全辞其咎，而政府无正当监察之制度，实亦是养恶之大罪人。为恶决可以幸免，则人人皆相率而为恶了！如最近沪宁铁路买煤投标一事，市价每吨约十三元，而得标之价乃至十七元二角！一标凡五万吨，每吨可赚四五元，则有二十多万元之中饱。此等事，上海人皆知之，日本文的报纸至著为社论，而政府熟视无睹也！人民之厌恶政府，鄙弃政府，谁能怪他们呢？

（此信约写于1928年冬至1929年春之间）

# 一九二九 <sup>年</sup>

## — 致 张轶欧 ①

①
张轶欧
（1881～？）字
翼后，江苏无
锡人。早年留
学比利时，归
国后曾任北洋
政府工商部矿
政司司长，国
民政府实业部
商业司司长等
职。——编者

**轶欧先生：**

我读了尊母高太夫人事略，十分感动，又十分羡慕。高
太夫人的为人绝像我的先母。她们的好处都绝相像；即她们
的小小短处，如重科名，盼抱孙，也绝相像。但他们两人的
福气却大相悬绝。先母四十六岁去世，尊母则享八十高寿。
先母盼抱孙甚切，而我的长儿生时，她已不及见了，故长儿取
名祖望，即是纪念她；太夫人则有孙男孙女六人，嬉戏膝下，
自以为极天下之乐事。先母艰苦一生，不曾享一日清闲之福，
不曾得我一日的奉养；而太夫人晚境十分顺适，享几十年的家
庭幸福。所以我读了大著，既很感动，又很羡慕，不但羡慕太
夫人的福寿，更羡慕先生有福做几十年的孝顺儿子。

我很想做点文字给尊母上寿。不幸明日即须北上，行期太
匆匆，归期又不可预计。只好先写此信，略写心中要说的话，
要尊府一门知道这样的喜庆真是人生绝不易得的。有许多人像
我这样的，虽情愿舍去半世寿年，也休想换得这样的一天快乐。

胡适 十八，一，十五

（1929年1月15日）

——《胡适遗稿及秘藏书信》第19册

## 一 答黄忏华

**忏华先生：**

你一月廿一日的信寄到时，已是廿三日。我因为《人权法案》已于廿二日提出，讨论已来不及，故暂等此案的命运决定时再作复书。今天报载政治会议已否决此案，焦易堂先生一定很失望，所以我写此信。

焦先生此案的本身尚不能叫我们满意（其细点今日暂不讨论），但确是一大进步。提案书中说，"人民基本权利之被侵害，往往出于国家机关之本身，又将何所依据以保障之耶？"这一句话是今日最犯忌讳的。党国当局最怕这句话，胡适之说了几乎遭通缉，焦易堂先生今日又说此话，不遭通缉，已为大幸，否决此案自是意中事，何足奇怪？

但立法院的法制委员会委员长能说出这样触犯忌讳的话，大可洗刷"御用机关"的恶名，我不能不给焦先生道贺。

此案否决之后，我们希望焦先生和他的朋友们继续努力，再提出一个更满意的人权法案。焦先生这次虽失败，终有多数人的同情的。请你把这点微意转达给焦先生。

谢谢你寄示原案的好意。

胡适 十八，一，廿九
（1929年1月29日）

——《胡适遗稿及秘藏书信》第20册

# ── 致 王宪惠（稿）①

①
王宪惠
（1881～1958）
字亮畴，原籍
广东东莞。出
生于香港。曾
任南京国民政
府司法部长、
司法院院长等
职。——编者

**亮畴先生：**

近日国中怪象百出，说不胜说。最可怪者，此次三全大会有上海特别市代表陈德征提的"严厉处置反革命分子案"，先生曾见过吗？

此案大意是说法院往往过于拘泥证据，使反革命分子容易漏网，故他的办法是："凡经省或特别市党部书面证明为反革命分子者，法院或其他法定之受理机关应以反革命罪处分之。如不服，得上诉。惟上级法院或其他上级法定之受理机关，如得中央党部之书面证明，即当驳斥之。"

这就是说，法院可以不须审问，只凭党部的一纸证明，便须定罪处刑。

先生是研究法律的专门学者，对于此种提案，不知作何感想？在世界法制史上，不知那一世纪那一个文明民族曾经有过这样一种办法，笔之于书，立为制度的吗？我的浅识寡闻，今日读各报的专电，真有闻所未闻之感。中国国民党有这样党员，创此新制，大足以夸耀全世界了。

其实陈君之议尚嫌不彻底。审判既不须经过法庭，处刑又何必劳动法庭？不如拘捕，审问，定罪，处刑，与执行，皆归党部，如今日反日会之所为，完全无须法律，无须政府，岂不更直截了当吗？

我今天实在忍不住了，写这封信给先生。也许此信到时，此案早已通过三全大会了。司法院也大可以早点预备关门了。我们还说什么呢？

> 胡适　十八，三，廿六
> （1929年3月26日）

# 陈德征之提案（剪报）
## 严厉处置反革命分子

上海特别市代表陈德征向三全会提"严厉处置反革命分子案"，原文如下：（理由）反革命分子包括共产党、国家主义者、第三党及一切违反三民主义之分子。此等分子之危害党国，已成为社会一致公认之事实。吾人应认定对反革命分子，应不犹疑地予以严厉处置。查过去处置反革命分子之办法，辄以移解法院为惟一归宿，而普通法院因碍于法例之拘束，常忽于反革命分子之实际行动，而以事后证据不足为辞，宽纵著名之反革命分子。因此等之结果，不独使反革命分子得以逍遥法外，且使革命者有被反革命分子之攻击危害之危险。均应确定严厉处置反革命分子之办法，俾革命势力得以保障，党国前途实利赖之。（办法）凡经省及特别市党部书面证明为反革命分子者，法院或其他法定之受理机关应以反革命罪处分之，如不服，得上诉，惟上级法院或其他上级法定之受理机关，如得中央党部之书面证明，即当驳斥之。

——《胡适遗稿及秘藏书信》第19册

# — 致 刘大钧 [①]

①
刘大钧
（1891~1962）
字季陶，号君谟，原籍江苏丹徒，生于淮安。早年留学美国，归国后曾在多家大学任教，并担任过国民政府统计局局长等职。——编者

**季陶吾兄：**

复示敬悉。《评论报》"名誉编辑"的名义，千万请即日为我取消，不胜感激之至。

当日《评论报》之发起，我本不预闻；后见报纸登出我的姓名，我本欲抗议。后来所以不抗议者，只以深信吾兄是个学者，必不至于有什么意外的动机或作用。但《评论报》出版以来，颇多使我大失望之处。我觉得这个报已不是一个《评论报》，已成了一个官办的"辩护报"了。官办的辩护报并不是不可办，但用不着我们来捧场。即以最近一期（Vol，Ⅱ，19）为例，社评中论《字林西报》的事，有云：As a matter of general principle, the government has always recognized the freedom of speech.〔在总的原则上，政府一直是承认言论自由的。〕季陶兄，我读了这样的话以后，还有脸做《评论报》的名誉编辑吗？君子绝交不出恶声，故前函只是很客气的辞职。今得来书，不许我辞，故不得不说几句老实话，千万请原谅。

胡适　十八，五，十一，早七时
（1929年5月11日）

——《胡适遗稿及秘藏书信》第20册

# 一 复 张元济

**菊生先生：**

今天第一次得读先生的白话信，欢喜极了。

我的那一篇文字，承先生赞许，又蒙恳切警告，使我十分感激。我也很想缄默，但有时终觉有点忍不住，终觉得社会给了我一个说话的地位，若不说点公道话，未免对不住社会。况且我有一种信仰："天下无白白地糟塌的努力"，种豆种瓜终有相当的收获。不种而获，则为不可能的事。自由是争出来的，"邦有道"也在人为，故我们似宜量力作点争人格的事业。老虎乱扑人，不甚可怕；所苦者，十年来为烂纸堆的生活所诱，已深入迷阵，不易摆脱，心挂两头，既想争自由，又舍不得钻故纸，真是憾事。

素知先生富于积极精神，故敢发狂论，千万请鉴察。

胡适敬上　十八,六,二
（1929年6月2日）

——按原稿复印件

## 一 致 李璜、常燕生 [①]

①
李璜
（1895~？）字幼春，四川成都人。为中国青年党主要负责人之一。常燕生（1898~1947）山西榆次人。此时主办中国青年党的《醒狮周报》。——编者

**幼春、燕生先生：**

……国家主义所出报章，《醒狮》、《长风》都是很有身份的。但其余的小杂记，如《探海灯》，如《黑旋风》，……等，态度实在不好，风格实在不高。这种态度并不足以作战，只足以养成一种卑污的心理习惯：凡足以污辱反对党的，便不必考问证据，不必揣度情理，皆信以为真，皆乐为宣传。更下一步，则必至于故意捏造故实了。如《探海灯》诗中说蔡子民"多金"，便是轻信无稽之言；如说"蒋蔡联宗"，便是捏造故实了。

我以为，这种懒惰下流不思想的心理习惯，我们应该认为最大敌人。宁可宽恕几个政治上的敌人，万不可容纵这个思想上的敌人。因为在这种恶劣根性之上，决不会有好政治出来，决不会有高文明起来。……

十八，七，一
（1929年7月1日）

——《胡适遗稿及秘藏书信》第19册

# —— 致 刘公任 <sup>①</sup>

**公任同学：**

谢谢你的两信，你的卷子很好，我很高兴。

你的失望，我很能了解。但我要对你说，爱情不过是人生的一件事，同其他生活有同样的命运，有成功，也有失败。我们要当得起成功，更要耐得住失败；凡耐不住失败的，什么大事都不能做。

你只有两条路，一是继续爱她，被弃而不怒，被骗而不怨。本不求报，何怨？何怒？爱情岂是做买卖吗？一是不再爱她，朋友仍是朋友，"亲者毋失其为亲也，故者毋失其为故也"。若宣布于世，以谋报复，那是悻悻小人之所为，不是君子做的事。

何况你这一次恋爱的人，依你所说是不值得你的爱情的。若果如此，则你的失败，只是盲目的爱的失败，失败正是幸福。

况且你既然尊重女子的人格，便应该承认她的自由。她自有自由，自有不爱你的自由，——无论你如何爱她。

真爱情是不一定求报答的。她不爱你，你不能勉强她，不应该勉强她。

你最好走开去玩玩，跑十天八天的山水，再回来努力做一件有趣味的工作，叫工作赶跑你的烦闷。回来之时，请来寻我谈谈。

近来最荒谬的言论，是说恋爱是人生第一大事。恋爱只是生活的一件事，同吃饭，睡觉，做学问等事比起来，恋爱是不很重要的事，人不可以不吃饭，但不一定要有恋爱。学问欲强的人，更不必要有恋爱。孔德（Comte）有恋爱，适足为他一生之累。康德（Kant）终身无恋爱，于他有何损伤？

适之　十八，八，八夜

（1929年8月8日）

——《胡适遗稿及秘藏书信》第20册

## ﹣ 致 胡祖望 ①

①
胡祖望
（1919~2005）
胡适的长子，
时去苏州读
书。——编者

**祖望：**

你这么小小年纪，就离开家庭，你妈和我都很难过。但我们为你想，离开家庭是最好办法。第一使你操练独立的生活；第二使你操练合群的生活；第三使你自己感觉用功的必要。

自己能照应自己，服事自己，这是独立的生活。饮食要自己照管，冷暖要自己知道。最要紧的是做事要自己负责任。你工课做的好，是你自己的光荣；你做错了事，学堂记你的过，惩罚你，是你自己的羞耻。做的好，是你自己负责任。做的不好，也是你自己负责任。这是你自己独立做人的第一天，你要凡事小心。

你现在要和几百人同学了，不能不想想怎么样才可以同别人合得来。人同人相处，这是合群的生活。你要做自己的事，但不可妨害别人的事。你要爱护自己，但不可妨害别人。能帮助别人，须要尽力帮助人，但不可帮助别人做坏事。如帮人作弊，帮人犯规则，都是帮人作坏事，千万不可做。

合群有一条基本规则，就是时时要替别人想想，时时要想想"假使我做了他，我应该怎样？""我受不了的，他受得了吗？我不愿意的，他愿意吗？"你能这样想，便是好孩子。

你不是笨人，工课应该做得好。但你要知道世上比你聪明的人多的很。你若不用功，成绩一定落后。功课及格，那算什么？在一班要赶在一班的最高一排。在一校要赶在一校的最高一排。工课要考最优等，品行要列最优等，做人要做最上等的人，这才是有志气的孩子。但志气要放在心里，要放在工夫里，千万不可放在嘴上，千万不可摆在脸上。无论你志气怎样高，对人切不可骄傲。无论你成绩怎么好，待人总要谦虚和气。你越谦虚和气，人家越敬你爱你。你越骄傲，人家越恨你，越瞧不起你。

儿子，你不在家中，我们时时想念你，你自己要保重身体。你是徽州人，要记得"徽州朝奉，自己保重"。

你要记得下面的几件事：

（1）不要买摊头上的食物，微生物可怕！

（2）不要喝生水冷水，微生物可怕！

（3）不要贪凉。身体受了寒冷，如同水冰了不流，如同汽车上汽油冻住了汽车便开不动。许多病是这样来的。

（4）有病赶快寻医生。头痛是发热的表示，赶快试验温度表（寒暑表），看看有无热度。

（5）两脚走路觉得吃力时，赶快请医生验看，怕是脚气病。脚气病是学堂里常有的，最可怕，最危险。

（6）学校饮食里的滋养料不够，故每日早起须吃麦精一匙。可试用麦精代替糖浆，涂在面包上吃吃看。这几条都是很要紧的，千万不要忘记。

你寄信给我们，也须编号数，用一本簿子记上，如下式：

家信　苏州第一号　〇月〇〇日寄

　　　苏州第二号　〇月〇〇日寄

你收的家信，也记在簿上：

爸爸　苏州第一号　八月廿七日收

爸爸　苏州第二号　〇月〇〇日收

妈妈　第三号　〇月〇〇日收

儿子，不要忘记我们，我们不会忘记你。努力做一个好孩子。

爸爸　十八年八月廿六夜

（1929年8月26日）

——《胡适遗稿及秘藏书信》第21册

# 一 致 周作人

**启明兄：**

谢谢你的长信。更谢谢你的厚意。

我此时不想到北京来，有几层原因：一是因为怕"搬穷"，我此刻的经济状况，真禁不起再搬家了。二是因为二年以来住惯了物质设备较高的上海，回看北京的尘土有点畏惧。三是因为党部有人攻击我，我不愿连累北大做反革命的逋逃薮。前几天百年兄来邀我回北京去，正是上海市党部二次决议要严办我的议案发表的一天，我请他看，说明此时不愿回去的理由，他也能谅解。俟将来局面稍稍安定，我大概总还是回来的。

　　至于爱说闲话，爱管闲事，你批评的十分对。受病之源在于一个"热"字。任公早年有"饮冰"之号，也正是一个热病者。我对于名利，自信毫无沾恋。但有时候总有点看不过，忍不住。王仲任所谓"心溃涌，笔手扰"，最足写此心境。自恨"养气不到家"，但实在也没有法子制止自己。

　　近来因为一班朋友的劝告——大致和你的忠告相同——我也有悔意，很想发愤理故业。如果能如尊论所料，"不会有什么"，我也可以卷旗息鼓，重做故纸生涯了。但事实上也许不能如此乐观，若到逼人太甚的时候，我也许会被"逼上梁山"的，那就更糟了。但我一定时时翻读你的来信，常记着 Rabelais[拉伯雷]的名言，也许免得下油锅的危险。

　　你信上提起"交浅言深"的话，使我有点感触。生平对于君家昆弟，只有最诚意的敬爱，种种疏隔和人事变迁，此意始终不减分毫。相去虽远，相期至深。此次来书情意殷厚，果符平日的愿望，欢喜之至，至于悲酸。此是真情，想能见信。

　　你的"老朽"之感，我也很有同情。向来自负少年，以为十年著一部书，算不得迟缓。去年去赴任公的大殓，忽然堕泪，深觉人生只有这几个十年，不可不趁精力未衰时做点能做而又爱做的事。这一学年，已决计谢绝一切酬应及一切教课，专力把《哲学史》做起来。秋后北来，或可报告一点成绩。

　　匆匆即祝

珍重，并问

各位老朋友安好

适　十八，九，四

（1929 年 9 月 4 日）

——《胡适来往书信选》上册

## 致 胡近仁

**董叔：**

特刊和手示都收到了。

"博士茶"一事，殊欠斟酌。你知道我是最不爱出风头的，此种举动，不知者必说我与闻其事，借此替自己登广告，此一不可也。仿单中说胡某人昔年服此茶，"沉疴遂日痊愈"，这更是欺骗人的话，此又一不可也。

"博士茶"非不可称，但请勿用我的名字作广告或仿单。无论如何，这张仿单必不可用。其中措词实甚俗气、小气，将来此纸必为人诟病，而我亦蒙其累。等到那时候我出来否认，更于裕新不利了。

"博士"何尝是"人类最上流之名称？"不见"茶博士"、"酒博士"吗？至于说"凡崇拜胡博士欲树帜于文学界者，当自先饮博士茶为始"，此是最陋俗的话，千万不可发出去。向来嘲笑不通的人，往往说"何不喝一斗墨水？"此与喝博士茶有何分别？

广告之学，近来大有进步。当细心研究大公司大书店之广告，自知近世商业中不可借此等俗气方法取胜利。如"博士茶"之广告，乃可说文人学者多嗜饮茶，可助文思，已够了。

老实陈词，千万勿罪。

适之　十八，十，二十七
（1929年10月27日）

——《胡适家书手迹》

# 致 蒋梦麟

**梦麟部长先生：**

十月四日的"该校长言论不合，奉令警告"的部令，已读过了。

这件事完全是我胡适个人的事。我做了三篇文字，用的是我自己的姓名，与中国公学何干？你为什么"令中国公学"？该令殊属不合，故将原件退还。

又该令文中引了六件公文，其中我的罪名殊不一致，我看了完全不懂得此令用意所在。究竟我是为了言论"悖谬"应受警告呢？还是仅仅为了言论"不合"呢？还是为了"头脑之顽旧"，"思想没有进境"呢？还是为了"放言空论"呢？还是为了"语侵个人"呢？（既为"空论"，则不得为"语侵个人"；既为"语侵个人"，则不得为"空论"。）若云"误解党义"，则应指出误解在那一点；若云"语侵个人"，则应指出我的文字得罪了什么人。贵部下次来文，千万明白指示。若下次来文仍是这样含糊笼统，则不得谓为"警告"，更不得谓为"纠正"，我只好依旧退还贵部。

又该令文所引文件中有别字二处，又误称我为"国立学校之校长"一处，皆应校改。

胡适

（此信约写于10月）

## 附

国民党政府教育部训令（抄件）

教育部训令　字第1282号

　　令中国公学

为令饬事：奉行政院第三二七六号训令开：案奉国民政府训令，内开：案准中央执行委员会训练部函开：

径启者：顷奉中央常会交下上海特别市执行委员会来呈一件，内称：

案据职会属第三区党部呈称："查属区第三次全区代表大会决议案呈称（？）市执行委员会转呈中央，咨请国民政府令饬教育部将中国公学校长胡适撤职惩处案，附具理由：

> "胡适藉五四运动倡导新学之名，博得一般青年随声附和。迄今十余年来，非惟思想没有进境，抑且以头脑之顽旧，迷惑青年。新近充任中国公学校长，对于学生社会政治运动，多所阻挠，实属行为反动，应将该胡适撤职惩处，以利青运"等因，合亟缮呈钧会，祈察核转呈等情前来。
>
> 查胡适近年以来刊发言论，每多悖谬，如刊载《新月》杂志之《人权与约法》、《知难行亦不易》、《我们什么时候才可有宪法》等等，大都陈腐荒怪，而往往语侵个人，任情指摘，足以引起人民对于政府恶感，或轻视之影响。夫以胡适如是之悖谬，乃任之为国立（？）学校之校长，其训育所被，

尤多陷于腐旧荒怪之途。为政府计，为学校计，胡适殊不能使之再长中国公学。而为纠绳学者发言计，又不能不予以相当之惩处。该会所请，不为无见。兹经职会第四十七次常会议决，准予转呈在案，理合备文呈称（？）钧会，祈鉴核施行等因。

查胡适年来言论确有不合，如最近《新月》杂志发表之《人权与约法》、《我们什么时候才可以有宪法》及《知难行亦不易》等篇，不谙国内社会实际情况，误解本党党义及总理学说，并溢出讨论范围，放言空论。按本党党义博大精深，自不厌党内外人士反复研究探讨，以期有所引申发明。惟胡适身居大学校长，不但误解党义，且逾越学术研究范围，任意攻击，其影响所及，既失大学校长尊严，并易使社会缺乏定见之人民，对党政生不良印象，自不能不加以纠正，以昭警戒。为此，拟请贵府转饬教育部对于中国公学校长胡适言论不合之处，加以警告，并通饬全国各大学校长切实督率教职员详细精研本党党义，以免再有与此类似之谬误见解发生。事关党义，至希查核办理为荷。等由，准此自应照办，除函复外，合行令仰该院转饬教育部，分别遵照办理，等因。奉此，合行令仰该部即便分别遵照办理，此令。

等因，合行令仰该校长知照。此令。

中华民国十八年十月四日

部长×××

——《胡适遗稿及秘藏书信》第20册

# 一九三〇年

## — 致 张元济

**菊生先生：**

《癸巳存稿》抄本已收到，多蒙费心，谢谢。

《廿四史》百衲本样本，今早细看，欢喜赞叹，不能自已。此书之出，嘉惠学史者真不可计量！惟先生的校勘记，功力最勤，功用最大，千万不可不早日发刊。若能以每种校勘记附刊于每一史之后，则此书之功用可以增加不止百倍。盖普通学者很少能得殿本者，即有之亦很少能细细用此百衲本互校。校勘之学是专门事业，非人人所能为，专家以其所得嘉惠学者，则一人之功力可供无穷人之用，然后可望后来学者能超过校史的工作而作进一步的事业。此意曾向先生陈述过，今读样本，更感觉此事之重要，故于道谢之余，重申此说。

胡适敬上　十九，三，廿七

（1930年3月27日）

——据原稿复印件

## — 致 白薇 [①]

**白薇女士：**

你四月十三日的信颇使我失望。我对于你的四条质问，

①
白薇
（1893~1987）
原名黄彰，别号黄素如，曾用笔名楚洪。湖南资兴人。女作家。1929年在上海吴淞中国公学大学部任教。——编者

答复如下：

（一）学校不希望有教授私人"激迫"其他教授辞职的事。私人的激迫，即有其事，也决无效。但以我所知，你的辞职是时时提出的；四月六日一品香席后，你已说辞职，丁、凌诸君都坚留你。后来我知道了，也劝丁、凌诸君留你。在此次以前，你也辞过许多次。也许侃如信你辞职是真为了现代书局的事，故他屡次留你的，此次不曾坚决留你则有之。若说侃如夫妇"激迫"你辞职，则未免太离奇了。

（二）教授不应"用授课时间，造谣毁坏其他教授的名誉"。但上星期学校已经坚决挽留你之后，你却用上课时间对学生说你如何受"激迫"而要辞职。学生代表来对我说你在课堂上说的事，我听了真如读一部离奇小说。无论此事有无（这是另一问题），至少是你先在授课时间说一件关于两个教授名誉的事。这一点我认为大错。如真有此事，你应该对学校负责任的人说，不应该先煽动学生，以至于学生开会几乎决议要请学校赶走两个教授（这是学生代表姚残石君对我和丁先生说的）。你已诉之于学生了，却不许被诉的人有一个答辩的机会，这也不算平允。

（三）陆先生对学生说的什么话，我还未得到学生代表正式报告。现在我知道的只有（1）学生代表说你报告陆先生怎样"激迫"你辞职的事；（2）丁先生报告你对他说的话；（3）你报告陆先生"真该地杀天诛"的话；（4）陆先生绝对否认有激迫你的事，并且正式来信说，无论你怎样误会，"我（他）是始终希望她（你）教下去的"。

（四）我的前信并不是"讲和"，只是报告我听了学生代表的报告的时候对于此事的观察和我对于中国文学一门的主张。我极希望我的朋友同事都能从黑暗中出来，做光明的人。

最后我要说一句我个人的信仰。我常说："做学问要于不疑处有疑；待人要于有疑处不疑。"若不如此，必致视朋友为仇雠，视世界为荆天棘地。你以为何如？

胡适　十九，四，十四

（1930年4月14日）

——《胡适遗稿及秘藏书信》第19册

## — 致 白薇

**白薇女士：**

前天晤谈甚久，一切我都明白。

后来侃如、沅君都来了，我把你最后对我说的话对他们说了。我说，你最生气的是上星期五在班上毁坏你的名誉的事；如有此事，他应当道歉；如系传说之过，也应当向你解释明白。今天侃如有信给你，请你谅解。沅君也有一信，一并附上。今将此信转上，请你看了之后，把此事作为已经结束了，以后仍请照常上课。

总之，此事本系几个朋友之间私人之事，不幸变作学校讲堂上之事。现在我很诚恳地把此事仍从学校讲堂上抽出来，请求你们不要让朋友间私事牵动学校。

胡适敬上　十九，四，十六

（1930年4月16日）

——《胡适遗稿及秘藏书信》第19册

## — 致 杨杏佛 [①]

**杏佛兄：**

昨日子民先生交来吾兄手示，谢谢。记得五六年前曾与周豫才先生兄弟闲谈，我说，《西游记》的"八十一难"，最不能令人满意。应该这样改作：唐僧取了经回到通天河边，梦见黄风大王等等妖魔向他索命。唐僧醒来，叫三个徒弟驾云把经卷送回唐土去讫，他自己却念动真言，把当日想吃唐僧一块肉延寿三千年的一切冤魂都召请来，他自己动手，把身上的肉割下来布施给他们吃。一切冤魂吃了唐僧的肉都得超生极乐世界，唐僧的肉布施完了，他也成了正果。如此结束，最合佛教精神。

我受了十余年的骂，从来不怨恨骂我的人。有时他们骂的不中肯，我反替他们着急。有时他们骂的太过火了，反损骂者自己的人格，我更替他们不安。如果骂我而使骂者有益，便是我间接于他有恩了，我自然很情愿挨骂。如果有人说，吃胡适一块肉可以延寿一年半年，我也一定情愿自己割下来送给他，并且祝福他。

此是说明我对于此等事的态度。至于朋友的指摘，更是我所欢迎。报纸记载讲演，非有训练，每多谬误；我也常是此中的一个牺牲者，故决不会因此介意于你。

适　十九，四，三十

（1930年4月30日）

——《胡适遗稿及秘藏书信》第20册

# — 答 梁漱溟

**漱溟先生：**

今天细读《村治》二号先生给我的信，使我十分感谢。先生质问我的几点，都是很扼要的话，我将来一定要详细奉答。

我在"缘起"里本已说明，那篇文字不过是一篇概括的引论，至于各个问题的讨论则另由别位朋友分任。因为如此，所以我的文字偏重于提出一个根本的态度，便忽略了批评对方理论的方面。况且那篇文字只供一席讨论会的宣读，故有"太简略"之嫌。

革命论的文字，也曾看过不少，但终觉其太缺乏历史事实的根据。先生所说，"这本是今日三尺童子皆能说的滥调，诚亦未必悉中情理"，我的意思正是如此。如先生说，"贫穷则直接由于帝国主义的经济侵略"，则难道八十年前的中国果真不贫穷吗？如先生说，"扰乱则间接由于帝国主义之操纵军阀"，试问张献忠、洪秀全又是受了何国的操纵？

这都是历史事实的问题，稍一翻看历史，当知此种三尺童子皆能说的滥调大抵不中情理。鸦片固是从外国进来，然吸鸦片者究竟是什么人？何以世界的有长进民族都不蒙此害，而此害独钟于我神州民族？而今日满田满地的罂粟，难道都是外国的帝国主义者强迫我们种下的吗？

帝国主义者三叩日本之关门，而日本在六十年之中便一跃而为世界三大强国之一。何以我堂堂神州民族便一蹶不振如此？此中"症结"究竟在什么地方？岂是把全副责任都推在洋鬼子身上便可了事？

先生要我作历史考证，这话非一封短信所能陈述。但我的论点其实只是稍稍研究历史事实的一种结论。

我的主张只是责己而不责人，要自觉的改革而不要盲目的革命。在革命的状态之下，什么救济和改革都谈不到，只有跟着三尺童子高喊滥调而已。

大旨如此，详说当俟将来。

至于"军阀"问题，我原来包括在"扰乱"之内。军阀是扰乱的产儿，此二十年来历史的明训。处置军阀——其实中国那有军"阀"可说？只有军人跋扈而已——别无"高明意见，巧妙办法"，只有充分养成文治势力，造成治安和平的局面而已。

当北洋军人势力正大的时候，北京学生奋臂一呼而武人仓皇失措，这便是文治势力的明例。今日文治势力所以失其作用者，文治势力大都已走狗化，自身已失掉其依据，只靠做官或造标语吃饭，故不复能澄清政治，镇压军人了。

先生说，"扰乱固皆军阀之所为"，此言颇不合史实。军阀是扰乱的产物，而扰乱大抵皆是长衫朋友所造成。二十年来所谓"革命"，何一非文人所造成？二十年中的军阀斗争，何一非无聊政客所挑拨造成的？近年各地的共产党暴动，又何一非长衫同志所煽动组织的？此三项已可概括一切扰乱的十之七八了。即以国民党旗帜之下的几次互战看来，何一非长衫同志失职不能制止的结果？当民十六与民十八两次战事爆发之时，所谓政府，所谓党皆无一个制度可以制止战祸，也无一个机关可以讨论或议决宣战的问题。故此种战事虽似是军人所造成，其实是文治制度未完备的结果。所以说扰乱是长衫朋友所造成，似乎不太过罢？

我若作详细奉答之文，恐须迁延两三个月之后始能发表。故先略述鄙意，请先生切实指正。

胡适　十九，七，二十九

（1930年7月29日）

——《胡适论学近著》

# — 致《教育杂志》①编者

**编者先生：**

在《教育杂志》第廿二卷三号上看见周谷城君来函和先生的附言，我不能不说几句话。

①
《教育杂志》，1902年在上海创刊，商务印书馆出版。——编者

我在《新月》二卷十号里引周君的文字，并不曾指出他的姓名，因为我当时注意在就事论事，并不在攻击个人。我自信当时不曾动什么意气。不料先生却说，"这问题很简单，不过是两个名词之争，胡适君似乎犯不着这样的盛气。"我要告诉先生，这个问题并不是很简单的。一班浑人专爱用几个名词来变把戏，来欺骗世人，这不是小事，故我忍不住要指出他们的荒谬。

　　周君压根儿就不懂得什么是封建制度和封建国家。他把"中央集权制度"认作封建国家，便是根本错误。请问："由中央划分行政区域，设为种种制度，位置许多地方官吏，地方官吏更一方面负责维持地方次序，另一方面吸收地方一部分经济的利益，以维持中央之存在"，这是不是"中央集权制度"？这种国家叫做"封建国家"，见于何书？出于那一位学者之手笔？我想请先生或周君明白指示，开我茅塞。

　　"封建的形式"诚然是到秦始皇时才完全毁坏，但"封建的实质"在秦始皇以前早已崩坏了。七国时代的社会早已失掉封建社会的性质了。政权早已归于各个国家，土地已是人民私产，人民除了奴婢之外已是自由人。因为实质早已崩坏了，故汉以后虽有"列爵封土"的形式，结果只是诸侯衣租食税而已，终不能恢复古代的封建社会了。

胡适　十九，七，廿九夜

（1930年7月29日）

——《胡适遗稿及秘藏书信》第20册

# — 致 胡近仁、胡恩余 ①

① 胡恩余 字振善，号文波。曾任教毓英学校。——编者

**近仁叔**
**文波兄：**

　　近与世界统计学者威尔廓先生谈论中国人口问题，他主张中国人口不过仅仅回到"长毛"反前的人口数目，此时决没有四万万五千万人，不过约有三万万五千万而已。

　　中国学者多不赞成此说，我独很以此说为然，曾为举一证据。先父年谱中说，我族宗祠道光年间落成时，全族人口六千人，至同治乙丑冬至查点乱后孑遗，只有一千二百余人，十分已去其八。吾乡七十年中未遭兵乱，然吾族人口仍不能回到六千人之数。其他各村，似亦有同慨。

　　闻去年村中调查户口，系文波兄办理。可否请文波兄将吾族人口（户与口）实数抄一份寄给我。村中近有若干外姓人口，也望示知。

　　近叔历年修谱，必知各村人口盛衰。如有各村谱上之反前与反后至今之人口表，也望抄寄，十分感谢。此问题关系国家民族的病态，近仁叔素有学问兴趣，千万不可放过乡居的好机会，多收点好材料。

　　盼望复信。

适之　十九，九，十一
（1930年9月11日）

——《胡适家书手迹》

# — 致 夏蕴兰

**蕴兰女士：**

谢谢你的信。

你问的问题都是很大的，我无法回答。如"人格的修养"岂是一封短信所能解答的？如"学术的选择"也不是别人所能代答，大要需以"性之所近而力之所能勉者"（章实斋语）为选择的标准。但"性之所近"也不易发现，当先充分发展各种兴趣。如向不习科学者，当多学科学，然后可知究竟性情是否近于科学。"力之所能勉"，也不是指眼前的能力，当充分培养自己的能力；今日所不能，明年也许能够做了。故人在青年时代，当尽力做"增加求学的能力"和"发展向来不曾发现的兴趣"两项工作。能力增加了，兴趣博大浓厚了，再加上良好习惯的养成，这便是人格的养成，不仅仅是知识上的进境而已。

你信上似乎轻视英文的工课，这是错的。我劝你借这机会努力学一种外国文，要学到看书作文全有乐无苦的境界。这便是打开一条求知识学问的生路。故纸堆里翻筋斗，乃是死路，不是少年人应该走的。

胡适　十九，九，廿六

（1930年9月26日）

——《胡适遗稿及秘藏书信》第19册

# — 致 赵少侯 [1]

**少侯兄：**

谢谢你的信。

我不料你还把那件事耿耿于心，我反觉得不安了。我当时自责尚不暇，那能责你？少年人谁没有过失？但公私不分，却是大过。我当时只希望你们能把亏欠的公款偿清，便是为你自己减少罪过，也是为我自己减轻罪过。朱小姐与你夫人能那样出力把公款还了，我真感激万分，更何用责你？

你应该代我谢谢她们和你的弟和妻弟。他们四人直接帮你，便是间接帮我。

适之　十九，十一，三

（1930年11月3日）

——《胡适遗稿及秘藏书信》第19册

# — 致 张元济

**菊生先生：**

十一月廿五日蒙先生扶病作书，十分感动。因不敢更劳动先生，故临行时也不曾到府上告行。但念恋之私，至今不减。每念及在上海三年之寄居，得亲近先生与梦旦先生，为生平最大幸事。将来不知何时得继享此乐事，念之怃然。近想尊体日即康强，至念至念。新年过后，我仍须南来赴一月九日文化基金董事会之常会，在上海开会，届时当趋谒先生，敬候起居。惟望先生服从医生之禁约，停止校书工作，摆脱一切，一心静养，以慰许多敬爱先生者的渴望。

沅叔先生已见着，他也挂念先生的贵恙。

匆匆敬问

痊安。相见在即，请勿赐复。

胡适敬上　十九，十二，十

（1930年12月10日）

——据影印件

# 一九三一 年

## — 致 陈布雷 ①

① 陈布雷（1890~1948）原名训恩，字彦及，号畏垒。浙江慈溪人。时任蒋介石的主要幕僚。——编者

**布雷先生：**

日前与金井羊先生谈及光华大学风潮事。鄙意以为，大部电令光华大学辞退罗隆基君一事，实开政府直接罢免大学教授之端；此端一开，不但不足以整饬学风，将引起无穷学潮。因此，我曾托井羊兄致意，请先生考虑此事。

今晨得井羊兄回信，知先生已考虑此事，但不能收回成命。井羊兄述尊意甚详悉，但鄙意仍有未尽，故草此信为先生一述所见。

光华之事，完全与罗隆基君无关，此上海人士所共知。今所以罪罗君者，只因他在《新月》杂志作文得罪党部及政府而已。《新月》在今日舆论界所贡献者，惟在用真姓名发表负责任的文字。此例自我提倡出来，我们自信无犯罪之理。所谓"负责任"者，我们对于所发言论，完全负法律上的责任。党部与政府如认为有不当之处，可以用书面驳辩，或令作者更正。如有干犯法律之言论，亦宜有法律的手续，向法庭控诉。凡法律以外的干涉似皆足以开恶例而贻讥世界。

罗君所作文字，一一可以复按，其中皆无有"恶意的"诋毁，只有善意的忠告而已。此类负责的言论，无论在任何文明国家之中，皆宜任其自由发表，不可加以压迫。若政府不许人民用真姓名负责发表言论，则人民必走向匿名攻讦或

阴谋叛逆之路上去。《新月》同人志在提倡这种个人签名负责的言论自由，故二年以来，虽不蒙党国当局所谅解，我们终不欲放弃此志。国中若无"以负责任的人说负责任的话"的风气，则政府自弃其诤友，自居于专制暴行，只可以逼人民出于匿名的、恶意的、阴谋的攻击而已。

政府对《新月》，不取公开的辨正，又不用法律的手续，只用宣传部密令停止其邮寄，已为失当之举动。至于因个人在校外负责发表的言论，而用政府的威力，饬令学校辞退其学术上的职务，此举尤为错误。私人发表的言论，只负法律上的责任，不应影响其在学术上的职务。教授在学校内，只须他能尽他的教授的职务，皆应受相当的保障。在法庭未判决他有罪以前，他是一个公民，应该享受职业上的自由。学校方面对他在校外发表的言论，皆不应加以干涉。学校只求他能担任他所任的教授任务而已。

欧战时代，美国哈佛大学心理学教授敏斯脱堡发表了许多反对美国参加大战的言论，社会上颇有人劝哈佛校长辞退他，但校长洛威尔先生坚信此人以私人资格发表言论，与学校无干，他只求他能教授心理学，不能禁止他在校外有所主张。

往年北京大学教授中，有筹安会之刘申叔，也有曾做张勋复辟时代伪官之辜鸿铭，学生不以为怪，社会亦不能逼蔡子民先生逐去此种教授。惟其能容刘申叔与辜鸿铭，故北大当日能容民党人物如王宠惠、陈独秀、石瑛诸人，而学生亦不以为怪，社会与政府亦不能用威力逐去他们。

这种风气，在大学以内，谓之"学术上的自由"（Academic Freedom）；在大学以外，谓之"职业之自由"（The Right of Profession）。在大学以内，凡不犯法的言论，皆宜有自由发表的机会。在大学以外，凡个人负责发表的言论，不当影响他在校内的教授的职务。

以上皆就原则立论。至于罗君之事，更有宜特别注意之点。第一，蒋主席在十八年十二月二十七日不曾通电请国人"尽情批评"党事与国事吗？第二，罗君所作文字，无一篇不在大赦政治犯之前。政治犯皆有实际行为，尚可教育，岂有负责任的言论独不蒙政府允许吗？

此次大部电令，注重"迭次公然"字样，我颇不解。"公然"正是我们负责任的态度。若不许"公然"，岂宜奖励阴谋秘密乎？

大部之意岂不在整顿学风？然此种事件，适足以掀起很大的波澜；其影响所波及，必不止于光华一校。罗隆基一人之事易了，而此事所引起的波浪决不易了。光华教授因此事而辞职者，将有八九人之多，此皆一校中最知名之士，学校将从此更不安宁了。岂但光华一校而已？将来必有党部人员要求中国公学辞退□□①，于是中国公学又更不安宁。将来必有党部人员要求青岛大学不许梁实秋教书之事。将来又必有党部要求蒋梦麟先生不许胡适之在北大教书之事。我决不先替自己的饭碗发愁，我不过举此数事以示此次光华之事必至掀动的波潮而已。

前日与井羊兄商此事，鄙意只欲阻止此可以避免之大风潮，故两次访井羊兄，嘱他向先生尽言，免得将来南北之大学教育界皆受此一纸电令之掀动。

此事在大部或以为是关系一个人的小问题，然在我们书生眼里，则是一个绝重要的"原则"问题。"言论谬妄，迭次公然诋本党。自未便听其继续任职"。这是很重要的一条原则。今日若误认为一个人的小问题，他日必有悔之无及之一日。

（下略）

胡适　二十，一，十五

（1931年1月15日）

据《胡适的日记》（手稿本）第十册

① 此处所指人姓名，原稿不清楚。——编者

# 一 致 陈布雷

**布雷先生：**

谢谢先生一月十七日的信。我非不知"此事部中既决定，当不能变更"。但我当日妄想天下事也许有更大于变更一个决定者，故不避冒昧，为先生进一解。

先生之不能赞同鄙见，我很能谅解。但我关于此事要说的话，已大致写出来了；白纸写黑字，还不能使先生认识我们，口谈如何能望得着"一个初步的共同认识"？

鄙意"一个初步的共同认识"必须建筑在"互相认识"之上。故托井羊先生带上《新月》二卷全部及三卷已出之三期各两份，一份赠与先生，一份乞先生转赠介石先生。《新月》谈政治起于二卷四期，甚盼先生们能腾出一部分时间，稍稍流览这几期的言论。该"没收焚毁"（中宣部密令中语），或该坐监枪毙，我们都愿意负责任。但不读我们的文字而但凭无知党员的报告，便滥用政府的威力来压迫我们，终不能叫我心服的。（例如先生对井羊兄提及罗隆基君被捕保释后所作文字[1]，此文现载三卷三期，先生试一读之，其中有何挟忿诋毁的言语否？）

我本已答应十六、十七日在青岛大学讲学；因罗君事，遂去电展期。今此事既无可挽回，我拟由海道赴青岛，船期定后即须北去，恐怕不能来南京面承教益了。歉怅之至，千万请原谅。

胡适上

廿，一，十八。

（1931年1月18日）

——《胡适遗稿及秘藏书信》第20册

①
此文题为《我的被捕的经过与反感》。——编者

# ── 致 王云五 ①

①
王云五
（1888～1979）
字岫庐，广东香
山人。时任商
务印书馆总经
理。——编者

**云五先生：**

今天见报纸所载，知前日我的戏言大有成为事实之势！你竟成了"社会之公敌"，阔哉阔哉！

我很盼望你不要因此灰心；但也盼望你不要因此趋向固执的态度。凡改革之际，总有阻力，似可用"满天讨价，就地还钱"之法，充分与大众商量，得一寸便是一寸的进步，得一尺便是一尺的进步。及其信用已著，威权已立，改革自然顺利。这个国家是个最 individualistic［个人主义的］的国家，渐进则易收功，急进则多阻力；商量之法似迂缓而实最快捷，似不妨暂时迁就也。

中公之事，昨报所记，果然政府有干涉之举。此实意中之事，挽救不易，全赖校董会出来挡一阵，想一个和平解决方法。

我今日不曾上船，恐须趁奉天丸走了。中公之事，只希望你和蔡、刘诸公设法救济。鄙意此事只宜请第三者出来做校长，或南陔，或经农，皆可救济。（即不得已而须请杏佛，亦胜于长期的纠纷。）

我对君武先生，虽曾劝告数次，然皆已太晚了，无济于逼人而来的大风潮。他在十六夜曾写信来向我道歉，承认一部分的错误。但祸根已种下了，我昨日想来想去，想不出我可以帮忙之处。奈何！奈何！

别了！

适之　廿，一，二十一

（1931年1月21日）

——《胡适遗稿及秘藏书信》第19册

## — 致 蒋梦麟

······

上学期百年先生与真如先生要我担任北大的《中国中古思想史》，我允于这学期讲两点钟。当时我曾说明，这两点钟，我不愿受薪俸。一来是因为我在文化基金会是专任，不应另受薪俸。二来是北大为两点钟而送我教授半俸，殊属浪费，此例殊不可开。即有此例，我也不愿受。所以我很诚恳的请求先生许我不受薪俸。倘不蒙允许，我宁可不教书了。匆匆请赐复，不胜感谢······

廿,二,七
（1931年2月7日）

——《胡适的日记》（手稿本）第10册

## — 复 陈梦家 ①

**梦家先生：**

今日正在读你的诗，忽然接到你的信，高兴的很。

这一次我在船上读你的诗集和《诗刊》，深感觉新诗的发展很有希望，远非我们提倡新诗的人在十三四年前所能预料。我们当日深信这条路走得通，但不敢期望这条路竟在短时期走到。现在有了你们这一班新作家加入努力，我想新诗的成熟时期快到了。

你的诗集，错字太多，望你自己校一遍，印一张刊误表，附在印本内。

你要我批评你的诗集，我很想做，但我常笑我自己"提倡有心，实行无力"，故愿意赏玩朋友的成绩，而不配作批评的工作。自己做了逃兵，却批评别人打仗打的不好，那是很不应该的事。

……你的诗有一种毛病可指摘，即是有时意义不很明白。……你的明白流畅之处，使我深信你并不是缺乏达意的本领，只有偶然疏懈，不曾用气力来求达意而已。我深信诗的意思与文字要能"深入浅出"，入不嫌深，而出不嫌浅。凡不能浅出的，必是不会深入的。

……你若寄一册诗集给我，我可以把我的校读标点送给你，看看我标点校勘错了没有。

胡适　廿,二,九夜

（1931年2月9日）

——《新月》3卷5、6期

## 一　复 陈寅恪

**寅恪先生：**

谢谢你的信。朱延丰先生愿译历史书，极所欢迎。他愿译那一个时代的历史书？有什么preference没有？Shotwel前告我，勿译《文学的历史》，当译学者的历史；他举Breasted：Ancient

Times 为例，我当时因此书是中学（High School）用书，不甚以为然。近日读其书，始知此书确是极好的书，是能代表最新的考古成绩，而文字尤可读。一九二七有修正放大本（已成为名著）。我想寻一位可靠的人译此书，文字务求通畅明白，使此书成为西洋史的人人必读的门径书。你看朱君能胜任此事吗？乞酌复。谢刚主说：你说孙行者的故事见于《大藏》，我盼望你能告诉我。匆匆祝

双安。

适 二十,五,三

《降魔变文》已裱好，甚盼你能写一跋。

（1931年5月3日）

——《传记文学》第17卷第4期，

见罗香林：《回忆陈寅恪先生》

## —— 致 翁文灏、张子高 [①]

①
翁文灏
（1889~1971）
字咏霓，浙江鄞县人。是《独立评论》社的成员。时为清华大学代理校长。

张子高
（1886~1976）
名准，湖北枝江人。时为清华大学化学系教授。——编者

**咏霓、子高两兄：**

清华今年取了的转学生之中，有一个吴春晗，是中国公学转来的。他是一个很有成绩的学生，中国旧文史的根柢很好。他有几种研究，都很可观。今年他在燕大图书馆做工，自己编成《胡应麟年谱》一部，功力判断都不弱。此人家境甚贫，本想半工半读，但他在清华无熟人，恐难急切得工

作的机会。所以我写这信恳求两兄特别留意此人，给他一个工读的机会。他若没有工作的机会，就不能入学了。我劝他决定入学，并许他代求两兄帮忙。此事倘蒙两兄大力相助，我真感激不尽。附上他的《胡应麟年谱》一册，或可觇他的学力。稿请便中仍赐还。匆匆奉求，即乞便中示复为感。

弟　胡适　二十，八，十九

（1931年8月19日）

他的稿本可否请清华史学系、中国文学系的教授一阅？也许他们用得着这样的人作"助手"。

——《传记文学》第37卷第2期，汤晏：《从胡适与吴晗来往
函件看他们的师生关系》

# 一 复吴晗

**春晗同学：**

你的信使我很高兴，蒋（廷黻）、张（子高）诸公之厚意最可感谢，甚盼你见他们时为我道谢。

蒋先生期望你治明史，这是一个最好的劝告。秦、汉时代材料太少，不是初学所能整理，可让成熟的学者去工作。材料少则有许多地方须用大胆的假设，而证实甚难。非有丰富的经验，最精密的方法，不能有功。

晚代历史，材料较多，初看去似甚难，其实较易整理。因为

处处脚踏实地，但肯勤劳，自然有功。凡立一说，进一解，皆容易证实，最可以训练方法。

你问的几项，大致可以解答如下：

① 应先细细点读《明史》，同时读《明史纪事本末》一遍或两遍。《实录》可在读《明史》后用来对勘。此是初步工作。于史传中之重要人的姓名、字、号、籍贯、谥法，随笔记出，列一表备查，将来读文集、杂记等书便不感觉困难。读文集中之碑传，亦须用此法。

② 满洲未入关以前的历史，有人专门研究，可先看孟森（心史）《清开国史》（商务）一类的书。你此时暂不必关心。此是另一专门之学。谢国桢君有此时期史料考，已由北平图书馆出版。（孟心史现在北大。）

③ 已读得一代史之后，可以试作"专题研究"之小论文（Monographs）。题目越小越好，要在"小题大做"，可以得训练。千万不可作大题目。

④ 札记最有用。逐条必须注明卷册页数，引用时可以复检。许多好"专题研究"皆是札记的结果。

⑤ 明代外人记载尚少，但如"倭寇问题"，西洋通商问题，南洋问题，耶稣会教士东来问题，皆有日本及西洋著述可资参考。蒋廷黻先生必能指导你，我是全外行。

以上匆匆答复，定不能满意。

胡适　二十，九，十二
（1931年9月12日）


请你记得：治明史不是要你做一部新明史，只是要你训练自己作一个能整理明代史料的学者。你不要误会蒋先生劝告的意思。

——《传记文学》第37卷第2期，汤晏：《从胡适与吴晗来往函件看他们的师生关系》

# 致 罗尔纲 [①]

①
罗尔纲
（1901～1997）
广西贵县人。
著名历史学家。
1930年毕业于
中国公学大学
部文史学系，
曾一度在胡适
家中任家庭教
师。——编者

**尔纲弟：**

我看了你的长信我很高兴。我从前看了你做的小说，就知道你的为人。你那种"谨慎勤敏"的行为，就是我所谓"不苟且"。古人所谓"执事敬"就是这个意思。你有此美德，将来一定有成就。

你觉得家乡环境不适宜你作研究，我也赞成你出来住几年。你若肯留在我家中我十分欢迎。但我不能不向你提出几个条件：

（一）你不可再向家中取钱来供你费用。

（二）我每月送你四十元零用，你不可再辞。

（三）你何时能来，我寄一百元给你作旅费，你不可辞。如此数不敷，望你实告我。

我用了这些"命令辞气"，请你莫怪。因为你太客气了，叫我一百分不安，所以我很诚恳的请求你接受我的条件。

你这一年来为我做的工作，我的感谢，自不用我细说。我只能说，你的工作没有一件不是超过我的期望的。

适之

——罗尔纲：《师门五年记》

# 一 致 徐志摩

**志摩：**

我读了《诗刊》第一期，心里很高兴，曾有信给你们说我的欢喜。我觉得新诗的前途大可乐观，因为《诗刊》的各位诗人都抱着试验的态度，这正是我在十五年前妄想提倡的一点态度。只有不断的试验，才可以给中国的新诗开无数的新路，创无数的新形式，建立无数的新风格。若抛弃了这点试验的态度，稍有一得，便自命为"创作"，那是自己画地为牢，我们可以断定这种人不会有多大前途的。

实秋给你的信（创刊号），我读了颇有一点意见，今天写出来请你和实秋、一多诸位朋友指教。

实秋说"新诗实际就是中文写的外国诗"，又说我"对于诗的基本观念大概是颇受外国文学的影响的"。对于后一句话，我自然不能否认。但我是有历史癖的人，我在中国文学史上得着一个基本观念，就是：中国文学有生气的时代多是勇于试验新体裁和新风格的时代；从大胆尝试退到模仿与拘守，文学便没有生气了。所以我当时用"尝试"做诗集的名称，并在自序里再三说明这试验的态度。

但我当时的希望却不止于"中文写的外国诗"。我当时希望——我至今还继续希望的是用现代中国语言来表现现代中国人的生活，思想，情感的诗。这是我理想中的"新诗"的意义，——不仅是"中文写的外国诗"，也不仅是"用中文来创造外国诗的格律来装进外国式的诗意"的诗。

所以我赞成实秋最后的结论："唯一的希望就是你们写诗的人自己创造格调"，"要创造新的合于中文的诗的格调。"他说："在这点上我不主张模仿外国诗的格调，……用中文写Sonnet永远写不像。"其实不仅是写的像不像的问题。Sonnet是拘束很严的体裁，最难没有凑字的毛病。我们刚从中国小脚解放出来，又何苦去裹外国小脚呢？

这一封未完的信，本预备再写下去，中间一搁就已是半年多了，收信的志摩已死去二十天了。我今天检看原稿，不忍再续下去了，所以把已写成的一段送给《诗刊》发表。

胡适 二〇，十二，九
（1931年12月9日）

——《胡适遗稿及秘藏书信》第19册

# — 致 李煜瀛 [①]

**石曾先生：**

在上海别后，至今未得继续畅谈。现在先生已来北平，倘有暇时，请示知，以便走访。

连日报纸宣传将有华北政务委员会的组织，并且有人选名单的拟议，其中有我的名字。此事不知确否？如果这消息是确的，千万请先生代为向政府方面声明我不愿加入此项政务委员会。

我所希望的，只是一点思想言论自由，使我们能够公开的替国家想想，替人民说说话。我对于政治的兴趣，不过如此而已。我从来不想参加实际的政治。这并非鄙薄实际政治，只是人各有能有不能，我自有我自己的工作，为己为人都比较有益，故不愿抛弃了我自己的工作来干实际的政治。此次华北政务委员会似是一种委员制的行政组织，我自信最不适宜，所以不愿加入。倘蒙先生代达此意，我真感谢不尽。

匆匆，敬问
起居

胡适敬上 廿，十二，十九
（1931年12月19日）

——《胡适遗稿及秘藏书信》第19册

①
李煜瀛
（1881~1973）
字石曾，河北
高阳人。早年
留学法国，受
无政府主义
影响。时任北
平研究院院
长。——编者

# — 致 凌叔华 ①

① 凌叔华（1904～1990）原名凌瑞棠，笔名叔华、素心。广东番禺人，女作家。——编者

　　昨始知你送在徽音处的志摩日记只有半册，我想你一定是把那一册半留下作传记或小说材料了。

　　但我细想，这个办法不很好。其中流弊正多。第一，材料分散，不便研究。第二，一人所藏成为私有秘宝，则馀人所藏也有各成为私有秘宝的危险。第三，朋友之中会因此发生意见，实为最大不幸，决非死友所乐意。第四，你藏有此两册日记，一般朋友都知道。我是知道的，公超与孟和夫妇皆知道，徽音是你亲自告诉她的。所以我上星期编的遗著略目，就注明你处存两册日记。昨天有人问我，我就说："叔华送来了一大包，大概小曼和志摩的日记都在那里，我还没有打开看。"所以我今天写这信给你，请你把那两册日记交给我，我把这几册英文日记全付打字人打成三个副本，将来我可以把一份全的留给你做传记材料。

　　如此则一切遗留材料都有副本，不怕散失，不怕藏秘，做传记的人就容易了。

　　请你给我一个回信。倘能把日记交来人带回，那就更好了。

　　我知道你能谅解我的直言的用意，所以不会怪我。

祝你好。

廿，十二，廿八

（1931年12月28日）

——《胡适来往书信选》中册

# 一九三二 年

## ── 致 蒋梦麟

**梦麟兄：**

昨日肚痛终日，今日始稍稍减退，深悔不该早日出院。若星期仍肚痛，恐须搬回医院去。国难会议决不能去了，在洛阳见着汪精卫先生及民谊、浩徐诸兄时，乞代为道达不能赴会的歉意。

北大的事，我深感吾兄的厚意。但我决不能接受这种厚意，前夜已与兄说过了。我是不客气的人，如北大文学院长的事，我肯干时，自己先告诉你，不等你向我开口。但我那番举动，只是要劝告吾兄回北大，只是要使维持北大的计划可以实现，只是要在这几个月计划明年的改革。不料我到北大的第一日就病倒了，直到今日，什么事都没有做。当日的动机，只达到了请吾兄回北大一事。今若并此一事也办不到，若吾兄先丢开北大，我也没有继续担任文学院院长的义务了。

我现在担任文学院事，既不受薪俸，又不用全日办公，这是"玩票"式的帮忙，来去比较自由。北大校长的事，就大不同了。中基会的董事，编译会的委员长，都发生了问题，我自己的生活与工作两项也根本上发生问题。自由将变为义务，上台容易，下台就很难了。

无论我大病之后，决不能担任，在几年之内我决不自投罗网。（你知道我为中国公学校长的事，筹划下台及继任，凡一个整年，始得脱身而去！）如果你丢开北大，或者政府发表我长北大，我只好连那"玩票"式的院长职务一并辞去，──这不是闹脾气，实在是因为一来我本说的是帮你的忙，二来我还没有算得我的一场大病。

　　以上所说，是我的私意。即为吾兄计，似亦不宜抛开北大。一月八日之中基会，去年①只有三个月，当时吾兄面许回到北大任事，似不宜匆促丢开。况且此时教育部长非少年有胆气肯作恶人者不能胜任愉快。如平、津高等教育问题，吾兄将如何应付？若一切无办法、无计画，岂可贸然担任？教育部事，最好能选一位与北大无历史关系的少年人去干一两年。吾兄以为如何？北大有许多真心爱护的朋友，"无所为"的尽心帮忙。即此一点，应该可以有为。吾兄舍此苦吃苦做，可以有为的小局面，而另投入一个毫无把握而可以预料其一无可为的政治漩涡，似非我们做朋友的应该劝驾的。

　　匆匆作此书，病中写字甚觉勉强，故只能达意而已，不能详说，乞原谅。

适之　廿一，四，四夜

（1932年4月4日）

　　本想另写一书复精卫兄，因肚痛中止，怕赶不上托你带去了。见面时请代达鄙意为感。

——《胡适之先生年谱会编初稿》第3册


# 答 杨尔璜


　　我不赞成一元论的史观，因为我没有见着一种一元史观不走上牵强附会的路子的。凡先存一个门户成见去看历史的

200

人，都不肯实事求是，都是寻事实来证明他的成见。有困难的时候，他就用"归根到底"的公式来解围。可是"归根到底"，神的一元也可成立，心的一元也可成立，岂但经济一元而已？

要知经济条件的变成历史上重要因子，不过是最近几百年间的事。在经济生活简单的时代，往往有许多别种因子可以造成极重大的史实。史家的责任在于撇开成见，实事求是，寻求那些事实的线索，而不在于寻求那"最后之因"，——那"归根到底"之因。那个"最后之因"，无论是宇宙论里的上帝，或是史学上的经济条件，都是不值得我们的辛勤的，因为太简单了。……

廿一，四，廿七

（1932年4月27日）

——《胡适遗稿及秘藏书信》第20册

# — 复 杨尔璜（稿）

**尔璜先生：**

我看了你的第二信，知道你的成见已很深，我本不愿继续作无益的讨论了，只不忍不指出这几点：

第一，凡求"最后之因"的，都往往忽略当前的事实，甚至于抹煞事实来自圆其说。

第二，你说你们"寻得了支配历史的规律"。我要请你注意，没有"规律可以支配历史"。信唯物史观的人更不应说这话。

第三，研究历史的人应该多研究历史，然后谈"史观"。

第四，多元论不是成见，因为多元论的精神在于[①]

①

此信至此，下

缺。——编者

# ——致钱玄同

**疑古先生：**

这封信是不预备裱的，特先声明。

颉刚的信使我很高兴，姚立方的遗著的发现，是近代学术思想史上的一件重要事，不单是因为姚氏的主张有自身的价值，并且这事可以表示近年中国学术界的一个明显的倾向。这倾向是"正统"的崩坏，"异军"的复活。在思想方面，李觏、王安石、颜元、崔述、姚际恒等人的抬头，与文学方面的曹雪芹、吴敬梓的时髦是有同一意义的。

印刷方面，哈佛、燕大基金似可胜任无疑。如有困难，我们当另想方法。

颉刚何时回来？杭州住址何处？乞示知。

他的《老子》一文，似有交燕大发表的必要，不必勉强他。匆匆问您好。

适之　廿一，五，十

（1932年5月10日）

——《鲁迅研究资料》第9辑

# ― 致 亥曼 ①

①
亥曼
生卒不祥。德
国著名法学
家，时任德国
科学院哲学历
史学部秘书
长。——编者

**亥曼先生赐鉴：**

　　前承贵国驻华公使转来六月二日的尊函，敬悉普鲁士学院选举我为哲学史学部通信会员。这是在世界学术界的最大的荣誉之一种，我这个浅学的人，很少贡献，这回接受贵会这样的奖掖，真使我十分感谢，又十分惶恐。

　　在敝国的历史上有一个大政治家羊祜，曾对客称赞他的一只能舞的鹤。但是这只鹤见着他的客人却不肯舞了。我很盼望这回接受贵会的奖励能鼓舞我努力在学术上多做出一点有价值的贡献，免得在贵会里做一只不舞之鹤，有玷贵会知人之明。

　　敬此奉复，并盼先生将我的感谢诚意转达贵会。

胡适　6月17日

（1932年6月17日）

——《胡适遗稿及秘藏书信》第19册

# ― 致 唐有壬

**有壬兄：**

　　此次，精卫先生邀我们七月五日到京谈话，我本来极想来跑一趟。不幸我的小儿子染猩红热，已满十日，尚未脱险，昨日下午尚施重要手术，割开中耳部。舍间无人能直接与西医交涉，故我无法走开。此外尚有《独立评论》，锣鼓既开，不能不有人负责，在君与我只能有一人离开。凡此种种，皆已托子民先生及孟和兄转达，想能蒙精卫先生原谅。

今日，子民先生与孟和兄等相率南下，我在百忙中，草此一函，略伸鄙见，其言皆寻常话语，不足动听闻。但既已想到，姑且拉杂写呈，以了一时的心愿。

（1）对日外交，为今日最吃紧问题，我曾于去年十一月廿五日作长函与宋子文兄，主张承认一九一五之中日条约为开始交涉地步。此函去后，始终未得一纸回信。这七个月内的变迁，真令人有不堪回首之感。上月我在《独立评论》第五期曾发表《对日外交方针》一文，出版之日适值精卫与罗钧任两先生到北平，我即将此文送给他们阅看。据他们说，政府于三月十几也曾将一种说帖交与国联，其大意与鄙文所主张略同。然日本方面已采强硬态度，故此种提议似无从进行，此时重提，必无结果。

鄙见以为我们不应如此悲观。此时应该由政府正式宣布愿意依据去年十月中日本所提出的五项原则，开始交涉。此项正式表示，愈早愈妙，决不可再延迟。其理由如下：①三月间政府所提议，世人未知，日本方面至少国民舆论界未知，故无有反响。此时应亟令世界与日本知道我们愿意交涉，以打破一僵局，或可以帮助斋藤内阁中的稍稳健的主张，而稍稍抑制军人的狂妄行为。②今日承认伪国，已成为日本政局中的公开口号，其实行似已不过是时间问题，我们必须先发制人，以愿意交涉为阻止伪国承认之第一步，以外交上直接解决东北问题为废除伪国之第二步。这个地步不站住，则伪国之事或有急转直下之恶趋势。将来斋藤内阁一变而为陆军人内阁，我们更无一点希望了。③此时国联调查报告延期，正是最好机会。我们正可趁此时机打开一个新局面，决不可静待国联九月间的大会。我们此时宣布愿意交涉，与国联调查毫无妨碍，并且于国联很有利益。此举也是为国联僵局开一条新路；我们愿意在国联周旋之下直接交涉，既可以替国联指出一条国联最可以效劳的路子，又可以防备国联大会时或大会前日本因反抗国联而先承认伪国作成"既成事实"的僵局。④国联自白里安死后，无有重心，又无有领袖。九月大会时，对中日问题恐未必有去年秋冬间的局面。中国此时必须觉悟国联之根本无办法，务须觉悟：中国若不为国联开一新路，国联必不能替中国开一先路。

（2）内政问题，千头万绪，鄙意以为此次汪先生邀了许多学者到京，第一步应该请他们先行参观各中央机关，细细调查他们的组织与成绩。（宴会应屏除，调查必不可少）第二步应请他们忠实的批评讨论。第三步应该请他们集中注意于几个提纲挈领的大问题，议一个内政改革法案的底子。所谓"提纲挈领"，并非空泛之谓，乃是扼要之谓。例如旧日政治之下，一个科举制度可以笼罩全国的教育与任官，可以维系全国士人阶级的人心，可以树立中央与地方的行政关系。此所谓扼要也。今日的问题，以鄙见言之，有这些扼要问题：

① 中央与地方的关系：怎样树立一个分治合作的统一国家？

② 教育人才与任用官吏的关系：怎样使考试制度科学化，及使考试任官制度普遍化？

③ 政府与人民的关系：怎样树立民意机关，由限制的选举到逐渐推行的民治？怎样造成一些真正含有代表全国的意义的机关？

④ 筹款与用款的关系：怎样使预算与审计制度可以实行？怎样可以使财政部变成一个不仅仅作收税借债的走狗机关？

⑤ 军队与国家的关系：今日大家似乎忘了军队是为什么用的了！诸君似乎可以替国家想想，究竟国家养这么多的军队，不能御侮，不能守土，不能"剿匪"，是为什么的？有没有一个解决的方案？

（3）教育问题，我以为政府能做到的不过这几项：

① 教育经费绝不再拖欠，此一层若办不到，学校之整顿无法

可施。

② 特别注意校长之选择。

③ 特别注意教育厅及教育局的人选。

④ 实行考试任官，实行各机关用人必须经过考试；地位愈卑，尤宜公开考试；其地位高者，必须依据学业成绩为任用标准。今日学生在校成绩之高下，与其毕业后的出路毫无关系，故相率而从事于"活动"。

⑤ 宜宣布学校为"非党"的机关，不得设立任何政党的区党部分部。今日各校公然悬挂国民党第几区党部第几分部的招牌。如此尚欲禁止他种政党在学校内作政治活动，是"只许州官放火，不许百姓点灯"，岂能服人？（去年春夏之际，我们计画北大之整顿，流风所被，使北平全体为之风气一新。此人所共知。然九月开学以后，经费不发，一切计画九个月的苦心全付之流水了！！）

⑥ 宜宣布高级学校为思想自由之地，但人人必须负思想言论之责任。凡用真姓名负责之言论与出版，皆可受学校的保障。凡匿名之言论与出版，皆所不许。

⑦ 宜研究学生组织之民治方式，制为法令，要在使一校之多数学生有合法的代表机关，使少数人不得操纵全体，而尤在使人人能得着有教育功用的组织训练。

以上皆匆匆写出的，不过供诸公的参考而已。附呈《独立评论》若干册。其中翁咏霓先生之《计设与计画》①一文最足供政府之考虑。

① 应指翁氏所写《建设与计划》一文。（载《独主评论》第5号）。——编者

胡适　廿一,七,四
（1932年7月4日）

——《胡适全集》第24卷

# 一 致 张 学 良 ①

①
张学良
（1901~2001）
字汉卿，辽宁
海城人。东
北"易帜"后，
任东北政务委
员会主席，国
民政府陆海空
军总司令部副
司令，时为国
民党军委北平
分会代理委员
长。——编者

**汉卿先生：**

今早见报载精卫先生辞职的五电，又见先生的谈话，此事劈空而来，使我们向不与闻政治内幕者感觉如堕五里迷雾中，四顾不知方向。

精卫先生此举，颇失政体，自无可讳言。他应该命令先生尽力抵抗；或者竟下令免先生之职。但他自己先辞职，是很失大体的。况且昨日日本军部发表蛮横的宣言，以近日义勇军的活动完全归功于先生。当此时候，政府即不满意于先生，也不应该在此时发表劝先生辞职的通电。

精卫先生有此二失，颇使人失望。然为先生计，当此吃紧关头，一人的行止与大局甚有关系；稍一不慎，可以造成一个再分裂的局面。故我以朋友的私谊，很想为先生进一言，供先生的参考。

我的私意以为先生此时应该决心求去，以示无反抗中央之意，以免仇视先生者利用这个局面为攻击先生之具。难进易退，为大丈夫处世的风度；而在不得已时整军而退亦正是军人的本领。先生此时自不应"拂袖而去，而危及治安"。然而如此撑持下去，恐舆论将疑先生为恋栈，恐世界将谓先生为反抗政府，而中国果然不成一个统一的国家。此真千钧一发之时，先生下半世的令名与功业均系于此时的一个决断。先生已宣示"个人身家性命，均早经置之度外"了。此时所顾虑者，内则治安的维持，外则东北与热河的抗敌工作之继续。此时先生若能决然声明下野，而一面将军事政治付托向日最可信任的人，并且声明这个态度完全是出于维护一个统一的国家的血诚。——倘先生能出此上策，则国人与外人皆将原谅先生的苦心，并且钦敬先生的高风雅度。倘先生能以维护统一国家的意旨勉励所属将领、兵士及行政人员，并且声明情愿以在野之身襄助继任者维持华北的治安与对外的御侮工作。如此则此二点皆可不成问题了。

我承先生不弃，前月曾有令我贡献鄙见之言，当时因既有委员会的会议，[②]

8月7日

（1932年8月7日）

——《胡适遗稿及秘藏书信》第19册

## 致 罗文幹

……我至今还以为中日问题应该直接交涉。六月间你们说是不可能，此时似又有直接交涉的可能了。不知道你们此时有何对付之策。我的意思以为，此时如果有人敢作直接交涉，其所得之条件必可较任何国际处理所能得之条件为更优。日本自币原下台以后，所争在直接处理远东事件而不受第三方面之干涉。观上海协定所争之日军撤退期限一点，我方代表让步至四个月，至六个月，而卒不能将此条列入协定。及至我方受Lampson［兰普森，英驻华大使］之暗示而不争将此条列入协定。签字之日，日本政府即下令于一个月之中撤完。此一前例，可耐人寻思。

我以为我国必须决定一个基本方针：究竟我们是否有充

分的自信心决定和日本拚死活？如真有此决心作拚命到底的计划，那自然不妨牺牲一时而谋最后的总算账。

如果我们无此自信力，如果我们不能悬知那"总算账"究竟有多大把握，那么，我们不能不早早打算一个挽救目前僵局的计划。

说的更具体一点，我们的方式应该是："如果直接交涉可以有希望达到（1）取消'满洲国'，（2）恢复在东北之行政主权之目的，则我们应该毅然决然开始直接交涉。"此方式既定，可使有吉知之，亦可使全国人知之，可使世人知之。我六月间所谓政府应宣言愿意交涉，即此意也。……

廿一，九，十五
（1932年9月15日）

——《胡适遗稿及秘藏书信》第20册

# 一九三三 年

## 一 致 胡近仁

**堇人老叔：**

去国之前，接到手书，匆匆未得奉复的机会；把信带到路上去，也没有工夫写信。真对不住你了。所问二事，大略奉答如下：

（一）关于县志体裁，我因为有些意见一时决无法实行，所以不愿高谈空论。今略举一二点：

1. 地图必须用新式测量，决不可用老式地图；应有地质地图，与地势高下图。此似无法行的。但应与省志局商量，如省志局有分县新图，总比旧法地图为佳。如他们有测量专员，县志局亦可略加补助，请他来测量。上海中央研究院地质研究所叶良辅先生曾调查安徽地质，县志局亦可请教他。

2. 县志应注重邑人移徙经商的分布与历史。县志不可但见小绩溪，而不看见那更重要的"大绩溪"。若无那"大绩溪"，小绩溪早已饿死，早已不成个局面。新志应列"大绩溪"一门，由各都画出路线，可看各都移殖的方向及其经营之种类，如金华、兰溪为一路，孝丰、湖州为一路，杭州为一路，上海为一路，自绩至长江一带为一路，……其间各都虽不各走一路，然亦有偏重。如面馆业虽起于吾村，而后来成为十五都一带的专业；如汉口虽由吾族开辟，而后来亦不限于北乡；然通州自是仁里程家所创，他乡无之；"横港"一带亦以岭南人为独多。

3. 有一事必不可不奉告的：县志必须带到上海排印，千万不可刻木板。

我藏的《万历志》、《康熙续志》、《乾隆志》，当托便人带到城里交诸公参考。《嘉庆志》似可不必奉寄了。

将来若有馀资，似可将此四部志与罗氏《新安志》中绩溪的部分，合并付排印，托亚东办理此事，作为新志的附录。可惜《正德志》无法寻觅了。

（二）先人传状，久想做一篇，但若作新式传，则甚不易下手。若作短传，当试为之。先人自作年谱记至四十一岁止，其后有日记二十万字，尚未校好。其中甚多可贵的材料。

诗只有一册，文集尚未编定，约有十卷。

先人全稿已抄有副本，未及校勘标点。连年忙碌，无力了此一心愿，甚愧甚愧。

我收集的绩溪人著述，并不很多，便中当开单奉呈供诸公参考。

匆匆敬问

安好

适之　廿二，十一，十五

（1933年11月15日）

——《胡适家书手迹》

# 致 孙长元

**孙先生：**

谢谢你寄来的文章。

你的文章有一个毛病，就是喜欢用许多不曾分析过的抽象名词。此是时代病，我不希望北大的同学也走上这条死路。

如"封建势力"，"国际帝国主义"，"民族资本"等等，在我读此文时，我毫不懂得这些名词在这文里代表什么东西，更不懂得他们与定县有何关系。此外，如"最后的原因"，"根本的解决"，"温情主义"等等，也属于这一类。

即使有人承认你的"最后的原因"为不错的，你对于定县有何"根本的解决"？

我们有一个妄想，就是要提倡一点清楚的思想。我们总觉得，名词只是思想上的一种工具，用名词稍不小心，就会让名词代替了思想。

你是学教育的人，更应该注意此点。

尊文寄还，请你恕我的胡说。

胡适　廿二,十二,十三
（1933年12月13日）

——《胡适遗稿及秘藏书信》第19册

# — 致 吴奔星 ①

①
吴奔星
（1913~2004）
原名立华，曾用笔名长芒、常明。湖南安乡人。——编者

**吴先生：**

谢谢你的信，并谢谢你上次寄稿的好意。

我每星期日上午九点到十二点总在家里见客，你若能来，是很欢迎的。

《独立》合订本，已嘱社中寄给你了。

关于投稿不刊的事，不能一概而论。我有两个小意见奉告：

第一，许多大名家的稿子也曾屡次被退回：英国女小说家Jane Austin的一部小说曾被书店压了十余年；周作人先生有一

部译稿也曾在商务印书馆坐了十年的冷宫。我们大可不必生气。

第二，虽然有时是主笔先生瞎了眼，但我们自己总以自省和自责为最有益的态度。受一回挫折，应该加一番功夫，总要使我们自己的文学和思想都有长进。不可但责人。你的文字还缺少磨练，还芜杂不干净，还有许多浮辞不扼要的话。求人不如求己。世间无有"登龙术"；若有，只是这一句话。

胡适　廿二，十二，十四

（1933年12月14日）

——《胡适遗稿及秘藏书信》第19册

## 一 致 陈登原

**登原先生：**

收到《习斋哲学思想述》清样二册，及手书，谢谢。

"及门弟子"之说，不知从何而来，请先生千万不要再提，使我不安。

大著搜集材料甚勤，似嫌稍繁，反使读者感觉述颜学太少。

所收材料，亦有条理次第不甚好之处。如"清初学风"一章，其中谈"清初"的甚少，全部分与"清初学风"均不相干。页五引宋恕诗注"痛恨闽洛，甚于德清"，读者必皆茫然不知所指。原诗先说戴望，此"德清"乃指戴望。此种材料，似宜加注，或竟删"甚于德清"四字。

第二章已是"清初朱陆异同论"，而第二十一章又是"清初菲薄王学论"。二章似可合。

凡书中论时势与学术背景诸章（一，二，三，十，十一，十二，十三，十四，廿一诸章）皆太繁复，皆宜并合为一章，而删其无关系的材料。

其述颜学诸章，亦有可议者；如一五章说"动的哲学"，一九章又说"斥静"，这如何可分？后面又有二八章与二九章，所讲仍是同一事。此皆可合，合之则条理分明，分开则杂乱了。

先生作文也时时有可议之处。今人作古文多太不用心，甚足为古文诟病。如尊作第四章，开端就说："曷言乎仅拟荀卿之不足以尽习斋也？"然而下文几千字中更无一字说明这"曷言乎"的道理。此种浮辞似亦可删。

我因见尊作尚未装订，也许有可以改动的机会，所以大胆略贡鄙见。英国古时文人为了改一个标点符号，不惜跑几百里路。如有可以缓印而使此书更可读之法，似不宜匆遽出版。先生以为然否？

养秋先生要我作序，请先生代为道谢。以上所说，万一有可供采择之处，不胜于作序吗？我的《胡适文存三集》有《几个反理学的思想家》一文，其中有一章论习斋，先生曾见吗？

习斋反对理学，而他的"小心翼翼昭事上帝"的每日功课都是理学家的陋态。昔人笑李恕谷日记中有"昨夜与老妻敦伦一次"的记载。今日我们未见恕谷日记，不能说此事之有无。但习斋自定功过格中确有"不为子嗣比内"的记过办法。颜李实皆不能完全脱离理学家"主敬"的老套。

先生注中有菲薄袁枚的话。袁枚是当时的一个思想大家，未可轻易抹煞。

四存学会印有《颜李全书》，比《畿辅丛书》所收为多。先生曾见之否？

拉杂写了不少的胡说，千万请原宥。

胡适敬上　廿二，十二，十六夜

（1933年12月16日）

——《胡适遗稿及秘藏书信》第20册

# 一九三四 年

## 一 复李乃治

**乃治先生：**

谢谢你给我的长信。

我先答复你的两个理论上的问题（页八）。我对这两个问题，都可以答"应该"。

但在事实上，我却不劝你此时坚持出洋留学的主张。第一，你的家庭对你，总算是已经"尽了他们最大的力量"了。两万余元的储蓄在这时候供给你们姊弟多人的学费也不会有多余的了。第二，此时你刚毕业，即使能得父母同意去留学，远不如先在国内做几年事然后出去。尤其是工程管理的事，先求两三年的国内经验，比学一点研究学科有用的多。第三，你不看见这几年清华留学考试与英庚款留学考试都规定要毕业后先有做事经验吗？你家庭若有困难，何妨一面做事，一面静待机会去考这一类的官费留学？第四，你家中此时因二姊学费重，一时不能送你留学，你何不要求父母在你做事期中，每年给你储蓄一笔款子，专为你几年之后留学之用？如此则你两个姊姊学成后，家中担负稍轻时，你又有了国内做事的经验，就使没有官费，仍可有出洋研究的希望。

凡事有情与理两方面，理论方面尽管十足，情感方面也不可完全抹煞。你所学在工程管理，将来正需要待人接物的本领。若不能善处一个很好的家庭（我看在今日的中国，十万人中难得一个像你这样的家庭），若待家人骨肉全不能体谅，你将来也许能管理机械，必不能管理人。你既自许为"可造就"的人，似乎不妨退让一步，先去做工，先磨练自己做事的能力，看看你自己去做事是否比你哥哥强，然后自己去寻留学的费用。这不比用现成的留学经费高的多吗？

你附来的信，我看还是不寄去为上。这样的夸大，这样的希望别人牺牲（"您自己书可以不念"）而不责自己牺牲，这样的闹气，都不是我理想中的青年应该有的。

承你看得起我，请我做顾问，我若说敷衍你的话，就辜负了你一番美意了。

胡适　廿三,二,十七

（1934年2月17日）

——《胡适遗稿及秘藏书信》第19册

## — 致 沈从文 [①]

①
沈从文
（1902～1988）
原名岳焕，湖南凤凰人，文学家和民俗文化史学者。——编者

**从文兄：**

你是认得何家槐的。现在有人说他偷别人的作品，并且牵涉到你的名字。

附上两件，请你一看。

如果你认为家槐是受了冤枉，我很盼望你为他说一句公道的话。这个世界太没有人仗义说话了。

附件你若不用，请你付邮，或还我。

匆匆，问

双安

适之 廿三，三，十三

（1934年3月13日）

——《胡适遗稿及秘藏书信》第19册

## 一 致 吴奔星

**吴先生：**

此种问题，你若没有新证据，最好不要参加。何家槐君是我认得的，他不是偷人家的东西的人。韩君所说，文理都不通，其中所举事实也不近情理。如说：

> 我（转蓬）有一篇文章先拿给从文修改，改了很多，而发表出来则变了何家槐的名字。

谁"拿给从文"呢？谁"发表"呢？难道从文帮家槐"偷"吗？又如："也有先投给《现代》和《新月》的文章，写着是我的名字，而既经拿回来，在另外杂志上发表，又变了名。"这又是谁"拿回来"，谁"在另外杂志上发表"呢？

你若要"烛照奸邪",最好先去做一番"访案"的工夫。若随口乱说,诬蔑阮元、张之洞、丁福保诸人,你自己就犯了"道听途说"的毛病,那配"烛照奸邪"?

胡适　廿三,三,十三

（1934年3月13日）

——《胡适遗稿及秘藏书信》第19册

## ── 致 雍剑秋

**剑秋先生：**

承先生把大著《革心篇》寄给我看,要我表示一点意见。我匆匆看了,觉得先生之志是很可佩服的,但先生的论理却大有可商量之处。天并不曾将世界交与人掌管,这掌管世界的权利是人（聪明才智的人）自己用两只手一个脑袋奋斗出来的。天理也只是聪明才智的人从经验里寻出来的一些行为的规矩,并不是上帝诏示人们的。

先生是一个忧国忧民的好人,我觉得先生教人节制情欲,节省精力,尽可以从生理卫生的常识上去立论,大可不必从那些神学或玄学的大前提上去求根据。神学与玄学的立场,上不能使识者心服,下不能使一般民众了解,徒然引起无谓的论争而已。若从生理卫生与经济生活上劝人做一点最低限度的"人的生活",则一切争论都可以避免了,大家都可以站在常识上同做一点生活改善的工作。生活改善是可能的，革心是很渺茫的。鄙意如此，不知先生以为如何？

胡适　廿三,三,廿八

（1934年3月28日）

——《胡适遗稿及秘藏书信》第20册

## — 致 梁实秋

**实秋兄：**

我有一个要紧问题想请你答我。

北大文学院现在又要我回去，我也想费一年工夫来整顿一番，最苦的是一时不容易寻得相当的帮忙的人。我常想到你，但我不愿拆山大的台，不愿叫太侔为难。现在山大已入安定状态了，你能不能离开山大，来北大做一个外国文学系的研究教授？研究教授月薪五百元，教课六点钟，待遇方面总算过得去。但我所希望者是希望你和朱光潜君一班兼通中西文学的人能在北大养成一个健全的文学中心。最好是你们都要在中国文学系担任一点功课。

北大旧人中，如周岂明先生和我，这几年都有点放弃文学运动的事业了，若能有你来做一个生力军的中心，逐渐为中国计划文学的改进，逐渐吸收一些人才，我想我们这几个老朽也许还有可以返老还童的希望，也许还可以跟着你们做一点摇旗呐喊的"新生活"。

你有意思来吗？请你回我一信。

适之　廿三，四，廿六
（1934年4月26日）

——梁实秋《回忆胡适先生》（收入《看云集》）

# ─ 致 郑中田

**君禾先生：**

谢谢你寄来的信。

我劝你不要把你的职业看作"市廛俗气坑"。一个人应该有一个职业，同时也应该有一个业余的嗜好。一切职业是平等的：粪夫与教授，同是为社会服务，同样的是一个堂堂的人。但业余的嗜好的高下却可以决定一个人的前途的发展。如果他的业余嗜好是赌博，他就是一个无益的人。如果他的业余嗜好是读书，或是学画，或是做慈善事业，或是研究无线电，或是学算学……他也许可以发展他的天才，把他自己造成一个更有用的人。等到他的业余有了成绩，他的业余就可以变成他的主要职业了。

如果你能把你的职业不仅仅当做吃饭的苦工，如果你把他看作一个值得研究的东西，你就不会嫌他俗气可厌了。你若有文学天才，你一定可以从那个"俗气坑"里发现许多小说材料。你若肯多读书，你一定可以设法改良他，发展他。

我从来没有福气用一个"随从"，所以我不能请你来。因为你的好意可感，所以我写这封很诚恳的信劝告你。

如果你在你的职业里没有长进，你跟着我也不会有长进。

胡适　廿三，五，二

（1934年5月2日）

——《胡适遗稿及秘藏书信》第20册

# 一　致 孟森

**心史先生：**

　　《说儒》一文，是数年来积思所得，所用材料皆人人所熟知，但解释稍与前人所见异耳。年来时时与友朋口说此意，终不敢笔之于书，至今年始敢写出。初意不过欲写一短文，后来始觉立异之处稍多，不能不引申为长文。尊示诸点，当日均曾思及。（一）墨家"非儒"之说，固是异派相轻，然《檀弓》、《曾子问》非异派之书也。（二）孔氏身份之高，是后人想象之词，在当时则"出则事公卿，入则事父兄，丧事不敢不勉，不为酒困"，固是孔子自道其生活，不足诧异也。（三）三年之丧之为殷礼，本文中颇矜慎言之。但鲁侯与周王实不行此礼，见于《春秋》及《左传》，而《论语》、《孟子》所记尤可发人深思。我对于此事，致思至十七年之久，近年始觉惟有三年丧制为殷人古礼之说足以解决一切疑难矛盾。凡立一说，必取能解决最多矛盾疑难之假设。《淮南》之记，不足信也。（四）五百年悬记之说，自是我的大胆妄说，但这个假设亦可解释许多疑难，故姑妄存之，以待后人之推翻。（五）相礼在当日为大事，故知礼之人在当日备受敬礼，此古书所昭示。后世礼俗渐变，赞礼之人遂成猥贱。然读古书不

221

当以后世之眼光读之。例如卜筮之贞人筮人，在当日何等重要？今日卜人之受轻视，何妨于古代贞人之受敬礼乎？（六）古代并不轻视此种傧相儒生，我们不当以后世惰民杠房比例古之商祝殷士。世界上婚丧礼之苟且俗陋，莫如今世之中国。试看西洋人婚礼中之牧师，丧礼中之牧师，尚可想见古代儒生相礼时的崇高地位。牧师中出一个大众仰望之圣人，有何可怪？

右所说皆非文饰鄙文，不过申明立论之旨而已。知先生不怪我为自己辩护，故率陈一二。匆匆奉白，即颂
大安

胡适敬上　二十三，八，三十夜
（1934年8月30日）

——《胡适遗稿及秘藏书信》第19册

# 一 致 傅斯年

**孟真兄：**

示悉。

《大公报》事，我已去信说："孟真兄要我代为一决，我代他决的是继续任撰作星期论文。"

我也觉得《大公报》的《星期论文》是值得维持的，所以不但按期作了，还替别位朋友"枪替"了好几次。

香港之行，势不容已。已决定廿九日南下，过京不停，在上海过年，元旦之夜在上海搭President Harrison去港，四日到港，

九日到广州，约十二日到梧州，十六日到港搭 Taft 船回来。

香港大学去年要给我名誉学位，我托故辞了。今年没有法子再辞了，只好去走一趟。我的意思是"开辟殖民地"，你定要笑我不脱"通天教主"味儿了！

在君兄忽然作驳我的独裁不可能论，我写信（二千多字的长信）答他，你见着否？

我说："将来你们这班教猱升木的学者们终有一天要回想到我的话。那时我也许早已被'少壮干部'干掉了，可是国家也必定弄得不可收拾了，你们那时自己忏悔误国之罪，已无及了！"

胡适之不肯公然谈中医，也是这个意思。

廷黻论专制的文发表时，此间省市两党部中人皆大欢喜！我听了真懔然以忧。"我岂好辩哉？不得已也。"这是你们山东亚圣的味儿了！

汪蒋的"感"电，我充分利用来作了三篇文字，正是要"顺水推船"，导人入于水泊。我正想"趁火打劫"，岂料丁大哥出此下策，为一班妄人增加气焰不少！

彭太太已在第一中学教英文，每周有十五时，可得 $105.00，大概可以勉强支持了。机会甚好，因杨子余就任校长，正需好英文教员。

你何时来？女先锋已见着了。

适之　一九三四年十二月二十日

（1934年12月20日）

——《胡适研究丛刊》第三辑，

王汎森：《史语所藏胡适与傅斯年来往函札》

# 一九三五 <sub>年</sub>

## —— 致 毛子水 <sup>①</sup>

①
毛子水
（1893~1988）
名准，又名延
祚，浙江江山
人。时在北京大
学任教。——编
者

**子水兄：**

我今天匆匆走了，很想找你谈谈，可惜来不及了，只能写这封信。

我看梦麟先生的意思是很想把这个新的北大图书馆完全放在一种新的组织和新的效率之上，——简单说，就是要"美国化"它。此意无可非议，因为我是深信图书馆是以美国的为世界第一。梦麟先生和我都绝对相信你对于书籍的了解与判断，都相信你忠于此工作，并且爱此工作。但你是一个没有"美国化"的人，你办这个新图书馆，确不很相宜。我知道梦麟先生颇为此事焦虑。最近我虽没有和他细谈，但我知道他有改组图书馆的计划，想向北平图书馆借一位专学图书馆管理的人来做这番改革的事。此人大概是严文郁君居多。我也赞成此事。为你个人计，你最好还是回到史学系来，专整理你的科学史与地理学，在两三年中做点学术的成绩来。同时你也可以在改组后的图书馆委员会里做一个主脑委员，用你的爱好书籍和熟悉书籍的本领来帮助整理这个新图书馆。

所以我劝你辞去馆长之职，使梦麟先生可以放手做这改革计画。

这封信是我自动写的，在百忙中写的，没有受一个他人的指使。我的意思是要免除你的困难，免得你临时感觉

embarrassment（受窘）。我盼望你能原谅我写信的动机。我更盼望你能了解梦麟此种意思是完全为好，丝毫没有对你的不谅解。

暂时别了！再会。

适之　二十四，四，十五晨二时

（1935年4月15日）

——《胡适遗稿及秘藏书信》第19册

# 一 致 蔡元培

**孑民先生：**

顷接六月四日快函，尊论极正大。惟所言"吾人硁硁然以常时之格调应此非常之刺戟，于心不安"一节，鄙意不尽赞同。义务教育乃是百年大计，固不能以非常刺戟视之。吾辈有典守之责，所贵在不使一时的刺戟轻易变更吾人典守之常责。倘使今年可挪用基金至四十万之多，则明年又来一个非常刺戟，要求一百万，又将何以应之？故四月间大会硁硁然不肯变更基金原则，正是有典守之责者自重其职守，其中亦有防微杜渐之苦心，亦有为国家保持一些有用事业之远虑。诚以基金之数实甚微细，若不先事预为之计虑，则十年之后，悔已无及矣。英庚款基金金额为一千一百万磅，以每磅十二元计之，可得一万三千万银元，大于中基会基金约十倍。然中政会固有中英庚款基金不得动用之议案，至今未有变更。中基会之基金政策，与此正是同比。国家筹四十万元，轻而易举；而独立基金中筹四十万元，则等于八百万元的年息五厘，此岂是小事，其艰

225

难可想。故国家办大事业当然不能依仗此等独立基金团体的供给。此等独立基金应留作提倡维持国家一时不能顾及的需要事业之用。如十年以来，若无中基会，则国中多处之科学研究必不能如此顺利发展，可断言也。

总之，四月间大会之砭砭拘守之态度，正是董事能尽职守之表示，未可以为迂阔不切事情。

至于义务教育一事，大会的议案具在，将来如有可以作有效的补助之处，我们应该尽力援助政府。叔永兄北回后，已将尊意及在君兄之意转达此间同人，将来应有较近实际的办法提出执委会讨论。盖基金不动是一回事，援助义务教育又是一事，两者不应相妨。义务教育固是百年大计，然为国家支撑几个科学研究事业亦是百年大计，未容完全忽视也。匆匆略述鄙见，伏乞

鉴察，敬问

双安

胡适敬上　廿四，六，七

（1935年6月7日）

——《胡适的日记》（手稿本）第12册

## —— 致 陶希圣 ①

①
陶希圣
（1899~1988）
名汇曾，湖北黄冈人。时主编《食货》半月刊。

**希圣兄：**

连日心绪太恶劣，忘了把《独立》早寄给你，乞恕疏忽之罪。

此次我借用尊文作例子，实无丝毫恶意，至多只有"春

秋责备贤者"之微意，因余人实不足引征也。

领导一国的思想，是百年大计，必须以哀矜之态度出之，不可稍存草率。自误是小事，误人误国都是大罪。思想必须从力求明白清楚（Clear and distinct）入手，笛卡儿所以能开近世哲学的先路，正因为他教人力求清楚明白。从洛克以至杜威、詹姆士，都教人如此。我们承两千年的笼统思想习惯之后，若想思想革新，也必须从这条路入手。此意我怀抱已久，七年前写"名教"一文，即拟继续鼓吹此意，终以人事匆匆，不能如愿。上月读你答我之文——《否认现在的中国》——我深感觉你受病太深，而处此浇薄之社会中，绝少诤友肯为你医病解缚。因此，我忍不住作《思想弊病》一文，略指此种方法的缺陷。

六三之夜，已快天明了，三点已敲过，我细读你新答我之文，仍觉你迷误未醒，意气甚盛，故又略答几句。

你此次来信有"将来如发见自己的确是错的，也不避承认"之语，我很感动。此在今日，是一种奇迹，非可望之于人人。此时你气尚未平，未必能如此觉悟。但我极盼望你能暂时抛开那一套。试想想为什么动物学者把鱼狗人都叫做"脊椎动物"而人无异词？为什么你把清末新政混称为"来一个资本主义"而不能得人的承认？为什么你把骈文古文叫做"封建主义"而使我抗议？这一个"公案"想通了，你还可望有"桶底脱"的一日。禅宗大师所谓"桶底脱也"即是奇迹的来临也。

此次尊文甚多不检点之处，如云"西洋文化等于科学，中国文化等于小脚，建设中国文化就是裹小脚"，你在何处曾见我如此说过？

今夜百忙中又来哓舌，罪过，罪过。但平日实相敬爱，不忍终日自外，终望得宽宥也。

适之　二十四,六,十夜二时
（1935年6月10日）

——《胡适的日记》（手稿本）第12册

# 一 致 丁文江

**在君：**

两封信都收到了。

果然丁在君先生是个very impulsive（非常易于冲动的）的人，他的"不假思索"是他自己也承认的。

我今早先读你的第一信，甚感觉失望。

第一，你最不公道的是责备干事处用钱太费。这个机关现在管理的款项已达二千万元之多，比得上一个中等的银行。用的经常费用，无论依什么标准，都不能算多。至于你斤斤争的干事长住宅一事，我更感觉诧异。一个负有管理两千万元的财务责任的机关，对于它的职员稍加优待或体恤，不应该是失策。教会学校尚为他们的教职员营造宿舍，燕京大学至今如此，并且有医药费。中基会不能公然为它的职员作此种设备，而必须叫它做一种investment（投资），此是中基会董事的失职。你是一个讲行政效率的人，对于此点之斤斤争论，实是成见，而非公心的判断。（英庚款花几十万造房子，我也不认为失策。）

第二，中基会正需要能独立主张的董事。你的意见虽然有些是太偏的，有些是自己矛盾的，但大体上都是很可以作多数人的antidote（解毒剂）。你若走了，换上叶企孙一类的"圣人"，中基会的损失就更大了！

第三，我冷眼观察，在今日国内很不容易寻得十五个完全公心而不想谋私利的董事先生。中基会不是完全无疵，但它的多数董事是很可敬爱信任的。我们大家应该平心静气的和衷共济，不可偶因个人意见不合，即怂然求去。你的信上不但自己求去，还要你的朋友"学你的榜样"，这是不足为训的。"新血"固是要紧，但"持续性"也很重要，"和衷共济"也很重要。

第四，这样一个机关是决不会"尽人而悦之"的。"Impartiality"（公正无私）是决不会得着大家一致承认的。但自信为公家谋最大效用，即此便是无私。悠悠之口，都不足计较，更不足凭信。即如积基金一案，你自信是为公益，难道我们都是谋私利？又如厦门大学一案，难道今年不给钱便是偏私？在一个合议机关里，总得有调和折衷的态度。即使有个人不能完全满意之处，也当为公益而牺牲其己见的一部分。八九个人尚互讥为偏私，为partiality（不公平），何能期望天下人承认一种"透亮的公道"呢？

此十余日中，北平人士过的生活是地狱生活，精神上的苦痛是不得救济的。匆匆草此函，措词定多不妥当，希望你老兄莫见怪。

匆匆问

双安

适之　廿四，六，十一早

昨日太忙，此函未写成，今早续写。

北平昨夜事势略"好转"，或可苟安一时，但以后此地更不是有人气的人能久居的了。

冬秀的来回票将满期，望嘱即归，不要再改期了。她此次南下，惊扰府上，不安之至！

适之　廿四，六，十一
（1935年6月11日）

——《胡适遗稿及秘藏书信》第18册

229

# 一 致 陶希圣

希圣兄：

今天得手书，十分感动。十几天之中，我很感受刺激，头发白了许多。今天得来信，可说是近日的最大安慰。

民族抬头，我岂不想？来信所说的吾辈负的教育责任，我岂不明白？但我们教人信仰一个思想，必须自己确信仰它，然后说来有力，说来动听。若自己不能信仰，而但为教育手段计，不能不说违心之言，自弃其信仰而求人信仰他自己本来不信仰的东西，我不信这个方法是可以收效的。依古人的说法，修辞立其诚，未有不诚而能使人信从的。如来书说的，"自责"在学术界是应当的，但在教育上则又不应当"自责"，而应当自吹。这是一个两面标准（double standard），我不能认为最妥当的办法。至少我的训练使我不能接受这样一个两面标准。

我不信这样违心的"教育"手段能使这个民族抬头。我们今日所以不能抬头，当然是因为祖宗罪孽深重。我深信救国之法在于深自谴责，深自忏悔，深自愧耻。自责的结果，也许有一个深自振拔而涤除旧污，创造新国的日子。朱子说的"知得如此是病，即便不如此是药"，真是我们今日应该深刻想想的。若妄自夸大，本无可夸而偏要违心的自夸，那岂不是讳疾而忌医的笨法子吗？结果只能使这个民族格外抬不起头来，也许永永抬不起头来。

一个民族的思想领袖者没有承认事实的勇气，而公然提倡他们自己良心上或"学术"上不信仰的假话，——即此一端，至少使我个人抬不起头来看世界。

"只有真理可以使你自由"（Only the truth can make you free），

这是西洋人常说的话。我也可以说：只有真话可使这个民族独立自主。你试看看这三十五年的历史，还是梁任公、胡适之的自责主义发生了社会改革的影响大呢？还是那些高谈国粹的人们发生的影响大呢？

我并不否认文化在过去确有"国界"。小脚、八股、骈文、律诗等等，是全世界人类所无而为吾国所独有，"国界"之义不过如此。其余礼义廉耻云云，绝无"国界"可言，乃是文明人所共有，乃是一切宗教典籍所同有。而我们的礼义廉耻等等所以特别不发达者，其原因也正是由于祖宗的罪孽太深重了。

请你注意我们提倡自责的人并非不爱国，也并非反民族主义者。我们只不是狭义的民族主义者而已。我们正因为爱国太深，故决心为她作诤臣，作诤友，而不敢也不忍为她讳疾忌医，作她的佞臣损友。

这个问题比思想方法的问题有同样的重要。这是一个思想家立身行己的人格问题：说真话乎？不说真话乎？

因你提出此双重标准，故我诚恳的写此长信。说话仍有过火之处，千万请你原谅。

匆匆

问安

适之　廿四,六,十二夜

（1935年6月12日）

——《胡适的日记》（手稿本）第12册

231

# 致 王世杰

**雪艇兄：**

快函敬悉。

我所以有公开解决悬案之说，正虑此次敌人必有如矶谷所公然发表的"伪国承认"一类的要求，尤虑我方在枪尖之下步步退让，竟连这一类的要求也不明不白的让步了，而自己一无所得。外间只说书面协定，并外加两条，而两条是什么，迄无人知。我曾有长函与兄等，略述鄙见，认定此回的事全是无代价的退让。若如此下去，岂不要把察哈尔、河北、平、津全然无代价的断送了？我以为，与其这样糊涂送礼，不如公开的交涉一切悬案，尚可以讨价还价，利用人之弱点，争回一点已失或将再糊涂失去的国土与权利。此时尚有可争的机会，若再待华北全去，则伪国承认的问题将不成问题，而变为华北伪国的承认问题了。

今日北方能勉强一战的军队（包括宋哲元、于学忠、关麟征、黄杰之队伍）都已远调，而独留最不可靠的万福麟部在此。日人最厌恶的，应该是东北军，今独留万福麟部，其意何在，不难猜想。他日造成第二伪国，——东起山海关，南迄津、沽，北包察哈尔，——必是指挥如意的事。到了那时，中央有何准备？即在今日，中央已毫无准备了。敌人的兵，一日即可到北平，且需我国国有铁路公然备车输送！！！而我则仅恃万福麟、商震的军队为防御！！（不久必有要求傅作义继宋哲元而去的，因为北方今日仅有此曾抗日作战的队伍了。）你们为国家谋虑，可曾顾到这一个决不可长久敷衍的局面？

冀、察、平、津必不可再失。失了以后，鲁、晋、豫当然随之而去。如此则中国矿源最大中心与文化中心都归敌手。如此形势之下，中央又岂能安然练军整顿内政？如此，则所谓"蒋介石下野"、"用日人替代欧美军事顾问",等等问题,皆又将用短径的重炮逼上眉尖。到那时机,中央预备战乎?仍不战乎?不战而仍可以敷衍乎?抑将仍静待日、俄战争的爆发为救国的灵迹乎?

公等在中央阻止"某部分人"的胡为,是我极佩服的。但事到今日,已非两年前的状况可比。对世界固应赶紧结合,对日本尤不可做一种可以使我们喘气十年的 Modus Vivendi。若无一个缓冲办法,则不出一二年,日本人必不容许蒋先生安然整军经武,此可断言也。六月初旬矶谷(Isogai)、酒井(Sakai)诸人日日发表宣言,无不公然攻击蒋先生,谓一切问题皆由于他一人。此种文字,京中朋友或不曾见,即见了也许不措意。然此种公然侮辱,出于中级武官之口,我们政府尚无如之何。他日兵临城下,以"倒蒋"为条件,公等袖中有何对策否?今日敌人指名要逐去一个大省分内的各级党部,我们毫不抵抗的依从了。明日敌人又要求逐去蒋介石,我们难道又毫不抵抗的依从他?不依从他,应取何策?万一蒋先生还不到抵抗之时机,被逼而去,则一切军事顾问的问题又岂不是如敌人所欲而解决了?

故我深思远虑,此时必须假定两个可能的局势,作我们的一切国策的方针:

(一)在最近期间,日本独霸东亚,唯所欲为,中国无能抵抗,世界无能制裁。这是毫无可疑的眼前局势。

(二)在一个不很远的将来,太平洋上必有一度最惨的大战,可以作我们翻身的机会,可以使我们的敌人的霸权消灭。这也是不很可疑的。

我们的政策,眼光可以望着将来,而手腕不能不顾到现在。我们必须先做意大利,而后做比利时。我们第一个做比利时的机会已完全过去了。此时虽欲先做比利时,势有所不能。现在敌人逼我做意大利,做三角同盟中的意大利,我们只能将计就计,努力用这个做意大利的机会来预备将来做比利时。此时若不能做意大利,则敌人必不许我们做比利时。此是极重大的一个观点,千万请吾兄慎重考虑。如荷同意,或如蒙认为有一顾之价值,千万请设法使蒋先生知道此意。

至于我个人的安全，我毫不在意。我活了四十多年，总算做了一点良心上无愧怍的事。万一为自由牺牲，为国家牺牲，都是最光荣的事。我决定不走开。庐山之行，不知定在何日？乞早日示知。如不能不去，我当去走一遭。除此一事，我今年不南行了。

适之　二四，六，二〇

（1935年6月20日）

各大学必不做迁移之事。北大做个中国的鲁文（Louvain）有何不好？

——《胡适的日记》（手稿本）第12册

# 一 致 王世杰

**雪艇兄：**

前上两函，都未蒙赐复。今天写此函，是要从别一方面着想，——从反面设想，——另画一个国策。

前函已说过，今日为国家画策，必须假定（1）在眼前日本的独霸东亚是无法能制裁的，（2）在不很远的将来也许有一个太平洋大战，我们也许可以翻身。

今画第二策，仍假定此二事。此策的主旨是如何可以促进那个"不很远的将来"的国际大战，如何可以"促其实现"？

今日我们决不能梦想坐待别国先发难。最容易发难者为俄国，但苏联是有组织的，有准备的，所以最能忍耐，最能弯弓不发。

其余为美、英，他们更不愿先发难，这是很明显的。此外只有两个可能：一是日本先发难，一是中国先发难。

日本早已发难了，因为我国不抵抗，故日本虽发难了四五次，而至今不曾引起国际大波澜。欲使日本的发难变成国际大劫，非有中国下绝大牺牲决心不可。

我们试平心估计这个"绝大牺牲"的限度，总得先下决心作三年或四年的混战、苦战、失地、毁灭。

我们必须准备：（1）沿海口岸与长江下游的全部被侵占毁灭，那就要敌人海军的大动员。（2）华北的奋斗，以至冀、鲁、察、绥、晋、豫的沦亡，被侵占毁坏，那就是要敌人陆军的大动员。（3）长江的被封锁，财政的总崩溃，天津、上海的被侵占毁坏，那就要敌人与欧、美直接起利害上的冲突。凡此三大项，当然都不是不战而退让，都是必须苦战力竭而后准备牺牲，因为只有如此才能引起敌人的大动员与财政上的开始崩溃。

在这个混战的状态之下，只要我们能不顾一切的作战，只要我们在中央财政总崩溃之下还能苦战，——我们可以在二三年之中希望得到几种结果：（1）使日本军队征发到多数人民感觉战祸的实在；（2）使日本军费加重到人民感觉到财政的危机；（3）使满洲的日本军队西调或南调，使苏俄感觉到有机会可乘；（4）使世界人士对于中国表同情；（5）使英、美感觉到威胁，使香港、菲律宾感觉到迫切的威胁，使英、美不能不调兵舰保护远东的侨民与利益，使太平洋海战的机会更迫近。

只有这样可以促进太平洋国际战争的实现，也许等不到三四年，但我们必须要准备三四年的苦战。我们必须咬定牙根，认定在这三四年之中我们不能期望他国加入战争，我们只能期望在我们打得稀烂而敌人也打得疲于奔命的时候才可以有国际的参加与援助。这是破釜沉舟的故智，除此之外，别无他法可以促进那不易发动的世界二次大战。

我曾说过，日本武士自杀的方法是"切腹"，但武士切腹时必须请他的最好朋友从背后斫其头，名曰："介错"。日本固然走上

235

了全民族切腹的路，可惜中国还不配做他们的"介错"。上文所述的策略只是八个字：日本切腹而中国介错。

苏俄共产革命推翻政府之后，即脱离协约国，而与德国单独讲和，订立Brest-Litovsk和约，割地之多，几乎等于欧俄的三分之一，几乎把大彼得以来所得地全割掉了。但苏俄终于免不掉三年多的苦战。在那四次白俄大乱之中，最吃紧之时，中央政府所能统辖的土地不过七省而已！人民之穷苦固不用说，中央政府有时拿不出一块金卢布。苏俄三年多的苦战可以做我们今日的榜样。我们如要作战，必须要下绝大决心，吃三年或四年的绝大苦痛。

当前的问题是：我们的领袖人物有此决心否？有此准备否？有此计画否？

公等为国谋虑，不甘屈辱，固是可敬佩。但不甘屈辱必须有不屈辱的决心与筹划。公等如不甘仅仅作误国的"清流党"，必须详细计划一个作三四年长期苦斗的国策。又必须使政府与军事领袖深信此长期苦斗为必不可避免的复兴条件。

以我观之，蒋先生只有"等我预备好了再打"的算盘，似乎还没有"不顾一切，破釜沉舟"的决心。我在廿二年热河失守后在保定见他，他就说，"我们现在不能打"。三年过去了，我看他似乎没有对日本作苦战的计划。他的全副精神用在"剿匪"上，这是我们知道，又能原谅的。但日本不久必有进一步而不许他从容整军经武的要求。因为敌人不是傻子，他们必不许我们"准备好了打他们"。老实说，无论从海陆空的任何方面着想，我们决无能准备到可以打胜仗的日子。我们若要作战，必须决心放弃"准备好了再打"的根本错误心理。我们必须决心打三年的败仗，必须不惜牺牲最精最好的军队去打头阵，必须不惜牺牲一切工商业中心作战场，一切文化中心作鲁文大学。但必须步步战；必须虽步步败而仍步步战；必须处处败而处处战。此外别无作战之法。

今日最好笑的，是政府诸公甘心抛弃北方，而天天整饰南京，好像南京是没有危险似的！此种气象真使全国人都感觉难受。

总而言之，今日当前大问题只有两个：（一）我们如何可以得着十年的喘气时间，我们应该不顾一切谋得这十年的喘气时间；（二）我们如认定，无论如何屈辱，总得不到这十年的喘气时间，则必须不顾一切苦痛与毁灭，准备作三四年的乱战，从那长期痛苦里谋得一个民族翻身的机会。

恐怕在今日要双管齐下，一面谋得二三年或一二年的喘气，使我们把国内的武装割据完全解决了；一面作有计划的布置，准备作那不可避免的长期苦斗。

此信不是取消前二函，只是补充前二函所不曾说出的部分。吾兄倘认为有一顾的价值，请平心考虑此三函，暂时摆脱一切事务，为国家做一个全盘的计算。然后为当局恳切进言，打破那"等我准备好了再打"的迷梦！

胡适　二十四，六，二十七夜

（1935年6月27日）

——《胡适的日记》（手稿本）第12册

## ── 答 陈英斌

**英斌先生：**

我真对不住你，到今天才能回你的信。

你的信使我很感动。我不懂得日本最近的留学情形，我怕不能对于你的问题有多大的帮助。但我是不反对留学的，也不反对青年人出国留学。中国文化现在还是事事不如人，青年人应该努力学外国的长处。只要你认定你的使命是求学，你就可以明白求学是愈早愈好，愈年轻愈有成就的希望。"和本国文化离开"也无大害处，因为本国的文化的环境实在太坏了，可以坑死不少的有用青年。青年人能脱离这种空气，是福不是祸。

既要求学，必须要埋头先学那求学的工具，就是语言文字。必须要把语言文字学到十分纯熟的地步。

其次，既来求学，须知学不完全靠课堂课本，一切家庭、习惯、社会、风俗、政治、组织、人情、人物，都是时时在在可以供我们学的。若在庆应，就应该研究庆应六十年的历史，并应该研究创办人的人格。若在早稻田，就应该研究大隈的传记。

最要紧的是不要存轻视日本文化之心理。日本人是我们最应该研究的。他们有许多特别长处，为世界各民族所没有的：第一是爱洁净，遍于上下各阶级；第二是爱美，遍于上下各阶级；第三是轻死，肯为一个女人死，也肯为一个主义死；第四是肯低头学人的好处，肯拼命模仿人家。

能如此存心，你在日本留学一定可以得益处。

胡适　廿四，七，廿四

（1935年7月24日）

——《胡适遗稿及秘藏书信》第20册

# — 致 罗隆基 [1]

①
罗隆基
（1898～1965）
字努生。江西安福人。著名政论家、社会活动家。——编者

**努生兄：**

你问我对于中日问题的意见，我把上月写给王雪艇兄的

两函稿送给你看看，并请你带给蒋先生一看。我共写了三函与雪艇，第一函因赶快车，未曾留稿，大意为"与日本公开交涉，解决一切悬案"。原则为求得十年的和平，方法为有代价的让步。

我举一例为伪国的承认：我提出的代价有三：一为热河归还，长城归我防守；二为"华北停战协定"完全取消；三为日本自动放弃"辛丑和约"及互带换文中种种条件，如平、津、沽、榆一带的驻兵，及铁路线上我国驻兵之限制等等。人或笑此三条件为绝不可得。我不信此说，至少这是我们应有的讨价。如中东路岂不是已在日本手中了，又何必出价收买，更何必与苏俄谈判至两年之久。谈判至两年之久，即是苏俄外交的大胜利了。

人或谓伪国的承认在今日已不值钱？此亦大错。何不看看中东路的交涉？中东路的让与，与伪国的承认，其重轻相去不可以道里计。伪国之承认关系全世界五十个国家的公议，岂无出大代价的价值？日本也许宣传他们不重视此举，此是狐狸攀不着葡萄，只好摇头说葡萄是酸的，他本来不想吃！

我的第一方案是公开的交涉，目的在于谋得一个喘气的时间。

我的第二方案（第三函）是从反面着想，另定苦战四年的计画。

委屈求全，意在求全，忍辱求和，意在求和。倘辱而不能得全，不能得十年的和平，则终不免于一战。如列宁对德讲和，割地了，又赔款了，终于免不了三年多的苦战。此是眼前史实，不可不记得。况且我们必须有作长期苦战的决心，方能希望得着有代价的交涉。必须使人感觉我的让步是有限度的，有计画的，然后人肯出代价。若一切无条件的让与，则人家当然不愿出代价，也不用出代价了。故第二方案是终不可免的一个步骤。

雪艇诸人只赞成我的第三函。但第三函之方案不是孤立的，只是第一方案的反面。在最近时期中，第二方案只是第一方案的后盾。如苏俄在这三四年中，天天用外交作掩护，实行其备战的工作。此是最可借鉴的政治手腕，我们不可不深思。

雪艇诸人赞成我的"公开交涉"，而抹去我的"解决一切悬案"一句，他们尤不愿谈及伪国的承认问题。他们不曾把我的原电及原函转呈蒋先生，其实这是他们的过虑。他们不愿我为主张妥协者张目，其实我的方案亦不是妥协论，乃是有代价的公开交涉，与妥协论者根本上大异也。此函补说未留稿的第一函大意，也请你带给蒋先生一看。

关于国内政治，我以为"老同志"不必勉强求其"团结"，而全国人心却不可不收拾。司大林放逐一个托洛斯基，何碍于建国大计？要在其能真有所作为，使人都感觉此善于彼，则人心自然倾向于政府。若所行所为不足以维系人心，则是为"迁人"作去思之碑了。"九一八"事变之来，大家都束手无策，只日日谈"大团结"，究竟当时团结了几个人呢？今日南京又大谈"大团结"了，其实今日最需要团结的人心，而不是三五个老朽分子。你以为如何？

至于行政问题，你是专家，用不着我说外行话了。

依我的观察，蒋先生是一个天才，气度也很广阔，但微嫌近于细碎，终不能"小事糊涂"。我与蔡孑民先生共事多年，觉得蔡先生有一种长处，可以补蒋先生之不足。蔡先生能充分信用他手下的人，每委人一事，他即付以全权，不再过问。遇有困难时，他却挺身负其全责；若有成功，他每啧啧归功于主任的人；然而外人每归功于他老人家。因此，人每乐为之用，又乐为尽力。迹近于无为，而实则尽人之才，此是做领袖的绝大本领。杏佛是一个最难用的人，然而蔡先生始终得其用。中央研究院之粗具规模，皆杏佛之功也。杏佛死后，蔡先生又完全信托丁在君。在君提出的改革案有不少的阻力，但蔡先生一力维持之，使在君得行其志。现在在君独当一面，蔡先生又可无为了。

我前在汉口初次见蒋先生，不得谈话的机会，临行时赠他一册《淮南王书》，意在请他稍稍留意《淮南王书》中的无为主义的精意，如"重为善若重为暴"，如"处尊位者如尸，守言者如祝宰"之类。

去年我第一次写信给蒋先生，也略陈此意，但他似乎不甚以为然。他误解我的意思，以为我主张"君逸臣劳"之说。大概我当时的信是匆匆写的，说的不明白。我的意思是希望他明白为政的大体，明定权限，知人善任，而不"侵官"，不越权，如此而已。《淮南》说的"处尊位如尸，……尸虽能剥狗烧彘，弗为也。弗能，无亏也"。此似是浅训，今日之为政者多不能行。

你是学政治的，定能用专家的术语把这个意思说明白。我所想到的，此"为政大体"是第一要义。你不笑我迂腐吗？

适之　二四,七,二六

（1935年7月26日）

——《胡适之先生年谱长编初稿》第4册

# 一 致 任访秋 ①

①
任访秋
（1909～2000）
原名维焜，字访樵，笔名访秋、霜枫，河南南召人。时任河南洛阳师范语文教师。——编者

**访秋先生：**

谢谢你寄赠两篇文字。

《论文学中思想与形式关系》，太芜杂了，多有未成熟的见解。此种太大的题目，千万不可轻作。即如严又陵先生所受民主主义与个人主义的影响与我有何区别？又如我们同时人中同具某种思想而文体大不相同者甚多，你又如何解释？

论词一文，使我很感觉兴趣。静庵先生的《人间词话》是近年才有印本的，我在他死前竟未见过此书。他晚年和我住的相近，见面时颇多，但他从未提起此书。今读你的比较研究，我很觉得我们的见解确有一些相同之点，所以我很高兴。

但你的比较，太着重相同之点，其实静庵先生的见解与

我的不很相同。我的看法是历史的，他的看法是艺术的，我们分时期的不同在此。

他的"境界"说，也不很清楚。如他的定义，境界只是真实的内容而已。我所谓"意境"只是一个作家对于题材的见解（看法）。我称它为"意境"，显然着重在作者个人的看法。你的解释，完全错了。我把"意境"与"情感"等并举，是要人明白"意境"不是"情感"等，而是作家对于某种情感或某种景物作怎样的观察，取怎样的态度，抓住了那一点，从那一种观点出发。

《花间》时期的词，除韦庄外，意境都不高。李后主远在《花间集》（广政十年）之后了。他的意境之高当是由于天才和晚年的遭遇。但自《花间集》到东坡，绝大多数的词仍是为歌者作的，故意境终不能高超。韦庄与后主只是这个时代的杰出天才而已。

静庵先生说的"隔与不隔"，其实也说不清楚。我平常说"意境"，只是"深入而浅出"五个字。观察要深刻，见解要深刻，而表现要浅近明白。凡静庵先生所谓"隔"，只是不能浅出而已。

因读你的文章，偶然写此信，或可供参考。

胡适　廿四，七，廿六

（1935年7月26日）

——《胡适遗稿及秘藏书信》第19册

## 致 蔡元培

**孑民先生：**

我们都是平日最敬爱先生的人，知道明年一月十四日，是先生七十岁的寿辰，我们都想准备一点贺礼，略表我们敬爱的微意。我们觉得我们要送一件礼物给一位师友，必须选他所最缺少的东西。我们知道先生为国家，为学术，劳瘁了一生，至今还没有一所房屋，所以不但全家租人家的房子住，就是书籍，也还分散在北平、南京、上海、杭州各地，没有一个归拢庋藏的地方。因此我们商定这回献给先生的寿礼，是先生此时最缺少的一所可以住家藏书的房屋。我们约定这次赠送的参加，由各人自由决定。任何人的赠送，都不能超过一定低微的数目。而且因为时间和地点的关系，对于先生许多的朋友、学生，并不及普遍的通知。可是各地的响应，已超过了我们当初的期望。

现在我们很恭敬的把这一点微薄的礼物献给先生，很诚恳的盼望先生接受我们这一点诚意！我们希望先生把这所大家献奉的房屋，用作颐养、著作的地方。同时这也可看作社会的一座公共纪念坊，因为这是几百个公民用来纪念他们最敬爱的一个公民的。我们还希望先生的子孙和我们的子孙，都知道社会对于一位终身尽忠于国家和文化而不及其私的公民，是不会忘记的。

我们很诚心的祝
先生的健康！
和先生一家的健康！

蒋梦麟　胡　适　王星拱
丁燮林　赵　畸　罗家伦

中华民国二十四年九月七日
（1935年9月7日）

——《传记文学》第58卷第1期，
陶英惠：《胡适撰拟致蔡元培献屋祝寿函》

①
吴世昌
（1908～1986）
字子臧，浙江
海宁人。

# ── 致 吴世昌 ①

**世昌兄：**

谢谢你的信。

但是你大错了。你说我的《我们可以等候五十年》一文是"把事情看的太容易了"的一个例子。我的意思恰相反。我因为不肯"把事情看的太容易"，所以才如此说。只有一些真"把事情看的太容易"的人们，才在那个时候喊着打仗。

直到今日，我还不肯"把事情看的太容易"，所以才很郑重的说一个"守"字。四年的准备也许还不够"守"，但总比四年前或两年前有把握多了！国际的形势也比那时候好的多了。但去"能守"，还差的远，因为"守"当然包括守势的"战"。

凡为国家设计，决不可"把事情看的太容易"。至于你所说的"勇气"，我可以回答说：在这几年中，主战的人并不需要什么勇气。只有不肯跟着群众乱喊作战的人，或者还需要一点道德上的勇气。

时髦话谁不会说？说逆耳之言，说群众不爱听的话，说负责任的话，那才需要道德上的勇气。

此信不是驳你，只是要你明白我自己的看法。

胡适　廿四，十一，廿二

（1935 年 11 月 22 日）

──《胡适遗稿及秘藏书信》第 19 册

## ― 致 沈尹默、李书华

**尹默、润章两先生：**

敬启者：北大毕业生刘国平君年来在中华教育文化基金董事会的编译委员会译书，他专译Renan的基督教史传。他后来自己甚感觉在国内译述此种名著，既少指导，又少参考书籍，所以极想赴法国专心研究Renan的著作及基督教史料。他当时蒙中法教育委员会稍予补助，就于本年春赴法国了。他所得补助，为数极微，不敷生活，所以编译委员会至今仍继续每月寄国币一百元给他。但他的生活太困难，所以他现向中法教育委员会请求一个全份的助学金，使他可以安心做学问。刘君是最好学的青年，成绩甚好，铎尔孟先生与我均深知其为人。倘蒙两先生予以援助，使他能得一个助学金全额，不但刘君身受其赐，在中法学术交通上亦应有裨益。敬为进一言，伏乞鉴察。

胡适敬上　廿四，十一，廿七

（1935年11月27日）

——《胡适遗稿及秘藏书信》第19册

## ― 答 室伏高信 ①

**室伏高信先生：**

我那篇《敬告日本国民》，居然能在《日本评论》上登

①
室伏高信
生卒年未详，日本评论家。《日本评论》及《改造日报》的撰稿人。——编者

出，贵刊诸位编辑先生的雅量，是我十分敬佩的。

我在《日本评论》十二月号里读你的《答胡适之书》，——可惜我能读的是译文，——我很高兴，不但因为我那篇文字有了"抛砖引玉"的效果，更因为这样打开的交换意见的风气也许是我们两个国家在此时机最需要的。

你能谅解我的"偶像破坏"的立场，这是最可喜的一件事。因为我常觉得贵国现时的学人往往不懂得我们为什么要做这种排斥古文化的努力。

是的，"日本也曾选过这条路"。但我总觉得贵国在这一点上虽然比我们早几十年，不幸偶像破坏运动的收束未免太早了一点，复古与存古的保守潮流也未免回来得太快了一点吧？

我和我的朋友的立场是这样的：凡文化都有他的惰性，都会自己保守自己的。少数先知先觉的思想家，如果他们看清了"去腐"和"革新"的必要，应该站到屋顶上去大声疾呼，不必顾虑破坏之太多，更不必顾虑祖宗遗产有毁灭的危险。"真金不怕火"，这是我们祖宗的一句名言。真有价值的东西是毁不掉的。

近年来北平访问的日本朋友往往替"东方的遗产"抱着过分的忧虑，仿佛宁愿东方少年人天天念阿弥陀佛，或打麻雀牌，而不愿他们"心醉于唯物论"，或信仰自由主义。这种忧虑，你的答书里也曾提及。

我想，我们两个国家里值得忧虑的，恐怕还有比东方遗产的失坠更重要的吧？我个人决不愁东方遗产与东方文明的失坠。我所焦虑的是我们东方民族刚开始同世界人类的最新文化接触，就害怕他的诱惑，就赶快退缩回到抱残守缺或自夸自大的老路上去。更可焦虑的是我们东方民族也许在那"拥护东方的遗产"的大旗之下做出一些自相残害的丑戏来，贻笑于全世界。

室伏先生，你想这不是我们今日更应该顾虑的吗？

在你的答书的后幅，你指出我们两国之间的仇恨心理之所由来。你似乎把这种仇恨的心理看作中国"以夷制夷"的政策的结果。你问我们："中国的敌人，是日本还是英国？应该是日本，应该是英国？"

这一段话，若在一篇外交词令里或军人演说里发见，我毫不惊异。但在你的文章里，我读了不能不感觉一点惊讶。

"以夷制夷"是句古文，翻成白话，就是"借一个友谊的国家的援助来抵御一个敌对的国家"。这是一切国家常做的事，这里只有成败可评量，没有什么是非可判断。

贵国昔年不也曾受了"不列颠的诱惑"，做了她的二十年的同盟国吗？后来为了美国的满洲开放论，贵国不也曾联俄制美吗？这都是很晚近的历史，大家总还不会全忘记吧？

至于中国，老实说，我们这个国家还不配与谁为友，更不配与谁为敌。友是平等的，敌也是平等的。孙中山先生曾有遗言："联合世界上以平等待我之民族，共同奋斗。"然而谁是真正"以平等待我之民族"呢？孙中山先生的那句遗训，恐怕是十年前的一个梦想吧？

今日我们应该梦醒了。我们今日不妄想寻得一个"以平等待我之民族"。我们今日只能这样想，凡对于我们最少侵略的野心的，凡不妨害我们国家的生存与发展的，都可以做我们的朋友。凡侵略我们的，凡阻害我们国家的生存与发展的，都是我们的敌人。

室伏先生，请你想想，上述的两条界说，是公道呢？还是不公道呢？

你不赞成"犹太主义"，但是犹太主义中有一种奇论，劝人"爱你的仇敌"。我这二十五年来曾深信这种"犹太主义"。但是，我很惭愧，我信道不笃，守道不坚，在最近几个月中，我颇有点怀疑这种主义不是我们肉体凡夫所能终身信奉的了！

我近来感觉到，这种犹太主义不如我们"东方遗产"里几句老话："不迁怒"、"不念旧恶，怨是用希"。这些是近于人情的，是我们稍稍加一点理智力就可以实行的。譬如我怨日本的某个某个军人，同时我可敬爱我的朋友高木八尺教授，这样"不迁怒"，不是很容易的事吗？又如日本帝国一旦改涂易辙，变成了中国的好朋友，我当然可以忘记过去的许多怨恨，这样"不念旧恶"，不也是很容易的事吗？

但是，如果一个强国乘人之弱，攻人之危，不但种下了仇恨，还要继续播种你所说的"第二仇恨"、"第三第四而至于永久的仇恨"，——在这样迅速播种之下，敌国即有聪明圣智的"指导者"，恐怕也就无法劝导国民对那个国家"发生真正的友情"了吧？

你对我们发出警告："不要受不列颠的诱惑。"室伏先生，你愿意听我讲一个历史的故事吗？

从民国十四年六月到民国十六年，是中国仇视英国最激烈的时期。那三年英国工商业受的绝大损失，你也许还记得。民国十五年的冬天，我正在英国，天天读的是保守党报纸上主张严厉征讨中国的论调。然而英国的政治家坚决的抱定他们的和平政策。他们派一个蓝博森（Miles Lampson）来做公使；他们在那年十二月里发表了一篇所谓"耶诞节觉书"，表示英国政府对中国的和平政策。中国革命党人不信"不列颠的诱惑"，要逼John Bull拔出刀来。于是有次年一月初旬用武力占据汉口英国租界的事。英国的外交家依旧忍耐着，不但不拔出刀来，并且派遣专员到武汉去和陈友仁订立"汉口协定"。这样忍耐的结果，几个月之后，风头转了，仇英的心理渐渐转过了。"不列颠的诱惑"终于收效了！

这个故事是够答复来书的质问了吗？你问我们："贵国是不是善于忘记英国给贵国的苦楚？"我可以回答说："我们行的只是上文说的东方圣人'不念旧恶'的古训。""美貌的、狡猾的诱惑"是可以令人忘记过去的苦楚的。聪明的室伏先生，谁能不受"美貌的、狡猾的诱惑"呢？

反过来说，"带甲的拳头"是善忘病的最灵治疗剂。今天开一炮，明天开十架轰炸飞机来，后天开十列车的军队来，先生，你想，我们的"善忘病"应该不应该被吓跑了呢？

今天北平大雪，我的园子里的松树枝上都压着银色的厚絮。这园子是你到过的。我那天不曾告诉你，这园子里界地的琉璃瓦都是圆明园里的遗物；门口的白石阶台也是我的屋主从圆明园的瓦砾场上搬来的。我站在这阶台上望着那雪地里微露出的琉璃瓦，不禁想到那七十五年前英国、法国的联军入北京烧毁圆明园的历史。眼前虽有满地的遗物可以帮助记忆，我不能不承认这段故事有点模糊记不清了。我的眼光已移到别的新事物上去了。一只贵国的飞机轧轧的从天的东边飞往西边，在那皎洁的雪地上刷过一条黑影。地上的黑影过去了，雪地还是皎洁的，但我的心里至今还清清楚楚的看得见那一条黑影。我想起中国古哲人曾说，"飞鸟之影，未尝动也"；又说，"影不徙"。室伏先生，我们应该叫这条黑影子不动不徙吗？

十一月三十日
（1935年11月30日）

——《独立评论》第180号

## — 致 张季鸾 [①]

①
张季鸾
（1888~1941）
原名炽章，笔名季鸾。陕西榆林人（生于山东邹平）。著名报人。时任天津《大公报》主编。——编者

**季鸾先生：**

射雕老手，箭不虚发，一发即中伤要害，佩服，佩服！

此事最使我们一班朋友感觉不安者，停邮原布告（今晚《晚报》载）有屡次不受检查之文，似是指我们的两次宣言与我的一次辟谣。伯仁实由我们而受大损害，如何，如何！

昨日公函，略表我们的微意，伏乞鉴察。八日有九架飞

机，盘旋在天空中，飞的很低。晚上有公民请愿，包围新华门不去。我们在此世界观瞻所在之地，每日耳目所接，如此如此。上周津市所见之怪剧，不久当可全部搬来此间了。

民国十二年，曹锟贿选将成，我在杭州养病即和北京朋友商量，将《努力周报》停刊。今回此间若真有分裂举动出现，《大公》必无幸免之理，《独立》又岂能苟存？尊函所示，极所同情。我办过三次刊物，《每周评论》出到三十六期被封，《努力》到七十五期停刊，《独立》居然出到一百八十期，总算长寿了！

这回我从南方归来，本不存多大乐观，只作"死马作活马医"的万一希冀。三周以来，无日不作苦斗，所赖有先生们不避危险，为我们作声援，作宣传。现在《大公》停邮，平津两地的报纸上就不能有一隙之地可以给我们说话了。大概我们能努力的日子也就不多了吧？念之慨然。

但我至今还不肯完全绝望。雷季上君说，"胡适之把宋哲元当作圣人看待"，我至今还如此痴想。十五那晚上，先生已叫我莫作此想了。尔和、博生都如此说。但我至今不绝望。我不但希望宋哲元作圣人，我还希望萧振瀛作贤人。若不如此，我们就真绝望了。

匆匆敬祝
先生和馆中同人的安好！

胡适敬上　廿四,十二,五夜

（1935年12月5日）

——《胡适的日记》(手稿本）第12册

# — 致 汤尔和 [①]

① 汤尔和 (1878~1940) 原名槱,字调鼎,又字尔和,晚年自号六松老人,浙江杭州人。时任国民政府行政院驻北平政务整理委员会委员。——编者

**尔和先生:**

送还六、七、八年的日记,并致深厚的谢意。

八年日记,细细读过,曾摘记几十条重要日期的重要事项,想先生见许。

六、七二年日记,不及细读,但略翻阅而已。六年记复辟前后的政治,甚有趣味。

先生日记之有恒,真令我五体投地的佩服!每日读书有记,治事有记,而几十年不断,是真不易得的!

前所欲查的一个日子,乃是八年三月廿六夜,先生记在次日(廿七)。此夜之会,先生记之甚略,然独秀因此离去北大,以后中国共产党的创立及后来国中思想的左倾,《新青年》的分化,北大自由主义者的变弱,皆起于此夜之会。独秀在北大,颇受我与孟和(英美派)的影响,故不致十分左倾。独秀离开北大之后,渐渐脱离自由主义者的立场,就更左倾了。此夜之会,虽有尹默、夷初在后面捣鬼,然子民先生最敬重先生,是夜先生之议论风生,不但决定北大的命运,实开后来十余年的政治与思想的分野。此会之重要,也许不是这十六年的短历史所能论定。可惜先生不曾详记,但有月日可考,亦是史料了。

先生试读四月十一日记末行,可知在当时独秀与先生都知三月廿六夜之会之意义。

八年五四之后,留蔡之事,先生用力最勤,而梦麟兄之来北大尤为先生第一大功。倘梦兄不北来,他也许要被任之兄一班人毁了。故梦兄北来之举,先生实大有造于他,亦大有功于北大。

八年年底"发现"之役一变而为"去傅"之运动,闹成长期的教职员罢课,尊记有详细记载,也可供史料。十二月十五日之

罢课,我曾于十三夜独力反对。及今思之,我仍深信先生与夷初诸人造孽不浅也。

读八月三十一日尊记整理旧日记时之感想,我十分同情,论人如此,论事想亦不能免此种今昔之感也。

敬谢先生许我偷窥宝藏之厚意,敬祝

新年安好

胡适敬上　廿四,十二,廿三

(1935年12月23日)

——《胡适遗稿及秘藏书信》第20册

## 一 告 北平各大学同学书 [①]

① 此稿当拟于1935年12月16日以后,参阅《独立评论》第183号(1935年12月29日出版)胡适《再论学生运动》一文。——编者

**各位同学:**

在十二月九日北平各校学生请愿游行之后,我们负有各大学行政责任的人,曾联名发表告同学书,指出"诸位同学请愿及罢课的第一目标可以说是已经达到,希望诸位同学勿别生枝节,勿虚掷光阴,即日恢复学业"。

不幸那篇告同学书发表之后,又有十六日北平各校学生大举游行的事,参加者数千人,受伤者总数约近百人。此等群众行动易发而难收,有抗议的功用而不是实际救国的方法。诸位同学都在求学时期,有了两次的抗议,尽够唤起民众昭告天下了。实际报国之事,决非赤手空拳喊口号发传单所能收效。青年学生认清了报国目标,均宜努力训练自己成为有知识有能力的人才,以供国家的需要。若长此荒废学业,今

日生一枝节，明日造一惨案，岂但于报国救国毫无裨益，简直是青年人自放弃其本身责任，自破坏国家将来之干城了！

所以我们很诚恳的第二次提出劝告，希望诸位同学即日复课，勿再虚掷光阴。报国之事，任重而道远，青年人切不可为一时冲动所误而忽略了将来的准备。

——《胡适遗稿及秘藏书信》第20册

# 致 汤尔和

**尔和先生：**

谢谢先生的信。

八年的事，我当时全无记载。三月廿六夜之会上，蔡先生颇不愿于那时去独秀。先生力言其私德太坏，彼时蔡先生还是进德会的提倡者，故颇为尊议所动。我当时所诧怪者，当时小报所记，道路所传，都是无稽之谈，而学界领袖乃视为事实，视为铁证，岂不可怪？嫖妓是独秀与浮筠都干的事，而"挖伤某妓之下体"是谁见来？及今思之，岂值一噱？当时外人借私行为攻击独秀，明明是攻击北大的新思潮的几个领袖的一种手段，而先生们亦不能把私行为与公行为分开，适堕奸人术中了。

当时我颇疑心尹默等几个反复小人造成一个攻击独秀的局面，而先生不察，就做了他们的"发言人"了。

尹默诸人后来用种种方法排挤我，我只以不偢不睬处之，因为我是向来不屑同他们作敌对的。

蔡先生与先生后来都有进步，都不似从前的狭隘了。先生在十五年有"何须想吃冷猪肉，不如钻进小花园"的打油诗，我读了大笑："尔和先生进步了！"今读七八年日记，始知先生每日抄读宋明理学语录，始大悟八年三月之事亦自有历史背景。因果如此，非可勉强也。

八年年底罢课之事，先生亦是为流言所误。当时蔡先生已归来坐镇，何畏一个傅岳芬？我们只要能好好的办学校，他们那能动摇我们？不幸我们自己毁自己，不惜先后罢课至近二年之久，就使北京教育界纪纲荡然，名誉扫地。此岂傅岳芬之过哉？汤尔和先生与马夷初诸人不明大体之过也！

来函说"冬间事弟亦不以为然"，然先生日记中屡屡提此事，并记夷初之宣言是先生的手笔，以后许多文件亦皆出大笔。故我颇疑先生终是为理学书所误，自以为是嫉恶如仇，故不免为夷初诸人所利用也。

此皆往事，及今思之，如同追思一个恶梦。然先生之日记实使我稍明了当日一般人的心理及其背景，可见史料之可贵。前书及此书，毫无责备贤者之意，不过略述鄙见，使先生略知当日一个旁观者的意见而已。狂妄之处，千万请先生原宥。匆匆敬贺新年。

胡适敬上　廿四，十二，廿八夜
（1935年12月28日）

——《胡适遗稿及秘藏书信》第20册

# 一九三六 年

## ── 致 汤尔和

**尔和先生：**

前日晤谈甚慰。先生第二书至今未复，第一书之答书，本不欲寄出，今日检视，其中虽多狂妄之言，知先生定不见怪，故录副后仍将原文送上，乞恕我。

第二书所言，使我仍不能不说几句话。

独秀终须去北大，也许是事实。但若无三月廿六夜的事，独秀尽管仍须因五月①十一夜的事被捕，至少蔡、汤两公不会使我感觉他们因"头巾见解"和"小报流言"而放逐一个有主张的"不羁之才"了。

我并不主张大学教授不妨嫖妓，我也不主张政治领袖不妨嫖妓，──我觉得一切在社会上有领袖地位的人都是西洋人所谓"公人"（Public men），都应该注意他们自己的行为，因为他们的私行为也许可以发生公众的影响。但我也不赞成任何人利用某人的私行为来做攻击他的武器。当日尹默诸人正犯此病。以近年的事实证之，当日攻击独秀之人，后来都变成了"老摩登"，这也是时代的影响，所谓历史的"幽默"是也。

造孽一层，历史如此，本不值得争论。但先生提及"留蔡助蒋，真乃孽障"，我颇有感触。我从上海赶回北京时，蔡公已离京。当时我若在此，必不劝蔡出走。领袖作事，当有风度，蔡公之出京，以当日鄙见观之，实甚失领袖之风度。蔡公岂徐树铮等人所敢危害者耶？以今日鄙见观之，倘

①
实为六月
　　──编者

使蔡公当日不出京，后来半年的纷纷或可以没有，至少亦不至如当日之扰扰至半年之久。

我在国中的事业"为功为罪"，我完全负责。我从不曾利用过学生团体，也不曾利用过教职员团体，从不曾要学生因为我的主张而牺牲他们一点钟的学业。我的罪孽决不在这一方面。至于"打破枷锁，吐弃国渣"，当然是我的最大功绩。所惜者打破的尚不够，吐弃的尚不够耳。先生或许撚须大笑我"不可救药"吧？匆匆补叩年禧

适敬上　廿五，一，二夜

（1936年1月2日）

——《胡适遗稿及秘藏书信》第20册

# 一 致 周作人

## 岂明兄：

谢谢你的规箴良言，我真说不出怎样感谢你。我是一个"好事者"；我相信"多事总比少事好，有为总比无为好"；我相信种瓜总可以得瓜，种豆总可以得豆，但不下种必不会有收获。收获不必在我，而耕种应该是我们的责任。这种信仰已成一种宗教——个人的宗教，——虽然有时也信道不坚，守道不笃，也想嘲笑自己，"何苦乃尔！"但不久又终舍弃此种休假态度，回到我所谓"努力"的路上。

"朋旧雕丧"，只使我更感觉任重而道远；"青年无理解"，只使我更感觉我不应该抛弃他们。即如十二月卅一日下午的谈话会，

颇有十来个青年人显出无理解的行为，但我丝毫不怪他们。我只觉得我们教学二十年，实在不曾尽力，实在对不起青年人，他们的错误都应该我们负责。

王介甫有一首白话诗，我最爱诵：

> 风吹瓦堕屋，正打破我头。
> 瓦亦自破碎，岂但我血流？
> 我终不嗔渠，此瓦不自由。……

我对于无理解之青年，时时存此想，念其"不自由"，每生度脱之心，毫无嗔渠之念。

生平自称为"多神信徒"。我的神龛里，有三位大神，一位是孔仲尼，取其"知其不可而为之"；一位是王介甫，取其"但能一切舍，管取佛欢喜"；一位是张江陵，取其"愿以其身为蓐荐，使人寝处其上，溲溺垢秽之，吾无间焉，有欲割取我身鼻者，吾亦欢喜施与"。嗜好已深，明知老庄之旨亦自有道理，终不愿以彼易此。

吾兄劝我"亟可小休"，我岂不知感谢？但私心总觉得我们休假之时太多，紧张之时太少。少年时初次读《新约》，见耶稣在山上看见人多，叹息道："收成是很多的，可惜工作的人太少了！"我读此语，不觉泪流满面。至今时时不能忘此一段经验。三年多以来，每星期一晚编撰《独立评论》，往往到早晨三四点钟，妻子每每见怪。我总对她说："一星期之中，只有这一天是我为公家做工，不为吃饭，不为名誉，只是完全做公家的事，所以我心里最舒服。做完之后，一上床就熟睡，你可曾看见我星期一晚上睡不着的吗？"她后来看惯了，也就不怪我了。

你说："我们平常以为青年是在我们这一边。"我要抗议：我从来不作此想。我在这十年中，明白承认青年人多数不站在我这一边，因为我不肯学时髦，不能说假话，又不能供给他们"低级趣味"，当然不能抓住他们。但我始终不肯放弃他们，我仍然要对他们说我的话，听不听由他们，我终不忍不说。

但我也有我的酬报。良心上的谴责减轻一点，上床时能熟睡，都是最好的酬报。至于最大的安慰，当然是我收到穷乡僻壤或海角天涯一个、两个青年人来信，诉说他们在某一点上受了我的某句话的影响，使他们得到某种的改变。无心插柳，也可成荫；有意栽花，岂能完全不活！其不活者，只是耕锄不深，灌溉不力，只可责己，未可怨花也。私见如此，老兄定笑我痴迷不悟吧？

我多管闲事，是最妨碍我"讲学论学"的。吾兄劝我专门讲学论学，这一方面是我最应该忏悔的。以后倘能做到来信所谓"少管"，而多注意于学术，也许可以多做出一点成绩来，减少一点罪过。

吾兄自己也是有心人，时时发"谆谆之言"，但胸襟平和，无紧张之气象，故读者但觉其淡远，不觉其为"谆谆之言"。此是涵养功深，不易学到。前日和诗末句，"关门尚学仙"，已改为"萧闲似散仙"，似较切近。

此信不是强辩，只是要表明一种"性情"。性情一名或不确当，但没有他种名词比这更确切，姑且用之。

在君兄之死，真是一大损失。此君治学之外，实有办事的干才，不像我们书生只能拿笔杆，不能做事。

吾兄的挽联甚好，我也看见《宇宙风》中你们两人同举罗素赞闲之书，甚为注意。在君遗嘱不发讣开吊，棺不得过百元，坟地不得过半亩，葬于身死之地域内。遗嘱去年所立，我是证人之一，至今读之，泫然神伤。

在君曾有寿高梦旦六十一联，甚佳：

爬山，吃肉，骂中医，年老心不老。
写字，喝酒，说官话，知难行亦难。

廿年八月，在君一家在秦王岛避暑，邀我去玩。他有游北戴河怀我的诗两首：

记得当年来此山，莲峰滴翠沃朱颜。

而今相见应相问，未老如何鬓已斑？

峰头各采山花戴，海上同看明月生。
此乐如今七寒暑，问君何日践新盟。

我曾和他一首：

颇悔三年不看山，遂教故纸老朱颜。
只须留得童心在，莫问鬓毛斑未斑。

后来我去住了几天，别时他用元微之赠白香山诗原韵作二诗
送我：

留君至再君休怪，十日流连别更难。
从此听涛深夜坐，海天漠漠不成欢。

逢君每觉青来眼，顾我而今白到须。
此别原知旬日事，小儿女态未能无。

我回北平后，也和此二诗云：

乱世偷闲非易事，良朋久聚更艰难。
高谈低唱听涛坐，六七年来无此欢。

无多余勇堪浮海，应有仙方可黑须。
别后至今将七日，灵丹添得几丸无？

（在君有"赤脚大仙"之号，我们同赤脚走沙上，见狗矢，他
戏指是仙人留下灵丹，服之可登仙！）
此种友朋儿戏，及今思之，何可复得！

送上《近著》一册，乞教正。

匆匆敬问

大安

适之　廿五，一，九

（1936年1月9日）

——《胡适的日记》（手稿本）第13册

# 一 致 叶英

**叶英先生：**

谢谢你的信和文章。

你的文章写的很好，但你误信了科举时代的教育是做人与做事双方兼顾的。我毫不迟疑的对你说：中国的旧式教育既不能教人做事的能力，更不能教人做人的道德。

你若有兴趣，可以看看我的《论学近著》的第四卷，特别是我给孟心史先生的一封信。

你读过《儒林外史》没有？那是中国教育史的最好史料。你想，范进、周进、严贡生、匡超人受的教育是不是可以做人做事？

你看过京戏"红鸾禧"没有？一个丐头的女婿，一旦中了进士，立刻就有人来"投靠"，岂不是很有趣的社会组织？然而你看这位进士老爷受的教育是不是够他做事做人？

你说起书院时代的山长的责任心，这更是误会。书院的山长，院中人每月只公见一二次而已，他的工作至多不过是看看书院课艺而已。有时候，山长完全可以不到书院，只看看课艺。

做人的本领不全是学校教员能教给学生的。它的来源最广大。从母亲、奶妈、仆役，……到整个的社会，——当然也包括学校——都是训练做人的场所。在那个广大的"做人训练所"里，家庭占的成分最大，因为"三岁定八十"是不磨的名言。中国的家庭环境太坏，所以一般人对于学校教育责望过大。你也是其中之一人。这个责望，平心而论，也有点理由。第一是学校的教师的平均智识比平常家庭中的父母高的多，也许父兄不能教的，教师可以教罢？第二，学生入学校的年龄，还在可善可恶的弹性时期（formative），家庭养成的坏习惯，也许学校可以改革罢？

这两层都不错，不幸中国今日的学校大多数还没有这种设备。中学的宿舍，大学的宿舍，都没有做到英国学校的宿舍生活，——少数教会学校有了一个起点，——所以除了传授一点知识技能之外，做人的教育无从下手。课堂的生活当然是知识技能的生活居绝大部分。课堂以外的生活，才是做人的训练。凡游戏、社交、开会、竞赛、选举、自治、互助、旅行、做团体生活等等，才是训练做人的机会。

中国今日之多数教员，他们自己也就没有受过这种做人生活的训练。他们自己开个会就往往要闹到吵架而散；游戏是不会的居多；团体生活是没有的；能埋头做学问已是了不得的了！何能教人做人？

然而平心而论，新式教育虽然还很幼稚，究竟比旧式教育宽广的多，其中含有做人教育的成分比旧教育多的多了。上文所举的游戏、社交、自治、团体生活等等，都是旧日学堂书院所无；若能充分利用，今日之学校也未尝不可以用作做人的训练。只可惜教员能挑起这种责任的人还不多。更可惜中小学太坏，学生在小学中学没有受过良好的团体生活的训练；到了大学，不但不能学做人，往往还不肯受教员的指导。他们觉得受中年人指导是可耻的！

我对于你的重视做人教育，是同情的。但因为你误信旧教育的好处，有菲薄新教育的危险，也许还有点"复古"的潜意识，所以我写这信答你。

你的文章，我大概不给你发表了。我希望你不会因此不再寄文章来。

胡适之　廿五,三,廿一

（1936年3月21日）

——《胡适遗稿及秘藏书信》第20册

## 一 致 程靖宇

**程先生：**

我劝你此时不要轻易发表文字。有所见，不妨记在日记里，不要赶快拿去发表。

做文字不是容易的事。批评一个教育制度也不是容易的事。与其轻易批评，不如多读点有用的书，做点有用的研究。

写信给你的那位上海朋友，居然有功夫写此长信诉苦，却没有工夫做她应做的工课，那一点至少是她自己的错吧？请你劝她多做工课，少吃安眠药，少诉苦，或者可以使精神上安静一点。

你这篇文字，我读了竟不知道你讲的是什么题目。其中你抄了一段我给一个清华学生的信，与你的题目毫不相干。你说的自己家庭历史一段，也与题目不相干。你是要讨论"新课程标准"呢？还是讨论"国难教育"呢？这两个题目你都没有做，做的都是许多题外的文章！

我把这篇文章寄还你，请你想想我这个批评对不对。

我知道你有许多闲工夫出来谈天，出来听讲，似乎你没有多大理由可以控诉中学课程的"毒刑"罢？我对于一切青年人的劝告，是有几分证据，才说几分的话。有一分证据，只可以说一分话；有三分证据，只可以说三分的话。随便谩骂"中国的催命符"，"杀人不见血的刽子手"，都是自己招人轻视的。

胡适　廿五，五，五

（1936年5月5日）

——《胡适遗稿及秘藏书信》第20册

# ── 致 翁文灏

**咏霓兄：**

鱼电悉。今日发一电与李德邻、罗钧任云：

> 南中消息使人怪诧难信。今日无论甚么金字招牌，都不能减轻掀动内战，危害国家之大责任。三年前闽变起时，展堂、德邻、伯南诸公曾有"必将为亲者所痛，仇者所快"之谠论。今日之事何以异此？迫切陈词，伏望两公与伯南、健生诸公悬崖勒马，共挽危机，国家幸甚！胡适。佳。

但因报纸所载确息太少，故不能作长文痛论此义。本星期日《大公报》论文由我作，拟明日作一文，津、沪同日（十四）发表。

我看内战恐不能幸免，奈何！

去年一月，在邕与钧任同游。有一个晚上，白健生来访我们，谈甚久。是夜钧任提出三个原则：对日外交要一致，"剿匪"要一致（其时贵州正在各军对峙之形势中），对内部政治要一致拥护孙哲生的宪法。我极称赞他此言有政治家风度。尤其是"外交一致"一点，在他说此言，尤为难得。

但钧任近来似已忘却此意了。钧任在南方为最有眼光的人，他尚如此，别人如白健生之伦，更可想了。

日本方面，当然唯恐中国不乱。顷读任公年谱，见任公入桂讨袁之役，均得日本军人之助力，页769所谓"此行日人出全力相助，予我以种种便利，殊为可感"。至今读之，真使人慄然危惧。日本当日全力助倒袁之役，与今日倒蒋之出全力，同一作用。彼何恶于袁？何爱于梁任公？彼之处心积虑，凡可以统一中国之人物皆须在打倒之列也。

六月一夜，松室孝良来我家中谈话，凡谈了三点半钟。他的谈话主要之点是说：中日必须亲近，而蒋介石之南京政府绝对不肯亲近日本，故日本不能不抛弃中央而着力于地方领袖，如二十九军，如西南。

他也承认，他在冯焕章那边住过甚久，他深知二十九军是抗日的，他也知道白崇禧等人是抗日的。但他说："二十九军要抗日，同时也抗别军。白崇禧要抗日，同时也抗别人。所以我们可以同他们做朋友。"

这是最最露骨的政策。他们的抗日，日本是不怕的。他们的讨蒋，日本是最欢迎的。

今日之事，已到不能再拖延的时候。万一两方面的飞机炸弹对轰，国家成个什么样子！！此时最好是蒋先生自己飞往南宁或广州，与陈、李、白诸人开诚面谈，消除一切误会，接受一切有理的请求，此策之上也。其他中下之策，政府诸公想已筹之熟矣，不用我来哓舌。

此间（华北）局势，在上月底曾有很大的混沌酝酿。但五月卅夜，干部会议，决定方针不变，不脱离中央。此皆各师长知大义之力，文人中如刘哲、贾德耀皆有力焉。

六月四日，我与宋明轩谈了一点十分，他颇能接受我的直言。我注重一点：我说，宋先生"不丧失主权"、"服从中央"两个原则，我们都可深信。但我们必须明白，一个原则是建立在无数具体事实之上的；原则的维持全靠具体事实不放松。抛弃了具体事实，就是抛弃了原则。"不丧失主权"一个原则，必须使事事处处不丧失主权。"服从中央"的原则，也必须使事事处处不和中央冲突。（《独立》204号即说此义[2]。）我劝他特别注意日本的增兵。我对他说：日本增兵是把我们中国看作同庚子年一样；是表示不信任你们二十九军有维持治安的能力。他似乎如梦初醒。

总之，此间的要人愚昧得太可怜！又太"予智自雄"，以为天下事都可以敷衍搪塞了之！天下真有此种"盲人骑瞎马，夜半临深池"的政治！革命革了十年，还不知道为事求才，还不知道封疆政治不是无知识的陈调元、何成浚、刘镇华一流人所能干的。此是根本大病，我不能不深责蒋先生也！

今日事势已迫如火烧到头上，中央对此，仍无整个计划，真令人焦急死！

我的看法，华北今日只有一线希望，就是由政府用全力向东京做工夫，趁此时矶谷、梅津诸人都在要冲的时候，重提去年"使华北文治化"的旧议。（去年矶谷等人本希望王克敏久任华北，使政治趋向文治化，而经济合作可以实现。但黄郛怀私愤，向蒋先生提议政整会的取消，于是王克敏去而土肥原的自治运动代兴！黄郛之罪真百死不足偿也！冀东之局面亦起于黄郛之私心，他要扩大平津地盘与收入，故造成战区之特殊政权，不归河北省府管辖。殷汝耕是他一手提拔的，冀东自治政府的地盘是他一手造成的！蒋先生至今把此公当作智囊看待，殊不可解！）

这个意思，在今日恐怕已太晚，但还值得一试。原则上必须抓住"日本在长城以南、热河以西全部撤退"的根本立场。在这个原则之下，我们不妨考虑将冀、察两省真个做成非战区域，用全国的第一二流人才来担任政治改革，使人民实受一点恩惠，使经济发展可以进行，而最大的利益是减轻北方卷入国际战场的危机。

今日政府中外交人才似最缺乏。前夜见外部亚洲司长高

[2]
《独立评论》第204号（1936年6月7日出版）载有胡适所著《敬告宋哲元先生》一文。——编者

宗武君，与他谈了三点钟。我颇佩服此人的才干与魄力。此君颇能明了我的计画，望吾兄与他细细谈谈。

国际路线也不可抛弃。外部中太缺乏能当欧美方面外交的人才。鄙意廷黻兄仍以入外部为最适宜。此事关系不小，万望留意。

今日闻有人提议由中国在国联提议取消对意制裁，以博取意大利的好感。此议我期期以为不可行！我们必须抓住苏、英、美三国，万不可贪小便宜，失去世界的同情！！"雪中送炭"是下闲棋而收远效。万不可自弃其所守，蒙世界的唾骂，而实无利益可沾也。

（1936年6月9日）

——《胡适遗稿及秘藏书信》第19册

# — 致 周作人

**岂明兄：**

谢谢你这封信。

我对于这个"国语与汉字"的问题，向来没有很坚强的意见。把文字看作纯粹的教育工具，我们当然诚心的赞成汉字的废除和音标文字的采用。但我又是个有历史癖的人，我的历史眼光使我相信文字是最守旧的东西，最难改革的，——比宗教还更守旧，还更难改革。这个意思，王了一先生（《独立》二零五号）说的最明白。他说："文字是'约定俗成'的东西，是社会的产品，只有社会的大力量才能改造它。……"

我不信中国现在有了这种"社会的大力量"。所以我不期望在最近百年内可以废除汉字而采用一种拼音的新文字。我又深信，白话文已具有可以通行的客观条件，并且白话文的通行又是将来改用拼音文字的绝对必要条件。所以我们在二十年中用力的方向是提倡白话文，用汉字写白话的白话文。

但我深信，汉字实在是很难学难写的教育工具，所以我始终赞成各种音标文字的运动，我始终希望"音标文字在那不很辽远的将来能够替代了那方块的汉字做中国四万万人的教育工具和文学工具"。

因为我认定了这种历史的步骤，所以我对于用拼音文字替代汉字的运动，虽然诚心的赞成，总没有热烈的提倡。

今天读了你的来信，我很赞成你的见解。我相信在今日，为了"强化中国民族意识的必要"，我们的语言要用"非方言的一种较普通的白话"，文字还得用汉字，文章必须是"用汉字写白话的白话文"。这个意见，我完全同意。

王了一先生曾说："我们分明知道文字改革与民族主义无关，土耳其改用罗马字母，并不因此丧失其民族精神。"我觉得土耳其的例子不是很适当的比例。土耳其的疆域小，语言文字的统一容易做到。况且土耳其本有拼音文字，近年的改革只是用一种新音标代替一种旧音标。这种改革比较容易。我们的困难就大得多了。我们的疆域大，方言多，虽然各地的识字人都看得懂用北京话写的《红楼梦》、《儿女英雄传》，然而各地的人读音不同，全靠那汉字符号做一种公共的符号。例如"我来了三天了"一句话，北京人、上海人、宁波人、温州人、台州人、徽州人、江西人、福州人、厦门人、广州人、客家人，各有不同的读音。用汉字写出来，全国都可通行；若拼成了字母文字，这句话就可以成为几十种不同的文字，彼此反不能交通了。当然我们希望将来我们能做到全国的人都能认识一种公同的音标文字。但在这个我们的国家疆土被分割侵占的时候，我十分赞成你的主张。我们必须充分利用"国语、汉字、国语文这三样东西"来做联络整个民族的感情思想的工具。这三件其实只是"用汉字写国语的国语文"一件东西。这确是今日联络全国南北东西和海内海外的中国民族的惟一工具。

我深信你这个主张是最合理的。

适之　二十五,六,二十一

（1936年6月21日）

——《独立评论》第207号

①
此信写于6月23
日。——编者

## — 致 罗尔纲 ①

**尔纲：**

我在《史学》（《中央日报》）第十一期上看见你的《清代士大夫好利风气的由来》，很想写几句话给你。

这种文章是做不得的。这个题目根本就不能成立。管同、郭嵩焘诸人可以随口乱道，他们是旧式文人，可以"西汉务利、东汉务名、唐人务利、宋人务名"一类的胡说。我们做新式史学的人，切不可这样胡乱作概括论断。西汉务利，有何根据？东汉务名，有何根据？前人但见东汉有党锢、清议等风气，就妄下断语以为东汉重气节。然卖官鬻爵之制，东汉何尝没有？"铜臭"之故事，岂就忘之？

名利之求，何代无之？后世无人作"货殖传"，然岂可就说后代无陶朱、猗顿了吗？西汉无太学清议，唐与元亦无太学党锢，然岂可谓西汉、唐、元之人不务名耶？

要知杨继盛、高攀龙诸人固然是士大夫，严嵩、严世蕃、董其昌诸人以及那无数歌颂魏忠贤的人，独非"士大夫"乎？

凡清议最激昂的时代，往往恰是政治最贪污的时代，我们不能说东林代表明代士大夫，而魏忠贤门下的无数干儿子孙子就不代表士大夫了。

明代官绅之贪污，稍治史者多知之。贫士一旦中进士，则奸人滑吏纷纷来投靠，土地田宅皆可包庇抗税，"士大夫"恬然视为故常，不以为怪。务利固不自清代始也。

你常作文字，固是好训练，但文字不可轻作，太轻易了就流为"滑"，流为"苟且"。

我近年教人，只有一句话："有几分证据，说几分话。"有一分证据只可说一分话。有三分证据，然后可说三分话。治史者可以作大胆的假设，然而决不可作无证据的概论也。

又在《益世报·史学》二十九期见"幼梧"之《金石萃编唐碑补订偶记》，似是你作的？此种文字可以作，作此种文字就是训练。

偶尔冲动，哓哓至几百字，幸勿见怪。

——《师门五年记》

# — 致 罗尔纲

**尔纲：**

我那封短信竟使你写那么长的回信，我很不安。

你的回信使我很高兴。我猜想"幼梧"是你，果然不错。

你的轻视武亿（1745～1799）、王昶（1724～1806）诸人，却是不应该的。要知道你所凭藉的，不是看碑的眼光，乃是一份拓的最精的拓本，和一个许你专力作此事的机关。我读你已发表的诸条，只觉得条条都使我深刻的赏识艺风堂此份拓本之精工，远过于武亿、王昶诸人所见的本子。王昶、缪荃孙（1843～1919）诸人都不能以全力作整理金石之事，他们的校录收了绝大的数目，其中有一些错误，是不能免的，是可以宽恕的。

我劝你挑选此项金石补订笔记之最工者，陆续送给《国学季刊》发表，用真姓名。此项文字可以给你一个学术的地位，故应用真姓名。又你的职务，在北大是整理此项拓本，故也应用真姓名。

我劝你以后应该减轻编辑《史学》的职务。一个人编两个学术的周刊，是很辛苦的。

《洪大泉考》我很爱读，因不曾带到医院中来，故今日不能评论此文。出医院后，当再写信。

《研究清代军制计划》，我是外行，恐不配批评。但我读你的计划，微嫌它条理太好，系统太分明。此系统的中心是"湘军以前，兵为国有；湘军以后，兵为将有"。凡治史学，一切太整齐的系统，都是形迹可疑的，因为人事从来不会如此容易被装进一个太整齐的系统里去。前函所论"西汉重利，东汉重名；唐人务利，宋人务名"等等，与此同例。

最好的手续是不要先编湘军志，且把湘军一段放下来，先去看看湘军以前是否真没有"兵为将有"的情形。我可以大胆告诉你：一定有的。你试看《罗壮勇公年谱》，便知打白莲教时已是如此了。至于湘军以前，是否"兵为国有"，也须研讨，不可仅仅依据制度条文即下结论。

今日在医院中检查身体，早起写此信，即问
安好

适之　二十五，六，二十九
（1936年6月29日）

——《师门五年记》

# 一 致 罗尔纲

**尔纲：**

今天写了一信，想已收到。

关于清代军制事，鄙意研究制度应当排除主观的见解，尽力去搜求材料来把制度重行构造起来。此与考古学家从一个牙齿构造起一个原人一样，都可称为"再造"Reconstruct工作。

研究制度的目的是要知道那个制度究竟是个什么样子；平时如何组成，用时如何行使；其上承袭什么，其中含有何种新的成分，其后发生什么。如此才是制度史。

你的"新湘军志计划"，乃是湘军小史，而不是湘军军制的研究。依此计划做去，只是一篇通俗的杂志文章而已。其中第二、三、四章尤为近于通俗报章文字。

我劝你把这个计划暂时搁起，先搜集材料，严格的注重湘军的本身，尤其是关于：

一、湘军制度的来历（例如戚继光的《纪效新书》）。

二、乡勇团练时期的制度。

三、逐渐演变与分化。

四、水师。

五、饷源与筹饷方法。

六、将领的来源与选拔升迁方法。"幕府"可归入此章或另立一章。

七、纪律（纸上的与实际的）。

八、军队的联络、交通、斥候等等。（曾国藩日记中记他每日在军中上午下午都卜一二卦，以推测前方消息？）

九、战时的组织与运用。

十、遣散的方法。

我是门外汉，所见如此，不知有可以供你的考虑的吗？

适之　二五，六，二九夜（协和医院）

（1936年6月29日）

——《师门五年记》

## — 致 吴健雄 [①]

**健雄女士：**

昨夜在马宅相见，颇出意外，使我十分高兴。

今日下午船竟不开，晚间得消息，似此次罢工也许要延长扩大。同行旅客有赶往 Vancouver 改乘 Canadian 汽船回国的。我则九十二日劳顿之余，颇感疲乏，行李又有一部分已上胡佛船了，故决定留此等待两三天再说。

此次在海外见着你，知道抱着很大的求学决心，我很高兴。昨夜我们乱谈的话，其中实有经验之谈，值得留意。凡治学问，功力之外，还需要天才。龟兔之喻，是勉励中人以下之语，也是警惕天才之语，有兔子的天才，加上乌龟的功力，定可无敌于一世。仅有功力，可无大过，而未必有大成功。

你是很聪明的人，千万珍重自爱，将来成就未可限量。这还不是我要对你说的话。我要对你说的是希望你能利用你的海外住留期间，多留意此邦文物，多读文史的书，多读其他科学，使胸襟阔大，使见解高明。我不是要引诱你"改行"回到文史路上来；我是要你做一个博学的人。前几天，我在 Pasadena 见着 Dr. Robert A.（原误作 M.）Milhkan。他带我去参观各种研究室，他在Geretics研究室中指示室中各种工作，也"如数家珍"，使我心里赞叹。凡第一流的科学家，都是极渊博的人，取精而用弘，由博而反约，故能有大成功。

国内科学界的几个老的领袖，如丁在君、翁咏霓，都是博览的人，故他们的领袖地位不限于地质学一门。后起的科学家都往往不能有此渊博，恐只能守成规，而不能创业拓地。

以此相期许，你不笑我多管闲事吗？匆匆祝你平安。

胡适 一九三六，十，三十
（1936年10月30日）

——《胡适之先生年谱长编初稿》第4册

# — 致 苏雪林 ①

**雪林女士：**

谢谢你十一〔月〕十八日的长信。我十二月一日到上海，十日回家，昨晚〔十一〕始得检出细读。

你自称疏懒，却有此豪兴，有此热诚，可佩之至。

关于《独评》，你的过奖，真使我愧汗。我们在此狂潮之中，略尽心力，只如鹦鹉濡翼救山之焚，良心之谴责或可稍减，而救焚之事业实在不曾做到。我们（至今可说我个人）的希望是要鼓励国人说平实话，听平实话。这是一种根本治疗法，收效不能速；然而我们又不甘心做你说的"慷慨激昂、有光有热"的文字，——也许是不会做，——奈何！奈何！

①
苏雪林
（1900～1999）
原名梅，笔名
绿漪、杜若、杜
芳、天婴、野
隼、老梅等，女
作家，原籍安徽
太平，生于浙江
瑞安。——编者

此事当时时放在心上，当与一班朋友细细谈谈，也许能做到更积极一点。

关于左派控制新文化一点，我的看法稍与你不同。青年思想左倾，并不足忧虑。青年不左倾，谁当左倾？只要政府能维持社会秩序，左倾的思想文学并不足为害。青年作家的努力，也曾产生一些好文字。我们开路，而他们做工，这正可鼓舞我们中年人奋发向前。他们骂我，我毫不生气。

左倾是一事，反对政府另是一事。我觉得政府的组织若能继续增强，政府的力量若能继续加大，一部分人的反对也不足虑。我在北方所见，反对政府的势力实占极小数。其有作用者，虽有生花的笔舌，亦无能转变其分毫。其多数无作用者，久之自能觉悟。我们当注重使政府更健全，此釜底抽薪之法，不能全靠笔舌。

我总觉得你和别位忧时朋友都不免过于张大左派文学的势力。例如韬奋，他有什么势力！你说他"有群众数十万"，未免被他们的广告品欺骗了。（《生活》当日极盛时，不过两万份，邵洵美如此说。）

"叛国"之徒，他们的大本事在于有组织。有组织则天天能起哄，哄的满城风雨，像煞有几十万群众似的。

不知为什么，我总不会着急。我总觉得这一班人成不了什么气候。他们用尽方法要挑怒我，我总是"老僧不见不闻"，总不理他们。你看了我的一篇《西游记的第八十一难》没有（《论学近著》）？我对他们的态度不过如此。这个方法也有功效，因为是以逸待劳。我在一九三零年写《介绍我自己的思想》，其中有二三百字是骂唯物史观的辩证法的。我写到这一页，我心里暗笑，我知道这二三百字够他们骂几年了！果然，叶青等人为这一页文字忙了几年，我总不理他们。

今年美国大选时，共和党提出 Governor Landon〔兰敦州长〕来打 Roosevelt〔罗斯福〕，有人说："You cat't beat somebody with nobody"〔你们不能拿小人物来打大人物〕。我们对左派也可以说："You cat't beat something with nothing"〔你们不能拿没有东西来打有东西的〕。只要我们有东西，不怕人家拿"没有东西"来打我们。

关于鲁迅，我看了你给蔡先生的信。我过南京时，有人说起你此信已寄给他了。

我很同情于你的愤慨，但我以为不必攻击其私人行为。鲁迅猖猖攻击我们，其实何损于我们一丝一毫？他已死了，我们尽可以撇开一切小节不谈，专讨论他的思想究竟有些什么，究竟经过几度变迁，究竟他信仰的是什么，否定的是些什么，有些什么是有价值的，有些什么是无价值的。如此批评，一定可以发生效果。余如你上蔡公书中所举"腰缠久已累累"，"病则谒日医，疗养则欲赴镰仓"……皆不值得我辈提及。至于书中所云"诚玷辱士林之衣冠败类，廿五史儒林传所无之奸恶小人"一类字句，未免太动火气（下半句尤不成话），此是旧文字的恶腔调，我们应该深戒。

凡论一人，总须持平。爱而知其恶，恶而知其美，方是持平。鲁迅自有他的长处。如他的早年文学作品，如他的小说史研究，皆是上等工作。通伯先生当日误信一个小人张凤举之言，说鲁迅之小说史是抄袭盐谷温的，就使鲁迅终身不忘此仇恨！现今盐谷温的文学史已由孙俍工译出了，其书是未见我和鲁迅之小说研究以前的作品，其考据部分浅陋可笑。说鲁迅抄盐谷温，真是万分的冤枉。盐谷一案，我们应该为鲁迅洗刷明白。最好是由通伯先生写一篇短文，此是"gentleman〔绅士〕的臭架子"，值得摆的。如此立论，然后能使敌党俯首心服。

此段似是责备你，但出于敬爱之私，想能蒙原谅。

我回家已几日了，匆匆写此信，中间又因张学良"叛国"事，心绪很乱，时写时停，定多不贯串，请你莫见笑。

匆匆

问好

胡适　廿五，十二，十四

（1936年12月14日）

——《胡适遗稿及秘藏书信》第20册

# 一九三七年

## — 致 魏建功 [①]

[①]
魏建功
（1901~1980）
笔名康龙、健
功、天行、文里
（狸）、山鬼，江
苏海安人。时在
北京大学中文系
任教。——编者

**建功兄：**

　　昨天莘田说，心史先生有一长文（原注：此似是六卷二号之"脱文，衍文"一文。）给《季刊》，亦是证实戴东原偷赵东潜《水经注》一案。莘田说你颇有点迟疑。我托他转告你不必迟疑。我读心史两篇文字，觉得此案似是已定之罪案，东原作伪似无可疑。古人说，吾爱吾师，吾尤爱真理。东原是绝顶聪明人，其治学成绩确有甚可佩服之处，其思想之透辟也是三百年中数一数二的巨人。但聪明人滥用其聪明，取巧而讳其所自出，以为天下后世皆可欺，而不料世人可欺于一时，终不可欺于永久也（此林肯之语）。此亦是时代之病，个人皆不能完全脱离时代的风气。往世佛教大师、禅门巨子，往往造作伪史以为护法卫道之具。他们岂存心作伪吗？在那个时代里，他们只认为护法卫道，而不自觉其为作伪也。

　　东原之于《水经注》，当时也许只是抄袭赵书，躲懒取巧，赶完一件官中工作而已。初不料皇帝大赏识此书，题词以光宠之；又不料他死后段玉裁等力辩赵书袭戴，乃更加重东原作伪之罪了。若必坐东原以欲得庶常之故而作伪，则稍嫌涉于"诛心"，凡"诛心"之论皆新式史家所宜避免。不知心史先生以为何如？匆匆奉闻，即乞

教正

适之　二十六，一，十九

（1937年1月19日）

今天建功发见此函，我借抄了一份。

我在那时候，也还不懂得校勘学，故率尔说"此案似是已定之罪案"。

适之　三十七，七，二

——《胡适手稿》第1集上册

# 一　致 宋哲元 [1]

**明轩先生：**

归国后的第三天，在上海读报，始知《独立评论》第二二九期因为登载张熙若教授的一篇文字，开罪于先生，致有停刊的事。当时因身在南方，即发一电给秦绍文市长，声明《独立评论》的责任应由适担负。北归后曾访秦市长，托他代向先生约一个进谒的时间，以便当面向先生道歉。不意次日即有西安事变的消息，人心都为此事所震动，无暇顾及此种小事。兹特具函向先生表示我个人负责道歉之意。此报已停刊三月有余，现适在医院割治腹疾之后，已稍复原，拟俟身体完全恢复，即继续出版。以后适长期住平，待教之日正长。倘有言

[1] 宋哲元（1885~1940）字明轩，山东乐陵人。时任冀察政务委员会委员长兼河北省主席。——编者

论失当，务请先生随时指摘，以便随时正式更正。敬此奉闻，即颂

公安

胡适敬上 （三月七日）

（1937年3月7日）

——《胡适遗稿及秘藏书信》第19册

# —— 致 蒋廷黻

**廷黻兄：**

勾先生带来的手示，使我非常高兴。可惜我近来太忙了，没有法子写长信回你。

《独立》已出两期了，你有空闲，还得给我们写点文章寄来。这两期实在太苦，因为没有存粮，故颇有杂凑之像。今天编第二三二期，就富裕多了，我可以不写凑篇幅的文字了。

我的身体现在已完全好了，只是太疲乏，没有休息，恐怕终不免于一次 breakdown。

国内的情形使我们仍不能乐观，大原因只是一个"陋"字。眼光太陋，胸襟太窄，所以一切总是放不开，放不下。放得下，方挑得起；放得开，方收得拢。此言不但指一二个人，实可指一般干政治的人。国民大会的问题，不过是其一例。

蒋介石先生确是一个天才，只可惜他的政治见地还嫌狭窄一点，手下人才又太不够用，真使人着急。

亮畴上台之后，我还没有见过，不知近来有何长进。

日本，既不可能；你要立功，只有新疆一个问题可以着手。此问题宜早日研究。你说如何？

关于日本，我近一年来真成了一个"反日者"，因为我渐渐觉得厌恶，轻视那一个民族了。我觉得这个民族实在太不聪明，太笨，笨的令人生厌，令人生气！天下尽有笨干而有小成的，决没有笨干而能大成的。日本人的成功已超过那个民族的本领的限度，此时真有人才寥落之感。若再不悔祸，我看终有大坍塌。国际形势，我与你同意，苏联不会有与日德故意冲突的事。日苏，德苏，都不易到太紧张的程度。中国一班痴人妄想拉苏联为作战助手，真是做梦！

我的"东亚新均势"的说法，你大概会同意的。我实在看不出，除了太平洋区域安全保障一条路之外，还有什么国际好戏可唱。（送上拙作，乞指正。）

新疆问题，务望留意。你的外交事业的前途，应从此问题发轫。妄人梦想你把苏联拉来打的一①日。

我向来常劝人努力学乌龟，——笨干。近来大悟，爱迭生所谓九十九分汗下，一分神来，乃是聪明人勉励笨人之说，实不足为训。无论作何事业，成败之分终在那"一分神来"，而不在那九十九分之汗下。日本人所缺正是天才，超过其负担限度时，虽欲自救，恐不可得。

明晚我南下，今晚匆匆赶写此信，不知说了些什么胡说。

敬祝

双安。并祝

馆中诸同事都好。

适之　廿六，四，廿五夜

（1937年4月25日）

① "的一"两字似是衍文——编者

——《胡适全集》第24卷

# ── 致 翁文灏

**咏霓兄：**

你四月十七日在船上发的信，今天（五月十七）才到，整整走了一个月。

你的长信使我很感动。平日太忙的人，长期的旅行是绝好的省察机会。我有一次到天津，住在旅馆里，茶房关门出房去，我忽然感觉这是几个月中之第一次 alone！你此次旅行中，有"想想过去一年"的机会，写此长信，我反复读了，甚感兴趣。

我最近曾对人说，国家的进步退步都是依着几何学的级〔数〕进的。近十年的建设进步，愈来愈快，确有几何学的级数之象。试想当初刘纪文造南京中山路之时，何等困难。连我这平日反对无为的人，在前几年也曾发表《建设与无为》的议论，明白的反对那初期的盲目建设，认为病民扰民，不如与民休息。直到前年，我才稍稍转变过来。去年在国外作文始明白的赞扬国内建设的进步。我的转变也正是因为最近二三年中，人才稍多，计画稍周详，而成绩之积聚稍多亦是一个重要原因。

关于人才之教育，诚如尊论，国家教育应供给国家所需要之人才。但解释"国家需要"，亦不宜太狭。国立机关如北大，如中基会，似仍宜继续为国家打长久算盘，注重国家的基本需要，不必亟亟图谋适应眼前的需要。现在学工程者已无一人失业，而工程师待遇又已骤增，将来社会风气自然会走向这方面去，——我的儿子祖望也要考工科了！此一方面已不待我们的提倡；我们所应提倡的，似仍在社会不注意的纯粹理论科学及领袖人才的方面。社会一时找不出炼钢炼铜的人才，还可以暂时借用客卿。此时我所焦虑的是：兴学五十年，至今无一个权威政治学者，无一个大法官，无一个法理学家，无一个思想家，岂不可虑？兴学五十年，至今无一部可读的本国通史，岂不更可焦虑？在纯粹科学方面，近年稍有生色，但人才实尚甚缺乏，成绩更谈不到。故我以为中央研究院、北大、中基会一类的机关此时还应该继续注重为国家培养基本需要的人才，不必赶在人前面去求眼前的"实用"。无用之用，知之者希，若吾辈不图，国家将来必蒙其祸。此意与兄来函所言，虽稍有异同，我深信吾兄必能同意。

关于兄将来的工作，京、沪、平三地朋友都很关切。四月底我到南方，新六、垚生都曾与我谈此事。他们都希望兄做中研（院）的总干事。五月三日中研（院）开评议会，我曾为此事留意。事实的经过，颇有出人意外的。蔡先生病痊后，始终在他的夫人的"保护"之下，保护的"水泄不通"。直到五月一日他才知道骝先要辞职，并且带了辞呈去。那天蔡夫人大不高兴，说："叫你不要说，你偏说了。今天子民一定是一晚睡不着了！"结果是辞呈退还，总干事问题一字不提。二日上午在南京开院务会议，蔡先生夫妇下午才到京，院长不出席，当然没有人谈总干事问题。我在南京开了两天会，全不听见蔡先生提此事。现在谁也不敢提起此事。

我曾把徐、竹的意思和孟真谈过，孟真也没有法子谈此事。但孟真和我都知道中研院里有一部分的人不甚欢迎你做总干事。如果蔡先生是他从前的样子（his former self），只要他老人家决定了，就没有什么大问题了。不幸他老人家此时不能不受"保护"，别人就都不便进言了。（正开会时，蔡夫人发病了，医生诊为胆病，送进中央医院去了。我后来就未见蔡公了。）

闭会后，我因事又到上海，曾与新六细谈一次。我们结论是这样的：咏霓待人和平，而御下稍嫌过严，不免以中世修士之道律己而又律人，故不甚适宜于做中研（院）总干事。（你的旧日部下同人，颇有出怨声者。我也不满意于你从前对我说的"又便宜又好"的取人标准！）此时最宜蓄养资望，将来中研院长一席于你为最适宜。此非"亲民"之官，不必常与各所所长直接接触，既有余闲可以从容整理平生要做的研究工作，又有余闲可以为天下国家想想一些真正重要问题，为国家社会作一个指示者。法令规定候选者三人，而你的学术地位之崇高，必居三人之一，毫无问题。若政府无根本大变动，你的最后当选，也毫无问题。新六之意颇希望你归国之后摆脱一切政治关系，也不必回到调查所去，最好到北大来做几年地质教授。关于此最后一点，我不能不避北大的嫌疑，但我也觉得他的意思大致不错。

来书说，"欲跳出政府机关，在中国又决非容易"。此是事实，我所以始终不敢跳进去者，亦正是为此。但此时若不跳出，将来更难跳出了。此时做魏道明的前任，人尚能谅解；将来做魏道明的后任，人决不能谅解，亦决不相怜惜。

来书主张地质调查所应更换新人，我也赞同。但你若抛弃调查所而长久跳入政治机关，则是学术界一大损失，于你自身亦是一大损失。

据友人传说，也许你回来专办钢铁厂，此是国家大事业，能得你主持，当然最好。我记得你前年曾对我说："中研（院）若非杨杏佛那样盲干，若由我和在君来计画，规模决不会有这样大。"此语我至今不忘。今日的建设大事业，若能得翁咏霓、丁在君之老成持重，加上曾养甫一流人的蛮干，那是再好没有的"两美具，二难并"了！我颇嫌老兄谨慎有余而蛮干的魄力不大。如果你回来主持钢铁厂或炼油厂，我盼望你在国外多多留意第一流客卿人才，不必鳃鳃过虑国内缺乏此种专门人才。有你这样老成持重的领袖，不妨充分利用客卿人才，开创时期的成效可以加快许多。国联技术合作所以失败，都因为外来专家无地可做工，只能看看而已。若有实地做工的大工厂，那才真是利用客卿人才的机会了。

你大概不免"躬亲细事"，此是一病。蔡先生最能用人；付托得人之后，他真能无为而治。可惜他早年训练太坏，不能充分利用他的闲暇来做点学术著作。你若能学他的用人，你无论做何大事业，一样可以有闲暇做你的研究工作。

匆匆作此，竟成几千字长书了。即祝

你和景超兄的旅安。

适之　廿六，五，十七夜

（1937年5月17日）

另一信乞看了交景超兄。

——《胡适遗稿及秘藏书信》第19册

# —— 致《大公报》书

**大公报记者先生：**

今天读张菊生先生致贵报书，我很感动，也很兴奋。张先生是七十一岁的老翁，他对于国事还如此热心，真可以使我们年青人惭愧，也可以给我们做一个最好的公民模范。因此，我也写这一封信表示我对于贵报揭载纱布投机一案的新闻，和连日发表的正论，都十分钦佩。我也赞同张先生要求法院"将所有各项支票逐节根究"的主张。我希望上海熟悉投机黑幕的正当商人与银行家都应该把他们的知识贡献给政府与法院，遇必要时，应该出头做证人。我们若要国家的政治清明，贪污绝迹，只有一条路，那就是我们个个公民，都得挺身出来管管闲事。如果人人都能像张菊生先生那样爱打不平，爱说正话，国家的政事就有望了。

胡适上　二十六，七，八

（1937年7月8日）

——《大公报》（1937年7月9日）

# 致 蒋廷黻

**廷黻兄：**

昨天（七月卅）始得读你六月八日的信。

在这个时期读此信，真有无限感慨。你说的话诚然不错。苏俄预备了这么久，还不能不以避战为外交方针，何况我们这个国家呢？但事势虽如此，其中有一点重要区别：苏俄可以有避战的资格，而我们没有避战的资格。苏俄所以能避战，第一因为对外有抵抗力量，第二因为对内能有控制的力量。我们这两件都没有。对外力量太弱，故不能阻敌人深入，六年的避战只见敌氛日深，受逼日甚，结果是因为无力抵抗故终不能避战。第二个因素更重要。我曾说过，只有强固的政府能忍辱，能接受屈辱的和平。你在"九一八"之前所见，我在民廿、民廿一二年所见，在当时所以不能实行，只为政府的力量不够实行。若政府在民廿能有民廿四的巩固，满洲问题还可以和平解决。至今想来，史实如此，不足怨悔。

今日政府比廿四年更强了，但恐怕还没有强到一个可以忍辱避战的程度，——又无政治家能担负大责任，——故至今飘泊（drifting），终陷入不能避免的大战争。

这几天是最吃紧的关头，孟邻、月涵和我都在教育部大楼做"难民"，焦急的不得了，又没有办法！

南开大学是全毁了！《独立》不知还在出版否。

匆匆只能写这几句话，祝
双安

适之　廿六，七，卅一
（1937年7月31日）

此信似未寄出。但此信很可以看出我的思想的开始转变。我在八月中，还做过一次（似不止一次）和平的大努力。但我后来渐渐抛弃和平的梦想了。

九月八日离京，那天我明告精卫、宗武、希圣三人，我的态度全变了。我从此走上了"和比战难百倍"的见解。

适之　卅七，一，十二夜

（1948年1月12日）

——《胡适遗稿及秘藏书信》第20册

## 一 致 张元济


**菊生先生：**

得六日手书，深蒙垂念慰问，十分感谢。

适于七月九日离平，十二日由京飞庐山，廿八日飞回南京。因路阻，先生寄平各书均未得见，深以为憾。

适此时暂寓教育部内，与周枚荪次长同住，尚不寂寞。一时不拟北去，舍间有两次报平安的电报来，想无他虞。北大一时亦无法救济。一家一校在此时都是小事，都跟着国家大局为转移，国家若能安全渡过此大难关，则家事校事都不成问题。若青山不在，何处更有柴烧？适所以恋恋不忍舍去者，只想在此能出一分一厘力量，于大局稍稍有所挽救耳。先生向来好管闲事，想能谅解此愚忠，不以为妄也。匆匆敬祝

起居百福。

胡适敬上　廿六，八，十一

（1937年8月11日）

——《胡适全集》第24卷

① 郑天挺（1899~1983）原名庆生，字毅生，笔名攖日，福建长乐人，生于北京。著名历史学家。——编者

② 此为《胡适之先生年谱长编初稿》作者所加注。下同。——编者

# —致 郑天挺 ①（节录）

久不通问，时切遐思，此虽套语，今日用之，最切当也。弟前夜与孟（蒋梦麟校长②）、枚（周枚荪，即炳琳）诸公分别，携大儿子西行，明日可到汉口。……弟与端（钱端升）、缨（张子缨，即忠绂）两弟拟自汉南行，到港搭船，往国外经营商业。明知时势不利，姑尽人事而已。台君（台静农）见访，知兄与莘（罗常培）、建（魏建功）诸公皆决心居留，此为最可佩服之事。鄙意以为诸兄定能在此时埋头著述，完成年来未完之著作。人生最不易得的是闲暇，更不易得的是患难，——今诸兄兼有此两难，此真千载一时，不可不充分利用，用作学术上的埋头闭户著作。弟常与诸兄说及，羡慕陈仲子匍匐食残李时多暇可以著述（陈仲子即独秀）；及其脱离苦厄，反不能安心著作，深以为不如前者苦中之乐也。弟自愧不能有诸兄的清福，故半途出家，暂作买卖人，谋蝇头之利，定为诸兄所笑。然寒门人口众多，皆沦于困苦，亦实不忍坐视其冻馁，故不能不为一家糊口之计也。弟唯一希望诸兄能忍痛维持松公府内的故纸堆，维持一点研究工作。将来居者之成绩，必远过于行者，可断言也。弟与孟兄已托兴业兄（浙江兴业银行）为诸兄留一方之地（一万元），以后当继续如此办理。船中无事，早起草此，问讯诸兄安好，并告行，不尽所欲言。伏维鉴察。

弟 藏晖敬上 廿六年九月九日于九江轮船中

（1937年9月9日）

——《胡适之先生年谱长编初稿》第5册

# 一九三八 年

## ── 致 江冬秀

**冬秀：**

九月四日的信收到了。我八月廿七有信给徐太太，不知香港转去否？九月四日我收到新六的信，是他最后的一封信，是他上飞机之前一晚写了寄出的，以后他就没有写信了。我收到此信，哭了一场，写了一首诗追念他：

> 拆开信封不忍看，
> 信尾写着"八月二十三"！
> 密密的两页二十九行字，
> 我两次三次读不完。
> ……
> "此时当一切一切以国家为前提"，
> 这是信里的一句话。
> 可怜这封信的墨迹才干，
> 他的一切已献给了国家！
> ……
> 我失去了一个最好的朋友，
> 这人世去了一个最可爱的人！
> "有一日力，尽一日力"，
> "一切一切为国家"，
> 我们不要忘了他的遗训！

此诗可叫小三抄了送给大椿等。

新六信上说:"家书第一函已托妥便带沪。第二函(七月廿九)则以兄使美事已有挫折,故拟俟弟返沪面交。想兄不至责弟之延迟也。"信后又说他也许要来美国,故说:"弟如果行,当将兄致嫂夫人函,连同兄七月廿九日致弟手书托妥友带交嫂夫人(又手表一只),乞勿念。"

今新六已死,不知此诸信及手表已有人检出寄给你否!如尚未收到,可问垚生一声,请他代查。不必问徐家。

手表若未寻得,我将来再买给你。

我的事是这样的。

七月十九我到巴黎,次日即得蒋先生电,劝我做美国大使。廿五在英国又得到政府电。廿七日又得到蒋电。我想了七八天,又同林行规先生细谈。他说,我没有理由可以辞此事。我也明白这是征兵一样,不能逃的。到廿七日我才发电允任,廿九日写信托新六对你说。

后来此事有阻力,一直搁了六十天,到九月十七日,忽然发表了。政府要我飞去。不知道大西洋上没有飞机。我昨天回到英国。四日之后,九月廿八日就坐船到美国去了。王正廷大使也是九月廿八日离美国,我十月二日到纽约。

我二十一年做自由的人,不做政府的官,何等自由?但现在国家到这地步,调兵调到我,拉夫拉到我,我没有法子逃,所以不能不去做一年半年的大使。

我声明做到战事完结为止,战事一了,我就回来仍旧教我的书。请你放心,我决不留恋做下去。

我这一年,长住旅馆,灯光太高,所以眼睛差了一点。今年六月配了新眼镜。头发两鬓都花白了,中间也有几茎白发了。但身体还算好,一年没有病。这回到美国,事体更要忙,要用全力去做事,身体更不能不当心。请你不要挂念我。

我给新六信上说,我知道冬秀不会愿意到外国来,所以请他替你斟酌决定应住何处。现在他死了,我托慰慈、文伯、铁如替

288

你斟酌决定。

我到美国后，看看情形，再写信给你。

基金会的钱，请你叫孙先生不要再送了。我想会里预算上定的是名誉秘书的公费，每月一百元。新六代理我的名誉秘书职务，他死了，谁代我，此款应归谁收。编译会的钱，应该请任先生收。

泽涵到上海后，最好不要回家去。家眷若不能出来，他更不应冒险回去。

肺病必须静养，比吃药有效。谭健在昆明，天气于肺病应该有益。法正要听医生的话才好。

陆仲安的儿子死了，我竟不知道。我写一封信，请你带去（他若不在上海，此信不必寄）。如此说来，那天死的十几个人之中，许多是熟人。中国飞机师姓刘，是刘崧生的四弟。胡笔江我也认识。以后我要多寄明信片给你。

驿　廿七，九，廿四夜半

（1938年9月24日）

——《胡适遗稿及秘藏书信》第21册

## ─ 致 江冬秀

**冬秀：**

你十月十三夜的信收到了。

泽涵的信也收到了。

祖望我想明年夏天带他出来，叫他进一个好的大学，可以安心读书。

你的身体要保重。泽涵说你时常心跳，我很不放心。

我读你信上说："但愿你给我信上的一句话，'我一定回到学术生活上去'，我恨自己不能帮你助一点力，害你走上这条路上去的。"我将来要做到这一句话。现在我出来做事，心里常常感觉惭愧，对不住你。你总劝我不要走上政治路上去，这是你的帮助我。若是不明大体的女人，一定巴望男人做大官。你跟我二十年，从来不作这样想，所以我们能一同过苦日子。所以我给新六信上说，我颇愧对老妻，这是真心的话。

我现在过的日子，也是苦日子。身体上的辛苦，精神上的痛苦，都不是好过的。

我到此已五十日，没有领到一个钱的薪俸。全馆十余人，还须我垫借钱应用。

我每天总是很忙的，晚上睡觉总是很晚的。睡觉总是睡半边床，因为二十年的习惯，从来不会睡在床当中。

我不怕吃苦，只希望于国家有一点点益处。头发两边花白了，现在当中也白了不少。

我这回没有向国内调用一个人，只向国外调了两个人来。

你信说的殷先生，不姓殷，是姓应。同应小姐同姓。部里把他调到中美洲去了。他的太太是五十三岁的人，带着一个儿子，一个女儿，留在此地。我因住的大屋，无女人照应，很不方便。所以我请应太太一家住在三楼，我同两个同事住在二楼。应太太照应家事，饭食好的多了。我们三个男人初来时，雇了一个广东厨子，我们都不会照管，十分不方便。现在有一位女管家，比较方便一点。

这房子明年六月满租，以后我想不要住这大屋，搬到旅馆或"大楼"去住，就可以不用人管家了。有些"大楼"可以租几间房，可以自己开伙食，但有许多事不用自己照管。有些大旅馆也可以如此常租（上海也有这种"大厦"，如华安楼上）。请客可以不用自己招呼。

今天第一天大雪，下午下起，现在已有一尺多厚了。

我自己要写信给孟邻，请他照应祖望。美国学校的事，泽涵可以给他打算。

最要紧的是你自己不要着急，不要急出病来。

祝你平安

驿　十一月廿四日

（1938年11月24日）

——《胡适遗稿及秘藏书信》第21册

# 一九三九 <sub>年</sub>

## — 致傅斯年

**孟真兄：**

快一年没得你的信了。你好吗？

当我得病之前一夕（十二月三夜），我曾草一电给咏霓嘱他转告吾兄谈老孔的事。我希望此电不致引起你的误解。

当十月十一月两个月之中，我深知国内和战两途的明争暗斗。尤其是十一月初，近卫广播主和之后，渝府要人甚倾向和议。（T.F. 信上说，他为"圣裔"起草答近卫，已脱稿，因蒋电阻而止。）其时渝方主和者汪、孔为首。后来十一月中蒋先生坚决主持抵抗，政策始定。但我当时深感觉两点：1.蒋在外时，渝府有甚大势力，可以决定政策，至少，可以大影响政策。2.我从咏霓电文里，窥见蒋的主张可以抓住孔，而不能抓住汪。因此，我颇悬念政治组织与政治连系的问题。因设一问：当此和战未决之局（十一月初），若行政院长为精卫，其结果如何？若汪长政院而兼外长，其结果如何？若政院为宋子文，其结果如何？若为孙哲生，其结果又如何？

我当那时候，收到的电讯之中，不但有极右倾的主和，并且有左倾的"立即宣战"。（不是不负责的胡乱［来？］，是负责最高机关来询问美方意见！）

因此，我在临出行之前夕发那电给咏霓，指出此时蒋先生需要一个可以受商量的行政院长。

后来我在病中得知汪先生十二月底出走发电主和一大段，我更感觉我十二月三夜之电为不错。因病中不能写长信，始终不曾补一封信说明此中经过。

国中形势，我甚盼你多给我消息。此一年之中，全赖咏霓与我通电，徐新六与廷黻的信都很重要，可惜新六死了，而 T.F. 太多成见，太悲观。所以我深盼你写信给我。

府上都好吗？乞你问好。

方桂在美声誉甚好，今夏回院，元任继之，闻可留一年。元任身体好了，他的 green letter 又要复活了。

适之　廿八，五，廿四

（1939年5月24日）

——《胡适研究丛刊》第三辑，

王汎森：《史语所藏胡适与傅斯年来往函札》

# —致 江冬秀

冬秀：

昨天刚寄信给你，说你好久没有信了。今天就接到你的信了（八月十四的）。

谢谢你劝我的话。我可以对你说，那位徐小姐，我两年多，只写过一封规劝他的信。你可以放心，我自问不做十分对不住你的事。

我从来没有对谁说过叫你不要问我要钱。这大概是朋友们知道我没有钱，才如此说。我这一次病了，单是医院，七十七天，就是三千多美金（医院特别优待，给我打六折）。医生是最有名的医生（他来看了我七十次）。起码开账可以开五千元，但他只开了乙千元的诊费。这两笔就是四千多元。我每月只有五百四十元美金，这一场病就去了我八个月的俸金。但我从不对人叫穷。孔庸之先生好意汇了三千美金给李国钦兄助我的医药费。国钦知道我不肯受，又不好就退回，所以等到我的医药费付清后，慢慢的把这三千元退还给孔先生了。我的危难都是陈光甫、李国钦两个好朋友帮忙的。我第一天病倒，全靠国钦与太平洋会的卡德先生，两个人作主，给我请医生，送医院。医药费是陈、李两人借的居多。他们都是好朋友，我借了他们的钱，慢慢的还他们，不要紧。你也不必替我着急。

我是为国家的事来的。吃点苦不要紧。我屡次对你说过，"留得青山在，不怕没柴烧"。国家是青山，青山倒了，我们的子子孙孙都得做奴隶了。

我的日用不需多少钱，所以每月还可以余点钱买书。房子不用我出钱，汽车汽油都是公家开支。所以我可以供给儿子读书。还可以还一点账。

现在我汇三百美金给你，补上儿子拿的钱。

你给儿子的第一封信，我看了之后，仔细想想，没有转给他。冬秀，你对儿子总是责怪，这是错的。我现在老了，稍稍明白了，所以劝你以后不要总是骂他。你想想看，谁爱读这种责怪的信？所以我把你信上关于他的朋友李君的事告诉他了，原信留在我这里。

我和你两个人都对不住两个儿子。现在回想，真想补报，只怕来不及了。以后我和你都得改变态度，都应该把儿子看作朋友。他们都大了，不是骂得好的了。你想想看，我这话对不对？

高梦旦先生待他的儿女真像朋友一样。我现在想起来，真觉得惭愧。我真有点不配做老子。平时不同他们亲热，只晓得责怪他们工课不好，习气不好。

祖望你交给我，不要骂他，要同他做朋友。

你把这最后几段话给小三看看。

驿　廿八，九，廿一夜

（1939年9月21日）

——《胡适遗稿及秘藏书信》第21册

# —— 致 傅斯年

**孟真吾兄：**

我前几天收到你寄的"妙文"一大包，已代为保存。如有源源而来，此间当另辟石室，作储藏档案之用。

祖望来此，带了我的两个箱子来，内有先父手稿，及我的日记六十册，杂稿几包，友朋来信无数包。其中有在君、新六、志摩、玄同、心史诸死友之信件，又有子民、菊生、罗钧任、傅孟真诸友的信札，稍加整理，竟满一大柜了。你的"妙文"即藏此中。

我去年十二月四日发给咏霓一电，即是对你的打孔家店妙文而发。次日我就病倒了。今夜翻阅此电颇自信此中见解真是阅历有得之言，惟恐咏霓与孟真均不能完全了解此意。我写此电，踌躇半夜，最后终不忍不发，实是在外一年，深有所见，深有所悟，故忍痛为诸兄发此议。今日此意尚值得考虑，值得深思。我在此看陈光甫手下诸人任劳任怨，一年之中，真能做到"弊绝风清"境界，为New Dealers所叹赏佩服。此一组人是老孔所最信任，而宋子文所绝不能合作者也！

举此一例，可见我用意所在。

以后如此邦能继续有所援助，其最大原因在于陈光甫之做到弊绝风清，为国家省钱，为民族抬高信用。

匆匆敬问
昆明各友大安

适之　廿八，十，八
（1939年10月8日）

——《胡适研究丛刊》第三辑，
王汎森：《史语所藏胡适与傅斯年来往函札》

# ── 致 江冬秀

**冬秀：**

我昨晚出门，今早到西来球斯大学。此地离康南儿大学只有两点钟，但我怕不能去看儿子了。因为康南儿的熟人师友太多，我去那边，看这个，不看那个，是容易引起误会的。一会儿，儿子要打电话来。

你今年五十，我也四十九了。可惜我不能在家里给你祝寿。我今天是客中的客中①，在一个旅馆里写信给你，我心里当然有无限的感慨。

我们徽州人有句俗话，说，"一世夫妻三年〔半〕"。我们结婚二十二年，中间虽有远别离的期间，总算是团聚的时候多，别离的时候少。

这一次别离，已有两年另四个月，要算是最长久的分离了。我心里常想念你，常常觉得老年夫妻不应该如此长久分离。但我现在实在没有法子，一时脱不得身。《琵琶行》说，"商人重利轻别离"。我此次出门，既不为利，更不为名，只为国家有危急，我被征调出来，不能不忍起心肠，抛家别友，来做两三年的孤家寡人。

为什么我不叫你出来呢？第一，你不懂话，此间没有几个中国家庭，你若在此，未免太寂寞，未免太苦。第二，你不在此，我可以免去许多应酬；有太太在此，你出去应酬罢，语言上实在太不方便，是叫你受罪；你不出去应酬罢，又实在太不像样。（有太太在此，若不出去应酬，就像我把她关起来，不许她自由一样，所以不像样。）第三，我本来不指望久居，故要减轻担负，可以自由来去。"赤条条来去无牵挂"，是一句名言。大儿子现在进了大学，每年要

①
原文如此
——编者

296

一千二百美金。我明年要是走了，我就得想法子去到什么用金子的地方，教一年书，替大儿子挣两年学费。不然，大儿子就得半路上退学。一个儿子已是如此，加上太太和小儿子，就更不自由了。（现在要想从国内寄美金给儿子留学，是万万不可能的。）

因为这种种原因，所以我不叫你出来。

我要你明白这些情形，心里也许好过一点。

上两次信上说我寄美金给你。但因为儿子开学用钱多，我又替大春垫了七百元，故一时没有钱汇回去。现在大春的款子办好了，我不久即可寄钱给你。

十月廿二日，我到纽约，请我的医生验身体。他有三个多月没见我了，他验了我的心脏，用"爱克司"光照看心部。他说，我的身体完全复原了。这句话使我很高兴。

这信是在西来球斯旅馆中写的，祝你
福寿康强。

适之　廿八，十一，十四
（1939年11月14日）

——《胡适遗稿及秘藏书信》第21册

# 一九四〇年

## ── 致 胡思杜

小三：

我刚写信给妈妈，说，我颇想叫你到昆明去上学。你心上有何意见？我此时不能叫你来美国，因为一来我没有钱，二来我要减轻身上的累赘，使我随时可以辞职。

你是有心学社会科学的，我看国外的大学在社会科学方面，未必全比清华、北大好。所以我劝你今年夏天早早去昆明，跟着舅舅，预备考清华、北大。上海的大学太差，你应该明白。学社会科学的人，应该到内地去看看人民的生活实况。你二十年不曾离开家庭，是你最不幸的一点。你今年二十了（十八岁半）。应该决心脱离妈妈，去尝尝独立自治的生活。你敢去吗？你把意见告诉妈妈。决定之后，不宜迟疑，望早早作预备。

爸爸　廿九，三，廿一

（1940年3月21日）

──《胡适遗稿及秘藏书信》第21册

# 一九四一 年

## ── 致 江冬秀

**第四号**

**端姊：**

这封信也许是"第三号"；如果你没有收到"第三号"，就是我记错了。二月，三月，我差不多常在外面旅行，所以没有多写信给你。

你的"第四号"信收到了。谢谢你。

陈聘丞先生带来的笔、墨、图章，也收到了。王兆熙太太的衣服已寄去了。

你的四号信上，好像说我怪你"用费大了"。我从来不曾怪你，怕是你误会了罢？

竹先生说我应该把小三叫来。祖望也说，你有信来，要我带小三出来。我现在托施太尔先生汇上美金五百元，你可问竹先生取。若有便人，请你把小三托他带出来。若有定船的困难，可托叶良才先生去托美国总领事馆，也许他们可以向船公司设法。

我曾细细想过小三的问题。我从前所以不敢叫两个孩子都出来，正是因为我要减轻家累，可以随时要走就走。古人说，"无官一身轻"。我要倒过来说，"一身轻才可以无官"。现在祖望还有一年半，可以毕业；假使我现在走了，我还可以给他留下一年半的学费用费。小三来了，至少有四年，我要走开，就得先替他筹画一笔学费用费。那就不容易办了，就得设法子去卖文章，或卖讲演，替儿子筹备一点美金。所以我去年不敢叫他出来。

现在你们都说小三在上海的环境不好，我才决定叫他出来。

我从现在起，要替他储蓄一笔学费。凡我在外面讲演或卖文字收入的钱，都存在这个储蓄户头，作为小儿子求学的费用。

我想把小三送进一个中部的大学，让他从第一年读起。他若肯用功，加上三个暑假学校，也可以三年半毕业了。中部的生活程度比东部低些，用费可以节省一点。

小三出来，可以托叶先生，孙先生，竹先生，沈燕小姐先打听熟人出国，托他照应小三。护照等事，我想也完全托这〔几〕位朋友办理。

这一次我决定叫小三出来，我心里最难过的，还是你自己的事。我们俩，三年半不曾相会了。我也常常想你来。但你信上说的"你要是讨了一个有学问的太太，不就是天天同你在一块，照应帮助你吗"，这句话倒有点冤枉我了。我并不想讨个有学问的太太。我在这儿的生活，并不是很快活的生活。我三番五次想过请你来的问题，总觉得你来这里有种种困难。来的困难多，不来的困难少。根本的问题，是你我的生活只可做一个大学教授的家庭生活，不能做外交官的家庭生活。所以我日日夜夜只想早点回到大学教授的生活。你应该能明白我决不是爱干这种事的。我难道不想家庭团聚？我不叫你来，只是不要你来受罪。

"受罪"两个字，好像说的太过。但是这话并不是胡说。

你知道我做了二十年大学教授，第一，我不拜客；第二，我不回拜一个客；第三，我从来不请客。

现在我不能不拜客，也不能不回拜客，也不能不请客。上礼拜六，我下午六点出门，到了六处应酬，直到半夜后一点半才回家。回家看见儿子写的一张条子，说，他先去睡了，明早七点半要赶火车，要爸爸留点钱给他放在房门口。

我现在做的是"受罪"的事。但你知道我的脾气。我不去就罢了；去了，我总要把全副精神摆出来，总不要叫人家看我的鬼脸，我总要叫大家感觉我不是"受罪"，我总不要叫大家跟着我"受罪"。

就如同今天晚上，我这里大请客，穿的是大礼服，吃的是规矩菜，说的是应酬官话。到了客散，已是快十二点了。我送完了客，看见天上月亮正圆，想起今天是三月十四（阴历）。我拉了一位刘先生出去散步，走了二十分钟的山路，才回来写这信。回到家里，一身骨头都疲倦了。我一个人在这里"受罪"还不顶苦。你若在这里，还是跟着我"受罪"呢？还是关在房里不出来应酬呢？这一次请客，同事们忙了整整五天（帖子是三月中出去的），我心里很过意不去。你若来了，你还是管呢？还是不管呢？

我向来不对你诉苦。今天写这一段生活，要你知道我在这里过的并不是快活的生活，是真受罪的生活，做的是我二十多年不愿意做的事。你若明白这一点，就可以明白我不请你出来的意思了。陈光甫太太出来了一年多，她从不出来应酬。她在纽约还可以寻几个中国女朋友玩玩，在家里可以抱外孙玩玩，在这里就更苦了。这里中国人少，又因为地位关系，我的太太在这里就不能谢绝应酬，出门必须坐首坐，在家必须做女主人，那就是天天受罪了。

所以我不能不希望早早回到我的穷书生的生活。到那时，我就可以和你一块回到那"三不主义"的自由生活了。

祝你

健康。

四弟　卅年四月十日

（1941年4月10日）

——《胡适遗稿及秘藏书信》第21册

## — 致 傅斯年

**孟真兄：**

昨晚得你四月三十日的飞邮，才知道你病了，我真十分担心。

因为你是病不得的，你的"公权"是"剥夺"不得的！你是天才最高，又挑得起担子的领袖人才，国家在这时候最少你不得。故我读你病了的消息，比我自己前年生病时还更担心。我自己的病是coronary occlusion，可以变成Thrombosis（血管闭塞）。我那时血压低到七十度左右。但我发觉的早，有最新式的医生和看护，所以三个月后就全好了。你的病也必须休息静养。若能如来书所云，"六个月内绝对休息"，我可以包你恢复健康。但不可忧虑气恼，也不可贪吃肥肉！你的兴致好，和我一样，我想你一定可以恢复健康的。

我的医生（Dr. Robert L. Levy）是第一流心脏专家，他说，我必须戒绝纸烟。也说：Nicotine比Alcohol有害的多。我戒了一年半，去年夏季以来，又颇吸纸烟。五月十二日我去请Dr. Levy检视，我说，我瘦了几磅，脉搏也不如前，所以他劝我多休息，仍旧戒烟。我已五天绝对不吸纸烟了。我劝你也绝对戒绝淡巴菰。听说四川的纸烟是很凶的！

孟真，你真得绝对休息！我常喜欢一句徽州谚语："留得青山在，不怕没柴烧。"你是绝顶聪明人，千万不要大意！兴致好为第一要素。

你去年的长信，我至今未复，十分抱歉。根本是当日我因中研院弄得每几天报上必有我调回去做中研院长消息。我虽不介意，但馆中同人，馆外朋友，都感不安，来电来函问此事的也不少。所以我有一天发愤写信给雪艇，说我来做大使是战时征调，所以不辞；何时用不着我，我随时可去，不用为我寻下台位置。中研院长不是战时征调，我可以自由去就。所以我先声明，我若离开驻美大使任，我可以回去做教授，但不愿做中研院长。信上大意如此。大概雪艇把我的几个"不干"的理由抽出抄给你，所以惹起你的一点小误解。

其余的事，多已成明日黄花，不用细复了。

高宗武在此，每日闭户读书看报，从不与外人往来，其言行均极收敛检束，使我甚惊异其进步。（馆中有茶会园会，他从不参加。）

我的出外讲演，似乎引起了敌人与友人的同样注意！去年
Oct. 30东京的"Japan Times"有整栏的社论骂我，题为"Envoy
Propagandist"。其实我出外讲演的时候甚少。我的书记Mrs. Phillips
每天上午至少费一个钟头听我dictate辞却讲演的信，——平均接受
的讲演不过十之一也。

"学位"一层，更是冤枉。前年（1939年）借新病起为名，辞
去几个学位，最后只受了Univ. of Chicago（先已辞了两次）和
Columbia两处的学位。到了去年（1940），那些前年辞却的几处又
都回来了，又加上两三处新的，所以去年夏间得了六个学位（全
年连春秋共得了八个）。有些地方是绝对无法辞的，例如Univ. of
Pennsylvania二百年纪念，东方只有我一人；又如Univ. of Chicago
在Dec. 12，1938：March 12，1939，两次要给我学位，我都辞了；
第三次June 13，1939，我去受了，三次均只是我一人，可见他们
的不轻授学位，我岂能辞到三次以上？

今年我借医生为名，辞去了许多学位，大概夏间（6月）还得
去拿三四个（一个是Canada的McGill Univ.）。现有的是

Litt.D.——1　　今年加1=2　⎫
D.H.L.——1　　　　　　　　⎬=17
D.C.L.——1　　　　　　　　⎪
L.L.D.——10　今年加3=13　⎭

这些东西，饥不能吃，寒不能穿，有何用处？不过人家总说，
"中国大使的名誉学位比任何大使多"，这也是一种国家体面罢了。
大热天去受学位，老实说，真是有苦无乐！

我在欧洲受命来此，我那时早就明白认定我的任务不在促进
美国作战（我知道那是时势一定会促成，而决不是任何个人能造
成或促进的），而在抬高美国人士对我国的同情与敬意。我在此已
两年零七个多月了，所能看见的成绩，可说毫无。若就那空泛不
可捉摸的方面说，我大概替中国留下了一点"Civilized people"的
印象，如此而已！

我这八九个月的生活可说是"受罪"。其详细情形，郭复初回国可以面告。匆匆敬问
痊安。并问
大綵好。
千万珍重珍重！

适之　May 16，1941
（1941年5月16日）

——《胡适研究丛刊》第三辑，
王汎森：《史语所藏胡适与傅斯年来往函札》

# 一九四二 <sub>年</sub>

— 致 鲁温斯坦亲王 <sup>①</sup>

①
鲁温斯坦亲王
（Prince Hubertus
Zu Zoewenstein），
德国人。他那
时同情中国的
抗战，写信给
胡适，要求能
到中国来帮中
国作战，因此
有此复信。
——编者

**鲁温斯坦亲王：**

我希望你能原谅我，好久没有复你去年十二月十二日的信。所以迟复你的原因，主要的是这多事的几个星期以来扰乱了我的公私生活。

你说你愿为中国服务，参加抗战工作，并听中国安排，很令我感动。堪比太太也曾写信给我，她对你是非常的推崇和称赞。

在目前，我一时还想不出一个有效的方法可以利用你丰富的经验和卓越的才能。我二十多年来曾经在大学里教过书，以我的经验，认为你现在从事种种与阐扬自由和平及卫护国际正义有关的讲授及写作，对全人类爱好自由与和平的奋斗，都直接有莫大的裨益。这个受益者，当然包括了我们中国在内。

在拿破伦战争达到高潮时，歌德却专心研究中国语文及探讨光能对植物的影响。他这种有意置身于当时大事之外的态度，在现今一般人看来，可能不易了解。但"站着等，也是帮助"这句话也的确有相当的道理。你目前从事的讲授和写作，无论对中国对自由德国，甚至对整个人类来说，你的贡献要比一个真正拿枪杆在中国国土上作战的士兵还要大。

听说你现在正在瑞勃莱学院（Sweet Briar College）教书，这所学校和华盛顿距离不远，倘路有径由，能过我一谈，我将感到很大的荣幸。

胡适敬上　一九四二，一，廿九

（1942年1月29日）

——《胡适之先生年谱长编初稿》第5册

# — 致 翁文灏、王世杰

**咏霓兄、雪艇兄：**

久想给两兄写信，总觉得提起笔来不免要说牢骚话，所以终于不写信了。

我在这四年多，总为诸兄说"苦撑待变"一个意思。去年十二月七日，世界果然变了。但现在还没有脱离吃苦的日子。还得咬牙苦撑，要撑过七八个月，总可以到转绿回黄的时节了。

眼前第一要义，在于弘大度量，宽恕待朋友，体谅朋友在大患难之中，有时顾不到我们，切不可过分责备朋友。英美大强国，岂自甘心情愿失地丧师？岂不关心我们的痛痒？我们总得体恤朋友，朋友明白我们够得上做患难朋友，将来才有朋友永远和我们同安乐。

近来我国人士颇说，"此时作战，人尚不能'平等'待我，将来战事完了，我们怎能希望平等！"此论似是而非。我们的国际地位是五年苦撑的当然结果，并非"赵孟之所贵"。故赵孟亦不能贱之。

今日我们所受困难，只是因为英美自己也受更大困难，更大耻辱。他们顾不到我们，他们的领袖心里实在认为最大耻辱。

但他们日夜图谋雪耻，嘴里说不出，只是咬牙苦干。我们必须体谅他们的苦衷，才够得上患难朋友。

两兄与廷黻、复初诸兄都是洞悉世界形势的，此时务必要主持正论，维护领袖，认清步骤。此时步骤一乱，以后全盘皆错了。

古人说："入则无法家拂士，出则无敌国外患者，国恒亡。"我们这十年，敌国外患够多了，所以有抗战的兴国气象。但是"拂士"还太少，不够兴国。我够[盼]<sup>①</sup>望两兄自任"拂士"，要多多主持正论。

某公在此，似无诤臣气度，只能奉承意旨，不敢驳回一字。我则半年来绝不参与机要，从不看出一个电报，从不听见一句大计，故无可进言，所以我不能不希望两兄了。

去年十二月八日我从国会回家，即决定辞职了。但不久即有复初之事，我若求去，人必以为我"不合作"，对内对外均须费解释。故我忍耐至今。我很想寻一个相当机会，决心求去。我在此毫无用处，若不走，真成"恋栈"了。两兄知我最深，故敢相告，不必为他人道也。

今年体气稍弱，又旅行一万六千英里，演讲百余次，颇感疲倦。六月以后，稍可休息。我在此三年不曾有一个Weekend，不曾有一个暑假，今夏恐非休息几天不可了。

适之问
两兄安好。

一九四二年五月十七日
（1942年5月17日）

——《胡适之先生年谱长编初稿》第5册

# — 致 傅斯年

**孟真兄：**

二月六日长函，三月底才收到。

所需药第一种，得咏霓电后即已买，想已收到。此次药单，均已买寄，想亦已收到。

我竟不知老伯母去年十月去世，不胜哀念。她老人家待我和冬秀都很好，我们都没有能报答她。

她老人家辛苦一生，对老兄属望最大。所以今后吾兄更宜十分保重身体，以慰死者。一切纷纷扰扰，都不足置怀。得一个有用之身，为学术效劳，这是第一大事。

老兄病中读《老》、《庄》，未必是对症良药。我想老兄还是读读山东土产《论语》、《孟子》，想想那"发愤忘食，乐以忘忧，不知老之将至"，"不怨天，不尤人"的通达人情，近乎人情的风度，似乎比那似达观而实偏激的庄生，或更可以减低几十度血压。

这不是笑话，是我近年体念得来的一个感想。

孔子的伟大处正在平平无奇，却又实在近情近理。

近来读《孟子》，也觉得此公可爱。

中国两千多年的士大夫风度，其中比较积极，比较有作为的，都是受《论语》、《孟子》的好影响。

我在此实在无善状可告朋友。

"不眠忧战伐，无力正乾坤。"

这两句杜诗，时时在哼着。

千言万语，不如用我们徽州的一句俗话奉寄：

"徽州朝奉，自家保重。"

并问

大綵、大缜、大维的好

适之　May，17，1942

（1942年5月17日）

——《胡适全集》第24卷

# 致 王世杰、傅斯年、钱端升、翁文灏、周炳琳、张忠绂

**雪艇、孟真、端升、咏霓、枚荪、子缨诸兄：**

我出国五年，最远因起于我写给雪艇的三封长信（廿四年六月），尤其是第三封信（廿四，廿六，廿七）；次则廿六年八月尾蒋先生的敦促，雪艇的敦劝；但最后的原因是廿六年九月一夜在中英文化协会宿舍孟真的一哭。

孟真的一哭，我至今不曾忘记。五年中，负病工作，忍辱，任劳，都只是因为当日既已动一念头，决心要做到一点成绩，总要使这一万三千万人复认识我们这个国家是一个文明的国家，不但可与同患难，还可与同安乐。四年成绩，如斯而已。

当四年前我接受使命时，老妻冬秀曾写信来痛责我。我对他说：我们徽州有句古话"留得青山在，不怕没柴烧"。青山就是我们的国家，我们今日所以能抬头见世人者，正是因为我们背上还有一个独立的国家在。我们做工，只是对这个国家，这青山，出一点汗而已。

今日之事，或为山妻所笑。但山妻之笑，抵不得孟真的一哭。我要诸兄知此心理，知我决不懊悔动此一念头。

我的使命已完全结束。今寄上"尾声"文件若干，以代报告：

309

1. 介公八月十五电

2. 答介公八月十五电

3. 外部八月十七日电

4. 答外部电（八月廿一日）

5. 美代外长私函（八月廿八日）

6. 美政府答复征求同意函（九月一日）

7. 美外长回京后私函

右文件或可供诸兄一览。其最后三件，均为"破例"之文件，故亦附入。

我的计画是先往纽约受医生详细检验，然后决定何时归来。我在廿七年十二月四夜得心脏病，曾住医院七十七天。三年半以来，虽未曾复发，但医生不许我高飞。前年三月，今年二月，曾飞过八千尺，但医生甚虑我不能飞万尺以上。一年中体重减去十四磅，医生要我休息几个月，先把身体养好了，再作归计。九月十五日离美京，一星期内身体检查定可有报告。

有几个大学，纷纷邀我去教书，都已谢却，告以三个月内不能考虑此事。实因急须绝对休养，并须绝对学做哑巴也。

此后诸兄信件，可由大使馆刘公使（Liu Chieh）收转。

匆匆敬问

诸兄健康

弟适之　卅一，九，十

（1942年9月10日）

——《胡适研究丛刊》第三辑，

王汎森：《史语所藏胡适与傅斯年来往函札》

# 致 翁文灏、王世杰、蒋梦麟、傅斯年、汤用彤、罗常培

**咏霓、雪艇、梦麟、孟真、锡予、莘田诸兄：**

今因胡味道次长飞回之便，匆匆草此书，报告近状。

弟九月十八日离华府。九月廿九日受医生检验，血压102/75，心脏四年中毫无扩大形态，血压虽低，不足忧患。但医生不令我此时作长途高度飞行。弟今年（1942）自一月十日至九月中，旅行四万英里，演说约二百次；有时一日演讲四次，有时因飞机担[担]误，终夜不得睡眠；故颇劳乏，体重大减，九月底只有一百廿五磅，几乎回到一九三二年开割芒[盲]肠前的体重。故医生要我休息调养。故已租房在此小住，地址如上方①。

自退休后，两个多月不曾旅行讲演，故体重稍增，睡眠已有一个月可以不靠安眠药了（四年来，睡觉须服安眠药）。

三个月来，各地大学纷纷邀我明春讲学，凡有二十处之多。但我细细考虑之后，决计不教书，决计利用这比较清闲生活来继续写完我的《中国思想史》全部。所以如此决定，有三原因：1.内人冬秀于廿六年七月北平沦陷时，把我的稿子、笔记，全带出来了。廿八年儿子祖望来美时，带了这箱稿件给我。凡我的《哲学史》旧稿（北大铅印两汉部分；北大铅印《中古思想史提要》，民十八年我在上海放大写的《两汉思想史》长编原稿，及《禅宗小史》稿，《近三百年思想史》杂稿等）都保存未失。有此基本，不难继续。2.此邦有几个中国藏书的中心，一为国会图书馆，一为哈佛，一为Columbia，一为Princeton收买的Gest Collection，皆允借书给我。其地皆相去不远，其书很可够我借用。恐怕此时国内

①
此函上有: 104E, 81st St. New York City, Dec.7, 1942 的字样。——编者

学者借书看书无此绝大方便，故我想充分利用此机会。3.当我四年前此日（十二月四夜为我四年前心脏病 [coronary occlusion] 的第一天）卧病医院时，明知未脱危险，心里毫无惧怕，只有一点惋惜。所惋惜的就是我的《中国思想史》有了三十年的经营，未能写定，眼里尚无人可作此事，倘我死了，未免有点点可惜！现在可谓"天假"以年，岂可不趁此精力未衰，有书可借之时，用一两年的全功，把我的书写出来，以完此一件大事？

主计已定，故决定不教书，决定靠薄俸所余及部发川资作一年半的生活费，努力写此书。但最近 American Council of Learned Societies 知道此事，愿意给我一种 Grantin-in-aid-of-research（研究补助金）每年六千元，供我生活及助手之费。我因这数目比各大学年俸较低（各校年俸以 University of Chicago 提出的一万元为最高），故决定接受。这个 American Council 是 "Member of the International Union of Academies"，与中央研究院的史言所为姐妹机关（1938年弟在欧办的中研院参加 I.U.A. 为会员，兄等想能记忆），其所包含有 American Academy of Arts & Sciences（1780），American Philosophical Society（1727），弟皆曾被选为名誉会员，故弟认此事为纯粹学术团体之合作事业，想兄等亦以为然。（此项补助计画，明年一月开始。）

此时我正准备开始重写我的两汉三国部分，已重读《后汉书集解》，并已借得《全两汉三国文》、《龙溪精舍丛书》等等。此五百年文献大致具备，可以开始做工了。我的《中古思想史》分两大部分：1.汉魏（古代思想在统一帝国的演变）；2.印度化时期（300-1000A.D.）。我预备一年内写成这中古部分。次写《近代思想史》，也分两期：1.理学时代；2.反理学时代（1600～1900）。我想两年的专功可以写成全书，包含《古代思想史》的重写。

我常说，我一生走好运，最幸运有四：1. 辛亥革命，我不在国内，得七年的读书。2. 国民革命，我又不在国内，后来回上海住了三年，得一机会写我的文学史第一册及两汉思想史的长编。

3. 抗战最初五年，我得一机会为国家服务，大病而不死。4. 今得脱离政治生活，使我得一正当的名义，安心回到学问的工作。

附带报告诸兄的有这几件事：

1. 汉简全部寄存美京国会图书馆（收条，锁钥均存弟处）。

2. 北平图书馆善本书百零贰箱，先由袁守和兄分存国会图书馆廿七箱，University of California Library 七十五箱。本年二月弟去 California 交涉，将此七十五箱一并移交国会图书馆保存，故此百零贰箱，现均存在一块。由弟特许该馆将全部摄影 Micro-film 三份，一份赠与该馆，二份将来于全书运回中国时，一并归还中国，以便分存各地图书馆。

3. 叶玉虎先生去年十二月初拟运美保存之善本书，未及运出，故均陷在香港。

以上消息，乞告守和及骝先两兄。

匆匆要赶快邮，不能多写了。敬祝

诸兄及诸友安好。

适之　Dec.7，1942

（1942 年 12 月 7 日）

孟真：

Luminol 及手表，均由使馆托人带去了。收到时乞寄一信。Luminol 另一匣，不久可以寄去。

——《胡适研究丛刊》第三辑，

王汎森：《史语所藏胡适与傅斯年来往函札》

# 一九四三 年

## 一 致 王重民

**有三兄：**

前函忘封入尊文，今补寄。

《大正大藏》"古逸部"四册，已收到，十分感谢。

蒙 Beal 先生借《大藏》，至感。但适此时尚不需此，前书曾略说，俟稍整理住所，准备书架，当再函告。（我初以为缩刷弘藏较旧，而其占面积较小。今始知《大正藏》洋装本占面积更小。）

交换书事，尊意与当事人意，均极可感。但中国古书无确定市价，而钱氏刻经与敦煌写本尤无市价。将来万一有人借此攻击馆长或部长，他们亦无法可以证明此中无上下其估价之事。故我为馆计，不愿陷他们于任何嫌疑。故决意继续借书，不愿交换。

我主办公家事业，三十余年，向持一个原则：宁可令公家受我一点便宜，切不可占公家一点小便宜。馆中许我借如许数量之书，我占便宜已为极大，故不敢使当局者更受嫌疑也。

关于长门宫事，前书有误。昨夜翻《东方朔传》，始知馆陶公主因私宠董偃，欲武帝承认这"主人翁"，故献长门园，"上大说〔悦〕，更名窦太主园为长门宫"。如淳曰："窦太主园在长门。长门在长安城东南，园可以为宿馆处所，故献之。"《朔传》（《汉书》六十五）记此事极详，我们竟不记得，似兄与我都近老境了！一笑。

哥大图书馆竟有《训纂堂丛书》，殊出我意外。我告胡敦元太太，此一事令我对哥大图书馆刮目相看！

我在东方学会的讲演，是在会餐之夜。April 27（Tuesday）

晚七时，在Hotel Biltmore.

　　匆匆敬问

同人都好。

弟适之　卅二,四,廿三

（1943年4月23日）

——《胡适遗稿及秘藏书信》第18册

# 一　致 王重民

**有三兄：**

　　谢谢你廿八日的信。

　　我的序文能使"人人喜悦"，我很高兴。恒先生的自序，措词很谦抑，是学者作风。我若不说几句公道的赞扬的话，将来作书评的人必将吹毛求疵，以抑人为高。如此则八九年苦功将受埋没了。以后谁还敢花十几万金元，招集四五十学人来做这种学术合作呢？

　　这种学术合作事业，最重要的条件还不在金钱，而在领袖者能与人合作，使人人能尽其所长，使人人各自负责任，即是人人各自负其功过。

　　你试看冯家昇、王毓铨两兄的领袖Wittfogel的待遇同事的态度，对合作事业的态度，就可以知道《名人传记》的成绩不是偶然的。恒先生必有大过人的领袖风度，始能有此成绩也。

　　我在序文里引你那句话，不无微意。我要恒先生与其他同事都知道你赞许这工作也。

学术的工作有"为人"与"为己"两方面，此人所共知。其实这个区别甚不可靠。凡学术的训练方面皆是"为己"；至于把自己的心得公开告人，才可以说是"为人"。今人以为做索引，编辞典，计算长历，校勘文字，编纂统计或图表，……是"为人"的学问（如陈援庵先生常说他的工作是"为人"的工作）。这是错的。此种工作皆是训练自己的作工本事，皆是"为己"的工夫。王荆公有《杨墨》一篇说的最好：

> 为人，学者之末也，是以学者之事必先为己。其为己有余，而天下之势可以为人矣，则不可以不为人。故学者之学也，始不在于为人，而卒所以能为人也。

你信上说的"铢积寸累，由少成多，即是本分以内之成功"，即是我说的"为己"之学，是做学问的根本途径。这是治学的最可乐的部分。正因为此皆是训练自己，故事事求精，求完善，苛求无厌，终不自觉满意。等到你自己认为勉强满意了，把结果公开于世，使世人同享受我自己辛苦得来的一点成绩，使人人因我的辛苦而减少他们的辛苦，这就是"为人"。并不须"著为论说，以期有影响于当世"，才是"为人"。吾兄正不必太谦，更不可菲薄"铢积寸累"的"为己"功夫。

《三朝名臣言行录》（卷十二，页三〇五）记刘安世自述初登第时与两个同年去谒李若谷参政。三人同请教，李曰："若谷自守官以来，常持四字，曰'勤，谨，和，缓'。"我十年前曾借用此四字来讲治学方法。勤即是来书说的"眼勤手勤"，此是治学成败第一关头。凡能勤的，无论识小识大，都可有所成就。谨即是不苟且，一点一笔不放过，一丝一毫不潦草。举一例，立一证，下一结论，都不苟且，即谨，即是慎。"和"字，我讲作心平气和，即是"武断"的反面，亦即是"盛气陵人"的反面。进一步看，即是虚心体察，平心考查一切不中吾意的主张，一切反对我或不利于我的事实和证据。抛弃成见，服从证据，舍己从人，和之至也。刘安世原文说，"其间一后生应声曰，'勤谨和，既闻命矣。缓之一字，某所未闻！'"我说，"缓"字在治学方法上十分重要。其意义只是从容研究，莫匆遽下结论。凡证据不充分时，姑且凉凉去，姑且"悬而不断"。英文的Suspension of judgment，即是暂且悬而不断。此事似容易而实最难。科学史上最有名的故事是达尔文得了他的生物演变的通则之后，几十年中继续搜求材料，积聚证例，自以为不满意，不敢发表他的结论。又如治梅毒的药，名"六〇六"，是试验六百零六次的结果；其名"九一四"者，是试验九百十四次的结果。此皆是"缓"的精神。凡不肯悬而不断的人，必是不能真做到勤谨和三个字的。

以上胡说，偶尔信笔谈谈，或可供吾兄的印证许可。

大札论《通鉴》与《左传句解》两案，都极有历史重要性。段玉裁曾说：

> 校经之法，必以贾还贾，以孔还孔，以陆还陆，以杜还杜，以郑还郑。

吾兄的方法，与此同一理。我们考证《水浒》，考证《红楼梦》，指出各种版本的沿革，其实也是同一个方法。

不能再谈了，敬问

双安，

并祝

同人安好。

适之　卅二，五，卅夜

（1943年5月30日）

——《胡适遗稿及秘藏书信》第18册

# 一九四四 年

①
此函上端有眉批："此信写成后，搁了几天才寄出。适之，卅三，七。"——编者

## 一 致 王重民 ①

**重民兄：**

得兄卅一日信，增加我不少勇气。

造一谣言甚易，而扫净一谣言甚难。"一犬吠影，百犬吠声"，最足形容戴案。兄与我侦察此案，已八九十日，兄能跟着我的研究历程走，故能扫除成见，相信东原"无窃书之事"。但我至今还觉得，成立证据不难，而摧毁谣言甚难，摧毁谣言造成的成见更难。百犬之吠，起于一吠；而最初一吠起于一影。摧毁此一影，其难等于打鬼。鬼与影皆是无形之物，以其无形，故非证据所能摧毁扫除。

我读张穆的《月斋文集》，见其所作莫晋行状，始知石舟是理学世家！（果不出我三月前所料！）石舟是一个怪僻的人，身遭绝大压迫，故必欲打倒一个大偶像，始能出这口怨气。他的一篇文字，鼓励了王梓材去发愤伪造全校《水经注》。此所谓"一犬吠影"也。后来杨守敬、王国维、孟森诸公则皆"吠声"而已。郑德坤、丁山诸君则皆"吠声"之余波而已。

天下能得几个王重民有此公心雅量来考量我八九十日的"温温和和，切切实实"的考据文章呢！

但我也不悲观。日内即拟作此案的结案文字，拟先作《全校本辨伪》，次作《赵书辨诬》，次作《戴书逐渐演变写成史》，次作全案判决书。此四文为总纲，其余诸文为附件。

邀天之福，我能有此三个月的闲暇，又能得十八九部《水经注》供我参考。我们在北京极盛时，亦不能得十八九部《水经注》在手边！我有此幸运，故敢决心尽心力作此工作。我的主要目的还是要为考证学方法举一组实例，为东原洗冤还是次要目的也。

若曹君一时不来，乞将书籍等件交邮寄来。我甚欲看杨希闵刻《汇校》。但不必急急（编者注，此处有眉批："序杨刻的周君是绩溪人。此君亦曾受学于胡培翚。作《水经注图》的汪士铎也久居绩溪。吴琯、项纲、黄晟、戴震都是我们徽州人。《水经注》案中颇不少我们'徽州朝奉'"！）

尊论清代第一流学者尚不够校注《水经注》的卷一，此论极是。前周与杨联陞君书，亦作此说。例如卷一，"故曰净王宫也"，戴删"曰"字，而不知此为"白净王"（亦译净饭王）也。戴官本改"天魔"为"夭魔"，亦可笑。戴刻本仍作"天魔"，似是他后来觉其误也。

近研究《大典·目录》，以《四库档案》对勘，始知刘统勋等最初只读《目录》和序与例，乾隆帝也只见《目录》前十册与《大典》东冬等十册，故他们先都说了《大典》分韵割裂等等话，以后谁也不敢改口说《大典》中有整部不割裂的大书了。《水经注·提要》中说："各按水名，逐条参校"，还可以另作解释。但乾隆御制诗与序，则仍根据最初读《大典·目录》前十册的成见。以后，更没有人敢更正此说了！东原不幸乃蒙此恶名！若非《四库档》有乾隆三十七年十二月中刘统勋等的原奏（页六）与三十八年二月初十日的奏疏（页七）与二月十一日的上谕（页八），我们如何能了解此中曲折情形呢？

匆匆敬问

双安

适之　卅三，二，一夜

（1944年2月1日）

——《胡适遗稿及秘藏书信》第18册

# 一 致 王重民

**重民兄：**

前书写成而搁置许多日，可想见我对此书的踌躇。所以踌躇者，一因偶用"吠影吠声"古谚，我虽全无恶意，兄亦定能信我无恶意，然将来别人见了定会大生气，以为我在骂人。此虽是譬喻，亦不可不慎也。二因"打鬼"之喻，我二十年前已用之，也曾得罪人，亦是我想替换之一事。三因其中主旨似尚未说的透彻，我尚想改写一部分，而实在不得工夫。

今日得二月九日书，多谢多谢。

我最感谢的是你"忠实相告"，"总还觉着东原曾见过赵书，故能补赵纠赵，而成功为最精最后的校本"。这正是我最想知道的一点。前书所说，只是我忠实承认这种翻案之难。我深信戴、赵、全三人治《水经注》的成绩正是学术史上"不谋而合"的最明显的例子。此种"不谋而合"，在学术上有无数的先例。算术史上此例最多，故数学家每作一新论文，必急求印行，正欲避免沿袭之争也。在别种科学上，此例亦最多。最有名的为达尔文研究生物演化，积二十余年，因其人谦退，不自满足，故谦逊不肯即发表其巨著，但他的挚友皆知之。忽然在一八五九年，皇家学会收到Wallace的一篇论文，从远处寄来，其主旨乃与达尔文的生物演化论绝相同。学会中主持者皆大惊，乃强劝达尔文亦提一论文，与Wallace之文同时宣读。故当时称为Darwin-Wallace的演化学说。学者皆知"不谋而合"为常见之现象，又知此两公决无相袭之意，故无人疑甲之偷乙，亦不疑乙之偷甲。

在我的留学生时代，我曾作《尔汝篇》、《吾我篇》两篇，先写在《札记》里，后在《留美学生季报》里发表。其后《北大日刊》主任徐宝璜要求我许他逐日登在《日刊》上，其时颇引起一班学人的注意。又数年后，Karlgren（高本汉）始发表他的Proto-

Chinese: An Inflexional Language。其时林玉堂在欧洲留学，写信告诉他，说我数年前曾发表此两文。Karlgren 颇惊诧失望，因为他是一个颇骄傲的人。但他写信给我，并寄其作品，致相慕之意。我决不疑他曾见我之文，因为我深信，凡用同样方法研究同样材料（《论语》、《檀弓》之类），当然可得大致相同的结果也。

但若有人提出妄论，谓 Karlgren 必曾见胡适的两篇文字，而讳言之，则考据家虽有百口亦不能绝对证明 Karlgren 绝无得见胡适两次印行的旧文的机会。

举此一事，以见前书所以诉说"捉影打鬼"之难。此中关键，在于"雅量"之难得。段玉裁先失"雅量"，故引起后来百五十年的无"雅量"的攻击。无"雅量"作背景，则"成见"成了背景了。

我研究一切证据，在三个月之前已知攻戴者所提一切"证据"皆不是"证据"，皆不禁一驳。但我费了三个月的苦工夫，仍感觉缺乏绝对证据可以证明东原成书以前确不曾见赵书。

吾兄此函，正证明此理，故我最感谢。

我并不坚持"东原确不曾见赵书"的成见。但因为世人已有了百五十年的成见，故我若不从此一点入手，则千言万语终不能摧毁"偷书"的呼声。吾兄说他曾见过赵书，又说"不能谓为掠美"，此乃吾兄的"雅量"，非所可望于一般读者也。

故我现在仍持"东原成书以前不曾见赵书"的一说，作为我侦查此案的根本假设。如果我实无法建立此假设，则我在最后判决书里亦将老实声明此为未完全证实的假设。

承寄各书及各稿，现尚未到。先此申谢。

匆匆敬祝

双安

适之　卅三，二，十午

（1944年2月10日）

——《胡适选稿及秘藏书信》第18册

# 一 致 王重民

**重民兄:**

两得手书,多谢多谢。《东潜集外文》第二辑也收到了。今晨寄《跋陈劢》一文,想已到了。

此次无意中从《知非日札》得东潜一文,又从《韩门集》得东潜死年(甲申)之证实,均蒙吾兄赞许,我也甚为高兴。二十年读《韩门集》,见其《纪岁诗编》之分年编制,以为可以师法。章实斋向主张作文必系著作之年月,我在《实斋年谱自序》中曾特别引此论(《韩柳年谱书后》),亦以为可以师法。果然此二人今日大有助于我们!

我在三十年中,作文作书札,必记年、月、日,其法仿美国人通信的方法,至今以为最便。顷见吾兄信尾但记月日而不记年,积久便又烦考订了。不如用我的简法:"卅三,五,八",可省后来考订之功。(编者注:此处有眉批,"美国人通信必先记年、月、日。但作文作诗'必著撰述年月',西洋人亦难实行,尤其是商业化的出版业以'新'为贵,故刊出时往往讳其年月,尤以教科书为甚!")

即如东潜题全氏七校本云,"今秋下榻春草园",原文定有年份,为后人妄删,遂使后来考据家费如许时力,犹不能确定其在何年!故实斋之言真足取法:

> 故凡立言之士必著撰述岁月,以备后人之考证。而刊传前达文字,慎勿轻削题注与夫题跋评论之附见者,以使后人得而考镜焉。……前人已误,不容复追;后人继作,不可不致意于斯也。

东潜甲申二月病中的五篇文字,篇篇记年月日时,我因此推知他的《水经》校本到临死时还不曾完全写定,因为他已经过一番思想上的变化了。《五汶考》之一说:

古今水道变迁不常，自非目验不能悉也。余亲至泰山，观其图籍，访其脉络，粗陈原委。地理之学，谈何容易！乾隆二十九年二月十四日病中书。

此真是一大忏悔，一大觉悟！吾兄为东潜作《年谱》，不可不大书此语为此公一生的总赞。

岑抄《库》本赵书，其卷五"又有漯水出焉"上有红纸笺条，上书"抄至'入河'止，'又有漯水出焉'，不写。"其下页缺。另有一书手以别本（朱《笺》）（或项、黄本）补写草字，与全部之楷书不同，文字亦不接笋[榫]。——此国仅有此一部抄《库》本，无可比勘。我百思不得其故，但颇疑此亦是原稿最后尚有涂改未写定之一证。

前答嫂嫂一信，论"雠对之谓何？"一句，不知贤伉俪以为如何。此一点颇关重要，因为照我的翻译，王梓材此言是明说有冤报冤。"有仇不报非君子"，"无毒非丈夫"，种种心理都包含在这一篇得意忘形的短跋里。

张穆、魏源、静庵、心史都未免怀有为朱子报仇之心理。魏、王、孟皆有明文；石舟虽无明文，然我考其家世乃是理学世家，其集中最大文字为《莫晋行状》，此即是刻《明儒学案》最佳版之莫晋。

顷检齐戴案诉状，约有三十篇！但钩出其控诉之点实不过三四点，而所提证件尤为贫乏。其中绝大部分所谓"证据"，皆是我所谓未经证实的证件也。

故此案侦察虽费了半年，而判决应不大费事。乞告恒先生，短跋本月定可写成也（也许能提早）。

承问各文出版办法，我还没细想此事。我以为已成诸文皆太长，拟各作简括之摘要付印。其"长编"则留待将来为庆祝太平之用，何如？

匆匆问

双安

　　　　　　　　　　　　　适之　卅三，五，九夜

五月四日尊函提及董秉纯到北京是在乾隆三十六七年。顷检董与蒋学镛书，其中称邵晋涵、周永年皆为"庶常"，又有"去秋周庶常永年言愿录一部，曾假去半部，以仆出京中辍"。邵与周皆于卅九年（十二月二十三日奉旨准）授庶吉士，四十年散馆，四月二十八日授编修。似可证董入京在三十九年，出京在四十年四月廿八日之前。此书亦似作于四十年四月廿八日以前，故称邵、周为"庶常"也。乞指正。

适之　卅三，五，九夜
（1944年5月9日）

上周见国内新来的梁和钧兄（敬錞），他送我一卷敦煌写经，为《大般涅槃经》卷二。他日当带给吾兄一看。他是闽侯人，认得嫂嫂一家，与君劢夫妇尤相熟。适之。

——《胡适遗稿及秘藏书信》第18册

## — 致 杨联陞

**联陞兄：**

谢谢十七日的信。

这个 note 是因为国会图书馆要赶在六月印成《名人传记》下册，（否则印刷费得交还国会！）所以我在五月卅一夜赶"打"此稿。由朱士嘉、徐大春和我三人分"打"，所以错误甚多。我只改了一本，寄给 Dr. Hummel，以后我又继续写我的长文，就没有工夫改那副本了。不意反劳你作勘误，多谢多谢。

承你夸奖此文"大有举重若轻之妙",又说,"读过好像看过一场干净利落的戏法,舒服之至"。古人说,"成如容易最艰辛"(荆公读张籍诗)。我写此note,大有此感。从十万字中,缩写为此短文,其艰难真有非外人所能喻者。屡次起稿,最后始决定先撇开一切"官司文字",先从十六世纪写起,写到十八世纪的三大家,作为史实的叙述。然后写下篇,分叙十九世纪张穆、王梓材以下的"官司"。

最大困难,在于剪裁,在于割爱。如我作《全氏〈水经注〉辨伪》,凡举十五条铁证,而此note中只举一证,恐不足以服读者之心。有许多绝妙的证据,放进去,又删了,真有点舍不得。试举一证,供你们几位一笑:

《全校》本卷四,叶七,注文"立碑树桓",有伪全氏校云:

> 按桓多误作柏,何本疑之。今以《隶释》校。桓即碑也。

果如此说,此句岂不成了"立碑树碑"了!此句黄省曾本初出时,杨慎已指其误。何焯校云:

> 柏,《隶释》作垣,疑是桓字,谓树表也。

全氏曾《跋何校本》三次,岂至看不懂这十三字的校语!

赵氏《刊误》(二,5)有长考,先节引何氏此条,次引《说文》"桓,邮亭表也",又引徐锴《系传》"表双立为桓"。最后指出宋人写本避讳缺笔作"柏",转讹为"颖"。

全谢山何至不通如此!而作伪之人并赵书亦不读,真可谓大胆妄为了!

《全校本》之为伪造,最易证明。前人如王静安,孟心史岂非治学谨严之大师,所以不肯认此为伪书者,一因他们有打戴的成见,故不肯抛弃此一大堆打戴的武器;二则他们都没有费工夫去审查《全校本》,他们只读书尾张穆一跋而已!三则百年来学者多震于那五千字的《题辞》，《题辞》是用心伪造的，很不易看破。故丁山敢疑《全校本》而不敢疑《题辞》。

我到今年三月才寻到铁证，证明《题辞》之伪。《题辞》大谈经注互混，历举明例，真像煞有介事！而尾题"乾隆庚午仲夏……卒业于篔庵"，此真是"人莫踬于山而踬于垤"。全氏发明经注互混，乃在赵氏在北京之时，故"三千里驰书"，至京师告赵氏。而赵氏自言他"庚午六月十三"离家入都。（见他的《亡女诔》。）若全氏发明在"庚午仲夏"，则他们两人同在杭州，何必"三千里驰书"呢！

此条证据有"踏破铁鞋无觅处，得来全不费工夫"之妙。有此一证，然后《题辞》中种种漏洞都可以看破了。

前人都不肯费四个月的工夫去研究这四十三卷《全校本》，故此伪书案百年不破。

我研究此案，整整费了七个月，始能有定论。我极力撇开一切成见，不敢使这一百年来的成见影响百六十年前的史实。后来我才明白此案真相必须从十六世纪叙述起，必须先明白朱谋㙔、黄仪、胡渭、何焯诸人的《水经》成绩。然后可以明白十八世纪三大家的"不谋而合"乃是不得不然之现象。

此如海王星（Neptune）之发现，决不能从一八四六年二月廿三日德国 Galle 发现此星说起，也不可从一八四五年英国 J. C. Adams 与法国 U. J. Leverrier 同时独立的发表他们计算此星的方位说起。若求懂得此三个不同国的天文家何以能在一年之中，两个推算得此星的方位，一个窥见此星的存在，我们必须回头叙述一七八一年（六十五年前）天王星（Uranus）发现之后，如何天文家渐渐发见理论的计算与实测的方位不相符合，如何这个天王星的动向问题成为天文学界的一个聚讼的问题，如何先有人假定天王星的动向所以不合理论的计算也许是因为此星的动向受了别一星球世界的吸力牵引。必须先明白一八三〇～一八四五年间的天文学界大家都注意到这一个疑难问题的解答，然后可以懂得 Adams，Leverrier，Galle 三人之"不谋而合"

的结果乃是不得不然（inevitable）的现象（第九行星的发见，其历史与此正同）。

中国学术史上，此类独立的研究而得同样结果的例子太少，故百年来学者对于《水经注》案都不免有"见骆驼谓马肿背"的情形。只有段玉裁是自己做 original research 的人，懂得学术研究自有此种"不谋而合"的事。他自己这一门学问（古音）就有他亲见江有诰的新发现与戴震、孔广森"不谋而合"（见他的《江氏音学序》及《与江晋三书》）。所以他晚年作《东原年谱》，就完全抛弃他早五年的疑心，而明白承认赵、全、戴三家为"不谋而合"。

江有诰的发见，最可供比较。戴虽是段师，而段氏在古韵学上先发见"之、脂、支"之分，戴至晚年始接受其说。故在古韵部的分别，顾为一期，江永为二期，段为三期，而戴与孔广森、江有诰、王念孙父子同属于段氏后之第四期，同建筑于段氏基础之上，独立有所发见，而结果互相同。此与全、赵、戴同从朱谋㙔、胡渭的基础上出发，而结果相同，最可借鉴。治《水经》者工具相同，与治古韵者同用《三百篇》为工具，正相同。"古音之学以渐加详"与《水经注》之学以渐加密，亦正相同。

此为历史的方法，正是"戏法"巧妙，说破了不值半文钱也！康桥诸公定能赏识此理，故不惜辞费，写此节本供诸公大吃中国菜之后的谈助而已。

周一良兄得博士学位，乞先代道贺。

并问

安好，并问

康桥诸公安好

适之　卅三,六,廿一

（1944年6月21日）

——《胡适遗稿及秘藏书信》第20册

# 一 致某某 ①

① 此函前原有一编者按："这是适之先生最近自纽约寄给昆明朋友的信，考证精详，解决了中国思想史上一个重要的问题，特在本刊发表。我们好久没有读到适之先生的文章了，想读者一定是欢迎的。"——编者

这两年之中，本意是想把我的《中国思想史》写成。但写到一个时期，往往被一些小问题牵引去做点小考证。这些小考证往往比写通史有趣味的多，于是我就往往入魔了，把写通史的工作忘在脑后，用全力去做考证。所以说起来真惭愧，我的思想史成绩很少，只积下了十多万字的小考证文章。

其中最大的一个考据问题是"审查戴东原赵东潜水经注疑案"，足足费了我七个月的笨工夫，往往"废寝忘餐"，夜间做工到天亮！美国各大图书馆的中文书籍真多，大家都热心帮忙，所以我收集了近三十种《水经注》的版本！这是北京极盛时代也不容易做到的。有些本子颇出意外，如赵东潜的《水经注释》有抄本（四库本）与刻本之不同；刻本又有历次修改的不同，所以我决先搜集赵书的本子，居然收到了这些：

1. 四库本 岑镕抄四库本（Princeton）
2. 乾隆五十一年初刻初修本（Chicago）
3. 乾隆五十九年修改重印本（Congress）
4. 光绪六年张寿荣参用初刻本与五十九年翻刻本（Harvard columbia）
5. 光绪六年章寿康翻五十九年本（Princeton）
6. 王先谦合校水经注（所用赵本乃是一种初刻本，但他不曾严格用此本）（Congress）

有了这些本子，我稍用一点"笨工夫"去比较，居然解决了不少的问题。

在Harvard大学，我得了一部过录"东逪氏"校改残本，原来就是戴东原的乾隆三十年"自定水经"的过录本。

我费了七个月的笨功夫，才知道这百年来的大学者，——张穆、魏源以至我们最敬爱的王静安、孟心史，——

都不免动了正谊的火气，都为"打抱不平"一念所蔽，都犯了东原所谓"去私不先去蔽"的大毛病，所以把他们平日治学谨严的方法工具都丢在脑后，所以做了一大堆"无证之证，无据之据"！

最有趣的一个例子是他们都承认薛福成在一八八八～九刻的"全氏七校水经注"是重要证件。静安先生且说："全氏书刊于宁波，于是戴氏窃书之案几成定谳！"

我读"全氏水经注"日日发现其作伪证据，其作伪之痕迹最明显，最粗浅。静安、心史若细读几卷，必可证明其为"恶意的伪书"。但诸公皆抱着"正谊"的公心，都不肯抛弃这一大堆打倒戴东原的武器。

昆明未必有《全校》本，我试举一例，供诸公一笑。卷四，叶七，注文"立碑树桓"《全校》云：

按桓多误作柏，何本疑之。今以《隶释》校。桓即碑也。

全谢山何至不通如此！何焯校本本已明说：

"柏，《隶释》作垣，疑是桓字，谓树表也"。

赵氏改作"桓"，"刊误"有长考，引《说文》及徐锴《系传》以证何焯之说。作伪者荒谬浅显如此，而百年中学者皆不曾发现此种种作伪实证，都因为读《全氏水经注》者皆不肯读此四十卷的内容，但读附录之张穆《辨诬》一文而已！

丁山兄颇疑此书之伪，但亦不敢疑及此书卷首之"五校本题辞"。我细细研究，始知"题辞"五千文，也是完全伪造的。我有《全校水经注辨伪》一篇，长至四万字，举出十五个铁证，证明此书从头到尾是伪造的。

证明全校本之伪，是为全谢山洗冤。

证明赵书刻本与库本确有不同，刻本在一七八六～一七九四之间屡有修改。但修改皆在文字微细处，目的在求完美，凡书中大贡献，如经与注的更定，并未有改动，库本可证。此是为赵东潜洗冤。（段若膺在嘉庆十四年曾致书梁曜北，疑梁氏兄弟校刻赵书时，于"经注互讹之处，勇于从戴，以补正赵书"。他后来在嘉庆十九年作东原年谱时，已自改其说，认赵、戴为"未相谋面，所言如一"。段死后，编集者误收段致梁书，而不附载梁氏答书，又不记出段氏已自改其说，故后人继续攻段，间接乃更攻戴。此编集者之大过也！编集者竟误收戴氏《记洞过水》一文为段文，其荒谬可想。然此书之存在集中实为百年官司之导火线。张穆之说则更诬枉赵书。故我为赵氏一洗此冤。）

证明戴东原决未见全书，赵之书，是为东原洗冤。（这一层全靠仔细比较本子，勘校文字。）

我费了七个月的"笨工夫"，居然能替十八世纪三个大学者洗清五百年的冤枉，总算一件快事！……

三十三年七月十七日

（1944年7月17日）

# 一 致 王重民

**重民兄：**

谢谢十一月廿五的信及附件。

杨昌霖、李克家两传稿奉还。《杨传》僭改去"捐馆"二字，使与下文一致。鄙意以为作简明的文言文，总以不用"捐馆"一类的替代字为是。杨昌霖与戴东原遭遇相同，而身后名竟埋没不见于记传，若非吾兄作传表章，我竟不知他有这么多的《春秋》古说辑本。这可见"显微"的工作真不可不做。

又鄙见以为吾兄写此种小传时，最好随笔添注所依据的书籍，以便后来自己可以复勘，并且可供后人的复勘。此为旧日史馆成规，亦是世界学人通例。随笔记注毫不费事，而可以省自己与别人无穷的精力，似可试行之，使养成"注出处"的习惯，如何？

如钱宾四所记赵东潜生卒年，他当时若随笔记出处，何至使孟心史、郑天挺诸君与你我费那么多的时力去寻检？

又如邓之诚先生的《骨董琐记》，曾记蒲留仙作《醒世因〔姻〕缘》小说，我去问他出处，他回信说是缪荃孙说的；后来他又说是缪荃孙亲听见丁晏说的。过了多年，我才知道此条是他抄杨复吉的《梦阑琐笔》（《昭代丛书》）！缪荃孙与丁晏云云，都是邓先生的误记！（胡适《论学近著》页三四七～三四八；又三九一～三九二）此事给了我不少麻烦，故特别写出作例子。

近日已读杨廷筠、毕拱辰、王征诸传，与前册徐、李诸传合看，甚感觉那个时代一班有心人的严肃诚恳的态度至可敬爱。我在 Chinese Renaissance（pp. 廿八、卅）曾特别对此时代表示敬意。我引徐光启一段话（页三十），最可表示这班有心人的用意。今读尊作杨廷筠传所记真实社以下半页，更可见他们当日都曾比较佛、基两教，而得到深刻的优劣定评，然后决心归天主教。《超性事实》，我未得读，将来很想一读。（此期天主教徒的遗著有孤本在海外的，兄曾照相否？）

尊作诸传都甚精到，甚佩。

"俵散"，在我们徽州尚有人说，俵读如票。有时单用"俵"〔票〕字，就够了。例如说："这四只包子，你拿去俵给他们四个人吧。"

你民十二年考北大的故事，我渴想你用漂亮的白话写出来。一定很有趣味！

我很盼望你将来能到那恢复后的北大去教授，并且盼望你（无论将来到何地去）在此时计画将来愿专力领导的研究学科。我认得吾兄这多年，只觉得你读书最勤最博，几乎无所不知。但我至今不敢说你将来治学会专向那一条路。便中很想听你自己说说这个问题。

匆匆敬问

双安

　　　　　　　　　　　适之　卅三，十一，廿七夜

　　　　　　　　　　　（1944年11月27日）

　　　　　　　——《胡适遗稿及秘藏书信》第18册

# 一九四五 <sub>年</sub>

## 一 致 王征

**文伯吾兄：**

昨天丁声树君从国内来，带有孟真的一封信，中有两句这样
的话：

> 究竟我们还能见面否？也很难说。大约是不易了。

我看了有点不好过，所以今天写这短信给你谈谈天。

听说你不久就得离开纽约去等候飞机；我八日早晨才能到纽约，
也许赶不上同你见面了。只好等到在国内见面了。我没有孟真的悲
观，我相信你和我都还可以工作二十年。

这几个月，我没有机会找你谈天。听见哈德门太太说，你近
来兴致和精神都好的多了，我十分高兴。如果你这一度远游的一
种成绩是你的身体健康的开始恢复，——即使不能得着去年我们
所说的"脱胎换骨"的奇迹，——那也可以算是很值得纪念的了。
我们家乡有句土话说："留得青山在，不怕没柴烧。"我到了中年，
才感觉（不够深刻的感觉！）身体是"青山"！

我去年七月下半始感觉脉搏异常的不规则，常有停跳，有时
一分钟内有七八次或十二三次的"跳过"。因为我有点关心此事，
更觉得越吃药越不灵了！

十一月上课之后，我嫌一天三次吃药的麻烦，先是忙的忘了，
后来竟故意全把吃药停了。奇怪的很，我的脉搏异常的现象居然

333

全好了。也许是吃了三四个月的药的功效；也许是每天忙着预备讲义，把病鬼吓跑了！总而言之，这病好像是好了。老兄回去国内，见着各位朋友，请代为报告这个好消息。

关于我们曾讨论的一个问题，我近来也偶然想想。我还是感觉今日国内的朋友们太注重大规模的建设计画了。套一句老话："为政不在多计画，在力行如何耳。"这一句两千年的老话，在今日仍有一部分的真实性。大乱之后，应该多注重与民休息。政治的纲纪不可不立，经济的骨干不可不有，交通的纲领不可不完成。然而"天网恢恢，疏而不漏"一句话源出于主张自然无为的老子。后人多注重"不漏"二字，而忘了"恢恢"二字，和"疏"的一字。疏是不细密，恢恢是大而宽。"恢恢而疏"，老百姓才能充分发展其自身的能力，从各方面谋生存，谋树立，谋发展。我曾听我家乡老辈说他们的祖上在太平天国乱后的恢复情形，故深信老百姓有此恢复能力。所虑者"天网"或太密耳。

这不是反对计画，只是学旧日八股先生说的"姜不可不食，而亦不可多食"的老调子，或者仍为老兄所笑耳。

相隔这么远，不能飞回来同老兄作最后的畅谈，真是憾事。只盼望老兄保重身体，爱惜精力，为国家珍重。

国内许多老朋友，请代为致意问好。

敬祝

老兄一路平安

适之　三十四年二月三夜半后

（1945年2月3日）

——《胡适遗稿及秘藏书信》第18册

# 一九四六 <sub>年</sub>

## —  致 张元济

**菊生先生赐鉴：**

别后八年多，真如同换一世界！

常从小芳处得知先生近况，至以为慰。

适近年颇研究百年来学者聚讼的《水经注》案。费了两年的工夫，始知张石洲、杨惺吾、王静安、孟心史诸公皆为成见所误，不曾从版本比勘上做工夫，故不免大动火气，厚诬古人。适在此邦借得黄省曾、吴琯、朱谋㙔、项纲诸刻本，又得先生影印之《永乐大典》本，又得甘泉岑氏抄出的《四库》本赵东潜书，又得东潜书的初刻本（乾隆五十一年），修改本（乾隆五十九年），与戴东原两本对勘，又与薛刻《全氏七校水经注》对勘，并参考明、清四百年的郦学成绩，始知前辈诸公都不曾用充分时间比勘这五六百万字的主要案卷，所以都不免"以理杀人"。适所得结论，其主要之点如下：

（1）薛刻"全氏七校"，完全是伪造的书；其"五校题词"亦全是伪作。

（2）赵东潜之书，《四库》本与初刻本有大差异，与乾隆五十九年刻本有更大的差异。其《附录》两卷，《刊误》十二卷，校刻时尤大有更动。（《刊误》卷一即增加了三百九十字的校语，其"自序"也是《库》本所无。举此一卷，可例其余。）魏源自言曾比勘文汇、文宗两阁之赵书，实是诳语。孟心史先生检校《库》本，仅校五条而止，故谓赵书"校刻时未动《库》本一字"，亦是大疏忽。梁氏兄弟校刻赵书，确曾大有改动，有几处确是用戴本改赵本。（例如卷二的首条经文，"河水又南，入葱岭山"，《库》本与初刻本皆作"入"，而乾隆五十九年修改本则作"出"。此非小改动也，而《刊误》无一字说明。）

（3）赵东潜书所有改动，都不关经注之更定。赵书确是一部重要贡献，其更定经注，与戴本相同至百分之九十八九，皆是独立得来（全氏与赵氏合作）。其校订字句，则往往因藏书丰富之故，优于戴本。

（4）戴东原确未见赵氏校本，其证据甚多，绝无可疑。

（5）官本《水经注》之《提要》，乃是乾隆三十九年七月以后"另办"，之定本。《水经注》初校上在三十九年二月，高宗《题水经注六韵》诗作于三十九年二月十六日或十七日。御题之诗有自注与自序，皆咬定《水经注》之《大典》本是割裂分列各韵的，又斥郦道元记濡水源流与所经郡县之误。此皆皇帝之大错，而四库馆大臣不敢正其非。故此事至是年七月尚有争论，后来决定交别人"另办"，皆见《于文襄手札》墨迹第三十四札与四十四札。今之《提要》定本乃是皇帝题诗之后引起的改本。（其校上年月为三十九年十月，其中述《大典》情形与濡水源流皆有意为皇帝弥缝错误。）本书卷十四濡水篇有增入校语三条，特别斥驳郦道元而颂扬御制《热河考》与《濡源考》，皆可证当日四库馆为御题诗引起"另办"的为难情形。（皇帝谓濡水不经过白檀、要阳，乃是误认汉时二县与北魏二县为皆在今密云县。杨惺吾已指出此误。）

（6）杨惺吾与孟心史、王静安皆为成见所误，其论断此案，无一条不误。

知先生曾注意此事，故偶述近年研究所得，以释百年之疑窦。将来归国（约在三月中起程），当详细陈述，以请教于先生。

小儿祖望先归国，敬嘱其到府上问候起居。相见不远，伏乞珍重。

胡适敬上　卅五年，一月，十四夜

（1946年1月14日）

# ── 致 刘修业

**修业嫂：**

谢谢你的长信。

援庵先生的议论很公道，我很赞成。

你说的"分寸"，最是许多学者容易忽略的一点，所以我常说：

有几分证据，说几分话。

有一分证据，只可说一分话。

有七分证据，只可说七分话，不可说八分话，更不可说十分话。

关于"以世次为后先，以短长为小大"，你的解释最明白。吴序不能表出"每调之下，以世次为先后"之意。陈序也不能表出"以短长为先后"之意。两本各有得失，似不能说是陈氏"没有明白吴氏原意"，因为吴氏原意并不难懂。全书以短长为次序，开卷便可了了。故改序文时重在"每调之下，以世次为后先"一个意思，而文字不够清楚。

《搜山图》是写二郎神搜山除妖的事。二郎神即灌口二郎，《西游记》把他当作玉帝的外甥，《封神榜》里把他当作玉鼎真人的弟子杨戬。两书里都有二郎神除梅山七怪的神话。这都是搜山除妖的故事的一部分。吴射阳《搜山图歌》里的清源公即是二郎。

明人有《二郎宝卷》，宣演二郎故事。

吴氏此歌里有"轩辕铸镜禹铸鼎"之句，可与《禹鼎志》题名参看。

二郎神的演变，我曾有意搜集材料，作一研究。但终不得暇作此事！如二郎本是灌口筑堤兴水利的李冰之子，本是一个"地方的神"，后来居然变为全国的大神。后来怎样成为杨戬呢？

我曾提一假设：宋时祀二郎神，必须撮土一块，此犹是灌口筑堤有功的神迹的遗痕。徽宗的诸佞臣之中，杨戬有刮地皮的本领，民间大概曾给他起绰号为"二郎神"，即指此撮土祀祭的遗风，后来就认二郎神姓杨名戬了！这个假设很好玩，可惜现在我全不记得我的根据了！

《先府宾墓志》似是故宫编者一时误改为"府君"。将来可查原刻本。

匆匆敬祝

双安

适之　卅五，三，七夜
（1946年3月7日）

## 一 致 柯莘麓

**莘麓兄：**

谢谢你送我的徽墨，又谢谢你几回寄我的信。

熊十力先生本是北大教授，我们都很爱敬他。他身体不好，不喜欢北方的冬天，所以他一时不能北来。

杨桃岭的修理，如款项不敷，望告我们，当早日设法加捐。

我有一小事奉恳，请你告我，家乡是否有名件一个名词？其正确用法如何？我好像记得家乡人祭祖宗时，祭桌上的香炉、烛台各件，总名为名件。故有三事名件、五事名件之语，省称为三事件、五事件。此意是否不误？又凡坟前祭器，是否有名件之名？此各事敬乞便中赐示，至感。

承示七言诗，谢谢。你用的土音，故四个韵脚在四个韵部，实

不押韵。旧诗各体都不易作，非有多年苦功，不易成诗。律诗大不
易作。既作律诗不可不知诗韵。也不能不讲对仗。大概旧体之中绝
句尚可使用，但也不容易作的好。当多多读名家的绝句。匆匆敬问
府上都安好。

适之敬上　卅五，十一，四<br>（1946年11月4日）

冬秀道候

——《胡适研究丛录》

# — 致 江冬秀

**冬秀：**

　　谢谢你的信。你托人带的衣药，现在还没有到。

　　南京冻坏我了！中央研究院烧不起煤，至今还没有暖气。我
屋里有一个炭盆，总算是特别优待了。早晚都很冷。早上我怕起
床，晚上我怕进冷被窝里去。

　　我的左脚上好像起了一排冻疮，晚上有点痒。

　　到南京整一个月了。看这情形，恐怕不能赶回北平来过我们
的双生日了。这是第十个生日我们不在一块过了。那年（廿五年）
我在北京过生日，正是"西安事变"的时候，大家都不安心。
以后这九个生日，我在外国过的，也有很可纪念的。民国廿七
年的生日，我在医院病床上过的。民国卅年，我整五十岁生日，
是在珍珠港事变之后十日，我在华盛顿，有许多朋友来给我贺

寿，那是最高兴的一个生日。但我想起你在沦陷的上海，必定很困难，所以那天晚上客散之后，我也很不好过。

我的安眠药，差不多完了，只剩了四粒，明天要去买十粒来。

此地有暖气的人家很少。我到南京以后，因研究院没有炉子，所以不敢洗浴。后来洗浴总是到梦麟家去洗，因为他家洗浴间里有个小电炉。

国民大会现定十九日完，我大概廿日左右可以北回了。

你的毛大衣，不可卖掉。我已由兴业银行汇了壹百万元给你了，想已收到了。

毛袜子我只带了一双，你寄的两双正得用，我盼望早日收到。

福来有信来，说他已到了我家。

莘麓有信来，说他母亲十一月卅日死了，享年七十八岁。他的信上说起杨桃岭的工程，本年可修成六十丈，需款约二百万元。还有难走的一百余丈，据昭信说，还要五百万元。

他另有信给你了。

祝贺我们的双生日！

适之

（据邮戳，此信于1946年12月16日到北平）

——《胡适遗稿及秘藏书信》第21册

# 一九四七 <sub>年</sub>

— 致 傅斯年

**孟真兄：**

我因为发气管炎，发了几天烧，在床上睡了五天半，大綵走时，我也没送她。冬秀送了她回来，才得你的电报，报告你已经出院了。那天（四日）大綵搭上午九时的特快车走的，下午的特快车上就出了劫车的案子！

你受托转致我的密信，我曾细细想过，结论是：我因为很愿意帮国家政府的忙，所以不愿意加入政府。蒋先生的厚意，我十分感谢，故此信所说都是赤心的话。

我在野，——我们在野，——是国家的、政府的一种力量，对外国，对国内，都可以帮政府的忙，支持他，替他说公平话，给他做面子。若做了国府委员，或做了一院院长，或做了一部部长，……结果是毁了我三十年养成的独立地位，而完全不能有所作为。结果是连我们说公平话的地位也取消了。——用一句通行的话，"成了政府的尾巴"！……

这个时代，我们做我们的事就是为国家，为政府，树立一点力量。……

十月里我有一次到行政院去看翁咏霓，秦景阳也来了，他们坚留我坐，说，这是他们聊天的聚会，每天都是聊天，无一事可办。我坐了一点钟，听他们聊天，心里想："这是中国两个最有脑力的人才，干吗不到一个学校或研究室去？干吗要把他们困在一个完全自私自利的宋子文手下吃闲饭，聊闲天！"……

我觉得小党派的人才实在不多。……

蒋先生应该充分抬出党内的最有希望的自由分子，给他们一个做事的机会。行政院长必须换人，雪艇、哲生都比子文高万倍，都可以号召国内与国外的同情支持。若用子文，则国内无以号召，美国借款也借不成。若有人至今仍相信美国借款非宋子文不可者，乃是坐在鼓儿里做梦。

这是国民党训政最后一年的政府，国民党岂可不冒一点险，抬出一个"全明星"（all star）的政府来给国人与世人看看吗？国民党要做广告，这是最好的广告机会。国民党要为将来做竞选工作，这是最好的竞选机会。

①
指马歇尔
（Marshall）。
——编者

故这一次改组政府，必须以国民党的第一流人才为主力，配上三五个小党派与无党派的人才，就像个样子了。为国外的号召计，似以哲生组阁为相宜，雪艇次之。我不是偏袒此二人，实以我九年的观察为根据。

外国人对我国的观察也有未可一概抹煞之处。例如老兄不喜欢马帅①，但我曾听一个美国朋友说，马帅对中国人士向不下明白坦率的判语，惟对于罗隆基，则曾坦白的说此人一无可取，且不可靠。此可见马帅不是瞎眼人也。

今天第一天起来，写此长信奉复。因为信中颇捧雪艇，故不给他写信，还是直寄给老兄。我大约三月初旬南下。两个会开完了就回来。余又荪兄的事，我还想请他来北大，望仔细考虑后见复。匆匆问
双安

适之　卅六,二,六日
（1947年2月6日）

——《胡适研究丛刊》第三辑，
王汎森：《史语所藏胡适与傅斯年来往函札》

# 一 致 张元济

**菊生先生：**

今天得二月六日手书，敬悉先生足瘃已痊，眠食尚可，至以为慰。

大作《中华民族的人格》，在美时曾收到。当时即拟作答书，略陈鄙见。已起草了，后因当时太忙，不及修正，始终未寄出。现在运回诸箱，尚未全打开，故不曾寻得旧稿。大意是说，大作所收八人，大都是复仇侠士，与杀身成仁的志士，范围稍嫌过狭，不曾顾到中国民族的积极的、建设的一方面。原稿中曾拟一名单，侧重此建设有为方面的人物，如马援、诸葛亮、陶侃、王导、魏征、陆贽、范仲淹、韩琦、王安石、张居正诸人。后来还觉得这单子不够，还想加上一些人，如孔子、墨子、汉光武、唐太宗、宋神宗。此稿未写成，因议论稍长，见解又与先生当日困居上海"孤岛"的情绪不同。故颇欲以适当日海外所见比较乐观的情绪稍解国中师友的悲怀。但终以百忙中不得写长文，故始终只存轮廓，未能写定寄出。

当日拟作此文的用意，并非不赞成先生提倡这种杀身成仁的人格的用意，只是要补充尊旨，扩大原来的范围，兼收一些可以做积极事业的人物范型。此意想可以得先生的许可罢？

当年曾与孟心史先生谈此问题，他提议要收集中国士大夫之嘉言懿行，其用意与先生正相同。（原讨论之中，有两篇收入适的《论学近著》——商务出版——一为《领袖人才的来源》，一为《论六经不够作领袖人才的来源》，先生曾见之否？）大作《中华民族的人格》恰在已开之书箱内，故已检出上架，请不必赐寄。先生的白话文写的明白有力，佩服佩服。我最盼望先生能写一部自定的年谱，留给我们后辈作个模范。

去年承傅沅叔先生借校他所藏的残宋本《水经注》七册，我用来校《大典》本。初仅校记宋本与《大典》的异同，后来觉得如此校勘太简单，无大用处。故改用黄省曾、吴琯、朱谋㙔、谭元春、项绚、赵一清、戴震七本，与残宋本、大典本，共九本，参合校勘。先记宋本与《大典》之异同，次记黄本误字或改字，次记吴琯本订改之字，次记朱谋㙔本订改之字，次记谭元春翻刻朱笺时订改（依朱笺订改）之字，（项琯未见南昌原刻《朱笺》，只据竟陵刻本，故谭刻为项绚、黄晟两本的底本）然后可知赵、戴之前各本沿革的历史，然后可知赵、戴二公的贡献何在，是非得失何在。如此校勘，费时颇多，但所得亦极多。现已校完宋本四册，已完大半了。将来此校本大有用处，小之可以解释《水经注》四五百年的争论；大之可以"还原"一个比残宋本与《大典》本更古的祖本。

试举一例：《大典》一一一三三卷，十二叶上十二行：

观者升降耶阁，出入虹陛，望之状岛没峦举矣。

最后五字，残宋本作"岛没鸾举矣"

黄省曾本"岛没鸾举矣"

吴琯本改"凫没鸾举矣"

朱谋㙔本"凫没鸾举矣"，朱笺引谢兆申云"一作鸟没"。

即此四字，可见《大典》本与残宋本不同底本，而《大典》的底本为优。若作"还原"工作，则最古本应作"岛没峦举"。南宋翻刻本误峦为"鸾"，以后各本不知"鸾"是误字，纷纷臆改岛字为"凫"为"鸟"。孙潜本用朱笔改"鸟"字，是误从谢兆申说；袁又恺本用藤黄圈"岛"字，是他所见本与残宋本同。戴震本仍作"凫没鸾举"，他曾见《大典》本而不注意此"峦"字，是其大疏忽处。

在此天地翻覆之日，我乃作此小校勘，念之不禁自笑。姑写陈先生，以博先生同情之一笑。

匆匆敬祝

先生起居胜常，并问拔可、经农诸先生安好。

胡适敬上 卅六，二，十四日

（1947年2月14日）

——《胡适遗稿及秘藏书信》第19册

## ── 致 傅斯年

（前残缺）

我得到你二月五日信后，即于七日寄一长信，想已收到了。此信有何下场？是否已给蒋先生看了？（我想，也许你会给他看，故信中不提尊函所说各点。）便中请给我几句。

今天收到你寄来的《世纪评论》第七期，已读了你的大文，痛快之至，佩服佩服！

此文足为《世纪》光宠，也大可以为《世纪》登广告。我等着要读你的第二篇大文。

你对我前信所谓国民党为主体的"全明星"的新政府，我想是大致赞同的吧？

我也看了你寄来的《文萃》两期，实在看不下去，因为文字太坏了。听说郭沫若要包办七个副刊，专攻北大和我。

大綵还在船上，她倒很乐观，给大缜信说，"同船的人相处很好，已成了'患难之交'。船总会开的，我们多不着急。"大綵竟成了一个哲学家了。

匆匆

问安

弟适之　卅六, 二, 二十

（1947年2月20日）

今早听恭三说你注意北大学生多人休学事。特附寄统计材料一纸。实在休学者只有二百多人。外传八百多人，全不确。

适之

——《胡适研究丛刊》第3辑，

王汎森:《史语所藏胡适与傅斯年来往函札》

— 致 王世杰 ①

**雪艇兄:**

今日分别后细细想过，终觉得我不应该参加政府。考试院长决不敢就，国府委员也不敢就。理由无他，仍是要请政府为国家留一两个独立说话的人，在要紧关头究竟有点用处。我决不是爱惜羽毛的人，前次做外交官，此次出席国大，都可证明。但我不愿意放弃我独往独来的自由。

我出席国大，是独往独来的。若我今日加入国府，则与青年党、国社党有何分别？

国府委员而兼北大，尤为不可。当日北大同人要孟邻辞

① 此时王世杰到东北去视察，蒋介石要他先到北平看胡适，再次劝胡适参政。这是他们谈话之后，胡适补写此信。——编者

去北大校长，是根据孟邻自定的"大学组织法"。我决不能解释国府委员不是官而兼北大校长。

我愿意做五年或十年的北大校长，使学校有点成效，然后放手。此时放手，实无以对北大同仁，亦对不住自己。

……

总而言之，我请求蒋先生容许我留在此地为国家做点有用的事。

我怕老兄要发电报，故赶这短信给你。

匆匆敬问

双安

弟适之　三十六,二,二十二夜十一点

（1947年2月22日）

——《胡适之先生年谱长编初稿》第6册

# ——致 傅斯年

孟真兄：

谢谢你廿日的信。

雪艇过平，曾谈两次，他曾受命劝驾。昨晚我写信给他，大意说："院长决不敢做，国府委员也不决敢做。理由只是要请政府为国家留一个两个独立说话的人，在要紧关头究竟有用处。我决不是爱惜羽毛的人，但我不愿放弃我独往独来的自由①……国府委员（因为雪艇私人猜想，这一件怕辞不掉）而兼北大，尤为不可。当日北大同仁要孟邻辞去北

① 此页空白处另有附语："我出席国大，是独往独来的。若今日得官，则与青年党、民社党的立场有何分别！"——编者

347

大，是依据"大学组织法"。我决不能自己解释府委不是官而不辞北大校长。……总而言之，我请求蒋先生容许我留在此地为国家做点有用的事。……"

此事颇急迫！务乞老兄为我出一点大力，打消此事。

亭林诗文两则，都读了。

我看老兄错解了"荒山书院有人耕"一句。以下文观之，此句是说书院已成了荒山，故有人耕？

协和董事会三月十二在京开会，拟借中央研究院会议室。三月十四则为中基会。两会完了，我即归。但闻改组政府事恐须于三月十日前发表，故我说"急迫"，又甚感"严重"。

弟适之　卅六，二，廿三夜

（1947年2月23日）

——《胡适研究丛刊》第3辑，

王汎森：《史语所藏胡适与傅斯年来往函札》

## — 致 傅斯年

**孟真兄：**

在京五日，备承兄与大綵殷勤相待，十分铭感。

十九早到上海与垚生、叔永诸友谈。我看叔永大概可以赞成中基会借美金与北大的办法。美国董事之中，Greene 必能赞成，Brodie 也许可以赞同。我不放弃此一条路。

廿日早八点到机场，等到下午一点半，始终不得北平天气变好消息（每小时四十六英里的大风），下午一点半才决定不飞。

廿一早北飞，因有逆风，故飞到时已两点了。一切平安，乞释念。

关于我参加改组后之国府委员会问题，我在廿夜曾写信给雪艇，劝慰他受党老爷的委屈，并请他用他的大力替我求免。

廿一夜与锡予诸兄详谈此事，他们都主张我不参加为最好。

今早市府送来蒋先生三月五日托仙槎面交之手书，其中一段云：

……惟改组后之国民政府委员会为集议决策机关，并无行政烦琐工作，其职权大于参政会，而性质则相同。且系过渡时期机构，为期不过数月。倘先生并此而不参加，岂惟政府决定政策之最高机构失一重大助力，一般社会且将不免致疑于政府革新政治之诚意。用敢重违尊意，推定先生为国府委员。倘因时间匆促，不及于发表前商得先生之同意，尚望体念时局之艰难，务请惠予谅察，是为至荷。

我看了这信，颇受一点感动。今晚（廿二）锡予、树人、华炽诸人在我家中。我把此信给他们看了，他们都觉得我怕不能逃脱国府委员的事。我回想自从老兄出病院后第一信至今，近两个月，我已辞谢了六次，两次由兄转达，两次由雪艇转达，两次我自己面达，——结果只能逃了做你的近邻一事。国府委员一事，十八夜曾托骝先兄出力，廿夜又函托雪艇出大力求免。我看那天（十八）下午蒋先生的口气，与此函的口气，怕是逃不了的了。

在沪所闻，知所谓无党无派的四个国府委员，是我和陈光甫、莫柳忱、胡政之。光甫是一九三八～一九四〇在美国借得第一二次借款，为美国前财政总长摩根托最敬信者。余三人即马歇尔心目中所谓"中国自由主义者"也！此讯如确，则此四人皆是对美国人的幌子。即上函所谓"一般社会"，其实仍是对付国外为多。

此事于我个人绝无益而有大损失，于国家除了"充幌子"之外亦无其他用处。但我的子弹已用光了，不得不求教于炮手专家。若老兄别有奇"兵"妙计，可以保护小人安全出险，则真是大慈大悲的大菩萨行了！

寄上 March 10，47 的"Time"一页，你见了没有？此期的 p.5，p.12，p.15 都不可不看。

又寄上 P..23，此页有关于"血压高"，并提及 Los Angeles 的血压专家 Dr.Harry Yoldblatt，亦乞一读。我当写信与金山及洛杉矶二位领事，介绍你去看看。

匆匆敬祝

双安

弟适之　卅六，三，廿二夜
至廿三下午完
（1947年3月22日）

——《胡适研究丛刊》第3辑，
王汎森：《史语所藏胡适与傅斯年来往函札》

## — 致 郑华炽

**华炽吾兄：**

这回学期考试成绩，不及格至二分之一者竟有一百二十五人之多。先修班不及格的也有六十人之多。教务会议经过几次郑重的考虑，才决定依本校学则的规定，予以退学处分。这完全是为整顿全校课业，提高全校成绩起见。我回平之后，听了先生报告历次教务会议详细讨论与郑重表决的情形，我当然十分了解，并且十分钦佩。

但我在这几天之内，曾接见好几批请愿学生，听了他们口头陈说的困难情形，并且看了他们书面的陈诉。我又听代理训导长贺自昭兄报告各斋舍不及格学生实际上的困难，与心理上的愁苦。他说，这些学生在这学期的中间，实在是无校可转，无家可归；即有有家者，亦无力可以回家。所以训导处诸位同事执行退学处分，颇感到事实上有困难，感情上也有所不忍。

我综合研究各方面的报告，觉得有几点似乎值得我们考虑的：

（一）本校本年上课较他校稍晚。故上学期考试成绩判定发表已在三月中，正当各校学期的中间，故这些退学学生实无学校可入，不免有失学之虞。而在现在经济困难情形之下，亦实多无家可归，无地可去。

（二）四年级学生不及格二分之一以上者有十七人之多，他们既无补考的机会，又无转入他校的可能，此种实际困难，似可予以考虑。

（三）不及格学生之中，有台湾学生，有八年沦陷区学生，也有沦陷十四年之东北学生，他们实有语言文字的困难。此次考试的结果可以使学校明了他们确需要特别的补习训练，但似乎不便骤绝其补习自励之路。

以上这些情形使我不能不有点踌躇顾虑，所以我很想请求吾兄与教务会议诸位先生，可否再给这问题一个考虑的机会？我深知道诸位先生维持学则与整顿课业的苦心。我也是教务会议的一分子，此次作此格外的请求，千万请诸位先生原谅。

至于补救的方式，我个人并无成见。但我观察上述各种情形，颇盼望诸公能容许不及格的学生留校察看一学期，使他们有个奋发振作自己补救的机会。这是一点私见，敬提供吾兄与教务会议诸公的参考。

弟胡适敬上　卅六，三，廿五
（1947年3月25日）

——《胡适遗稿及秘藏书信》第20册

## —— 致 傅斯年

**孟真兄：**

　　谢谢你的两封忠实恳切的信。你的后一信说，"前发电与信后，颇悔信中有些话说的太重，如'名节'等"。我们两人的关系，决不会计较到文字上的轻重问题。但我颇感觉你的主观太强，不很能了解我的情形。我所以自始不敢（不肯）用"北大同人坚决反对"的话，此中苦衷，你应该可以明白。我前年接受北大之事，曾说明我可以暂代到孟邻先生回校为止。我说此话时完全是诚意，因为我真不愿做行政的事。现在我虽然明白孟邻不肯回校了，但我总不愿留一个"我想北大同人拥护我长久留在北大"的印象。所以我回平之后，两三次与锡予、毅生、华炽诸同人谈，我从不敢提议请他们替我挡驾。到了快三月底了，我心里焦急，曾拟一个电报给骝先，措词侧重北大不应离开的理由。后来我觉得这电报应该分作两个电报，一个是我的口气，一个是北大同人的口气。而我自己终不好意思提议请汤、郑诸兄挽留我保护我，所以这草稿涂改几次，终于不好意思拿出来。后来你的电报与雪屏的信同日到，雪屏与毅生回来，毅生说起锡予曾有信给你，我才对他们说我有此意而终不便提议要大家挽留我。我的为难，他们也明白。到此时，我们才大家起草，我草我的电报，说"北大在此风雨飘摇之中，决不许适离开，道义上适亦不愿离开北大。万一命下之日，学校人心解体，不但北大蒙其害，亦甚非国家之福"。毅生、锡予、雪屏合草一电，说"适之万不能中途离校。……今日大局不安，教育界往往为不安之主因。适之在北大，对整个教育界之力量毕常重大"云云。此等话，我自己决不会自动的提议说出。这种心理，老兄似不很能了解。（三月十六日下午，我与孟邻谈了一点半钟，这是我生平最感觉most embarrassing 的谈话。这种心理，并非因我的"客气"，实因我对于孟邻的友爱与同情。）

至于政治情形，我总觉得我在海外九年，看事理比较国内朋友似稍客观。故对蒋公，对国民党，都比一般朋友的看法比较宽恕。我并不否认你的"经验"主义，但我因为没有这九年经验，故还保留一点冷静的见解。老兄主观太强，故不能share我的看法。试举一例。如老兄主张"现在改革政治之起码诚意是没收孔宋家产"。我的Anglo-Saxon 训练决不容许我作此见解。若从老兄所主张的"法治"观点看来，用法律手续做到"没收孔宋家产"，在Anglo-Saxon 国家里可说是绝不可能。若不用法律手续，则又不是我所想像的"法治"了。只可以用……"清算"方法了。老兄试想我此说有一二分道理否？

至于蒋先生所谓"他已答应了"，也有他的理由。我见他两次，第一次他说"我答应胡先生，国家不到万不得已的时期，我决不勉强你。话就说到这里为止，好吗？"我听了很高兴，我谢谢他，出来就告诉你们各位朋友，说"放学了！"这事在三月十三，你总还记得。第二次见他在三月十八下午，谈的是国府委员一事，我先已托雪艇回复谢却了，那天我又申请此意，并且指出他以前把张伯苓、翁咏霓诸人邀入党为中委的大错误，请他为国家保留一两个真正超然的人，亦是国家之福。他又申明，"不到国家万不得已，不来勉强我"的话。我临行时，又再三说明府委是特任官，需要常川任事。他还说他很能谅解我的地位，但他最后还说"这不是官"！

所谓"答应了"，就是我曾谢谢他说的"不到国家万不得已的时候，决不勉强你"一句话。后来雪艇也说，这话不是"放学"，是带个尾巴的！现在看来，雪艇是对的。这是一个解释的问题，我解作"放学"，而他（蒋）解作"有尾巴"的答应，故他可以说有他的理由。

老兄信上说："究竟他因何认为先生答应了，我全然不知。"其实我也全然不知。不过我想大概是如上所说，你看对不对？

至于雪艇之不肯再说，其理由甚分明。他有信给我，说他自己既已公开表示辞职，故我上海快信（廿日）所托的事，恕不能再代为出力了！

我也因为如此，又知你也有困难，故四电均用启密打给骝公。承他好意，为我连日努力，我很感谢。（得骝电后，我与汤郑诸兄又曾去电，故上文说四电。）

以上所说，因为老兄说到"话说的太重"，故赶紧作此函，要你知道我毫不感觉"话说的太重"，但此中实有我对北大，我对孟邻，我怀疑我自己在北大的重要性……种种embarrassing的情形，老兄似不了解为什么我不早用"北大同人"一种保障方法。（三月十六日孟邻曾说北大是我今日的一个保障，但我不好意思自己运用这个保障。）所以有此长信。想老兄能谅解。

老兄血压高，现在稍好了吗？切不可放弃你的下午睡觉办法。

弟适之　卅六，四，十晨

（1947年4月10日）

——《胡适研究丛刊》第3辑，

王汎森：《史语所藏胡适与傅斯年来往函札》

# — 致 傅 斯 年

**孟真兄：**

今天沅叔先生叫他的大少爷晋生兄来看我，说北宋本《史记》与宋本《庄子》都可让给中央研究院，价钱太大，本不敢全收，但因为近来家境实很窘，又因为沅叔先生想设立几处奖学金，——特别在四川，——所以他决定接受你的好意，接收一亿三千万元的提议。

他们只有一个附加条件，就是盼望你尽先把这部《庄子》影印出来。倘使在沅叔先生生前得见影印本出世，他定是很感激的。

如何交书，如何付款，皆听你酌定。沅叔是中孚银行创办人之一，款汇上海或北平中孚银行转亦可。

此事怎么弄到我身上来了呢？锡予（汤用彤）来看我，把你给沅叔的原信给我看了，说孙子书与沅叔家中人曾有点不愉快的关系，——特别是沅叔的姨太太对子书曾有恶感，——所以锡予、让之（余逊）主张此事由我出马去说。我说，孟真如此豪举，此事必可成功。我几日内就要去沅叔家吃饭，一定去办此事。

廿日守和借傅宅请沅叔吃酒，我早去半点钟，把晋生拉到旁边（因为赵斐云比我更先到了）把信念给他听了，（因为他认老兄的草字有点吃力！）请他收在袋里，晚上客散后再与沅丈细商，从容给我一个回信。

廿一日下午六点，晋生打电话来，说老人家和他细细商量了，决定照孟真先生的意旨办，他明天六点来看我。今天他来了，谈话大意已见上。

（那晚守和请的客人中有子书，他到的稍晚。席散后，我邀他同车回东城。在车上我把这事告诉了他，说孟真原要托他去说，

355

因为我这天忙，没有见得他，又因为今晚有此饭局，故我早来一刻，直接先说了。他很了解此意，并猜想此事大半可成。）

沅叔父子对此事似很高兴。我盼望你给他一信，许他影印《庄子》一事。

我此次居然得逃学，此中深得骝先、雪艇两公大力（他最后又去说一次，十七有电报告），已有电去道谢了。但你最后一信也有极大关系。我若不得你此信，决不能知道蒋公所谓"他已答应了"的心理。故我那天又去一短电，复蒋公由李德邻转去的长电，说，"前电亦实以国家为前提，务恳鉴察原谅"。十八日蒋有电来，说，"微电敬悉。此次尊重兄意，不克延致，殊为耿耿。若有两全之道，则必借重以慰群望也。……"

你们究竟何日出国，务乞早告知。

有一事又要请你代我想想。五月二十日参政会开会，我还未决定去不去。颇想在开会二三日后去应一应卯，稍住三四日即北回。但又怕引起别的纠纷。所以请你代为一决。因为我实在不知道南京目前的政治情形。

我也想在你走以前再得畅谈的机会，故极盼你告知行期，我若南来，或可以代带沅叔两部书去。

上次你信上说，血压又高，不知现在见好了吗？大家都很惦念。

冬秀要我特别谢谢傅仁轨先生送她的板鸭。

适之　卅六，四，廿二夜

（1947年4月22日）

——《胡适之先生年谱长编初稿》第6册

# ── 致 萨本栋、傅斯年

**本栋、孟真两兄：**

寄上我拟推的院士名单一纸，供委员会的参考。此中最有问题者，是"中国文学"一门。我仿佛记得上次评议会谈话会曾决定此门不推文学创作家。此次通告上没有说明，故我希望将来公告及选举时，此一门应附加注解说明，以免误会。

我此单里提出三位老辈：

（一）吴敬恒，他是现存的思想界老前辈，他的思想比一般哲学教授透辟的多，故我很盼望孟真、济之两兄能赞成把这位老将列入提出之内。（参考我的《文存三集》，"三百年来几个反理学的思想家"的"吴敬恒"一章。）

（二）张元济，他对于史学的最大贡献是刊行史籍与史料，他主持的《四部丛刊》与百衲本《廿四史》等，使一般史学者可以容易得着最古本的史籍与古书，其功劳在中国史学界可谓古人无与伦比。我曾想，百衲本《廿四史》的印行，比阮元的《十三经注疏·校勘记》还更重要。所以我也希望孟真、济之两兄考虑此老。

（三）傅增湘，——沅叔先生的校勘工作不算顶精密，但他终身做此事，四十年不辍，至少可以代表老辈的校勘学。他在搜集与保存古书的方面，是有大功劳的。关于此老，我只做一个提议，并不坚持。

此外，我列入杨遇夫（树达），我很盼孟真、济之两兄考虑他做一老派古学者的代表。

语言学门是否应列罗莘田，此点我不坚持。

民族学（是否Ethnology？还是Ethnography？似应有说明）与人文地理，我想不出什么人，只好暂从缺，请孟真、济之两兄补充。

此信与名单，请你们给济之兄看看。

在百忙与纷乱中拟此名单，定多不妥，请你们在京诸位质直修正。（但此单曾与锡予、毅生诸人商量过。）

中国文学一门，必须事先加解释与说明。否则将来必引起误会与争论。乞注意。

弟胡适上　卅六，五，廿二半夜

哲学　吴敬恒，汤用彤，金岳霖。
中国文学　沈兼士，杨树达，傅增湘。
史学　张元济，陈垣，陈寅恪，傅斯年。
语言学　赵元任，李方桂，罗常培。
考古学及艺术史　董作宾，郭沫若，李济，梁思成。
人文地理　无
民族学　无

胡适　提名
卅六年五月廿二日
（1947年5月22日）

——《胡适全集》第25卷

## 致 邓世华 ①

**世华同学：**

你的信使我很感动。
我劝你不必悲观。

今日的苦痛，都是我们大家努力不够的结果。科学不如人，工业生产不如人，学问知识不如人，技术不如人，故经过八年的苦战，大破坏之后，恢复不容易。人家送兵船给我们，我们没有技术人才去驾驶。人家送工厂给我们——如胜利之后敌人留下了多少大工厂——而我们没有技术人才去接收使用，所以烟囱不冒烟，机器上锈！

正因为今日的苦痛都是从前努力不够的结果，所以将来的拯救没有捷径，只有努力工作，一点一滴的努力，一尺一步〔寸〕的改善。

蒋介石先生有大长处，也有大短处。但我在外国看惯了世界所谓大人物，也都是有长有短，没有一个是天生的全人。蒋先生在近今的六个大巨头里，够得上坐第二三把交椅。他的环境比别人艰难，本钱比别人短少，故他的成绩不能比别人那样伟大，这是可以谅解的。国家的事也不是一个人担负得起的。

你问的七个问题，我只答了你的（B）和（C），也附带答了（D）。国家当然有救，这一次的日本侵略，中国确有亡国的危险，我们居然得救了。现在的强国，除了苏俄之外，绝对没有一个国家要侵略我们的。我们的将来全靠我们今后如何努力。（B），（C）

青年人的苦闷，都是因为你们前几年太乐观了，梦想"天亮"之后就会"天朗气清，惠风和畅"了！殊不知道战争是比较容易的事，和平善后是最困难的事。试看世界的二三强国，战胜了，都还不能享受和平的清福，都还有饥饿的问题。（美国是唯一的例外。）我一九四五年十一月到伦敦赴联合国教育文化会议，住在伦敦的第一等旅馆，三个星期没有看见一个鸡蛋！但人家的基础雄厚，人才众多，知识水准高，所以大家能谅解国家的困难必须靠大家束紧裤带，挺起脊梁，埋头苦干。他们在苦战时期就准备和平到来后的苦日子，所以他们不悲观，只苦干。试想英国在三十年前多么威风。但在这几年苦战之中，人人都知道和平之后，英国的殖民地必须丢去一大半。但英国人绝不悲观，他们自己知道从今以后只能做一个二等大国，他们只努力苦干，想在二十年中做到安全与康乐。

青年人苦闷都由于当年希望太奢，所以今日必须明白和平比八年苦战困难的多。抗战时须吃苦努力，和平来了更要吃苦努力，才可以希望在十年之中做到一点复兴的希望。悲观是不能救国的，叫喊是不能救国的。责人而自己不努力是不能救国的。

易卜生说过："眼前第一大事是把你自己这块材料铸造成器，此外都不重要。"（D）

别的问题，都是枝节。

百忙中提笔写这信，因为我确是被你的信感动了，所以要你不要悲观。

> 卅六，六，二，半夜　胡适

盼望你来谈谈。

> （1947年6月2日）

> ——《胡适遗稿及秘藏书信》第20册

# — 致 何思源 [①]

①
何思源
（1896~1982）
字仙槎，山东
菏泽人，时任
北平特别市市
长。——编者

**仙槎吾兄：**

昨天下午承老兄亲自到北大四周指挥在场警士，拆除戒备障碍物，我对老兄爱护母校信任青年的诚意，特别要表示感谢。当时西斋的同学，因终日看着景山东街西口外的情形，不免情绪愤慨，所以他们看见老兄和我走来，都忍不住要向我们伸诉一肚子的冤枉。其中有极少数人出言不检点，侵及老兄，使我感觉十分不安。我们走后，又因西口外警士神经过敏，发出了不切实的警报，以致武装军警到来，几乎闹出一个乱子。当时又蒙老兄赶到西斋，亲自弹压。老兄本以满怀善意，帮同母校解除困难，不意此事反使老兄两次受误解。老兄体谅青年人，不加责怪，还写信来向母校道歉，我特别感谢老兄的雅量与好意，并且借这机会很诚恳的向老兄道歉意。

　　敬祝

大安

弟胡适敬上　卅六,六,三

（1947年6月3日）

——《胡适来往书信选》下册

# — 致 傅斯年

**孟真兄：**

　　谢谢你檀香山的信。

　　我很高兴你上了船身体就好的多！结论应该是：多在外国住些时，多游玩，多休息。不要忘了"留得青山在，不怕没柴烧"。请大綵实行统治，请孟真完全听命，请仁轨代理法警。如爸爸不听话，仁轨可以打爸爸的手心！总而言之，休息第一。

今天有一件很可痛的消息报告你：我们的朋友兼士先生昨夜十点半死了。

我们昨夜在他家吃饭，客人是杭立武，有叔平、书华、张怀、毅生、雪屏等人作陪。八点十分入座。在入座之前，兼士很高兴，很活泼。他拿出一个手卷要我题，又拿出王伯申父子所收到嘉道名人手札两大手卷来给我们赏玩。入座时，李润章还说笑话："是不是头发老而不白不脱的都会写好字？"吃了两道菜，兼士忽觉得脑后奇疼，大家请他休息去。他就离席了。毅生打电话请了邓庆增医士来。他家也请了常往来的张庆松、吴洁两医生来。医生替他放血，但血放出很少。九点以后，他就不说话，不久就完了。真惨，真可惜！

今天我们组织了一个治丧委员会，有教育部、北大、辅仁、故宫四个机关参加。公推毅生、常惠、张怀、周燕孙诸人拟《传略》，由燕孙与葛君整理遗稿。

我本来不想写这些详细情形告诉你。但我仔细想想，此事应该让你知道。有病的人，切不可大意，有机会休息时，切不可放过。有机会治疗时，更切不可放过。

你和张紫常同行，我很高兴。紫常最爱朋友，他在西岸最得人心，又最熟悉。你可以把治疗的事托他打听，托他料理。大綵入学与仁轨入学的事，也可以托他办理。如你们暂不东去，大綵可在 U.C. 上课，或在 Mills College 上课。Stanford 太热，太干燥，也许你们不喜欢那地方，学堂是很好的。

我有许多话要谈，现在不能多谈了，只祝你们平安舒服。太平洋学会（伦敦，九月），我决定不去。

适之　三六,八,三（上午）

（1947年8月3日）

——《胡适全集》第25卷

# 一 致 费孝通

**孝通先生：**

昨天在《观察》二卷廿二期看见大作《负了气出的门》，开篇两节里就有两个大错，不敢不奉告。

第一节说邱吉尔"显然的歪曲了历史，即使没有歪曲，也不免是断章取义"。邱吉尔说"他身体流着的血，一半是来自美国的"。他的母亲是美国纽约的 Jennie Jerome，当然可以说他的血一半是来自美国的。他说的是史实，并没有歪曲历史，也没有断章取义。

第二节说怀德海名字里有个 North，这并不错。但你解说错了。你说"原来他是 North 将军的后裔，而这位将军是奉命来镇压美国独立的"。历史上并没有这样一位将军。小怀德海说的大概是指美洲独立时的英国首相 Lord North。当时北美十三邦最恨的是英王乔治三世和他的首相 Lord North。

先生既发愤写"美国人的性格"，似乎不可不多读一些美国人人知道的历史。如上述两例，都是人人知道的常识。若不改正，必遭读者讥笑。故不敢不奉告，想能蒙原谅。

胡适　卅六年八月廿五日

此信是我南飞前一夕写的。写了后，我不敢寄出。今天重看一遍，觉得朋友有切磋之责，故补寄上，乞恕！

适之　卅六年九月八日

（1947年9月8日）

——《胡适全集》第 25 集

# —— 致潘公展 ①

**公展先生吾兄：**

上海正大银行因吴淞中国公学债款未还，控诉保人冯嘉祥君，涉讼多年，今年始蒙吾兄大力调解，成立和约，由过养默君垫付正大银行法币一亿元，另由冯君之子冯懋熊君坦承于本年年底之前付正大二亿元，共三亿元，以了此案。此事全仗吾兄大力，最所感谢。惟冯懋熊君实无力筹还此巨款，而中公当日负签借约责任之人，今日均已不在。伏思中国公学在清末为革命工作的一个重要中心，此皆于右任院长与邵力子先生与吾兄所深知。日本发动侵略之后，民国廿一年"一二八"之役，中国公学为第一个遭劫的学校。蔡子民、马君武两先生当日为学校借款建筑，其建筑物即在此役为国家而被敌人摧毁。此次欠款，在理应当由中公校董会呈请政府代为清偿。今债权人正大银行抓住当日后加之保证人冯嘉祥君的一封保证函为凭，即以冯君为被告，诉诸追偿，涉讼至今日。冯君久已去世，其子冯懋熊君至今受累，仍有家产被查封拍卖之责任。鄙意拟恳（？）求吾兄垂念中公过去为国家牺牲的历史，并怜念冯懋熊、过养默两君无辜受累的情形，再仗大力，发起为中国公学募捐的球赛一次或二次，以其收入净余作为清偿中公欠债三亿元之用。此意倘可行，弟欲写字若干幅，赠与参加球赛的队员与执事人，以酬其盛意。此意是否可行，今请过养默兄面呈此函奉商，伏乞吾兄加以最同情的考虑，不胜感谢之至。

弟胡适拜上　卅六，九，廿九（中秋日）

（1947年9月29日）

——《胡适遗稿及秘藏书信》第20册

# 一 致 白崇禧、陈诚 ①

①
白崇禧
（1893～1966）
字建生，广西
临桂人。时任
国民政府国防
部长。

陈诚
（1897～1965）
字辞修，浙江青
田人。时任参谋
总长。——编者

**健生、辞修两位先生：**

我今天要向你们两位谈一件关系国家大计的事，还要请你们两位把这个意思转达给主席，请他考虑这件事。

简单说来，我要提议在北京大学集中全国研究原子能的第一流物理学者，专心研究最新的物理学理论与实验，并训练青年学者，以为国家将来国防工业之用。

现在中国专治这种最新学问的人才，尚多在国外，其总数不过七八人，切不可使其分散各地，必须集中研究，始可收最大的成效。此七八人之名如下：

钱三强　现在法国居利实验室，已接受北大聘约。

何泽慧女士（钱三强夫人，其成绩与其夫相埒）　现在法国居利实验室，已接受北大聘约。

胡　宁　前在美国，现在爱尔兰国立研究院，已允来北大。

吴健雄女士　现在美国哥伦比亚大学（曾在美国战时原子能研究所曼赫丹设计工作），已允来北大。

张文裕　现在美国普林斯敦大学，已允来北大。

张宗燧　现在英国剑桥大学，愿来北大。

吴大猷　北大教授，现在美国密昔根大学。

马仕俊　北大教授，现在美国普林斯敦研究院。

袁家骝（吴健雄之夫）　现在美国普林斯敦大学，已允来北大。

以上九人，可谓极全国之选，皆已允来北大。他们所以愿来北大之主要原因有三：一是他们都不愿分散各地；二是因为北大物理学系已有点基础；三是因为他们颇喜欢北大的学术空气。

我们仔细考虑，决定把北大献给国家，作原子物理的研究中心。人才的罗致，由北大负全责。但此项研究与实验，须有充分最新式设备，不能不请国家特别补助，使我们可以给这些第一流专家建造起一个适宜的工作场所。

我们想请两位先生于国防科学研究经费项下指拨美金五十万元，分两年支付，作为北大物理研究所之设备费。第一年之二十五万元美金，由北大指定吴大猷、吴健雄在美国负责购备，并指定钱三强、何泽慧在欧洲与英国负责购备，其第二年之二十五万元，则于明年度另指定专人负责购备。其购置细账，均由北大负全责随时详报国防部审核。

我知道此数目甚巨，责任甚大，故甚盼两位先生于便中报告主席，请其指示裁夺。

我写此信，绝对不为一个学校设想，只因这些国外已有成绩、又负盛名的学者都表示愿来北大作集中研究，故为国家科学前途计，不敢不负起责任来，担负这个责任。科学研究的第一条件是工作人才。第二条件才是设备。现在人才已可集中，故敢请国家替他们增强设备。此意倘能得两位先生的赞助，我可以断言，我们在四、五年内一定可以有满意的成绩出来。

（此信月、日不详，暂系于此）

——《胡适遗稿及秘藏书信》第19册

# — 致 经世副刊

**《经世副刊》的编辑先生：**

贵刊在十月八日登出的《胡适外传》，我读了感觉十分失望。

作者自称和我有点"亲戚关系，知道很详细"。但这篇短文里，至少有五十个大错误。有些错误是绝对不可宽恕的。例如（一）说我十四岁时有一次喝醉了和巡捕打架。这是我在《四十自述》里详细记载的事，绝不是十四岁的事。写我少年时代的事而不参考我的自述，是不可宽恕的懒惰。又如（二）说"抗战的前一年，胡氏悄悄的由日本转道美国。他是留美学生中的权威者，又是和美国故总统罗斯福是早年留美时期的同学，因此……在蒋夫人访美以后，就发表他的驻美大使"。这六十九个字里，没有一句不错。我那回去美国，是从香港飞去的，并没有"悄悄的由日本转道"。时期是在"七七"之后两个半月，"八一三"之后一个多月，并不在抗战前一年。我从来没有和故罗斯福总统同过学，他比我大九岁，他的学堂是哈佛，我的学堂是康南耳。我留学的后半期，罗斯福已是海军次长了。（政府发表我做驻美大使是在1938年9月），蒋夫人访美是在我一九四二年卸任之后。青年人学做文字，千万不可以养成潦草，懒惰，不正确的习惯。文字的好坏还不算重要，但年青人养成了这种不正确的恶习惯，就终身不配做学问了。这是很严重的事，我盼望这位"亲戚"能痛改这个有终身堕落危险的倾向。

最后，我要请教一句话，这位青年作者说："终于在胡氏说了一句'中国的游击队不过是骗骗老百姓的'话后获得了辞准。"这是我第一次听到的新历史。我很愿意知道这段新历史的来源。

敬祝

编辑先生的健康

胡适　三十六年十一月十日

（1947年11月10日）

——《经世日报》副刊（1947年11月11日）

①
俞平伯
（1900～1990）
名铭衡，字平
伯、直民，号
屈斋，原籍浙
江德清，生于
江苏苏州，著
名文学家、诗
人。——编者

# —— 致俞平伯 ①

**平伯兄：**

谢谢你寄诗给我读。

绝句最难作。但这个"小诗"体裁颇适于写一个小题目，故我想这个方式在将来必定还有人继续试用。但绝句本用于南方民歌，到了文人手里，就往往陈腐化了。今后绝句若能保存，必须多多与民歌接近，一扫陈言套语，用最干净的话语表现一个新鲜的意思或印象——这样才可以有新的生命。

（一）十多年前，废名曾特别称赞李义山这首绝句：

> 云母屏风烛影深，长河渐落晓星沉。
> 常娥应悔偷灵药，碧海青天夜夜心。

那天俞大缜女士请我写扇子，也推荐这首小诗。我觉得这首诗不是顶好的绝句，有点小意思，说得不够清楚。我请几位朋友试把这首诗译成英文看看。他们才说，开头七个字就不好译，因为"烛影深"可以有许多种说法。至于末两句，初读似易解，细想才觉得很难翻译成白话或外国文。

这样的绝句已是离开民歌很远了。

（二）我所谓接近民歌的绝句，可举一例：

> 杨柳青青江水平，闻郎江上唱歌声。
> 东边日出西边雨，道是无晴还有晴。

这是民歌，也许经过了刘梦得的小小修改，但民歌的风味完全存在。又举一例：

遥知天上桂华孤，为问常娥更要无，
月宫幸有闲田地，何不中央种两株？

香山此诗当然有寄托，但这种写法，还很像民歌。我觉得这首绝句比义山那首高明得多了（白香山自己也很喜欢这首诗，后来他有《听唱桂华曲》的诗，可见此诗在当时颇流行，成为歌曲）。

文人从民歌里得了绝句体裁，加上新的见解，加上比较深刻的观察，加上比较丰富的内容，所以诗人的绝句往往有新的境界，有民间歌唱不容易达到或不能达到的境界。老杜的《漫兴》是最好的例子。

手种桃李非无主，野老墙低还是家。
恰似春风相欺得，夜来吹折数枝花！
隔户杨柳弱袅袅，恰似十五女儿腰。
谁谓朝来不作意，狂风挽断是长条！

这种境界是民歌里稀有或没有的。但这里的语言都还是最朴素，最干净的白话，不靠典故。不靠词藻，意境超出了民歌，而语言还是民歌的语言。

绝句的最上乘，前有老杜，后有杨诚斋，其次则王荆公、刘梦得、杜牧之。二十八个字的小诗，一千年来的作家寥寥如此！

十多年前，我曾想集一本《每天一首绝句》，想挑出三百六十五首绝句。此事至今搁置，只写了一百多首，以七绝为绝大多数。将来我想从古民歌里，如《子夜歌》等，选出五言的民歌；然后从近年印出的南方民歌里选出一些七言民歌。再加上一千多年中诗人做的五七言绝句，也许可以有三百六十五首。

诗人做的五言绝句，好的真少，我最喜欢老杜的：

漫道春来好，狂风好放颠，
吹花随水去，翻却钓鱼船。

我也喜欢卢仝的一首：

村醉黄昏归，键倒三四五，
摩挲青莓苔，莫嗔惊着汝。

放翁有一首，我也喜欢：

涨水入我庐，萍叶粘半扉，
日出水返壑，念汝何由归。

这种意境，都是民歌里没有的。
你若记得有特别心爱的绝句，请写一些给我。

适之　卅六，十一，十六夜
（1947年11月16日）

——《申报·文史》周刊第 1 期（1947年12月6日）

① 李由义等十九人为北大学生。——编者

# — 致 李由义等十九位学生 ①

**李由义君并转其他十九位同学：**

谢谢你们给我的信。

顾润兴君的事，是法学院的一位先生告诉我的。当初我确听说他没有考毕业考试，所以我们觉得这件事是可以注意的一个社会心理问题。

现在我知道他曾考毕业考试，考完了才去就事，那是当时的错误报告，我很愿意更正。并且请你们便中向顾君道歉。

我引这件事来说明考试制度在今日没有社会心理的拥护。这里面毫没有"污蔑"的意思，也没有"故意歪曲事实，捏造例子"。你们千万不要误会。

法学院的那位先生同我说起此事，他只知道顾君不曾考试，所以感觉奇怪；我也以为他没有考试，所以用此事做例子。如果那位先生没有误会顾君不曾考试，他也不会谈到此事了，我也不会用此事做例了。

说话的那位先生也只是无心的错了，我也只是无心的错了，都没有人"故意""捏造"什么。

胡适　卅六，十二，七
（1947年12月7日）

——《胡适选稿及秘藏书信》第19册

# 复 王世杰

雪艇兄：

手示敬悉，至感至感。

昨夜在床上反复不能成睡，不能不说是受兄之累！昨所谈事，我深感介公之诚意，当然不敢不细细考虑。但考虑的结果是：我不能担负此使命。

第一，我受命办一个学校，不满一年半，未有成绩，就半途改撤，实在有点对不住自己，对不住国家。在道义上，此举实有不良的影响。

第二，我今年五十七岁了，余生有限，此时改业，便是永远抛弃三十多年的学术工作了。我曾细想，我的永远改业，不能不说是国家社会的一大损失，故有所不忍，亦有所不敢。

第三，我自从一九四二九月以来，决心埋头治学，日夜不懈，总想恢复我中断五年的做学问的能力。此时完全抛下，而另担负我整整五年中没有留意的政治外交事业，是用其所短而弃其长，为己为国，都无益处。

因此三项主要原因，务乞老兄出大力向介公陈说，请他不要期望我作此事。

匆匆迫切陈辞，半点钟后就上车站了。千乞恕我语不达意。

敬祝

双安

弟适敬上　卅六,十二,十七

（1947年12月17日）

——《胡适之先生年谱长编初稿》第6册

## — 致 浦薛凤 [①]

① 浦薛凤
时为北平文物整理委员会负责人。——编者

**涤生先生：**

十二月十九日的大札，我时时在念，但终不曾有写详函的机会，延误至今，十分抱歉。关于北平文物整理委员会的事，我因为是委员之一，故颇迟疑表示意见。但先生下问的意思，我很感激，也很了解，所以今天趁假期，我想陈述一点意见。

文整会的工作中心在于工程处。凡古建筑的修缮与平时保养，都得靠工程处。若没有工程处，则一切文物整理工作都无从着手。委员会的委员都是有事业的忙人，很难有许多时间去照料会务，更难有时力去计划执行偌大一个北京城里里外外的古建筑物的保管与修缮。

我观察了一年，曾向马叔平先生建议，委员会必须信任工程处。委员会只能决定政策于最初，只能审查账目于最后，——所谓审查帐目是推定会计师作定期的审查，——而中间的工作必须由工程处负全责，不是委员所能干预。委员会的用处是因为直属于行政院，地位独立，可以得一些有地位的人士参加，可以行使公开的监督作用。这个公开的监督作用也可以提高工程处的效能与责任心。委员会虽不能处处监督管理，但正因为委员会是公开的，有独立地位的，其监督功用实不可菲薄。

若将委员会与工程处一并裁撤，统交北平市政府接管，则此正是胜利后初期实行的办法。当时实行之利弊，我不知道，因为我那时还没有回国。但我猜想行政院去年仍改设委员会的用意大概还是要设立一个带有"公开的监督"性质的机关。此种公开的，直属于中央的监督机关，其永久性，与不受政治牵动的性质，皆比市政府工务局要强的多多。此意是否当日行政院的用心，请先生一问蒋孟邻先生，当可得一个可靠的解答。

鄙意以为，今日这个委员会制度实行才一年，似不宜骤行更动，只宜加强其人选，加强其独立性，加强其公开监督作用。同时稳定其事业费，使其可以作较长期的试验，可以逐渐演进，成为一个真正公开独立而有效能的文整机关。

此种机关含有高等技术性质，若时时改变性质，则无法罗致专门技术人员。故鄙意主张，为要使北平文物整理有效起见，第一，请暂勿变更委员会的隶属；第二，请暂勿裁撤工程处；第三，文整事业费即工程费必须稳定。我在去年曾恳求孟邻先生"革去"我的委员。故此函所说，决不是为了我想继续做委员，实是一种近于客观的观察。

请叔平、星枢诸兄阅后赐还。

适之

（约1947年）

——《胡适遗稿及秘藏书信》第19册

# — 致 傅作义

**宜生先生：**

前为学生刘杰在张垣被捕事，曾致函陈说。本月初接十月廿八日赐书承示"若先生深知该员确系学生，嗣后不再有其它行动，当可从宽办理"。隆情盛意，不胜感激。今已查明刘杰是廿九年在重庆考入交通大学肄业的，三十二年夏天加入远征军，曾在印度汽车学校受训，后调辎重汽车十四团。战事结束后复员，于三十五年夏转学到北洋大学北平部机械系三年级续读。本年四月底因学校罢课，遂在平投考电信局，嗣被派至张家口电信局工作。当时张家口电信局适有汽油发电机一部（吉普车机器拽动）损坏，经刘杰将其修好，遂即被任为机线股长。七月二日回平参与学年考试，九日考毕，十日复去张家口，十四日因送友人去车站，在车站被捕。八月四日曾一度获释，六日又复被捕。本校于八月一日奉命接收北洋平部，从此刘杰便也成为本校工学院的学生。今特由敬乞督阅。

本校开学，为时已久。适愿以北京大学校长资格为他负责作保。如蒙开释，使他即能回校上课，不胜感盼之至。专此奉复。

敬颂

勋绥

弟胡适　敬上[①]

——《胡适研究丛刊》第3辑，
任发明整理：《北大藏胡适来往书信选》

[①] 此信未署日期，按信内容，约在1947年11月间。——编者

# 一九四八 年

## ― 致 李宗仁

德邻先生：

前天看报上记的先生愿作副总统候选人的消息，我很高兴。
从前我曾做"中国公学运动会歌"，其第一章说：

健儿们，大家上前！
只一人第一，
要个个争先！
胜固可喜，败也欣然。
健儿们，大家向前！

此中"只一人第一，要个个争先"，此意出于《新约·保罗遗
札》。第一虽只有一个，还得要大家加入赛跑，那个第一才是第一。
我极佩服先生此举，故写此短信，表示敬佩，并表示赞成。
匆匆，敬祝
双安

胡适敬上　卅七，一，十一早
（1948年1月11日）

――《传记文学》第43卷第2期（1983年8月1日）

①
周鲠生
（1889~1971）
原名览，湖南
长沙人。著名
法学家。时任
武汉大学校
长。——编者

# 一 致 周 鲠 生 ①

## 国际形势里的两个问题

鲠生吾兄：

前几天我读了老兄《历史要重演吗？》那篇文章，我颇惊讶我们两个老朋友对国际局势的观察竟相隔离如此之远！所以我今天写出两点不同的意见来，请老兄指教。

第一，老兄此文的主要论点是谴责"西方民主国家"对德国日本的和约政策的根本改变。老兄所谓根本改变，是说西方国家眼前颇"有些人士"看这对德日和约问题的根本，"已不在如何防制德日两国的复兴，而在如何扶持而〔和〕利用战时这两个强敌以抵制其他一个战胜的盟国"。

老兄也承认这种倾向"现在尚没有表现于具体的方案和公表的文件"，只不过是言论自由的社会里的几个私人意见而已。我觉得老兄似乎不应该太看重这种个人议论而忽视那些已经正式公表的方案与文件。我试举美国提出而英法热心赞成的四强共同制止德国武装的四十年协约草案，这是一九四六年二月美国政府正式提交苏英法的。一九四七年四月马歇尔先生在莫斯科又重行提出，两次都被苏联打消了的。这个协约的主要目标正是要〔以〕一种维持集体安全的武力来长期制止德国的侵略势力的复活。当初美国政府曾表示，同样的四十年协约可以适用到日本。这是美国外交史上破天荒的政策。在贝尔纳斯先生提出之前，曾经美国参议院的两党领袖仔细研究讨论过，将来当然可以得参议院的批准。如果我们要判断西方民主国家对德日和约的根本政策，这一类的文件似乎更值得我们的研究罢？

我观察西方民主国家的负责言论与行动，可以作三个判

377

断：（一）西方民主国家并没有放弃"防止德日侵略势力复活"的根本政策。在这一点上，不但波茨坦会议曾有严重的决定，西方国家的朝野主张也是绝对一致的。（二）因为根本不许德日两国重行武装，所以西方国家决不要扶持德日两国来抵制苏联。老兄试想想，那有不武装德日而可以利用他们来抵制苏联的道理？我可以武断的说：武装德日是英美法与澳洲加拿大诸国的人民绝对不肯允许的。（三）所谓"防止德日复兴"，应该解释作尽力防止这两国的武装与侵略势力的复活。这里并没有不许德日民族在世间过和平生活的意思。德国民族有七千多万人，日本民族也有七千多万人。谁也不能毁灭这一万五六千万人。可是谁也不能长期掏腰包来养活他们。所以西方民主国家不能不考虑如何替他们保留一部分的工业生产力，使他们可以靠生产来养活他们自己。这不是过分的宽大。为了根本消灭将来的循环报复，为了根本维持比较久远的和平，这种政策是不能避免的。

这三个观察，老兄认为有点根据吗？如果我的看法不算大错，那么，我们似乎没有充分理由可以谴责西方民主国家对德日和约政策的改变。至少我们应该承认这些国家在他们管辖的地域之内没有武装德国人或日本人的嫌疑。

第二，老兄在此文里说："我们相信在联合国列强中间尚没有真正像战前德意志、日本那样好战的侵略势力。"老兄这句话一定要引起不少人的怀疑，因为在不少人的心目中，战后的苏联可能是一个很可怕的侵略势力。还有些人觉得这个侵略势力可能比德国日本还更可怕。因为他的本钱比德日还更雄厚，他的野心比德日还更伟大，他的势力比德日极盛时还更普遍。有这种忧虑的人，世界各地都有，在中国特别多，因为苏联近年对中国的行为实在不能不叫人害怕而忧虑。老兄有什么法子叫他们不害怕不忧虑呢？

就拿我自己做个例子。老兄知道我向来对苏俄是怀着很大的热望的。我是一个多年深信和平主义的人，平常又颇忧虑中国北边那条世界第一长的边界。所以我总希望革命后的新俄国继续维持他早年宣布的反对帝国主义、反对侵略主义的立场。这种希望曾使我梦想的俄国是一个爱好和平的国家，爱好和平到不恤任何代价的程度（peace at any price）。老兄总还记得，我曾用这"爱好和平到不恤任何和平<sup>①</sup>代价"一个观念来解释苏俄最初二十多年的外交政策。说他从布雷斯特李托乌斯克和约（Brest-Litovsk Treaty）起，一直到一九三九年的对德不侵犯条约，都可以说是"爱好和平到不恤任何代价"的表示。一九三九年九月以后，波兰被瓜分，芬兰被侵略，这些事件确曾使我对苏俄开始怀疑。但我总还不愿意从坏的方面去想，因为我的思想里总还不愿意有一个侵略国家做中国的北邻。老兄还记得我在一九四一年年底在美国政治学会年会的演说，我还表示我的一个梦想：我梦想中苏两国的边界，能仿照美国与加拿大之间的边界的好榜样，不用一个兵士防守！前几年美国副总统华莱士先生访问苏俄与中国，他在重庆下飞机时发表的书面谈话里，还引我那个中苏边界不用武装兵士防守的梦想。老兄在一九四四年出版的大作《求得太平洋的和平》（Winning the Peace in the Pacific）里，也还引我这个梦想的全文（页九一）。

老兄，我提起这一大段自述的故事，为的是要表明我对苏联确曾怀抱无限希望，不愿意想像这个国家会变成一个可怕的侵略势力！

但是雅尔达秘密协定的消息，中苏条约的逼订，整个东三省的被拆洗，——这许多事件逼人而来。铁幕笼罩住了外蒙古、北朝鲜、旅顺、大连。我们且不谈中欧与巴尔干。单看我们中国这两三年之中从苏联手里吃的亏，受的侵害，——老兄，我不能不承认这一大堆冷酷的事实，不能不抛弃我二十多年对"新俄"的梦想，不能不说苏俄已变成了一个很可怕的侵略势力。

这是世界最不幸的事，也是苏俄自身最不幸的事。苏俄是世上第一个疆土最大的国家，今日是他的国力最强盛的时期，全世界公认他是两个最大强国之一。这正是他应该修善睦邻的时期了。暴力是终久靠不住的，德国、日本都是眼前

①
此处"和平"
二字疑系衍文
——编者

379

的镜子。一个强国也还需要朋友，需要诚心爱护他的朋友。无论怎么强大的霸国，到了邻舍害怕他、朋友抛弃他的时候，就到了开始下坡的日子了，他的极盛时期已经过去了。

我抛弃了二十多年对苏俄的梦想，我自己很感觉可惜。但是我观察这几年的国际心理，这样从殷勤属望变到灰心，从爱护变到害怕忧虑，恐怕不止是我一个人。即如老兄，难道你真不承认这个可怕的侵略势力吗？老兄试回想你我两人在五六年前对苏俄那样热心的期望，试回想我们当时亲眼看见的西方民主社会对苏俄那样真诚的友谊，——我们不能不惋惜：苏俄今日被人看作一个可怕的侵略势力，真是苏俄自己的绝大不幸，自己的绝大损失了。

以上讨论的两点，我很诚恳的盼望老兄坦白指教。

胡适　卅七，一，廿一夜

（1948年1月21日）

——中国社会科学院近代史研究所藏原件

# — 致 陈之藩

**之藩先生：**

谢谢你两次的长信。请你恕我没有正式回答你第一信。

我那篇《我们必须选择我们应走的方向》[①]，是答你的信。当时我很忙，就没有剪寄给你，——当初是在全国四十多家日报上发表的。

我很高兴读你半年来思想演变的经过。我很佩服你能保存一颗虚而能受的心，那是一切知识思想进步的源头。

思想切不可变成宗教。变成了宗教，就不会虚而能受了，就不思想了。

我宁可保持我无力的思想，决不肯换取任何有力而不思想的宗教。也许有人说，这是同"葡萄是酸的，我本来不想吃"一样。

关于你问我那几点，不一定我都能回答。只说几点罢：

（1）别说缓不济事，缓不应急。这是"任重而道远"的事，不可小看了自己。

我曾引戊戌维新人物王照先生说："天下事那有捷径？"他曾说："戊戌年，余与老康讲论，即言'……我看止有尽力多立学堂，渐渐扩充。……'老康说，'列强瓜分即在眼前，你这条道如何的及？'迄今三十二年，来得及，来不及，是不贴题的话。"（我的《论学近著》一，470）。此话至今又十八年了！戊戌至今五十年了！这话很像是代我答你了。

（2）一切"恶连环"，当用齐国君王后的解法。她用铁椎一敲，连环自解了。从你能做的做起。

（3）"善未易明，理未易察"，就是承认问题原来不是那么简单容易。宋人受了中古宗教的影响，把"明善"、"察理"、"穷理"看的太容易了，故容易走上武断的路。吕祖谦能承认"善未易明，理未易察"，真是医治武断病与幼稚病一剂圣药。

（4）关于"孔家店"，我向来不主张轻视或武断的抹杀。你看见了我的《说儒》篇吗？那是很重视孔子的历史地位的。但那是冯友兰先生们不会了解的。

将来你来北平，盼望能来谈谈。

祝你好

胡适　卅七，三，三
（1948年3月3日）

March 16〔三月十六日〕答信[①]

也许"善未易明，理未易察"是我近年不大说话的大原因。也许发现一个英年的陈之藩可以打掉一点暮气。谁晓得？

——《胡适遗稿及秘藏书信》第20册

## 致 夏 勤 [①]

①
夏勤
（1892~1950）
原名惟勤，字敬民，又字竞民，江苏泰州人。——编者

### 敬民院长先生：

国民大会期中，曾因鲠生兄的绍介，得与先生联坐接谈，甚以为快。可惜那天我匆匆走了，不得畅谈，至今怀念。

今天有一件事想向先生陈述一点意见。

北京大学学生孟宪功因共产党嫌疑案，经河北高等法院判决不受理，现上诉于最高法院，请为撤销原判，发回原法院更为审理。此案关系一个青年人的权益，为了管辖问题，拖延至七八个月，引起了许多青年人的同情，故成了一个最惹全国注目的案子。我很怕因为道路远隔，先生和贵院同人也许不明白案情的真相，所以我想陈述几句话。

孟宪功是去年九月被捕的，因系内乱罪嫌，于本年一月十五日由河北高等检察处以内乱罪起诉。河北高等法院一再迁延，直到本年五月北平特种刑事法庭成立，方始判决谕知不受理，准备移送特种刑事法庭。因此，在一般人——尤其是在青年学生的心目中，法院不免有当判而不判，当结而不结的嫌疑，这是大有损于司法尊严的。因为在我们常识的看法，孟生案既已在法院侦审，则实体法固然应该适用刑法，而程序法也应该依旧法所规定的诉讼程序结案，而不应该适用后来颁布的新条例。新法对于被告，显然不利。例如被告

被判处五年以下之有期徒刑，即审终结，不得上诉或抗告。故此案之移送特种刑事法庭，就等于无故剥夺被告在旧法时期所应得的上诉于第三审法院的权益。

总之，孟宪功一案，一般人的心理都感觉应该由普通法院审理，而不应向特种刑事法庭移送。此种心理的依据只是因为被告犯罪系在新条例颁布之前，而新条例实于被告不利。此皆是常识的判断，未可轻易抹煞。所以我大胆的把这种情形向先生陈说。去年孟宪功被捕时，其时北平正因某另案捕人甚多，故北平青年学生曾感不安。我同各校行政当局曾劝告军警当局早日将孟生等移送法院处理。后来河北高院不受理的判决实不免动摇人民信赖法院的心理。所以我私心甚盼贵院能对于此案有所挽救。若蒙早日准予撤销原判，发回原法院更为审理，那就是我们最盼望的了。

以上是一个不懂法律的人的愚见，千万请先生原谅。

敬祝

大安

胡适敬上　卅七, 五, 廿四<br>（1948年5月24日）

——《胡适遗稿及秘藏书信》第19册

# —— 致 朱家骅、陈立夫 [①]

**骝先、立夫先生赐鉴[②]：**

敬启者：北大政治系教授崔书琴先生，此次经国民党提名，竞选河北省第五区立法委员，结果得×××票。该区应产生立法委员六人，崔君名列第五，本应中选。惟闻中央有劝中选者退让友党候选人之意，崔君应否在退让之列，尚为问题。查此次选举，为行宪之第一次试验，教育界人士竞选与投票似均不甚踊跃。崔君学有素养，识见纯正，任事热心认真，为党国中不可多得之人才。此次毅然竞选，其有心尽力襄助宪政之实施，于此可见。弟以为今日立法机关中，如能多有专门学者，不惟可以孚众望，亦可多收集思广益之效。崔君既已中选，政府即宜成全其美，此与一般退让友党之原则似不宜相提并论。尚望先生于中央核定各地立委中选名额时，特加注意。此并非为私人说项，欲睹宪政之成功，立法者必得其人，此意想蒙赞许也。专此，敬颂

台祺

弟胡适敬启

——《胡适遗稿及秘藏书信》第 19 册

①
此函作于1948年 10 月 21 日
——编者

# — 致 立法院全体立委 ①

北平、天津市民治促进会，在本月三日的年会上，全体通过了一件议案，"请立法院从速制定市或直辖市自治通则"。因为我们觉得市（尤其是直辖市）是我国现代文化的中心，是人口最稠密，工商业极发达，人民知识水准较高的地区，所以民主政治先由市做起，似乎比较容易。宪法第二十八条规定，"直辖市之自治以法律定之"，并指明直辖市

得依据自治通则自制自治法。直辖市的地位，应该可以比省的地位。宪法第六十四条和第九十一条亦把省与直辖市相提并论，有些省分人口比直辖市少，文化也比直辖市低，所以我们主张直辖市的自治权，至少应该与省的自治权平等。因此，本会站在促进市民治的立场，关于市自治法的制定，向贵院建议采以下的程序：立法院依据宪法第廿八条及一百廿八条制定市或直辖市自治通则；市或直辖市得召集市民代表大会，依据市或直辖市自治通则制定市自治法；市或直辖市自治法制定后，即呈送司法院；司法院如认为无违宪处，该自治法即为有效。以上是我们的一点意见，很恭敬的奉献给贵院同人。

——《申报》（1948年10月22日）

# 致 傅斯年

**孟真兄：**

有一封信，请交本栋兄。

谢谢你的信，我要特别谢谢你和大綵的殷勤招待我。久占你的办公室，十分不安！我去杭州玩了两天半，我不是有"雅兴"，也不是要洗刷老兄时常"毁谤"我向不游山玩水的恶名誉！我是要借这机会多看一个地方。

此行出门三十七天，有如做了一个噩梦，醒来时不知身睡在何处。

为了教员罢教（三天），学生罢课（五天），职员罢工（星六一天），我还没有工夫来细想一切。老兄近在京城，当此时机不可不用冷静头脑替国家想想。我盼望你同大维单独细细谈谈，你们两个大智慧人应该可以帮国家想想。此时不是责人骂人所能了，也不是悲观叹气（那班叹气骂人的"大百姓"，都要不得！）所能了。我看南京此时只有你们两位责任最大，不可放弃责任。咏霓太使人失望，别人可以骂人，可以悲观，他却不应该，因为他有他的责任。北方事当以全力支持傅宜生，此是今日之长城。

适之　卅七，十一，一

（1948年11月1日）

——《胡适研究丛刊》第三辑，

王汎森：《史语所藏胡适与傅斯年来往函札》

# 一九四九 年

## 一 致 孟治、吴大猷 ①

①
吴大猷
（1907～2000），
广东高要人，
生于广州，时在
美国任教。1956
年秋去台湾大学
等校任教，后
任"中研院"院
长。——编者

**君平、大猷两兄：**

今天（1949年1月20日）曾发一电给君平兄，文如下：
"Referring cable 18<sup>th</sup> to Zen, please revert Peita physics Fund and pay City Bank Farmtrust Company China Foundation Endowment Fund Principal A/C No. 314801, Confirmation letter following. Hu Shih."

我是十二月十五日南飞的，到京不久，我即有电给君平兄："Stop all shipments and purchases, Inform Wutayou." 那时北平已在围困之中，而北大依据契约，应于十二月卅一日付中基会第一次利息美金一七五〇元。我曾有电给北大郑秘书长天挺，请他转问饶树人（毓泰）兄，是否应将物理借款十万美金暂还中基会，以减除北大每年付息的担负。郑、饶两兄至今没有答复我此电，想是有困难不便答复。

一月十五日我到上海，与中基会诸君商谈缓付利息，并发电给君平："Kindly consult Wutayou and cable Zen China foundation Shanghai Balance Outstanding Peita Physics Account. Hu shih."

昨日得君平复电，我才发今天的电，请君平兄即将北大物理借款全数（Peita physics Account）暂时归还中基会，即交花旗银行的 Farmers Trust Company 将此十万美金收入 China Foundation Endowment Fund 项下。

此事最使我伤心，也定使大猷兄伤心，也定使树人兄等伤心。但如此做法实出于不得已，同时既可以减轻北大的负担，也可以保全中基会的基金，不使受损失。中基会对北大的友谊与热诚依然存在，将来北大恢复可以工作的环境时，我深信中基会一定可以将此款照原约借与北大（原约每年利息三厘半，六年后开始分期还本）。想大猷定能信赖谅解。此时交通隔绝，我此信不能加盖北大校印，但能加盖我的私章，想君平兄定能原谅。

我在南方已一个多月了，从来没有尝过这样精神苦闷的日子！我明日（廿一夜）仍回南京，将来行止毫无计划。

匆匆问

两兄大安，并乞君平兄为我特别致谢 Miss Virginia Runton 为北大服务的辛勤！

弟胡适敬上　一九四九，一，廿日
（1949年1月20日）

——《传记文学》第51卷第6册，
吴大猷：《胡适之先生给我的十四封信》

## — 致 赵元任夫妇

**元任、韵卿：**

真真对不住你们，这许久没有写信！

谢谢你们的信，转的信已收到了。

别后，我的心境很不好，没有一件事值得报告你们！到 Washington 去了两次，都不曾住过一天半。许多同情于中国的朋友，如 Hornbeck，如，Bullitt，如 Prof. George H. Blakeslee 都觉得"一筹莫展"！第二次去时，见著 Wedemeyer，他也是"有心无力"。

我后天（二十四）又得去美京一次，可以见着 Paul Hoffman 与

Butterworth 诸人。

我这三星期接到冬秀两信，她很有点焦急，很想我把她带出来。但此事颇不容易。我自己的护照，听说已很费事，所以 Dr. Stuart 自己嘱托各大学发函电请我讲学 "to justify visa"！（此一点我近日始大悟！U. C. 校长之函与 Dean Donham 为 Colgate U. 代发之电都是 "to justify visa"！）但我如何能叫冬秀明白此点？心境之恶劣，此亦是一个原因。

我到 New Haven 住了一日夜，Yale 朋友也收到罗公的信，叙述他已完成若干研究，正进行若干工作。同时，他也想有机会出国。

香港《大公报》五月十日登出北平三大学（北大、清华、师大）已组成校务委员会，北大是汤用彤主席，另常务八人，其中学生代表一人，助教代表一人，余六人为许德珩、钱端升、曾昭抡、袁翰青、向达、闻家驷。

清大叶企孙主席，余常务八人中，教授六人为陈岱孙、张奚若、吴晗、钱伟长、周培源、费孝通。

两校常务七人中，除主席外，色彩皆甚浓厚。

周枚荪已辞法学院长，端升代他。郑华炽辞教务长，曾昭抡代他。

你们收到 Nova 培云的信吗？武汉大学怎样了？鲠生怎样了？请告我一点消息。

前借你们两百元，今寄还，千万请收下！我带来一点款子，现已取出存放，故此时实不缺钱了。将来有困难，一定老实告诉你。

上次存在你家的一本 "剪报"，若能寄下，十分感谢。

身体颇好，稍感疲乏。前天去检验一次，下星期可得结果。血压一二五，体重比船上轻了四磅（一四四）。

祝你们全家大小主客都平安快乐！

适之　May 22，1949

（1949年5月22日）

——《胡适给赵元任的信》

# 一 致 赵元任夫妇

**元任与韵卿：**

真对不住你们俩！这许久没有写信！

两个月来，精神上十分苦闷！"外交部长"的事，事前我不知道，事后我打了许多电报辞谢，但政府至今还是用"无赖"的方法，再三劝我不要向外发表不干外长的事！（两个月了。我在八月六日发一电，说，……"政府至今仍不许我向外发表不干外长事，岂非闭我之口，裹我之脚？……"此电去后，十日不得复电。）

你们劝我在外教书，把家眷接来。此事我也仔细想过，但我不愿意久居外国。读了 White Book 之后，更不愿留在国外做教书生活。

我想回去做点我能做的事。第一，决不做官，第二，也不弄考据了。（You will probably notice the difference in the fore of the two sentences!）至于"我能做"什么，我现在还不很明白。也许写文章，也许是讲演，也许是两项都来。此事请元任替我想想，就给我一个判断，请不必告诉外间朋友。

谢谢你们寄来的"话片"。（沈君怡从 Bangkok 来信，说孟和在京沪"很活跃"。他说，他是道地好人一个，可惜自己太无主意，并且容易冲动，于是别人的见解都成了他自己的一套看法。）

七月七日香港《大公报》记"全国社会科学工作者代表会议"筹备会，于七月十七日在北平闭幕，选出廿九人为常委，其中有孟和、奚若，而没有端升。此段记载说，朱德、董必武都曾到会讲话。朱德说："世界上只有一种正确的社会科学，这就是马克司、列宁主义。"Wonderful！

你们收到武汉的消息吗？ Nova 夫妇在那儿？鲲生一家呢？祝你们都好！

适之　Aug. 16，1949

（1949年8月16日）

——《胡适给赵元任的信》

# 一九五〇年

## —— 致 沈 怡

**君怡兄：**

内人冬秀承吾兄与嫂殷勤照应，她同我都十分感谢。她五月十日飞到香港，玩了近二十天，卅日搭伴飞美，在金山又玩了七天，今午（六月九日）才飞到纽约。她谈起一路上处处蒙朋友招呼照应，从曼谷直到纽约，我们都不免在感激里带着很深切的想念。她要我特别向吾兄与嫂嫂致谢。

汇款乙千五百元，已由chase银行收到，至感至感。

吾兄五月廿三日短札，也已收到，谢谢。

去年八月十二日大札，我曾读几遍，既感且愧。我去年四月出国，廿一日（"和平"破裂之日）到金山，迄今十三个半月了！这十三个月来，我曾收罗一些书报，并且自己每日剪粘五种日报。我很想对国家的困厄与世界的危机，得一个自己认为比较满意的解释。十三个月之中，我差不多没有作一次公开的讲演。讨论十三个月的结果，我稍稍明白这十几年的历史。五月十八日，我在Council on Foreign Relations领导一个小规模的讨论会。我说了一点钟，又答了一点钟的话。我的结论大致是说："这十几年中，只有国际共产党大致知道他们的目的与步骤，止有他们比较的明白他们所谓战略与策略。此外，所谓大国领袖，所谓大政治家，都不免古人所谓"盲人骑瞎马，夜半临深池"！最近出版一书——Hauson Bladwin's *Great Mistakes of the War* ——我深有同感（此书主旨曾载本年一二月的 *Atlantic Monthly*）。我是最没有政治能力的人，生平又深信Responsible thinking的重要，故总觉得没有这力量可副许多爱国朋友深切的期望。言不能尽意，甚盼能继续读下去。敬祝

双安

弟　胡适　一九五〇，六，九夜

（1950年6月9日）

——《传记文学》第28卷第5期，

沈怡：《胡适之先生的几封信》

## ― 致 赵元任夫妇

**元任、韵卿：**

　　谢谢你们寄赠的《哈佛丛书》两包，都收到了。一点没有损坏。到的第一天，我就抽出一本 *Folk-lore and Fable* 来看，看到半夜后才睡！可惜没有书架，书还不能上架。先寄信道谢。

　　……我上次写长信很明白的恳求你们千万不要送我原版的《四部丛刊》，因为我已有缩本的全部了。缩本只有四四〇册，最方便，最适用。（已占住一个大书架。）原版的《四部丛刊》有二千一百册，我这里绝对没有地方安放。一个书架此时已很不易得，何况二一〇〇册至少要四个或五个大书架？（若有书架，必须六七大架，怕还不够。）冬秀对于书架，绝对不感兴趣，他绝对不能帮我的忙。从种种方面想过，我只好再恳求你们把这部原版的《四部丛刊》留在你们的 Cragmont Ave. 家里，或寄给如兰，因

为"行者街二七号"一定可以容得下。此是实在苦衷，千万请你们原谅。我现在的情形，很像一个baby-sitter，困难万分。你们当日有许多年青学生帮忙，有四个小姐帮忙，所以你们可以布置一个大家庭。我是最怕人多的，最怕热闹的，最怕琐碎麻烦的。现在我才知道，这个小小apartment若要弄的洁净，必须我自己动手扫地，抹桌子，重洗玻璃杯，化冰箱的冰，洗客人留下烟头烟灰堆满的ashtray。……只有一位老太太，每星期二来做六点钟的工，但家中若没有人对于清洁有兴趣，有指示能力，用人当然要躲懒的。……因为这些情形，并不是我舍不得这部"名人手批的"报纸印的《四部丛刊》——我不能不恳求你们，把那二千一百本的大书收回，千万不可送来增添我无法解决的困难！千万请你们原谅！你们待我的好意，我完全领受，万分感激。

适之　卅九,十,二
（1950年10月2日）

——《胡适给赵元任的信》

# 一九五一 <sub>年</sub>

①
俞大綵
浙江山阴（今绍兴）人，傅斯年的夫人。——编者

## 一 致 俞大綵 ① 唁函

**大綵：**

自从孟真的不幸消息证实以后，我天天想写信给你，总写不成！十二月廿一日我发了一短电给你，说："In Mengchen's death China lost her most gifted patriot, and I, my best friend, critic and defender. Mrs. Hu joins in most heartfelt condolences." 孟真的天才，真是朋友之中最杰出的。他的记忆力最强，而不妨害他的判断力之过人；他能做第一流的学术研究，同时又最能办事。他办的四件大事：一是广州中山大学的文学院（最早期），二是"中央研究院"史语所，三是北大的复员时期，四是台大，都有最大成绩。这样的Combination世界稀有。我每想起国内领袖人才的缺乏，想起世界人才的缺乏，不能不想到孟真的胆大心细，能做领袖，又能细心周密的办事。真不可及！

孟真待我实在太好了！他的学业根基比我深厚，读的中国古书比我多得多，但他写信给我总自称"学生"，卅年如一日。我们见面时，也常"抬杠子"，也常辩论，但若有人攻击我，孟真一定挺身出来替我辩护。他常说：你们不配骂适之先生"！意思是说，止有他自己配骂我。我也常说这话，他并不否认！可怜我现在真失掉我的best critic and defender 了。

孟真待朋友最忠厚，最热心调护。他待丁在君，真是无比的爱护。

他待青年学者，能尽督责之职，同时又最能鼓舞他们上

进。在这一点上，他最像丁在君。

我很想写一篇文字纪念孟真，但因十二月我有一篇论文在美国政治学会提出，故不曾开始写纪念文字。我盼望子水、志希都能写纪念文字，颉刚也定有纪念他的文字。

新年里Jackie<sup>①</sup>同李田意来看我们，冬秀做菜留他们吃饭。Jackie长的比我高，态度很老成，功课总是考第三。他很能照管自己了，你很可以放心。

你遭此惨变，我们离的太远了，什么事都不能尽一点心力，做一点可以为你分劳分忧的事！想起来十分惭愧！以后若有我可以做的事，望你吩咐我去做。

台大的事，政府颇有意要我做孟真的继任者。为亡友，为台大，我确曾细细考虑。但我没有孟真的才能，他那样才大心细，尚不免以身殉校。我最不能办事，又最厌恶应付人，应付事，又有心脏病，必不能胜任这样烦难的事，所以已坚决辞谢了。

匆匆敬祝你一切保重！

适之　一九五一年一月六日夜

（1951年1月6日）

——《傅校长哀挽录》

# — 致 毛子水

**子水兄：**

廿一晨五点半（纽约时间）接到你的电报，我那时早已得到孟真的噩耗了，是廿日下午四点应谊小姐看见A.P.的电报，打电话来告我的。那时我还盼望有个A.P.否认的电报，——明知道这是不可能的！

孟真真是希有的天才。记忆力最强，而判断力又最高，一不可及。是第一流做学问好手，而又最能组织，能治事，二不可及。能做领袖人物，而又能细心办琐事，三不可及。今日国内领袖人才缺乏，世界领袖人才也缺乏；像孟真的大胆小心，真有眼中人物谁与比数的感叹！

孟真的著作，除《性命古训》已印出外，都没有成书。他的《古代中国与民族》、《古代文学史》，都应该有稿本在家中或在研究所。所中同人应该担负收集保存遗稿的责任。此种事不可迟缓，当及早收集，及早印行。否则，更难收集了。

我很想写一篇文字纪念孟真，但总写不成。你同志希应该有纪念他的文字。若已印出，乞寄我一份。

匆匆祝你和许多朋友都安好！

适之　一九五一年一月七日<br>（1951年1月7日）

——《傅校长哀挽录》


# 一 致 雷震

**儆寰吾兄①：**

我今天要正式提议请你们取消"发行人胡适"的一行字。这是有感而发的一个很诚恳的提议，请各位老朋友千万原谅。

何所"感"呢？《自由中国》第四卷十一期有社论一篇，

① 此信抬头下附有一段提示语："此信（除去最后括弧内的小注）可以发表在《自由中国》上吗？《自由中国》若不能发表'发行人胡适'的抗议，还够得上称《自由中国》吗？"。

论"政府不可诱民入罪"。我看了此文，十分佩服，十分高兴。这篇文字有事实，有胆气，态度很严肃负责，用证据的方法也很细密，可以说是《自由中国》出版以来数一数二的好文字，够得上"自由中国"的招牌！

我正在高兴，正想写信给本社道贺，忽然来了"四卷十二期"的《再论经济管制的措施》，这必是你们受了外力压迫之后被逼写出的赔罪道歉的文字！

昨天又看见了香港《工商日报》（七月二十八日）《寄望今日之台湾》的社论，其中提到《自由中国》为了"政府不可诱民入罪"的评论，"曾引起有关机关（军事的）的不满，因而使得言论自由也受到一次无形的损害"，……"为了批评时政得失而引起了意外的麻烦"。我看了这社评，才明白我的猜想果然不错。

我因此细想，《自由中国》不能有言论自由，不能有用负责态度批评实际政治，这是台湾政治的最大耻辱。

我正式辞去"发行人"的衔名，一来是表示我一百分赞成"不可诱民入罪"的社评；二来是表示我对于这种"军事机关"干涉言论自由的抗议。（我今天正为"诱民犯罪"、"栽赃"、"诬蔑"的另一件大案子写信给国桢主席与雪屏兄！）

胡适　四十年八月十一日

（1951年8月11日）

——《自由中国》第5卷第5期

①
臧启芳
（1894~1961）
字哲先，又字哲
轩，号蛰轩，辽
宁盖平（今盖
县）人。时任台
湾"国立编译
馆"编译委员，
兼《反攻》杂志
编务。——编者

# ── 致 臧启芳 ①

**哲先先生：**

　　前承先生赐寄《反攻》卅七、八期，特别要我注意潘夏先生的《红楼梦》一文。我已读过这文章，但不能赞同潘君的论点。潘君的论点还是"索隐"式的看法，他的"方法"，还是我在三十年前（批评过的）"猜笨迷"的方法。明明是"吃胭脂"，潘君偏要解作"玉玺印上朱泥"；明明是"袭人"，偏要拆字作"龙衣人"；明明是"宝钗"，偏要说是"钗于文为又金"！

　　这种方法全是穿凿附会，专寻一些琐碎枝节来凑合一个人心里的成见。凡不合于这个成见的，都撇开不问！试问"袭人"可拆作"龙衣人"了，还有那许许多多的女孩儿的名字，又怎么解法？又试看作者潘君引《三国志·孙坚传》注引的传国玺一段之后，接着说：

　　我们试一比较，"方圆四寸，上纽交五龙"（裴注引）不是"大如雀卵，灿若明霞，莹润如酥，五色花纹缠护"（《红楼梦》语）的简写吗？

　　这一句话最可以表示"穿凿附会"的方法的自欺欺人。请问世间可有"雀卵"大到"方圆四寸"的吗？试问一个婴儿初生时嘴里能衔"方圆四寸"的东西吗？

　　潘君此文完全不接受我三十年前指出的"作者自叙"的历史看法。鲁迅曾指出"谓《红楼梦》乃作者自叙，与本书开篇契合，其说之出实最先，而确定反最后。"确定此论点之法，全靠历史考证方法：必须先考得雪芹一家自曹玺、曹寅至曹颙、曹頫，祖孙四代四个人共做了五十八年的江宁织造；必须考得康熙六次南巡，曹家当了"四次接驾的差"；

必须考定曹家从极繁华富贵的地位，败到树倒猢狲散的情况；——必须先作这种种传记的考证，然后可以确定这个"作者自叙"的平凡而合情理的说法。

我在做这种历史的，传记的考证之外，还指出《红楼梦》的绝大的版本问题。潘君全不相信我们辛苦证明的《红楼梦》版本之学，所以他可以随便引用高鹗续作的八十八回、九十八回、百廿回，同原本八十回毫不加区别。这又是成见蔽人了。

我自愧费了多年考证工夫，原来这是白费了心血，原来还没有打倒这种牵强附会的猜谜的"红学"！

潘君此文，只有他引用八十回本的第六十三回说芳官改男妆，改名字一长段，今本都删了，这是向来无人注意的，可算是潘君一个贡献。但他的解释正是恰得其反。此一大段明明是一个旗人作者颂扬满清帝室的威德；而潘君反说这是"站在汉人立场，大骂异族"！成见蔽人如此，讨论有何结果？

总而言之，我们用历史考证方法来考证旧小说，若不能说服"索隐式的红学"，我们只能自己感到惭愧，决不被（？）希望多写一封信可以使某人心服的。

方法不同，训练不同，讨论是无益的。我在当年，就感觉蔡子民先生的雅量，终不肯完全抛弃他的索隐式的红学。现在我也快满六十岁了，更知道人们的成见是不容易消除的。

匆匆写这几页，略答先生的雅意，并祝先生康健平安！

胡适　四十年九月七日

（1951年9月7日）

——《反攻》第46期

# 一九五三 年

## —— 致 袁同礼

**守和兄：**

真真对不住你，这许久没有回你的信！

《农民革命史料》收到了，十分感谢你！

大概明末的"流寇"不是完全没有意识的暴动。我在一部清初小说《豆棚闲话》里发现一首"流寇"军中流行的"西调"：

老天爷，你年纪大，

你耳又聋来眼又花，

你看不见人，你听不见话！

杀人放火的享尽荣华，

吃素看经的活活饿杀！

老天爷，你不会做天，你塌了罢！

老天爷，你不会做天，你塌了罢！！

这是很有力量的呼喊。其实任何一个时代的大动乱，多少总带一点革命性质。罗思华的自传里说白莲教原名"百连"，即"一连十，十连百"之意。可见十八世纪的"教匪"也是有组织的一种运动。不幸史料毁的太干净，我们竟不能考知十七世纪后期到十九世纪初年的"白莲教"的信史了。太平天国近在百年之内，但如果当日没有许多史料保存在外国，我们也就不容易懂得太平天国的人物与主张了。

去台湾看了台北、台中（故宫，"中央图书馆"）杨梅（史语所）各地堆积的美术品、史料、善本书，不能不想得四大危险——火，白蚁，地震，空袭——的可怕。所以我力主张采用我在十年前（1942）主张缩照（microfilming）北平馆的善本书的办法，就建议给"中央"故宫博物院的"共同理事会"，各理事都赞成这个意思，推出一个小组委员会（云五、骝兄、天放、志希、雪屏、董彦堂、钱思亮和我）研究进行。小组会一月八日开会，估计故宫、"中央图书馆"、史语所、国史编纂会、台大、台省立图书馆各地的史料与善本书，约有一千一百五十万页。他们决议委托我在美国设法募款，进行缩照的计画。

我同恒慕义先生谈起，他也到过台中，看了两天的书，他很赞同此议。他说，十年前的北平馆善本书二千八百多部，共照了二百五十万exposures，费时三年多，照成一千零七十卷胶片。他把我的简明说明书交与国会馆的专家Dr. Born & Mr. Holmes考虑。他们估计，此次须用六架照相机在台中台北同时工作，也需时三年。他们估计此次缩照经费约共美金十二万五千至十五万之谱。国会馆允与合作，但不能担负此款。他们要我试向各基金会谈谈。我回到纽约，作了一个说明书，包括国会馆专家的估计。现在谈过的是哈佛燕京学社与Ford Foundation's Mr. Raymond T. Moyer。哈燕方面已无希望。Ford方面，尚未到正式讨论时期。据我所知，Mr. Moyer对此很热心。但请款手续颇繁重。我盼望国会馆能主持此一大事。恒君已有长信给Mr. Moyer，很恳切的赞成此事。以上是大致情形。将来有何发展，当再向老兄报告。

顷向国会馆买得北平馆藏赵一清朱墨校朱谋㙔《水经注笺》的microfilm一卷，细细看了，觉得缩照之法真可以保存孤本善本书。北平馆的善本二千八百多种，有了胶片分存世界各大图书馆，从此不怕毁灭了。倘在台的善本孤本书及史料也能照样缩照保存，确是一大幸事。想老兄定赞同此议。便中幸赐指示，至感，至欢迎。

今天月涵兄在此，我们谈及老兄今年有不在斯丹佛之说，不

知现时有何计画，望便中赐告。匆匆敬问

双安。

并问斯丹佛诸友人好。

适之　一九五三, 五, 七夜

（1953年5月7日）

——据影印件

①
朱文长
胡适好友朱
经农的儿子，
1950年寓居美
国。——编者

# — 答 朱文长 ①

**文长：**

谢谢你六月十日的信和附寄的长文。

我劝你最好暂时不要发表这篇文字。因为这文字里有许多地方是很可以引起反感或误会的。

我是一个"存疑论者"，即是你说的"不可知论者"。但在中国思想传统里，Agnosticism & Atheism 都没有像基督教国家里那种"罪大恶极"的贬义，故我有时也自称"无神论者"。其实我确是一个无神论者。

这点存疑的态度是中国思想传统里一点最有意义，也最有价值的怀疑精神，他的最明白的说法就是孔子说的"知之为知之，不知为不知，是知也"。（这是很影响我一生的一句话。）孔子的存疑态度见于《论语》子路问事鬼神一章。

子路问事鬼神，子曰："未能事人，焉能事鬼？""敢问死。"子曰："未知生，焉知死？"

这寥寥几句话，在中国思想史[上]发生了很大的作用。我看后来的哲人，如宋明的理学家，特别是二程与朱子，都很受这几句话的影响。

我的存疑论或无神论与铁幕内的"反宗教者"有一点根本不同。我觉得这个社会能容忍我的无神论自由发表，我应该报答以同样的容忍。我少年时也曾因为主张"破除迷信"，曾有很不容忍的议论。但廿五岁以后，我总努力克制自己，对自己的存疑态度虽绝不放松，而对他人的宗教信仰则努力谅解、容忍。故当中国开始提倡反宗教的时期，我曾与周作人诸人发表一篇短宣言（此文现在已不可得了，不曾收入《文存》去，因原稿似是周作人拟的），表示我们不赞成这种不容忍的态度。

你在我家住过，也许知道我的 Collection of Bibles 在中国算是第二大收藏。北京圣经会百年（？）纪念时，我的英文演说现今有一长段收在 "A Book in Thousand Tongues" 里。

但我细读你的长文，颇感觉你的思考方法不细密，立论的态度也不够忠厚。不够支持（defend）你的信仰，也不够说服他人的不信仰。

你说我的态度是："你信上帝，很好。不过你如果要我信上帝，拿证据来！"这话大致不错。

但你举的证据都不是能站住的，只可供信仰者信仰，而不能叫不信者不疑。

你看了我的《言论集》，你说我非常推崇四福音。我并没有把"四福音"并作同等的史料或传记文学。手里没有《言论集》，但我记得，我明明说《约翰福音》是很晚出的书，不能比前三部福音。此三福音可以当作传记文学看，也可以当作宗教经典看，各依读者性情所近，都可以有所得。

你虽然是虔诚的基督徒，但我猜想你没有用你的史学方法来研究过这部《新约》，特别是这一百多年来西方基督教学人已很有成绩的"四福音问题"与"三福音（the Synoptic Gospels）问题"。如果我的猜想不太错，我很盼望你在这方面用点功夫，试读牛津的 B. H. Streeter's "The Four Gospels" 做起点，然后读 Harnach，Baur 诸人的书。必须研究过"三福音"的同异，然后可以明白"三福音"如何先后造成，那一部分是三书共同的，那一部分是《马太》独有的，那一部分是《路加》独有的。明白了这大致同源的"三福音"，然后可以明白"第四福音"是很晚出的，是另一环境，另一空气里的新作品，故其中的事迹与言论思想往往与前三福音相差异。

研究了"四福音"的同异，然后可以承认这些书与《使徒行传》等书的史料价值的等级差异。

传记文学有古今的不同，也有东西的不同。自传与他人作传也有大不同。我指出"三福音"是传记文学，并不含有"默认了〔他们〕并非伪造"的意思，也没含有"好的传记文学必须是忠实的"的意思。例如《论语》，《檀弓》是孔子的传记材料，《孔子家语》也是孔子的传记材料，但前二书是很早出的，《家语》是几百年后的晚书。我儿童时爱读《家语》，同爱读《聊斋志异》差不多。但廿五岁以后就不信《家语》是史料了。

"三福音"里的耶稣言语，比较可以信为出于一种或两三种先后同时人的记载。其中所记事迹与"奇迹"，即使来源甚古，大都须用批评的眼光去选择，不可以为出于圣典，即无可疑。

即如你看见的《胡适言论集》，确是同时人用速记方法记下来，后来又从速记符号改写出汉字来的。但我自己略略翻看，已觉得其中错误不可胜计。大概是：我有较详细的 note 交给记者的，大错就少。我若没有详细的纲领给他们，——如《水经注》一篇，——就错到绝顶荒谬的地步！速记方法，——无论中西，——只能记音，而不能同时叫个个速记者都能懂得说的什么思想。从记音的符号改写成文字，往往连篇不成话了！

其实记音也不一定正确。例如你引的一段笑话，我说的是 Iddy，而记出的是艾培！

以上说的是要劝你不要忘了你生平学的史学方法，要多多用一点怀疑态度来评量圣典圣经。

例如你引的《约翰福音》第九章的用唾沫和泥使瞎子眼明的故事，你当然可以自己相信，但不能叫不信的人相信。我则劝你自己也要试多用一点怀疑。你受过史学训练，岂可以说："耶稣将这些斩钉截铁的话载入纪录"——这是全无根据的话。

我从来不"讥嘲"你所谓有"直觉"能同上帝发生直接关系的人，也从来不"讥嘲"你所谓"有答案的人"。但你自己这篇长文颇不免"讥嘲"我们这种没有宗教"直觉"，也没有"答案"的人。这里面的态度是不像你平日的忠厚，也不是我平日所自律的容忍。

你必须平心静气的明了世上自有一种人确不能信任一切没有充分证据的东西。他们的不能不怀疑，正如某些人的不能不信仰一样，——一样是性情上的根本不同。

Wm. James 说的两种不同性情，最有道理。某些科学家在实验室里已养成了"拿证据来"的习惯，所以能有点科学的成绩。但出了实验室，进了礼拜堂，在这一方面，他们没有那后天的严格训练，只有那自少至老的一套传统习惯，所以他们就不知不觉的（或自觉的）随顺那本来（先天）不能不信的性情了。

严格的训练可以挽回一点，补充一点，但根本还是一个性情上的不同，无从勉强。

但你说的有些话，确使我有点担忧。

你说，"灵魂的存在是事实，灵魂的归宿上帝也已经藉着圣经有了明白的指示。"这正是我说的你不能不信，我当然不能阻止你，也不愿意劝阻你。

我担忧的是你引用《启示录》、《希伯来书》一类的材料，毫无一点怀疑，使我忧虑你的史学方法训练太不严格，故毫无鉴别材料的眼光。

第二，我忧虑的是你的眼光太窄，心地太窄，不能明白世上自有不能信任没有完全证据的东西的好人。故你忧虑这种没有同你一样信心的人就会"成为无希望的，痛苦的，投降的，以至于团团转的"！这种心理是很不忠厚的。你完全不能承认达尔文、赫胥黎一流人确是富贵不能淫，贫贱不能移，威武不能屈的圣贤。

这种狭窄的心地是不容忍的根苗，故最可虑。

至于你批评生物进化论一长段，也表示你实在没有研究过这些科学问题，所以毫不明白这九十年来的比较解剖学，胚胎学与组织学，地质学与古生物学上的证据，都足以证实evolutionism的大假设。（试读几种关于Evidence of Evolution的书，或可以破除你的许多成见。）（这一种信纸完了，只能打住了。）

我劝你暂时不要发表此文，但我也很感谢你让我看看此文。我们相别太久了，有这机会长谈，是很难得的。

请你不要怪我太爽直的说话！

> 适之　四二，六，十六夜半后一点
> （1953年6月16日）

此信匆匆写了，匆匆寄出，不曾留稿。也没有工夫细细改过。将来便中请仍寄还我。

> 适之

——《胡适研究丛刊》第1辑，
赵润海：《关于胡适答朱文长论宗教信仰的一封信》

# 一 复陈之迈

**之迈兄：**

读了你八月三日的短信，我同内人都感觉十分失望！我们也只能相对叹息，对你遥寄无限的同情。

我在这二十年前读英译本 Valery-Radot 的 Pasteur 传记，曾几次掉泪。正因为现代"科学的医学"的有效的控制传染病，实起于 Pasteur 的奋斗成功。七十年中，传染病除了极少数尚难求得病菌与传播媒介之外，绝对大多数已可以控制了。心脏病、血压高、癌的诸种，似都不是传染病，都还无法控制。近二三十年中，美国的各种学术机关与有力的基金集团，都致力于这几种病的研究与控制。我的乐观主义使我深信，在二十年中，这几种病的治疗都可以有有效的方法。"有钱使得鬼推磨"，有钱终可以驱除病"鬼"。毁灭病"魔"吧！

敬问

安好，并祝

嫂嫂减轻痛苦

弟适之　一九五三，八，八

（1953年8月8日）

——《胡适之先生年谱长编初稿》第6册

# 一九五四 年

①
吴国桢
（1903～1984）
字峙之，湖北建
始人。1949年去
台湾，时寓居美
国。此信原件为
英文。——编者

## ── 致 吴国桢 ①

**亲爱的国桢：**

当今年四月间我与你作差不多八小时的长谈的时候，我曾经说："吴国桢的毛病是他没有政治感（Political Sense）。"

现在我不得不说："国桢的毛病是他没有常识（Common Sense），而且在若干情况下他缺乏道德感（Moral Sense）。"

你在 *Look* 杂志那篇文章是六月十三日出版的，那时梅贻琦校长和我正在 New Haven 何廉先生家里作客。那天晚上我们要到耶鲁大学在庆祝第一个中国学生由耶鲁毕业一百周年纪念会上演讲。何先生把你的文章交给我们看。你的母校校长发觉它不真实到令人厌恶的程度，以致他根本读不下去。第二个星期我拿起来读，而我也发觉不可能读下去。

几星期之后，许多朋友要我对你在 *Look* 的文章加以评论。其中有的朋友，比如加赛德先生（Mr. Garside）和范斯莱克博士（Dr. Van Slyke），曾经写信给你。而你回信要他们就你文章中某些点向我咨询，所以我不得不读它，并对它评论。

我很惊异于你所作的许多项存心说谎，用来欺骗美国的民众！并且用来污蔑你自己的国家和你自己的政府；而它的每件错误与劣行（Misdeed）你都不能逃避一份道义责任，正因为在你当权时从不曾有道义勇气讲出来！

第一项存心说谎：你说："既然台湾被宣布处于紧急状

态（under a state of siege），任何性质的一切案件（注：原信的旁线）都送到军事法庭审判。"你和我都很明白，这些年来从来没有一段时间是"任何性质的一切案件"都送到军事法庭审判。在"国家非常时期法令"（National Emergency Law）第八条规定下，最大数目是列举的十类罪名，到一九五一年四月又加上"非常时期货币法规"（Emergency Currency Regulations）之下规定的三类罪名。而你也很明白，到一九五一年十月时，这数目已大为减少，到一九五二年六月一日以后更已经急剧减少。你为什么要讲出这种毫无根据的诳言作为你全篇文章的基础？

第二项存心说诳：你说："但是我对（军事法庭）那些审判不能讲话（had no say）。"而你却不告诉你的美国朋友们和读者们，你曾经有三年半的时间兼任"台湾保安司令部司令"，而所有在"国家非常时期法令"及"货币法规"之下送审的案件都只是送到保安司令部的军事法庭。*ABMAC* 的加赛德先生在他对你文章的"分析"中指出："吴国桢作台湾省主席的那几年，他也是保安部队的总司令（那支力量就是他所描绘为所谓警察国家的核心力量），完全有权负责。"而你在对此作答复的时候就发表了一个更加有意的诳语："我被任命为保安司令，当时的条件是要我把我的图章交给副司令，而我不得做任何事干涉他的行为。"假如实情如此，你应该被责判为一个道义的懦夫，而仍应对你的副手的错误与劣行负起道义的责任——理由很简单，因为你把你的图章交给他并且答应（或者说接受"条件"）你"不得做任何事干涉他的行政"。

可是实情并非如此。在至少二百六十九件判决书上，我曾经不仅看见你的官印，也看见你亲笔签名（你的名字"桢"字）。这都是你的军事法庭所拟订的判决草案，呈请你与你的副司令最后批准。

这二百六十九件判决书表示，军事法庭所拟订的判决，必须经你和你副手批准，你怎么能对全世界说你"对那些审判不能讲话"？

就连你自己的 *Look* 的文章中所说的话，也对你的"否认有权有责"提出反证。你在文章中说你"时常使这些犯人被释放"（第四十二页），又说在台湾火柴公司总经理案件中，你先"下令加以释放，因为所控证据不足"，而到后来你"抗议该项拘捕不合法且不公道"，因而得以将他的死刑减为"七年徒刑"。由此看来，你那时的确拥有那种力量与权威，只要你能鼓起勇气去使用它。

你给加赛德先生的信中说："我常常连档案都看不到。胡适博士自己就知道有这样一桩案件。"你所指的是我在一九五一年八月十一日那一天之内连着给你写了两封强烈抗议信的那个案件。一直到两年半之后——到今年三月——我才第一次从你的秘书长那里听说你曾告诉他没有看到那一案件的档案。而在我们四月间会晤时你自己证实了他这一陈述。你知不知道当你在一九五四年四月十七日深夜告诉我这件事时，我心里怎样想？我那时对自己说："我有这位W先生的全部档案，并且仔细研究过它。W先生是一九五一年六月十八日被捕，扣在保安司令部的拘留所六十七天不准保释。我在八月十一日给你写了两封信。你在八月二十三日给了我一封很短的信。许多天后，我读到那判决书，它的日期是八月七日——比我写信的日子早四天，比你下令释放他的日子早十五天！对于伟大的吴国桢，'法治民主'的倡导者，这是多么漂亮的档案"！"连档案也看不到"是一种侮辱，足以指证你是一个无道德可言的人，对于以你自己的名，使用你的图章，并且往往（虽或不是经常）由你亲笔签名所做出的许多错事和冤枉事毫不在意。

第三项存心说谎：你说台湾……"青年团"，你说它是"依照希特勒青年团和共青团的模型建立的"。然而你自己对这个青年团就描写说："于是经国组织了他的青年团。他命令所有教职员成为其干部（officers），所有学生登记为团员。现在我们有了一个赤色的青年团。"（在你 *Look* 文章的第四十四页）

好了，我亲爱的国桢，你有没有听说过一个希特勒或者一个斯太林如此愚蠢，以致搞出一个希特勒青年团或者共青团吸收了"所有学生"作团员，并吸收了"所有教职员"作干部？你知不知道希特勒青年团和共青团向来都是最具有排他性、秘密性，和"天之骄子"（elite）性质的？你是真的无知，所以诚恳的认为台湾那种无所不包的游行呼口号的青年团就是"一个赤色的希特勒青年团"吗？还是存心说谎，以欺骗你的美国读者呢？

这些话出自一个朋友之口，实在很严厉。我不得不写出这些话并寄给你，使我非常痛心。

你的非常诚恳的朋友胡适

一九五四年八月三日纽约东八十一街一〇四号

（1954年8月3日）

——《春秋杂志》第21卷第2期：

《胡适之痛斥吴国桢》

# 一九五五 年

## — 致 张爱玲 ①

①
张爱玲
（1921~1995）
笔名梁京。河北丰润人，生于上海。女作家。1952年后在香港从事写作。
——编者

**爱玲女士：**

　　谢谢你十月二十五日的信和你的小说《秧歌》！

　　请恕我这许久没给你写信。

　　你这本《秧歌》，我仔细看了两遍，我很高兴能看见这本很有文学价值的作品。你自己说的"有一点接近平淡而近自然的境界"，我认为你在这个方面已做到了很成功的地步！这本小说，从头到尾，写的是"饥饿"，——也许你曾想到用"饿"做书名，——写的真好，真有"平淡而近自然"的细致工夫。

　　你写月香回家后的第一顿"稠粥"已很动人了。后来加上一位从城市来忍不得饿的顾先生，你写他背人偷吃镇上带回来的东西的情形，真使我很佩服。我最佩服你写他出门去丢蛋壳和枣核的一段，和"从来没注意到（小麻饼）吃起来侉嗤侉嗤，响得那么厉害"一段。这几段也许还有人容易欣赏。下面写阿招挨打一段，我怕读者也许不见得一读就能了解了。

　　你写人情，也很细致，也能做到"平淡而近自然"的境界。如一三一~一三二页写那条棉被，如一七五、一八九页写的那件棉袄，那是很成功的。一八九页写棉袄的一段真写的好，使我很感动。

　　"平淡而近自然的境界"是很难得一般读者的赏识的。《海上花》就是一个久被埋没的好例子。你这本小说出版后，得到什么评论？我很想知道一二。

412

你的英文本，将来我一定特别留意。中文本可否请你多寄两三本来，我要介绍给一些朋友看看。

书中一六〇页"他爹今年八十了，我都八十一了"，与二〇五页的"六十八喽"相差太远，似是小误。七六页"在被窝里点着蜡烛"，似乎也可删。

以上说的话，是一个不曾做文艺创作的人的胡说，请你不要见笑。我读了你十月的信上说的"很久以前我读你写的《醒世姻缘》与《海上花》的考证，印象非常深，后来我找了这两部小说来看，这些年来，前后不知看了多少遍，自己以为得到不少益处。"——我读了这几句话，又读了你的小说，我真很感觉高兴！如果我提倡这两部小说的效果，单止产生了你这一本《秧歌》，我也应该十分满意了。

你在这本小说之前，还写了些什么书？如方便时，我很想看看。

匆匆敬祝

平安

胡适敬上　一九五五，一，二十五（旧历元旦后一日）
（1955年1月25日）

——《皇冠》29卷2期

# 一　致 殷海光

**海光先生：**

谢谢你二月十一日的长信。

你肯对我说这样"直切"的话，我十分感谢，决不会有任何生气或介意，想你能相信我。

台大的事，我也略知一二。校长几个月不曾给我一个字，其所受苦痛，我也可以想像。下月我或可以来Cambridge住几天，若能如愿而来，我很想听你细谈台大情形。

台岛情形，我岂不知？雷君的事，我曾屡次设法，昨已得他来信，说他收到我最后一信，次日就要去看张岳军了。有效与否，他尚无把握。

至于我批评"某氏"（按：指吴国桢）一文，今寄上全文供参考。如你未见全文，乞便中一读。你若读了"某氏"在 *Look* 及 *Reporter* 两杂志原文，也许不至于有"如饮琼浆"的感想。

我曾与此人在去年四月中面谈八点钟之久，实在鄙薄其为人。后来见他的"公开批评"的两文，实在看不过他的许多"看上去像事实，而细分析是假话"的说法。我有私信给他，——附寄一份给你看看。他的回信，也附寄一份。

我私信中指出的"deliberate untruths"三项，我公开文字中只用了两项。后来他在旧金山的李大明报纸上发表攻击我的几封信，始终不敢发表此两信。我也不曾发表此两信。

今天我寄你看，是要你知道，"某氏"的公开批评，在台岛的人看了感觉痛快，那是很自然的；但在海外的人，如我们看了却感觉伤心，那也是很自然的。我又要你明白，我个人的看法是侧重他那些"像事实而实非事实"的话，及他个人洗刷自己责任（私信中第三点）的话。

这是叙述我作文的经过，并不是要为我自己辩护。"某氏"攻击我，我尚且不答复。你是用朋友的态度对我说实话，我除了感谢之外，只说明这点点事实上的经过而已。

匆匆不尽所欲言。敬问

旅安

弟胡适敬上　一九五五，二，十四

（1955年2月14号）

# — 致 朱家骅、周鸿经 ①、董作宾

①
周鸿经
（1902～1957）
字纫阁，江苏铜
山人。时任"中
央研究院"总干
事。——编者

**骝先、鸿经、彦堂三兄：**

北美院士谈话会于三月十九、二十两日举行。十九晚为本院聚餐，有来宾蒋廷黻先生、梅月涵先生、傅孟真夫人、曾宝荪女士、袁家骝先生及其夫人吴健雄女士（皆物理学家）等。二十日闭会后，梅校长邀与会同人及其家属午餐，何廉先生、程其保先生均参与。此次集会，在友谊的联系意见的交换各方面都甚圆满，可以告慰于三兄及在台同人。

记录一份，由劳贞一兄写初稿，经我整理后，由润章、济之两兄看过，再由贞一手写付影印。今将贞一写本寄呈。或可由院中复写分送在台各院士。（影印本是 photo stat，纸厚不便空邮。）

骝公的报告与八项待商榷的议题，十分详尽，又经济之兄补充说明，旅外同人都很了解，都很感叹诸兄苦撑的精神。方桂回台讲学，大致已定。林可胜、袁贻瑾诸位，也都有在最近期中回台视察讲学的计划。

对于骝公交议各题，我们参酌"报告"与议题，曾有详细的研讨，结论五项，详见纪录，或可供诸兄与在台同人的参考。其中院士集会、评议会开会、选举新院士三项，大致引伸在台第三次谈话会（去年十二月三十日）的结果，而稍加补充。如通信表决一项，以"评议会议事规程"第八条为依据；或可以减少总统府主管人的疑虑吧？

关于新设研究所三所，同人研究之余，分作三层建议，或可供诸兄参考？此三所之中，近代史研究所一个问题似曾引起台港两地最多的注意。我们也曾与济之兄及劳、全、董三位细谈，似史语所同人多数不满意于筹备员的人选，又虑

①
此字不清——编者

到不经评议会决议，外间反对更易有所藉口。故同人的建议（？①(三)），用意实系要为诸兄解除或减轻反对，要为诸兄建议一个缓冲的办法，使大家可得一个从容考虑的机会。（《自由人》上的批评及本院答复，我也看见了。）我与济之及史语所有关诸人所最顾虑的一点是筹备近代史研究所而不能取得史语所多数工作者的支持与合作，那是最不幸的事。故此次我们关于此一事的建议，用意止是要请骝公与彦兄借此机会，多征求史语所同人的质直意见，免得将来发生更大的困难。此意想能蒙诸兄的谅解。

此次召集谈话会，一切印发通告，复印本院法规七件，院士录及印纪录，代定旅馆房间，都由中基会财务秘书叶良才先生为我帮忙，一切打字及印费，都由中基会担任捐赠，故我的纪录末项特别致谢。倘蒙骝公作一书致叶君道谢，就更好了。

（Mr. L. T. Yip，China Foundation，1790 Broadway，Room 701，New York 19，N.Y.，U.S.A.）

匆匆敬祝

诸兄及在台同人康健平安。

弟胡适敬上　四四，三，廿六午

（1955年3月26日）

——《胡适之先生年谱长编初稿》第7册

## — 致 朱家骅

**骝先兄：**

兄临行前的长信，收到之后，即得张伯谨兄信。说兄已

416

依原定计划，七月二十七日飞台北，并已收到兄安抵台北的电报了。不久即在《中央日报》上见兄抵松山机场的记载。老兄初回国，病尚未大瘥，千万请兄切记此次病实在非轻，不可过劳；并应与刘瑞恒兄商酌，就指定良医随时诊察，不可大意。

彦堂去港事，他也有信告我。此时他大概已成行了。史语所事，诚如尊示，应请济之兄勉为其难。元任兄八月初有信来，也说他曾有信给济之兄，说彦堂不在所，史语所事不得不请他多多偏劳。我盼望此时，早已有决定，所长事已由济之兄担任。

顷见《自由人》四六四期，有鲁实先《史语所把持学术资料》一文，又有"马五先生"《为小事抱不平》一小文——此二文（八，十三）均可以引起更多批评，而外间人必不能谅解史语所何以不准学术人士来所看书。鲁某的度是有恶意的，但外间人受了他的煽惑性的攻击影响，必继续有不谅解的论调。（如马五先生，闻系雷啸岑先生？即有"无论从任何一角度看来，似乎都是不应该的"的话。）故所中似应有公布《外间人士阅书章程》的必要。同时有解释"未经本所研究发表的材料"的处理办法的必要。藏书可以供学人阅览研究，在今日台北，实有必要，所中似不可拘守旧规，宜酌定从宽新办法，并宜在所内添设阅书人的便利。不然，此种非难，将层出不穷也。

匆匆敬问

瘥安，

并问同人安。

弟胡适上　四四，八，廿一夜

（1955年8月21日）

——《胡适之先生年谱长编初稿》第7册

# 一九五六<sub>年</sub>

## ── 致《自由人》编辑

**编辑先生：**

承《自由人》赠寄每期由空邮送到，距出版之期不过四日，真使我十分感谢。

在第五一一期和五一二期上得读徐道邻先生的《记丁在君》。我正在写《丁文江小传》，纪念他逝世的二十周年，所以特别留心有关于在君的材料。道邻先生此文中有一段牵涉到我，其中两点，道邻先生似有记忆上的错误。

（一）我在何敬之的宴会上，确曾放了一炮。牵涉到在君。但绝不是道邻追记的那几句话。我说的是：我的朋友丁在君常说："我们的军官学校教出来的军官，连军事地图都不会读。"这是在君曾对孙传芳说的，也曾对蒋先生说过，也是他常常对朋友说的，并不是秘密的话。在君笑我太老实，只是因为我当了何敬之、唐生智等许多军人之面说这话，以致引起了一两人的抗议。这件事确是我替在君惹起一场小风波。

（二）此文有几句话是我要严重抗议的。此文说在君曾说："我这段话是有为而发的，其实我们大学里的教育那里有军事教育进步的那么快！……"下一句是丁在君从来没有说过，也绝对不会说的。他诚心的相信，中国的军事教育从没有能比国内大学教育进步那么快。民国二十年（1931）以后，他在北京大学做了三年多的专任教授。那几年（1931～34）正是国内几个大学埋头苦干而进步最速的时期。所以他深知国内大学教育的进步之快远非军事教育所能赶上。这里面的原因很多，其中一个原因是几个最好的大学入学试验很严格而标准很高，远非军事教育机关所能比。另一个原因是几个最好的国立大学选择教授都比较严格。这都是在君和我们一班朋友深知的。在君绝对不会说"其实我们大学里的教育那里有军事教育进步的那么快！"

最后，我要指出在君死在民国二十五年（1936）一月五日，道邻先生说他"第一次见丁在君是在民国三十一年的春天"，必是笔误，或记忆的错误。敬祝《自由人》诸位朋友的健康。

胡适敬上　一九五六，二，一

（1956年2月1日）

——《胡适之先生年谱长编初稿》第7册

## 一　致李济 ①

① 据李济在该文中交待，此信是胡适继朱家骅为"中央研究院"院长以前，从纽约寄给他们的。——编者

我近来有一个妄想，想请骝公与兄替我想想：

我想在南港院址上，租借一块小地，由我自己出钱，建造一所有modern方便的小房子，可供我夫妇住，由我与院方订立契约，声明在十年或十五年后，连屋与地一并收归院方所有。此办法有无法律上的障碍？此意有几层好处：

（1）可以开一例子，使其他海内外院士可以仿行，将来在南港造成一排学人住宅。

（2）我觉得史语所的藏书最适于我的工作（1948年我曾长期用过），又有许多朋友可以帮助我。（近来与严耕望先生通信，我很得益处。举此一例，可见朋友襄助之大益。）

（3）我若回台久住，似住在郊外比住在台北市内为宜。

此计划是一种妄想，不但要骝兄与兄替我想想，也要兄转告思亮、子水诸友替我想想（我尚未告知他们）。

敬问

双安

弟　适敬上

——据影印件

# 一 **致** 赵元任夫妇

**元任、韵卿：**

昨晚在汽车上你们谈的关于我的将来的话，我很感激你们对我的关切。但我有一些话，昨晚没有能够说明白，所以今晚补写一封短信。

我昨晚听你们说，元任曾向 U. C. 的秉先生提起我将来能否重来 U. C. 的问题。我盼望你们不要向 U. C. 重提此问题，因为我现在的计划是要在台中或台北郊外的南港（"中央研究院"所在地）寻一所房子为久居之计。不管别人欢迎不欢迎，讨厌不讨厌，我在台湾是要住下去的（我也知道一定有人不欢迎我长住下去）。思亮兄给我预备的房子太大了，我决定不要。我颇想向"中央研究院"借一块地，由我自己出钱盖一所小房子，十年或十五年之后，房子归研究院所有。这样可以为其他院士开一先例，将来在南港可以造起一个院士住宅的聚落。史语所的书籍（1948年我两次在南京用过）于我最适用，比国外任何地方的书籍都更适用。有特殊需要时，可以向国外买

microfilm。更要紧的是年青的助手，在台北比较容易收"徒弟"，由我自己训练，帮我做点事。

我在今年初，——也许是去年尾，——曾有信给元任，说明为什么我这几年总不愿在美国大学寻较长期的教书的事。我记得我说的是：第一，外国学者弄中国学术的，总不免有点怕我们，我们大可以不必在他们手里讨饭吃或抢饭吃。第二，在许多大学里主持东方学的人，他们的政治倾向往往同我有点"隔教"。他们虽然不便明白说，我自己应该"知趣"一点，不要叫他们为难。（以下两点是今天加上的）第三，我老了，已到了"退休"年纪，我有一点小积蓄，在美国只够坐吃两三年，在台北或台中可以够我坐吃十年而有余。第四，我诚心感觉我有在台湾居住工作的必要。其中一件事是印行我先父的年谱和日记全部；第二件事是完成我自己的两三部大书。

以上说的，都是对我的两个老朋友说的诚心"自我坦白"！我知道你们一定能谅解我的。所以要写出来，是因为韵卿性子急，她对我的事太热心了，往往没有耐心听我"坦白"！请你们不要笑我这篇坦白书！

适之　一九五六，十一，十八夜

（1956年11月18日）

——《胡适给赵元任的信》

# 一九五七年

## ── 复 陈之藩

**之藩兄：**

谢谢你四月六日的长信。

《丁文江的传记》得你这样一位热心的读者，我的五个月工夫真不算枉费了。

二十多年的时间过去了。丁君的日记、信稿、原信札，都没有收存。日记竟不知在谁手里！我屡次想作此传，终以材料散失，不敢动手。一九五五年的冬月里，我把 Columbia Univ. 所存的《独立评论》全份，及《科学与人生观》等等，全借在我寓里，细细读一遍。又把我的日记细细翻查一遍。我先作了一个《年表》，看看缺什么重要材料。我发现最缺乏的是在君做上海"总办"的时期的材料，我只能用 *China Year Book* 的英文材料来补充。（那一年——1926——我游英国与欧洲，只有 British Museum 与法国国家图书馆的日记几册，差不多没有提到丁在君干政治的事！）

我检查了我手里的材料，我决定用严格的方法：完全用原料，非万不得已，不用 second hand sources，这是材料的限制。

故此传的好处是充分保存丁在君自己说的话，自己写的文字。别人的追忆，大部分是出于追悼他的二十七篇文字，其中已有不很可靠的材料了。

这样"充分保存"他自己说的话，有时是很费力的。例如"徐霞客"一章，我把丁在君记的金沙江的西岸的诸山，与东岸的诸山，总括成两页（页二四～二五）不满的叙述，是很吃力而不易得读者了解的。

又如"科学与玄学"一章，我曾删改三四次，有些地方曾重写两三次。（此章原稿很长，删改很费劲。）

其实这是我平生自己期许的工作方法，就是"述学"的工作最（方）法。"述学"最好是充分保存本人的文字语言。

在二十年没有人注意搜集丁在君的传记资料的情形之下，只有这个法子可以"无大过"。

你盼望我"能放开笔，写一些您的理想与失望，您的悲哀与快乐……"这大概是不可能的了。

在四十年前，我还妄想我可以兼做科学的历史考据与文学的创作。但我久已不作此梦想了。

丁在君曾称赞《我的母亲的订婚》（《四十自述》的第一篇）（《丁传》页七五～七六）。那是用小说体裁写的。当时我本想拟出十几个题目，一律用短篇小说体裁写我的自传。徐志摩极力赞成我的计划。但我写到第二章，就改用历史叙述体了。……

你曾读我的《西游记的第八十一难》（《文存》四集，台湾版；《论学近著》原载）吗？那也是我的文学试作。

匆匆写几句谢谢你，不料也写长了。祝你好。

胡适　一九五七，四月九日
（1957年4月9日）

今天杨振宁、李政道两君来看我。谈的很好。

——《在春风里》

# 一 复陈之藩

**之藩：**

对不起！你的四月十六日的长信，我还没答复，你提出的问题太不容易答复。那是迟迟不答的真原因。

主要的说明是人性的不同，James所谓哲学的派别争论其实却由于有hard-minded与soft-minded两大区别。费密（明末清初人）也指出人"沈潜刚克"与"高明柔克"的两大类。（但他加上"平康正直"（中行）第三类。）

同样重要，而稍次一等的，是每个人一生的训练。训练是"一言难尽"的，是"终身以之"的，是随时随地不可放松的，——所谓"造次必于是，颠沛必于是"。平日的训练，一旦偶然放松，人的性情或早年先入的成见就无意中流露出来了。

例如，Sir Oliver Lodge治物理学，那是他的训练。他信鬼，信灵魂，那就是性情流露与他的训练没有大关系了。

我在《丁传》里（页五五～五九，九七～一○七）（指出他的"宗教"见解，他用动物学知识来说明来证明！）他所谓"宗教"（即"为全种万世而牺牲个体一时的天性"），我曾指出他这个宗教见解，在无形之中，曾影响他对于苏俄革命及所谓"新式的独裁"的看法。这是性情的表现，其实同他的动物学与地质学无大关系。

我平生留意方法的问题，方法是可以训练的。这种训练正是我所谓"随时随地不可放松的"。你所说"胡先生的看法常常是无大误"，很可能的是这种训练的一点点成绩，也就是你所谓"由于你的谨严的精神"。

你曾看见我写给王重民的一封信吗？（曾登在抗战时期的《图书季刊》新五卷一期。）我在那篇短文里，曾用古人论从政（做官）的四字诀来说明"治学方法"。那四个字是"勤、谨、和、缓"。

勤即是眼勤、手勤、——即是"上穷碧落下黄泉"的勤求材料，勤求事实，勤求证据。

谨即是一丝一毫不苟且，不潦草，举一例，立一证，下一结论，都不苟且，即是谨，即是"敬慎"。

其余两字，同样重要，你好像不大注意到。"和"，我解作"心平气和"，解作"平心静气"，解作"虚心体察"。（西方宗教所谓humility，其实并不十分humble，平心考查一切不合吾意的事实和证据，抛开成见，跟着证据走，服从人，"和"之至也。）

"缓"字在治学方法上也十分重要。其意义只是从容研究，莫急于下结论。证据不充分时，姑且凉凉去，姑且悬而不断（suspending one's judgment）。

所以我中年以来，常用这四字诀教人，常说，科学方法不是科学家独得或独占的治学方法，只是人类的常识加上良好的训练，养成良好的工作习惯，养成了勤、谨、和、缓等良好的习惯，治学自然有好成绩。

现在可以谈谈你所谓"情感"、"真实情感"、"一团火"等等名件了。

因为我注意良好的工作习惯，因为我特别重视"和""缓"两种美德（良好习惯），所以我很感觉"情感""火焰"等等在做学问的过程上是当受"和"与"缓"的制裁的。

我所谓"随时随地不可放松"的训练自己，其中一个重要"场合"就是我常说的"正谊的火气"。我最佩服的两位近代学者，王国维先生与孟森先生，他们研究史学，曾有很大的成就。但他们晚年写了许多关于"水经注疑案"的文字却不免动了"正谊的火气"，所以都陷入了很幼稚的错误，——其结果竟至于诬告古人作贼，而自以为主持"正谊"。毫无真实证据，而自以为是做"考据"！

其实现代许多赞成列宁、斯大林那一套的知识分子，他们最吃亏的，我想还是他们对于社会问题某方面的一点"正谊的火气"罢！

所以你说，读我的文字"连一朵火焰也看不见"，这是很大的赞美辞，我怕很少人能承当。我是不敢承当的。

你说，清代三百年的考据时代"主要是因为不自由的环境下，不能由人随便说出真心的感情……"这其实是妄说，不可误信。考据的学风是两宋（北宋、南宋）就开始了的，并不是近三百年的事。欧阳修的《集古录》，司马光《通鉴考异》，赵明诚《金石录》，朱熹、洪适、洪迈，并不必"把情感压下去"，他们是考据学的开山人。因为他们生在学术发达的时代，感觉有辨别是非真伪的必要了，才运用他们的稍加训练纪律的常识，用证据来建立某些新发现的事实。这才是考据学的来源。

这种辨别是非真伪的热情，也是一种情感，并且是一种有大力量——也有火焰——的情感。

试读崔述的《考信录提要》或戴震的《孟子字义疏证》，你一定会感到火焰的热力。

故我不赞成你说的"考证的路"确实是科学的，然而"并非健康的"！你仔细想想，那有"确实是科学的"东西而"并非健康"的！

你举的Einstein的故事，大概是不可靠的。Einstein是天才和训练和合的人物。但他在某些方面稍稍放松他的言论，就不足为训了。

不写了，祝你好。

胡适　一九五七年，五月，二日

（1957年5月2日）

——《在春风里》

## 一 致 吴大猷

**大猷兄：**

此次得长谈，十分快慰！

别后寻得《自由中国》半月刊的"院士"一文，剪下送给你看看。其中只攻击张晓峰的不应该当选，但没有提到毛子水，是我记错了。

别后又检出你的五月七日长函，重读一遍，觉得更有意味。

你的长信最使我高兴的是：你"觉得学生不仅求知向学心甚切，且一般程度亦高，实胜于昔日在昆明或在北平时"。

你说："学生优秀的不少，最大的问题是师资的缺乏。广博专精的人材皆少。……学术研究的经费太少。故高深学术工作无法推进。"

你又说："我觉得所有从事实际工作的人都不错，……但政府高级（负政策决定之责者）人员则多平凡，无负责胆识，无应付此局面所需之新见识及 drive。"

这是两个很彻底的观察，我重读几遍，有深深的感慨，可惜没有挽救的方策！

你信上提及"所有在台北的讲演，都写出来，印发给学生，现由清华大学装订好寄来数份"。你说："如中基会想留一份作存案，则俟收到后当转寄上一份。"我很盼望你能寄一份给中基会。

五月七日函中提到"此次在台教学"的一页半，我本想译作英文，送给中基会的十五位董事（五位是美国人）看看。我现在想，索性请你写一封英文的短信给我，略述"此次在台教学"的经验，如①所授两门课程，②钟点及寒假中增加钟点的情形，③讲义印发，④学生人数及来源，⑤学生的程度及成绩。

我所以敢向你作此请求，是因为我深感觉，你此次在台教学四个月，最辛苦，最负责任，所以最有成绩。所谓"成绩"，不在班上那几十个学生的考试成绩，而在你所引起的青年学人的求知向学的热诚，又在你同时引起的青年人对于中基会的 Visiting Professor 的期望。我同你谈过一晚，又重读你的五月七日长信，颇觉得中基会的 Visiting Professorship 在目前确是急救台湾高深学术的师资缺乏的一个办法。因此，我颇想在最近的将来，同思亮、子水、月涵诸位商量，或可将现有的中基会 Faculty Fellowship（台大四名，"中研院"史语所一名，师大一名，成功大学一名，台中农学院一名，每年共八名。每名来往旅费一千四百元，十个月的月费一千七百五十元，共计每名三千一百五十元，外加中基会完全代付学费或研究费等，每名每年预算约三千八百元）酌量减省，而每年增设 Visiting Professorships，慎选你所谓"广博专精的人材"，每年若能有两人或两人以上到台湾讲学，或可比现在的派教授出来"镀金"（其中有一部分确能得"进修"之益）为更有益吧？（现在中基会的力量只能每年设一个 Visiting Professorship。）因此，我盼望你肯写这封英文信，由我们印发给中基会的十五位董事，引起他们的兴趣及注意。中基会今年的年会在十月第一个周末。你的信若能在七八月写寄，不为迟也。

匆匆敬祝

双安

弟　胡适敬上　一九五七，六，六夜<br>（1957年6月6日）

本周你被选作 Royal Society 的会员，我十分高兴，敬此奉贺！

适之

——据影印件

## — 复 赵元任

Dear Y. R.

July 24 的信收到了。谢谢。

P. C. 之死，使我们这一"期"的同学又少了一个。今年台北又死了邢契莘，一九〇九"期"也少了一个了。

关于芮逸夫的事，我还很不清楚。他"九月可以成行"，但他此次来是用China Foundation给史语所的Fellowship呢？还是U. C. 的Exchange Scholar呢？（"学客"）。（现在我明白了一点。适之。July 27）

关于中基会对于"Fellows"的"普通手续"，我们每年接到提名学校通知下年Fellow已决定某人，并已接到其人的英文拼音姓名了，我们就寄两份Notarized "Fellowship Credential"给他。今将中基会给芮逸夫的信件copies寄给你作个样子。（这种credential是为visa之用，故须notarized。堂堂的State Univ.就当然不需要这种notarization了。）

大概是因为我们寄去credential是notarized，所以他也盼望U. C.的credentials同样notarized。这是"枝节"的原因，可能的。

Pittsburgh的事，我不很热心。因为新校长上台，应该统筹全局，不当先弄一个"White elephant"，引起别人的讥评。所以五月十一日，新校长就职典礼，我代表台大去参加，借此向他道谢，并且说明我的看法。最后，我面告他，我回台北之后，若还出来，若还考虑留居美国，我一定给Pittsburgh "A/ Priority"。

你信上说的话，我很明白。可是"洗耳恭听"的事，向来"在多数权威方面"是没有的！你大概不知道，或者不很知道，这大半年来所谓"围剿《自由中国》半月刊"的事件。其中受"围剿"的一个人，就是我。所以我当初决定要回去，实在是为此。（至少这是我不能不回去的一个理由。）

我的看法是，我有一个责任，可能留在国内比留在国外更重要，——可能留在国内或者可以使人"take me more seriously"。

我underscored the word "more"，因为那边有一些人实在怕我说的话，实在have taken me seriously，甚至于我在一九五二～五三说的话，他们至今还记在账上，没有忘记。

这里你和我的意见没有"谬乎？""高乎"的争论，完全是个standpoint的问题。

祝你们都好。

适之　一九五七,七,二六
（1957年7月26日）

——《胡适给赵元任的信》

# 一 致 雷 震

**儆寰兄：**

昨天寄一短信。说我没有收到十七卷三、四期。昨夜检出第四期，但第三期确没有收到，是误重了十七卷一期，似是社中无心之误。

今天毛树清先生来谈，我正在打第三针。他说，他得《联合报》三电，要他访问我，问反对党的问题。他带了半张《自立晚报》（剪下的，没有日月），半张全是谈"反对党"，有"胡适博士始作俑""反对党呼之欲出"等等标题。报导中说，"《自由中国》刊出一序列问题，是为反对党铺路，……显示着胡博士的意见……"

我对毛君说，这一年来，香港台北的朋友曾有信来，说起反对党的需要。但我始终没有回过一个字，没有复过一封信，因为我从来没有梦想到自己出来组织任何政党。我前几年曾公开的表示一个希望：希望国民党里的几个有力的派系能自由分化成几个新政党，逐渐形成两个有力的政党。这是我几年前的一个希望。但去年我曾对几位国民党朋友说，我对于国民党自由分化的希望，早已放弃了。我颇倾向于"毁党救国"，或"毁党建国"的一个见解，盼望大家把眼光放得大一点，用"国家"来号召海内外几亿的中国国民的情感心思，而不要枉费精力去办"党"。我还希望国民党的领袖走"毁党建国"的新路，我自己当然没有组党的心思。

这是我对毛君说的。

他走后，我重读你八月三日的长信，我不能不写几句话劝告老兄。

第一，你和其他朋友听到的种种关于胡适之蒋廷黻"在美国决定组党，名子叫做自由党"一类的传说，完全没有一丝一毫的事实做根据。此种传说，无论如何"传说得像煞有介事的"，都不可相信。

第二，我去年秋末曾去斯旦佛大学住了两天，主人房君开车同我去访问君劢先生，——那时他病起不久，——并没有谈过政治。我在Berkeley讲学近五个月，见过顾孟余先生几次，都没有谈政治。这是因为我从来没有梦想到我自己会出来和他们组党。

第三，丁月波和你都曾说过，反对党必须我出来领导。我从没有回信。因为我从来不曾作此想。我在台北时，屡次对朋友说，——你必定也听见过，——盼望胡适之出来组织政党，其痴心可比后唐明宗每夜焚香告天，愿天早生圣人以安中国！我平生绝不敢妄想我有政治能力可以领导一个政党。我从来没有能够叫自己相信我有在政治上拯救中国的魄力与精力。胡适之没有成为一个"妄人"，就是因为他没有这种自信吧。

第四，你此信屡说到"前函"之"十人"，但此函至今没有收到。你的信往往有先发而后到的，也有一个月才到的。

第五，有人问我看见了《民主评论》第八卷十期大骂《自由中国》半月刊的文章没有，我说没见。后来一个朋友向香港为我觅得此期，我才得见李实先生的《历史文化与自由民主》一文。我看了此文，才去翻查《自由中国》的"重整五四精神"一文里有什么"辱骂"他们的字句。我因此发生不少感想。

此次你信上有一句话："至于他（君劢）与先生在学术上见

解之不同，不应妨碍合作的。"我读了《民主评论》李实君此文，感到其中那种不容忍异己的态度，不禁毛骨耸［悚］然！我和君劢都老了，大概不至于犯这样不容忍的毛病。但我至今不解那篇"五四精神"的短文何以会引出这样不容忍的反响！（《民主评论》）这篇文字是值得老兄仔细想想的。（李实先生是何人？）

以上拉杂写的，只是要老兄千万不可妄信外间一切像煞有介事的传说，千万不可轻易假定胡适之可以（或能够）出来领导一个反对党。最后两句话是：①港台议论好像都认定"反共救国会议"可以召开，而这个会议可以促成反对党的出现。我看这是幻想，毫无根据。如果某些人士期望"反共救国会议"促成反对党，那末，我可以预言那个会议一定开不成。②港台今日好像真有"反对党呼之欲出"的"讹言"，愈传愈像煞有介事的！我的看法是，如果台湾真有许多渴望有个反对党的人们，他们应该撇开一切毫无事实根据的"讹言""流言"，——例如胡、蒋在美国组党的妄传，——他们应该作点切于实际的思考，他们应该自己把这个反对党建立起来，应该用现有的可靠的材料与人才做现实的本钱，在那个现实的基层上，自己把这个新政党组织起来。胡适之，张君劢，顾孟余……一班人都太老了，这些老招牌都不中用了。

弟　适之敬上　一九五七，八，廿九夜<br>（1957年8月29日）

祝同人都好。特别要请你代我谢谢海光，他写的《胡适思想与中国前途》一文，我很感谢，又很惭愧。病好后当专函谢他。

此信我没有留稿。这几天都不发烧了，但还是很瘦弱。写的一定不成话，千万请原谅。

# — 复 陈之藩

**之藩兄：**

谢谢你的Oct.11的信和支票。

其实你不应该这样急于还此四百元。我借出的钱，从来不盼望收回，因为我知道我借出的钱总是"一本万利"，永远有利息在人间的。

你报告我的学校情形，我听了非常兴奋。我二十岁时初次读《新约》，到"耶稣在山上，看见大众前来，他大感动，说'收成是丰盛的，可惜做工的人太少了。'"——我不觉掉下泪来。那时我想起《论语》里，"士不可以不弘毅，任重而道远。"那一段话，和"马太福音"此段的精神相似。

你所谓"第一次尝到教书之乐"，其实也是这样的心理。是不是？

你收到了我寄到YMCA的一封短信和我的United Nations的演说吗？如未收到，可去YMCA一问。祝你好。

适之 一九五七，十，十五

（1957年10月15日）

——《在春风里》

# 一九五八 年

## 一 致 李济

**济之吾兄：**

那天电话上我说，已快两个月没有发烧了。十二月二十六日上午我有信给胡颂平兄，还说"整两个月没有发烧了"。不意当天下午就发微热，在那个圣诞节与新年之间，我决定不找医生，只把钱煦留的一种消炎片（Gantrioin）吃了，二十七夜才退烧了。一月二日又有微烧，没有吃药，睡了一天也就退了。

我真感觉十分抱歉，把"中央研究院"的事赖（至少暂时赖）到你身上！你可以相信，我在十一月初三发的英文电，初四发的中文电，因病体未复原恳辞院长，并请任命老兄为院长，都是十分诚恳的。我在七八月间就曾有信表示佩服你在短期中做到百废具举的成绩。故我推举你是诚心的。十一月三日的选举在我肺炎发高烧退烧后的第七天，故我因病辞职也是实情，因为像我这年纪的人，肺炎退烧后，往往外感（infection）不易清除。十月三十日透视一次，十一月二十五日又透视一次，都显示肺部infection未清，不宜去潮冷的地带，第二次透视之后，医生又给我打十二针Penicillin。

十二月初得骝公急信，说院中有些重大问题（如十二月中旬后召开院士会议的问题）急须有人负责决定。这时候我已和月涵校长谈过两次，知道了十一月三日选举的详情。月涵说，"你若不干，济之、润章也不会干，结果是评议会得重开选举会。"我仔细想过，才发十二月六日的电报，请总统任命老兄为代院长，使我可以安心养病，早日全愈回国就任。这个formula也是因为要救这个（老兄十一月五日函中所谓）"蔡孑民、丁在君、傅孟真仅余之事业"，想能得老兄的谅解。

电话上所谈两事：（1）我想我本年四月可以回来。电话之后，两次发烧，虽然表示有些因素是谁也不能完全预计算到的，但我现在仍计划本年四月可以回台北。（2）全汉昇兄肯担任总干事，我听了真感觉十分高兴！——为"中研院"高兴，也为吾兄高兴！此一举最可以表示老兄知人善任。

我因为原来计划可以不委托别人代表投票，所以至今没有寄院士选举票。但我曾想想，院士每人须得十六票，若事先没有细密的组织，恐甚难产生。在台院士容易集会，能否为此一重大问题开一次谈话会，考虑一个如何可以产生十五个新院士的方法？老兄的看法如何？盼示知。（我算来算去，似很难有十一二人得到当选的票数！）

今天知道丁文渊兄死在十二月廿九夜，丁家兄弟又少一个！闻月波曾将史语所所存在君主编的《梁任公年谱长编》油印本交杨家骆君承印。月波死后，此事似可由史语所主持？兄谓如何？敬祝本院同仁新年平安。

弟适之　四七，一，四

（1958年1月4日）

——据影印件

# — 致 吴大猷


**大猷吾兄：**

上周你在我寓中，不幸那天有两个外来的年青客人，使我不能多多请教，至今抱憾！千万请原谅。

你大概已收到在台六位院士联名的公函了罢？我现在已决定三月底或四月一日飞台北。此行尚不能搬家回去，——因为现在尚无此精力结束这个八年多积下来的"家"。拟在台住两个月，把住宅和工作的事布置好了，再回米搬家。

我此次接受"中研院"事，实在是有两层意思。消极的，我们都有维持这个机构的生存的责任，但这还不是主要的。积极的，我实在想为中国学术前途做一点开路、铺路的工作。我今天重读你去年四月二日在《学人》上发表的《如何发展我国的科学》一文，仍感觉你的vision是完全对的。我很盼望你把此文的结论中的四项——特别是第一项的发展我国科学的"五年或十年计划"——写的更具体一点，就当作一个"五年计划或十年计划"写下来。我很愿意带这计划回去做一个探路的地图——做一点开路、铺石子的工作。

你曾说过："目前的急务是基础工作"、"目前必须作一决策"。时间已够晚了，所以我恳切的请你即日开始想想，即日开始写这个计划。能在三月中旬寄给我最好。匆匆奉恳。

即祝

双安

弟胡适敬上　一九五八，二，十一夜

（1958年2月11日）

令郎想已全好了。此次嫂夫人来纽约，我们都没有能尽一点"寓公地主"之谊，十分不安！

# 一 复 苏雪林

**雪林女士:**

谢谢你五月五日的信,和寄赠的《棘心》、《天马集》、《昆仑之谜》、《玉溪诗谜》四部书。

承问及小儿思杜的消息,至感。我猜想这个去年八月自杀的消息是一种有恶意的谣言,故意在"五四"的前夕放出。我在今年一月间尚得友人间接传出思杜被送去东北的消息,故我不信此谣言,当日即用长途电话告知内人,叫他不要轻信此消息。

毛神父似未曾有机会把《棘心》交给我。

我今天匆匆翻看这书。在九十~九四页上看见你追念"五四"的"理性女神"的文字。我很同情你的看法,但我(觉得)"五四"本身含有不少的反理智的成分,所以"不少五四时代过来人"终不免走上反理智的路上去,终不免被人牵着鼻子走。

你的《天马集》(我一定要读你这本书)等,我还没有时间细读。只想起了一件事,在美京的顾季高先生(名翊群)在今年三月尾来纽约看我,带了一部书稿来要我看。那书稿是讨论李义山的"诗谜"的,他引用了你的"李义山恋爱事迹考"和冯浩等人的议论。我那时因为行色匆匆,又因为我平日不喜欢义山的诗,所以不曾细看顾君的书稿。他是一位有地位的经济学者,出于一个旧学有渊源的家庭,晚年(约有六十岁了)对义山的诗发生兴趣,居然写成一部书。我对他说,我们作历史考证的人,不可不知道考证的方法有个限度,这个限度就是"有几分证据,说几分话。有三分证据,不可说四分话"。我指出他书稿里所举义山的诗谜,往往一首诗可以有三四种不同的说法(包括雪林的说法),而没有一种说法是有两三分证据的。我那天书桌上正摊着一本《朱子语类》,我翻出一条指给顾君看。朱子大意是说,往往"前圣"说的话,虽有"后圣",也未必能全懂;何况千年后的我们?朱子此言是很平允的，很有经验的，很可以使我们发深省的。……

我六月间回美国去小住，当将《玉溪诗谜》带去送给顾君看看。（他用的本子是从国会图书馆借得的。）

适之　四七, 五, 十二
（1958年5月12日）

——据影印件

## — 复 俞耕葆

**耕葆女士：**

谢谢你五月十日的长信。

谢谢你寄赠的《白话旧约新约全书》。我很感谢你送我这本圣经的好意，——把你拾到的宝贝送给我的好意。

我虽然不是基督徒，我一生很爱读《新旧约全书》，也常常买这书的好本子送给青年的朋友。

我自己是一个不信神的人，但我感谢这个社会能容忍我不信神，所以我一生自律，我也应该容忍世间一切诚心信神的人，应该恭敬一切诚心相信宗教的人，这是我报答社会对我容忍（Tolerance）的一点点微意。

所以我感谢你赠我《圣经》的好意，感谢你关切我身体不大好，也相信你确曾得到信仰的益处正如我认识的某些朋友确曾得到信仰的益处一样。

敬祝

你一家安乐

胡适敬上　一九五八，五，十三夜
（1958年5月13日）

——据影印抄件


## — 答 某先生 ①

①
胡适任"中研院"院长后，各方来信请求写字的人特别多，此信为胡适所拟谢绝给人家写字的通用函稿。——编者

○○先生：

我从来没有好好的学写字，十几岁时，我曾临写颜鲁公，也曾临写褚河南，也曾临写苏东坡。无论临写谁，我总学不像。当时中国公学有一位会写字做诗的安徽同学汤保民先生（昭）曾说："适之样样事都聪明，就是写字真笨！"

我十九岁出国留学，更没有学写字的工夫了。民国六年回国教书，到现在四十多年了。这四十多年里，我写了三四百万字的稿子，或是讲义，或是文稿，我只有一条自律的规则，就是：不写一个潦草的字，不要叫排字工人排错。

但在过去四五十年里，我没有费一天工夫去学写字。所以我自己知道我不会写字，更不配给别人写字。

承先生的好意，要我写字。我写这封信，请先生原谅，请先生恕我不写了。原纸奉还，敬祝先生健康。

胡适敬上　十二月十三日
（1958年12月13日）

——《胡适之先生年谱长编初稿》第7册

# — 复丁明达

**明达：**

谢谢你十二月十六日的信。

我记得你，也记得你的"陵儿"小名。二十多年了。你今年也快四十了？结婚了吗？有了儿女没有？

六年前在钱家，你来看我，我没有见着你，很失望。下次你到台北来，我盼望你来南港看我。（打电话先叫三一五一一，——南港——转一四二，这是长途电话，可叫他记"中央研究院"胡适之的账）我上午总在家时多。（此地离台肥六厂不远。）

二婶现在的情形，我也许久没有消息了。我也听说她的生活现由庆贻供给。庆贻现做何事？现在何处？如有需我帮忙之处，望你告我。

在君的传记（此传记有单行本，你若没有，我可以寄给你。纪念在君的论文集，是四叔月波发动的。世界书局印行在君编的《梁任公年谱》，也是月波推动的。月波对你二叔，真是诚心的敬爱。），你说你读时曾多次流泪，我可以告诉你，我写此传时也曾多次流泪。你家二叔是不应该早死的。他是能做学问又有办事的能力的人；朋友之中，只有他和傅孟真先生是有办事干才的学人。今天是傅孟真去世八周年的纪念日，我上午上他的坟去了。再过十六天，就是在君去世廿三周年的纪念日了！他若活到今天，还不满七十二岁。想起，真真不幸，也是国家的大不幸。

祝你新年平安幸福。

适之 四七，十二，廿日

（1958年12月20日）

# 一九五九 年

## ── 复 胡光麃

**光麃兄：**

谢谢你寄来的 Unit—Hut 的说明书！

第一页提及"有巢氏"似可删去，因为中国古代文化开始时并不在 the tropics。你说是吗？

老兄信上说，要叫这种屋做"胡适屋"，此事千万不可做。我是最怕出名的，一生受了暴得大名之累，现在老了，更是处处躲避一切出名的事。所以恳切的求你，千万不可用"胡适屋"的名字！

我已把你交来的文件，给我的朋友看过了。

匆匆敬祝平安。

胡适敬上　一九五九，二，十三

（1959年2月13日）

──《传记文学》第27卷1期，
胡光麃：《与赵元任胡适之两同学往来的信》

# ── 复韩石泉

**石泉先生：**

去年承赠大作《六十回忆录》，我当时匆匆不曾读，到今年才得细读。这部《回忆录》，是台湾光复后仅见的一本自传。其中不但有先生一生立身行己的纪录，还有六十年来的重要史料。先生提倡自传的风气，我十分佩服。我很盼望将来有许多台湾朋友，如蔡培火先生，如黄朝琴先生等，都肯继续仿效先生的《回忆录》，有更多更详细的自传文字出来，使我们更明白当年"日治时代"的爱国运动，自治运动的真实情形，或使我们更明白当年"东港事件"，"二二八事件"等等的真实情形。我相信，这种自传式资料的出现必定可以增加我们整个民族的了解与亲爱，不但是给将来史家添一批史料而已。

承寄示令郎良诚世兄照的相片，多谢多谢。并乞转谢令郎。

《回忆录》一二一页提到《朱子家训》，所引乃是明末清初的朱柏庐《治家格言》，他是苏州昆山人，名用纯，字致一，自号柏庐。他的《治家格言》往往被人误传为《朱子家训》，其实朱子并没有留下这种家训。

匆匆敬谢先生赠书的好意，并祝

平安。

胡适　四八，二，十七

（1959年2月17日）

——据影印件

## 一 复桂裕

**公绰先生：**

承赠大作《访美杂记》，多谢多谢。

你这本游记，写美国的司法制度各方面特别详细，我看了得益不少。第五章列举"法官的待遇"，更足以供我国人反省。我盼望此书在台湾能有许多人买读。

书中记与令师吴德生先生"雪夜长谭"，其论法律一段（页六七～七八）很有趣味。你用"行路规则"作例证，我也常用这例证。我在纽约有一晚雇 Taxi 回家，车走中央公园，时已半夜，寂无行人，也无车辆，而司机每遇红灯必停车。我私叹，此真道学家所谓"慎独"的工夫。必须人人养成了这种守法的习惯，才有法治可说。

匆匆敬请
大安

胡适敬上　四八,二,廿八
（1959年2月28日）

——《胡适之先生年谱长编初稿》第 8 册

# 一 致 吴相湘

**相湘兄：**

袁克定的跋语，去年就写了，许久没有写好。今夜涂改一遍把草稿寄给你，请你看看。如可用，就请你留下罢。

王云五先生记得苪煌的事颇多，他也知道苪煌游说袁家父子的事。我请他多作一点回想，便中你可以找他谈谈。（我已对他说你发现袁克定的信了。他很愿意见你。）

你评论罗尔纲的话最中肯，我常对他说，不苟且的习惯，是时常需要自觉的监督的。稍一松懈，就会出漏洞了。

我因此回想，古人说"离群索居"之害，不是没有道理的。我当年早看出尔纲的天资不太高，需要朋友督责，所以我总想管住他一点。其实我太忙，没有功夫监督他，试看他的《太平天国史纲》里就已经收了我责怪他的"明人好名，清人务利"的议论了。

我因此又想起，陈独秀若不脱离北大，若不因偶然的事永离北京，他后来的思想可能不会走上共产党的路上去，而中国思想与政治的演变也可能完全大不相同。

鲁迅也是如此。他若不离开北京，可能不会演变到后来那样子，我看他一九三五年给胡风的信，很感觉他晚年很痛苦，但已无法子解放自己了。

胡适　四八,三,四夜半

（1959年3月4日）

副刊单行本送上一册，乞指正。

——《胡适之先生年谱长编初稿》第8册

# — 致《自由中国》编委会同人

**《自由中国》半月刊的编辑委员会的各位同人：**

我今天以编辑委员的一个分子的资格，很诚恳的向各位同人说几句话。我在四十一年（1952年）就恳求你们许我辞去"发行人"的名义。那时我已预料到今天发生的刑事诉讼案件一类的事迟早必会发生，发生时应有发行人能实际负责。若用一个远在国外的人做"发行人"，那种办法只足以叫人视为不负责任的表示，实际上也不是争自由的正当办法。

此次陈怀琪的事件，我以为我们应该检讨自己的编辑方法的是否完善。

此次事情由于"读者来书"。编辑部没有调查"陈怀琪"是真名假名，就给登出了。这是根本不合编辑"读者来书"的普通原则的！这是我们的大错误。

凡读者投书，（1）必须用真姓名，真地址，否则一概不给登载。（2）其有自己声明因特殊情形不愿用真姓名发表者，必须另有声明的信用真姓名，真地址。否则不给发表。

我很诚恳的盼望我们大家作一次严重的检讨，切实改善本刊的编辑方法，例如"读者投书"的编辑，必须严格的实行我上面指出的两条办法，（国外通行的办法还有一条，就是加上声明，投书人发表的意见，并不能代表本社的意见。）

此外，我还有两三个建议：

（1）本刊以后最好能不发表不署真姓名的文字。

（2）以后最好能不用不记名的"社评"。当年《独立评论》与《现代评论》皆没有不署名的社论。

（3）以后停止"短评"。因为"短评"最容易作俏皮的讽刺话，又不署名，最容易使人看作尖刻或轻薄。（《新青年》的"随感录",《每周评论》的"随感录",各条尾皆有笔名,可以指定是谁的笔名)。

有人说,社论须署名,则社论更难找人写了。我的看法是,争取言论自由必须用真姓名,才可以表示负言论的责任。若发言人怕负言论的责任,则不如不发表这种言论。所以我办《独立评论》五年之久,没有发表一篇用假姓名的文字。我们当时的公开表示是"用负责任的态度,说平实的话"。这种态度,久而久之,终可以得到多数读者的同情和信任。

以上诸点,我诚恳的提出来,请大家不客气的讨论批评。

胡适　敬上　四八,三,五日下午
（1959年3月5日）

——《自由中国》第20卷第7期

# — 致 陈诚、王云五

**辞修、云五两位先生赐鉴：**

本年二月尾,警备总司令部将本市启明书局董事沈志明及其妻应文婵(书局经理)传去,当即拘押,并当面交他们"警备总司令部起诉书",主文为"右被告因叛乱案件,业经侦查终结,认应提起公诉"。

沈志明、应文婵二人已拘押十二日之久,尚未释放,亦不许其家属探问;他们的律师曾向该部呈请调阅案卷,至今亦未得复。

云五先生和我皆曾看见起诉书副本,其中所举"犯罪事实"有二项：一为三十九年（1950年）二月香港出版之斯诺《长征二万五千里》（又名《中国之红星？》）译本，印有香港启明书局发行字样，应由台湾启明书局沈志明负责。二为四十七年（1958年）一月台湾启明书局出版之冯沅君《中国文学史》，其中第二十讲（最末三页）内容"渲染自由主义文学，歌颂共产文学"。

鄙意以为，民国三十九年（1950年）香港出版的斯诺（Snow）书译本，事在近十年之前，岂可归罪于远在台北的启明书局经理人夫妇？至于冯沅君（冯友兰之妹，陆侃如之妻）之书乃是二十年前在安徽大学的讲义，全书很平凡，只在最末三页提到"无产阶级的文学"。此不过是二十年前的文人学当时的"时髦风气"，何必在今日认为"叛乱"罪的证据？沈志明夫妇为贪图省钱，即将原书影印，未及看出此最末三页的谬论，事后于去年一月十日即发现此三页之不当，即停止门市部发售，并全部收回本市代售之书，并通知外埠寄回。他们至多不过有一时疏忽失察之咎，若即加以"叛乱"的罪名，似乎太严重了罢？

顷查云五先生主持之"总统府临时行政改革委员会总报告"，其六十九案即是"切实保障人权案"，其中"办法"第二项即关于司法机关与军法机关审判权之划分，其三项"人身自由之保障"，即特别注重宪法第八条之规定，"于二十四小时内将逮捕人移送法院"等等。

书籍的事，鄙意似不应由军法机关扩大到"叛乱"的大罪名。沈志明夫妇有家在台北，有店业在台北，怕他们逃到那儿去？何以拘禁至十余日之久，不许家属探问，不交保释放候讯？

我认识沈志明夫妇多年，深知他们决不是犯"叛乱"罪的人。我也是追随两公制定宪法第八条的一个人。所以我把这件事在百忙之中写成简单报告，提供两公的注意，千万请两公恕我爱管闲事的罪过。

匆匆敬祝

大安

胡适敬上　四八,三,十一日下午
（1959年3月11日）

　　起诉书中有"渲染自由主义文学"一语，试问"渲染自由主义文学"何以会构成"叛乱"罪名？此系依据那一条法令？我举此一例，可见书籍之事，文艺之事，都不应由军法机关管辖。

胡适

——据影印件

# 一 复 杨力行

**力行先生：**

　　谢谢你六月二日的信。

　　我的狂言，你不但没有生气，还向我道谢，我很佩服你的雅量。这种虚心是治学的基本条件，我很诚恳的给你道贺。

　　卫挺生先生是我的老朋友，我也曾收到他送我的两本书。但我对于这个问题向来没有研究，所以从没有敢发表意见。因为日本古代史里就含有很多不可信赖的神话，近几十年里这种神话很多的古史又得到了政治与宗教的保障。所以近代日本学人的谨严史学方法似乎没有自由的充分应用到那个领域里去。神武天皇本身的有无，谁都不能知道，传说的徐福故事里有多少可靠的成分，我们也不知道。我们又何从批判神武天皇是不是徐福的问题呢？

敬谢你的好意，并祝平安。

胡适敬上　四八，六，四<br>（1959年6月4日）

——据影印件

# —— 复 苏雪林

**雪林：**

　　我不知道应该怎样向你道歉！有好多的信都没有复你！本来都因为总想写长信复你，但总是没有写长信的时间，这是真原因。千万请你原谅宽恕！

　　院士候选人，你在提名之中，当日审查时，因为原没有"文学"一类，也没有"美术"一类，故你不在候选人之内。

　　研究补助金的审查是须经过"人文与社会科学专门委员会"的。我们不久就可以通告各大学请他们"为他们的专任教授，副教授，……等提出专题研究计划，申请研究补助费"。

　　今天下午，我可以见到阎振兴校长，可以向他说明这一项办法。

　　关于你自己的研究，我颇感觉你有点走入迷途而不能自拔。即如你此次信上说，"《九歌》乃是整套神曲，九神乃隶属一个集团之大神，不但我国所有各神多系此九大神所衍化，全世界各宗教之神亦不出此九神范围。……我的书若能写成，中国全部文化史皆须重写，即外国宗教神话史也须重新安排。"此种想法就是迷途，就是入魔的路，不可不深戒。

　　至于说，"中国古代文化结构极密，完全是个有机体，惜代久

449

年湮，络脉断绝，致成僵尸。若能将络脉连接起来，则这个文化便可复活……"这更是迷途，使我深为你忧虑。你所凭藉的《天问》一类残乱不可读不可解的文件，本身就很不可靠。我们用最谨严的方法，至多也只能做到使这件文件比较可读而已。千万不可从这种本身不大可靠不大可懂的文件上建立什么"文化络脉"。

我也知道入迷的人是不容易劝导出迷的。我又没有工夫给你写一封详细的信。但因为向来爱敬你，不敢不说这几句劝告的话，千万请你原谅。

敬祝你的眼病有好转，体力有进步。

适之　四八,六,十三

（1959年6月13日）

此次所寄示文中，有"屈原是个心细如发的人"，"屈原作品，文法极其精密"等语，这都是很"入迷"的说法，用到"天问"，更是绝不适宜。

适之

——据影印件

# — 复 苏雪林

雪林：

连得你三封信，使我十分不安。

我一定依你的话，不把我的信给别人看，请你放心。

你读过王静安先生的《殷卜辞中所见先王先公考》①的《王亥》、《王恒》两篇吗？你读过《傅孟真全集》里的《史料论略》（中篇丁，页二～七）讨论这两篇的文字吗？静安先生两篇皆与《天问》有关，其方法最谨严，故值得重读。

祝你平安

适之，四八，六，十九夜

（1959年6月19日）

考证的工作，方法是第一要件，说话的分寸也是一件重要的事。我常劝朋友，"有几分证据，说几分话。有五分证据，不可说六分话"。前信说的，大旨似不过如此，你不必多疑。

适之

——据影印件

# 一 复 袁胡

**袁胡先生：**

谢谢你十月廿三日的长信。

我细细读了你的信，很诚恳的感谢你在辛苦做饼、烤饼、卖饼的生活之中，写这一两千字长信，把"积在心中多

①
王国维原文题为《殷卜辞中所见先公先王考》——编者

年的话，一直没有向旁人提起过"的话写出来寄给我。

你提出的问题太大，我很惭愧，我不能给你一个可以使我自己认为满意的解答，我只能说，你说的英国的制度和美国制度其实没有什么大分别。你信上叙述的那个"杜鲁门没有带走一个人"的故事，也正和邱吉尔在一九四五年离开顿宁街十号时没有带走一个人，是一样的。

我还可以说，……有一个卖饼的，每天背着铅皮桶在街上叫卖芝麻饼，风雨无阻，烈日更不放在心上，但他还肯忙里偷闲，关心国家的大计，关心英美的政治制度，盼望国家能走上长治久安之路，——单只这一件奇事，已够使我乐观，使我高兴了。

如有我可以帮你小忙的事，如赠送你找不着的书之类，我一定很愿意做。

祝你安好

胡适　四八，十，廿五夜

（1959年10月25日）

——《胡适之先生年谱长编初稿》第8册

# — 复 彭家驹

**家驹先生：**

谢谢你十月十二日的信，更谢谢你寄的七首诗。

大概是因为你信封上写错了地址，所以我今天才收到。（以后请写"台北，南港，'中央研究院'。"）

你说："我以为新诗应该用最普通的词句，来直接抒写感情，扔去五光十色的联想，使每一句诗读来都是口语，然后使这些口语结合成整体，乞灵（此二字不大好，不如说"归结"？）于含蓄。"这几句话，我大致都很赞同。（"然后使"三字也有语病，似不如删去？）如果你能依照这几句话去做诗，我相信你的成绩一定会很好。

我在民国廿五年（1936）曾说：我做诗的戒约至少有这几条：

第一，说话要明白清楚。……

第二，用材料要有剪裁。消极的说，这就是要删除一切浮词凑句；积极的说，这就是要抓住最扼要最精彩的材料，用最简练的字句表现出来。……

第三，意境要平实。……在诗的各种意境之中，我自己总觉得"平实"，"含蓄"，"淡远"的境界最禁得起咀嚼欣赏的。……

我的戒约和你的新诗见解似乎颇相接近，所以我很赞同你的看法。

你说"诗真是很难写的"。这一句话也是从经验里得来的真实话，我已多年不写诗了。

你的七首诗，我觉得《泪》最好。

《病》也好，但下半首有毛病，"心脏"与"心"不同，"心脏"是在"在这儿"，那"在我那遥远的故乡的"是你的"心"。

《相会》的语言是很干净的口语，但意境远不够"含蓄"。你说是吗？

《兰花之献》原是两首诗，读者误看作一首，这三节说那青年"从此哑默无言"了，怎么下面又说话了？何妨试删去两个子题，又删去第三段，试把两首并作一首，似乎别有风味。那就不会引起误会了。

我感谢你寄诗的好意，忍不住轻易批评你的作品，千万请你恕我狂妄。

胡适　四八，十，廿五夜
（1959年10月25日）

——《胡适之先生年谱长编初稿》第8册

# 一 复 王恒浩

**恒浩先生：**

谢谢你十一月十四日的信和大作。

苏俄在今年九月十二日放射月球火箭，我那时在美国，看见了当时许多专家发表的谈话，他们都承认这是一个大成功。我觉得这件事用不着怀疑；因为这是一个工业技术上的问题，并不牵涉到基本科学上新的发现。如果一个大国能集中大力量去作这种有宣传作用的科学工作，他的成功，应该可以期望得到，并且不足惊异。

你的文章第二页第四行上说："因该火箭是经过精密制造，所以不会破碎。"你说这"又是在宣传"。其实你上文引的莫斯科原电说的是火箭所带去的徽记。火箭一定会撞碎，但徽记可能不至于破碎。大概先生存了一个不相信的心理，所以有此小错误。

你的文章想来你是需要的，附还给你。我谢谢你的好意。

匆复并请

大安

胡适敬上 四八，十一，十七

（1959年11月17日）

——《胡适之先生年谱长编初稿》第 8 册

## 一 复苏某

**苏某先生：**

真正对不住你！我把你的证件留了这许久，又不能帮你什么，十分抱歉！

你见过冬秀，她总会告诉你，我在国内四十多年，就从来没有写过一推荐人找事的信。

你的困难情形，我很同情。但我替你想过，实在想不出什么方法可以帮你找事。

我送上支票五百元，略助急需。证件也送还，以免日久遗失。

祝你平安

胡适敬上　四八,十二,八

（1959年12月8日）

## 一 致《联合报》编辑

**联合报编辑先生：**

今天（十二月十六日）看见贵报的"黑白集"的短文，题为"学人的背影"，里面说：

　　……以庚子赔款作中法、中英、中美的文化基金，现在到那里去了。

又说到中美庚款：

中美庚款向由若干权威学人经管，但已多年未向国家
报账，成为禁脔，留作逃美基金。

我是管理中美庚款的"中华教育文化基金董事会"一个董事
兼总干事，知道中美庚款的情形最详细，所以很愿意借"黑白集"
的篇幅，报告一点事实。

各国庚款的退还，以美国为最早。美国退回庚款，先后有两
次，第一次在前清光绪三十四年（1908），退还的是赔偿美国人民
损害实数的超额，此款由中国政府声明，作为派遣青年学生留学
美国之用，于次年（1909）开始实行。现任教育部长梅贻琦即是
第一批留学的，我和赵元任、陈伯庄、杨锡仁、周象贤诸先生是
第二批留学的。清华大学（原为预备留美的的清华学堂）的经费
也是从第一次退还的赔款里逐年提出的。

美国第二次退还庚款是在民国十三年（1924），退还的是全部
未付的余数。当时由中国政府依照协定成立"中华教育文化基金
董事会"（省称为"中基会"）中国董事十人，美国董事五人，共
十五人，管理此第二次退还之庚款。第一次董事十五人，由中华
民国政府任命，以后董事满任或缺额，由董事会自行选补，逐年
报告政府。

其第一次退还之中美庚款，原由我国外部总务司管理。民国
十八年，由外交部与教育部会商呈明政府，将此款也委托中基会
代为管理，此后即称为"清华大学基金"专款。

……中华教育文化基金董事会将所有账目及文件由上海移
至香港，又由香港移至纽约，在纽约成立事务所，于三十九年
（1950年）三月在"美京中国大使馆"开会，恢复工作，至今已
十年。本年九月四日，在"中华民国驻美大使馆"开第三十次
年会。

中基会的每年年会的纪录及一切附件，及会计师审查证明的
每年收支详细账目及所有证券的详细收入账目，均逐年呈报"中
华民国外交部"及"教育部"，并由"教育部"转送"审计部"

审核。

"黑白集"文中所说"中美庚款……已多年未向国家报账，成为禁脔，留作逃美基金"的话，是完全没有事实的根据的。

我盼望贵报能将此信公布，使国人明了真相。

敬祝大安

胡适敬上　四八, 十二, 十六
（1959年12月16日）

——据影印件

# ― 致 全汉昇夫妇

## 汉昇兄嫂：

昨晚我有机会和你们俩详谈，我很高兴，也很感谢。

我一生最爱朋友，现在年纪大了，更觉得朋友难得而易失，总盼望我和我的几个好朋友都能珍惜这难得而易失的友谊。如果你们肯看我的面上，能够把过去几天的事都抛开，都勉力忘了，那就是我这几个晚上的一个好梦的实现，我真要高兴极了。

我想请从吾、子水、汉昇、相湘四位，这个星期六（廿六）晚七点到南港来喝杯酒，吃顿便饭，谈谈我们爱谈的小玩意儿。

过了年，我还想继续这样的小聚会，请大嫂也参加。我盼望汉昇星期六一定能来，帮我开始这一个道地的"新生活"，帮我打破我近年爱孤寂的坏习惯。

　　敬祝

双安

　　　　　　　　　　适之　四八，十二，廿二夜
　　　　　　　　　　（1959年12月22日）

　　　　　　　　　　　　——据影印件

# 一九六〇 <sub>年</sub>

## ── 复 梅贻琦

**月涵兄：**

收到大札，知道上月此间全体大专院校校长集会，决定拟组织"孔孟学会"，并承邀我"担任发起人之一"。

我在四十多年前，就提倡思想自由，思想平等，就希望打破任何一个学派独尊的传统。我现在老了，不能改变四十多年的思想习惯，所以不能担任"孔孟学会"发起人之一。千万请老兄原谅。

弟胡适敬上　四九，一，廿九

（1960年1月29日）

──《胡适之先生年谱长编初稿》第9册

## ── 致 钱三兴

**三兴：**

上星期你爸和妈来看我，我们谈到你的将来，他们让我看了你的两封信。（一九六〇，一，廿四及廿六）

因为你上信提到你愿意来"中央研究院"的近代史研究所做一个短时期的工作，所以他们问我的看法如何？我也曾替你想过，也曾问过现在兼代近代史所长的郭先生的意见。

郭廷以先生说，你得了硕士学位，除了硕士论文之外，似没有发表过其他学术论文，若来此地，做助理研究员则不免委屈了你，做副研究员则不易提出（副研究员须由所长提出院务会议决定），所以他倾向于劝你多留两年，完成博士学位，多做一点研究。

我也倾向于这个意思。你此时没有家累，若有Fellowship或Assistantship可得，最好多留两年，多得一点训练。同时你在一个第一流大学里，应该多方面去听几位名教授的课，"国际关系"向以耶鲁为最好。但前几年耶鲁此系跑掉了五六位教授（到Princeton去了），似乎颇减色了。但在人文科学的许多方面，如历史、语言，耶鲁还是很强的。你是细心的人，何不利用这两年时间多开辟一两片新园地，多开拓一点新眼界，新胸襟？

我不赞成你到"外交部"去做学习的事。你若真有政治的兴趣，我劝你不要做衙门小官，要从不做官做起。先把你的衙门学习资格丢了，努力从学问方面养成政治的见解（vision），多读历史，多读传记，多读大政治家的传记，养成政治家的风度与人格。我觉得这条大路子是值得你想想的。

你何不把这番话讲给饶大维先生听听，请他替你想想？

今夜偶然有点时间，写这封信给你，先送给你爸爸妈妈看看，再请他们寄给你。

祝你平安

适之　四九，二，十八　夜半

（1960年2月18日）

——《胡适之先生年谱长编初稿》第9册

# 一 致李玉阶

**玉阶先生：**

最近一两个月中，《自立晚报》常登出关于我个人的话，有许多是毫无根据的。你知道我的电话，又和我的秘书胡颂平兄相熟，为什么不先问问我或颂平？为什么要登载这些毫无根据的话？这是很不负责任的行为，使我十分失望。

关于我自己的政治见解，我自己有主张，自己负责任，外间流传的各种揣测，我从来不更正，也没有工夫来一一更正。

但最近《自立晚报》有两次提到我的儿子，这是关系一个青年人事业的事。我不能不替他说几句话。

我在社会上做事四十多年，从来没有一封荐人荐事的信到任何政府机构或教育行政机构。我的儿子祖望做了十多年的事，全靠他自己的成绩吃饭，从来没有得到我一丝一毫的介绍力量。他是学工程的，从来没有和我谈过政治。三月廿七日《自立晚报》说的"有关方面……曾拜会了祖望，并在（三月）九日的晚上请祖望到南港去劝说胡先生"，那真是最荒谬的奇闻。《自立晚报》四月八日"新闻眼"登出的"胡祖望将有新命"一条，更是毫无根据的奇谈。

今年一月里，祖望的老上司王蓬先生从美京打电报给美援会，要调祖望去做助手。这是一件苦差，在国外每月得三百多块美金，很难养活妻子的。祖望因为老上司的关系，踌躇许久，才决定接受此事。《自立晚报》四月八日说的"执政党某权威人士不久以前曾数度约晤胡祖望，对其近况颇表关切"云云，完全是有意造谣，诬蔑"执政党"，也诬蔑我的儿子。你在新闻界多年，难道竟不知道王蓬先生是怎么样的人。这位先生从来不受政治方面任何压力的，也从来不受一封荐信的。《自立晚报》四月八日"新闻眼"登的话，不但对我的儿子是一种侮辱，对驻美大使馆经济参事王蓬先生是一种大侮辱。《自立晚报》对他们两人应该道歉。

如果《自立晚报》这两次的奇闻是有来源的，我要求你公开宣布这位"有关方面"是谁？"执政党某权威人士"又是谁？

胡适

（1960年4月9日）

——据影印件

## —— 致 全汉昇

**汉昇兄：**

我们是一个人数不多的"亲密"（intimate）小团体，往往一件研究工作开始时，大家已知道某人正做什么问题了。在研究的过程中，同人大概可以知道某人的某题研究有了什么新成绩，或遇了什么新困难，或引出了什么新问题。这是我们这样的亲密团体常有的，或应该常有的情形。

故我不赞成某君拟的"附送著作……应以已发表的为限"的办法。我以为各研究人员考绩应请各所所长注意各人平时之研究能力，注意其人已完成或尚未完成的研究工作，而不必"限于已发表之著作"。（有些研究成绩，如数学，不容易在短时期中取得在有地位的刊物上发表的机会。）

又某君拟稿有"转请专家审阅"一语，似须删去。本院各所研究人员之考绩，似应该以各所主持人之负责考语为主。我们应该鼓励各所主持人（所长与senior研究员）负责任下考语，故不必"请专家审阅"。（往年某女士之事，乃是解决一件不幸的事的权宜办法，不足为训也。）

我右手不能写字，故请颂平代写。

适之　四九，五，十四

（1960年5月14日）

——据影印件

# 一 复罗鼎

**罗鼎先生：**

谢谢你六月廿六日的信，更谢谢你寄给我的先人纪念碑的照片。

我前两次写信，我的意思好像还没有使诸公谅解。现在再说的明白一点。

前人作序往往是应酬而已，故不看见一部书的内容，就可以写一篇应酬的序。我向来不作应酬式的序，故想先看看《台东县志》的内容，然后敢作序。

旧式的方志，也没有方志未修成而先请人作序的事。现在《台东志》既已预定两年内完成，则鄙意以为不应于此时请人作序，更不必于此时先印行"卷首"。最好等待县志完成之后，然后请人作序，岂不更合理吗？

承示郑、吴两先生的序稿，他们都没有见县志全稿，故只能作应酬式的序。这种序文，我不能做。如诸公必欲在此时印行"卷首"，恕我不写序了。

我敬重诸公，故不能不说老实话，千万请原谅，千万请恕罪。

敬祝

大安

胡适敬上　四九，六，廿九

（1960年6月29日）

——《胡适之先生年谱长编初稿》第9册


# 一 致 沈亦云

**亦云夫人：**

承您许我先读《回忆》的《自序》，又得读《塘沽协定》诸章的原文，十分荣幸，十分感谢！这半个月以来，我天天想写信给您，总没有安定的心情；直到今天，勉强写这信，一定不能表达我想说的话。

我要首先向您道贺，贺《回忆》的写成，贺您这一件心事的完成。我在这三四十年里，到处劝朋友写自传，人人都愿意，但很少人有这闲暇，有这文学修养，更少人能保存这许多难得的"第一手"史料，所以很少人能够写出像您这样有历史价值的回忆录。所以您的稿本的写成是真值得庆贺的。自序写得很好，我读了很感动。第一段叙述乱离时保存材料的困难，使我想起李清照的《金石录后序》。您说："我岂可以此不急之物分人逃生之地？"这是很感人的一句话。

《自序》写"属稿时"的心理与方法，也说的很动人。您批评中国新史家好像有心"回避"现代史的题目，并且指出"教科书中所见，……对国难尤多责人之言。……我们自己岂无一点责任？"正因为有许多人至今还不肯负"一点"国难的责任，所以现代史的材料至今还没有出现，所以现代史至今还是被"回避"的题目。我盼望您的《回忆》的出世可以引起别人的仿效，把他们长久收藏的史料发表出来，把他们的追忆或回忆也写出来。

史料的保存与发表都是第一重要事。我看了您几卷稿本之后，我的感想是：亦云夫人这部《回忆》的第一贡献在于显示保存史料的重要，第二贡献在于建立一种有勇气来发表真实的现代史料的精神。保存了真实史料而没有机会发表，或没有勇气发表，那岂不是辜负了史料？岂不是埋没了原来保存史料的一番苦心？

日本军人在沈阳发难，到今天已是二十九年了。"七七"与"八一三"到今天已是二十三年了。我们到今天还没有一部中国史家著作的《中日八年战史》，也没有一部中国史家著作的《抗战前的六年中日关系史》。这都是很可耻的事。为什么我们的史家到今天还没有写出《中日战史》（从1931年到1945年，实在是"十四年中日战争"）这一类的著作呢？一个原因是这些年来国家继续在空前的大患难之中，史料不容易保存，不容易得人整理。还有一个更大的原因就是您说过的："史家似乎在回避此一题目。"这就是说："社会里还有太多的忌讳，史家就没有勇气去整理发表那些随时随地可以得罪人或触犯忌讳的资料了！"

您说："我所记者，偏于我一家的事。……区区之心，向现代史家交卷，拥护研究现代史的风气"。我很热诚的欢迎您的"交卷"，很热诚的佩服您发表这许多现代史料的勇气。这样的"交卷"才是拥护研究现代史的风气"。这就是替中国现代史树立一个很好的榜样了。

傅沅叔先生遗札影本四件奉还。其卅二年一月六日一札的影本，承你许我留存，我十分感谢。沅叔先生父子待我最厚，他家藏书常许我借校。民国卅七年十二月中，我最后飞出北平的前夕，我还在料理托人送还他家的书，那时他老人家已病困多年了。我最爱他这封长信中的一段：

　　……朋旧相关，时加劝喻，谓衰龄晚岁，宜事幽闲，何必自苦如此？愚意不然。凡人处境，宜事勤劳，慎勿长闲耽逸，虚度此生。盖闲者体易惰，精神或至衰颓；逸则心易放，志意无所专注，最为人之大病。常人且然，有聪明才智之士，尤不可闲逸自甘。《易》曰："天行健。"古训云：民生在勤。一息尚存，此志不容稍懈。鄙人居恒以此自励，愿夫人亦共勉之。人生此世，固有应尽之责，则待治之事正多。苟抚心自省，奋志勉图，且有来日苦短之虑。此生又安有闲逸之日乎？……

　　我读此信，始知沅叔先生在学术上的成就，原来都建筑在"勤劳"的人生观之上。这又可以显示保存师友信札的重要了。

　　我很高兴您已把割去的一章恢复了。

　　昨夜我听您说，您还有不少的文件没有采用到《回忆》里。我昨夜曾建议：最好请哥伦比亚大学主持Oral History（口述的历史）的先生们给您的文件做一套microfilm，这样就不怕遗失或毁坏了。倘您对这件事有兴趣，可以和何廉先生接洽。昨天江季平说：哥伦比亚大学主持Oral History的人曾托游建文先生转询，您是不是愿意口述膺白先生和您的自传，让他们记录（record）下来。我想，您已写成了《回忆》三十多章，似不必口述了。但我还盼望您让他们把《回忆》全稿（包括文件）制成一套microfilm，由大学保存negative原本，而您可以请他们复制一两套——这是更便于保存的方法，值得您考虑考虑！

　　最后，我重申庆贺您写成《回忆》全稿的大喜！并祝您和熙治、同同平安快乐。

胡适敬上　四九，十，九夜

（1960年10月9日）

——《传记文学》四卷三期（1964年3月）

# 一 复苏雪林

**雪林：**

谢谢你十一月六日的信。

谢谢你寄的顾先生的《跬园诗抄》。

冬秀因儿子孙子都到了华府，所以今年又不肯回来了。儿子是他的老上司王蓬先生调去作助手的。今年我在纽约见着王君，我对他说："我不谢你。你调了我的儿子来美国，我的太太今年就不回去了！"

你在《作品》上的长文，我已看见了。《中国语文》上的短文，我还没看见。

我写了几万字考证《红楼梦》，差不多没有说一句赞颂《红楼梦》的文学价值的话。……曾指出我只说了一句"《红楼梦》只是老老实实的描写这一个'坐吃山空'，'树倒猢狲散'的自然趋势。因为如此，所以《红楼梦》是一部自然主义的杰作。"

其实这一句话已是过分赞美《红楼梦》了。

《红楼梦》的主角就是含玉而生的赤霞宫神瑛侍者的投胎；这样的见解如何能产生一部"平淡无奇的自然主义"的小说！

我曾见到曹雪芹同时的一些朋友——如宗室敦诚、敦敏等人——的诗文；我也曾仔细评量《红楼梦》的文字以及其中的诗、词、曲子等。我平心静气的看法是：在那些满洲新旧王孙与汉军纨袴子弟的文人之中，曹雪芹要算是天才最高的了。可惜他虽有天才，而他的家庭环境，社会环境，以及当时整个的中国文学背景，都没有可以让他发展思想与修养文学的机会。在那个浅陋而人人自命风流才士的背景里，《红楼梦》的见解与文学技术当然都不会高明到那儿去。他描写人物，确有相当的细腻、深刻，都只是因为他的天才高，又有"半世亲见亲闻"的经验作底子。可惜他的贫与病不许他从容写作，从容改削。他的《红楼梦》，依据我们现在发见的可靠资料看来，是随写随抄去换钱买粮过活的。不但全书没有写完成，前八十回还有几回是显然"未成而芹逝矣"（脂批本二十二回畸笏记）。我当然同意你说的"原本《红楼梦》也只是一件未成熟的文艺作品。"

但我也觉得你在《作品》上说的有些话也未免太过火。所谓《原本》，都不过是随写随雇人抄了去卖钱换粮过活的抄本；所谓"别字"，也往往是白话文没有标准化的十八世纪的杜撰字，我们不可拿二百年后白话文已略有标准化的眼光去计量他们。（例如"下凡造历幻缘"，"造"字后人多作"遭"，但我们不必把"造"看作别字。"熨斗"作"煜"，"忒"作"特"，"打官私"，也不是别字。又如"名公"作"明公"，"拭泪"作"试泪"，可能是抄手之过。）你看我的话是不是比较公平一点？

百忙中不能仔细多讨论这个大问题，十分抱歉。我只要你知道我对你的见解大致是同意的。将来有工夫，也许能继续讨论。

我向来感觉，在见解上，《红楼梦》比不上《儒林外史》；在文学技术上，《红楼梦》比不上《海上花列传》，也比不上《老残游记》。

胡适　四九，十一，二十夜半

（1960年11月20日）

——据影印件

# 一 致 高 阳

**高阳先生：**

写了一封长信之后，我才得读《畅流》上你的文章，也得读苏雪林女士在《作品》上的文章。

你说的不错，"三十年来（快四十年了，我的《考证》稿是民国十年三月写的，改稿是十年十一月改定的）'红学'的内容，一直是史学的重于文学的。"

我写了几万字的考证，差不多没有说一句赞颂《红楼梦》的文学价值的话，——大陆上……曾指出我止说了一句："《红楼梦》只是老老实实的描写这一个'坐吃山空''树倒猢狲散'的自然趋势。因为如此，所以《红楼梦》是一部自然主义的杰作。"此外，我从没有说一句从文学观点赞美《红楼梦》的话。

老实说来，我这句话已是过分赞美《红楼梦》了。书中主角是赤霞宫神瑛侍者投生的，是含玉而生的，——这样的见解如何能产生一部平淡无奇的自然主义的小说！

我曾仔细评量《红楼梦》前八十回里的诗、词、曲子，以及书中表现的思想与文学技术；我也曾评量曹雪芹往来的朋友——如宗室敦诚、敦敏等人——的诗文所表现的思想与文学技术。我平心静气的看法是：雪芹是个有天才而没有机会得着修养训练的文人，——他的家庭环境，社会环境，往来朋友，中国文学的背景等等，都没有能够给他一个可以得着文学的修养训练的机会，更没有能够给他一点思考或发展思想的机会。（前函讯评的'破落户的旧王孙'的诗，正是曹雪芹的社会背景与文学背景。）在那个贫乏的思想背景与文学背景里，《红楼梦》的见解当然不会高明到那儿去，《红楼梦》的文学造诣当然也不会高明到那儿去。

试看第二回里冷子兴嘴里说的宝玉和贾雨村说的甄宝玉："女

儿是水做的骨肉，男人是泥做的骨肉。""这'女儿'两个字，极尊贵，极清静的，比那瑞兽珍禽奇花异草更觉希罕尊贵呢。"《红楼梦》的作者的最高明见解不过如此。更试读同一回里贾雨村"罕（悍）然厉色"的长篇高论，更可以评量作者的思想境界不过如此。

我常说，《红楼梦》在思想见地上比不上《儒林外史》，在文学技术上比不上《海上花》（韩子云），也比不上《儒林外史》，——也可以说，还比不上《老残游记》。（那些破落户的旧王孙与满汉旗人，人人自命风流才子，彼此相推为风流才子。在那个环境里，雪芹的成就总算是特出的了。）

你在《畅流》上的文章，其实还不是"文学的"批评，也还是"史学的"成分居多，——其实还是"猜谜式的文学批评"。你不生气吗？你解释"一从二令三人木"，固然是猜笨谜；你解释"终身误"，"枉凝眉"曲子，也走上猜谜的路了。你把"美玉无瑕"看作写宝钗，最可以警告我们"成见"的多么可怕！你试去问一百个读者，定有一百个回答你"枉凝眉"曲子不是写林、薛二人，是写宝玉和黛玉的。

我并不想引起争论，我只想指出你也还没有走上"文学的"批评的"红学"。你的十一月十五日的信。更是回到考证的路上去了。

我这里资料颇多，请你便中来看看。

胡适　四九，十一，廿四上午
（1960年11月24日）

——据影印件

# 一九六一 年


## ─ 复某君


**某某先生：**

谢谢你一月五日的信。

此次科学委员会受"教育部"的委托，办理出国进修的事，有名额的限制，而各机关推荐的人共有一百卅一人之多，故有许多人本年不能与选的，这是意中的事。生物科学一类的名额比数理工程一类的名额较少。故你不幸因名额不足，今年不在选中，是可惋惜的。我劝你不要听什么"传来的消息"，那是靠不住的。

我们把你的信寄给生物科学专门委员会的召集人看了。他的复信说："严先生是一个有希望的青年，这次因人选太多，名额不足，未能入选。"这位生物科学老辈的话，我抄给你看，是要你不要感觉失望。这种出国进修的机会是年年有的。你可以自信，我们也盼望你相信我们主持这种事的人是不会被任何偏私之见"绊住了后腿"。千万不要因为这一点暂时的小挫折就减低了你原来"想在国内再切实的做一段时期研究工作"的志愿。

关于科学委员会的"研究补助费"（来信屡用"奖助金"字样，我们从没用过。）的人选的选择方法，我劝你也不要太早做太严刻的批评。我们在这个"财力物力困难"（你不要忘了"人力困难"）的时候，只能希望做到提倡"大家能在某一点上做点研究工夫"，只能希望稍微提高一点点生活条件而办到"专任"（full-time）的情形。这是我们试办的时候，我们并不敢存太高的理想水准。

你说的"科学的发展应该有计划，有系统，有目标"，那是我们很盼望我们各方面的科学家能努力做到的境界。我盼望你先从你的本行开始想想，——这是很有益的"白日梦想"（Daydream）——想想你这一门科学现在自由中国有多少工作者，如何把他们聚集起来，大家来想出一个"有计划，有系统，有目标"的发展蓝图，然后各人依照自己的天才、兴趣、训练，去分担各个部门的具体研究计划（projects），你们的研究计划做好了，请你们让我们看看，让我们多得一点 inspiration。我们一定很乐意尽我们的力量帮你们的忙。

匆匆奉复，祝你新年平安。

胡适　五十年一月十六夜
（1961年1月16日）

——《胡适之先生年谱长编初稿》第10册

## — 复 夏晋麟

**晋麟兄、嫂：**

这封道感谢的信，搁了一个多月，真十分不安！千万请你们两位老朋友恕罪。

去年十二月初我收到你们的信和收据，我十分感谢。但我当初就想把你们送我的寿礼用在一桩社会事业上。因为你是"报人"，为……宣传事业出过大力，所以我今年把你们送的寿金，加上我自己的一点钱，写了一张四千元（依现在"统一汇率"，约等于美金一百元）支票，捐给台北民营的《公论报》。我用了"纽约长岛的无名老报人和他的夫人"的名义，请你们原谅。

这家民营报纸，因诉讼败诉，急需台币两百万元作保证金，许多老百姓纷纷捐款，已过了半数以上（许多人捐的是小数目，但其热心可想见）。

我附寄几件"剪报"，以代详细说明。我这样做法，正是要表示我很诚恳的感激。我也是报人，是Sigma Delth Chi的名誉会员，故乐意追随你作此一点"好事"。没有事前征求你们的同意，我很抱歉！

敬谢厚意，并祝新年百福！

弟胡适敬上　一九六一，一，一八

（1961年1月18日）

——《胡适之先生年谱长编初稿》第10册

# 一 复劳榦

**贞一兄：**

谢谢你前天的信。

你的见解不错。我常觉得学问是一件事，信仰又是一件[事]，道德又是一件事。科学的方法严密，设备日益完备，故虽中材也可望有成绩。信仰则往往受传统的宗教影响太久，太深，虽有科学天才，个人未必能自拔于庸俗之上。道德的标准也有时代的不同，个人的行为又往往受其特殊环境之支配。如唐宋士大夫与官妓往来，本不足奇怪，而朱子之劾唐仲友乃牵到官妓严蕊，又朱子咏胡铨诗乃责其独对梨涡有情。道学风气已成之后，人情更冷酷了，责人更严厉了。然而八百年的道学，竟无人觉得妇人裹脚是不人道，是不道德。八百年后，几个外国传教士就会指出裹脚之野蛮了。两千年的圣贤也无人指斥法庭上用刑讯问口供是野蛮的事。此与殷商时代大规模的"殉葬"与用人祭，而周人指斥殷人酗酒等等罪过，独不提及此种最野蛮的 human sacrifice。到了六七百年后乃有"始作俑者其无后乎？为其象人而用之也"的进步的人道主义：此等例子最可以觇时世之变迁与道德观念之变迁。

那天科学委员会席上，某君谈科学的"蓝图"，而忽然有道德日下的忧虑。这只是他个人在某一个时期的感喟，也不足奇怪。（听说此君新近接受天主教，可能他正在一个宗教热情的时期里，故发此感叹。）

你论新诗的文字，我当检《文星》一看。

令郎的事，已托志维面告，此种 Confidential Statement 须有 Personal Knowledge 作根据，故开端必须先说"我认识某人已历若干年，……或某人从某人 [年] 到某年是我的学生，从某年到某年是我的助教"，若无此种亲切的关系，则所言不足取信。故我盼望你请令郎的教授如从吾先生等作复，定更亲切。

匆匆敬问安好。

适之　五十, 二, 三夜

（1961年2月3日）

——《胡适之先生年谱长编初稿》第10册

## — 致 水泽柯

**泽柯兄：**

你给颂平兄的长信，我全看了。

我四十多年不写荐人的信给任何朋友，这是一种"自律"，我的意思只是要替朋友减轻一点麻烦，不让他们感觉到连胡适之也不能体谅他们的困难，也要向他们推荐人。这种自律，也许有矫枉过正的地方，但我总觉得这是一个新时代应该有的风气，值得我自己维持到底的。

　　白如先生应该知道你的服务成绩了，你应该自己向他坦白陈说，你不妨告诉他我认识你多年了，他可以向我打听你的为人，你的操守。这是文明国家通行的办法：个人自己去绍介自己，同时提出某人某人的姓名地址，说"这些人知道我，他们允许我提出他们的姓名作 reference 参考"。

　　你何妨试试这个"摩登"的法子？

　　祝你好。

适之　五十,二,十一<br>（1961年2月11日）

——《胡适之先生年谱长编初稿》第10册

# ——　致　杨 白 衣

**白衣先生：**

　　谢谢你四月廿六日的信。

　　你的信使我十分高兴。诚如你说的，"中国的佛教早已走向歧路，剩下的只有美其名的骨头，而出家人咬定了它，硬要闭门造车！"我是不能了解印度思想的一个人；总觉得我所以不能欣思[赏]印度思想，怕是由于"先天的"的因素。略如美国哲人 William James 说的人有心硬与心软的不同，我大概是心硬的人，所以别人吃得下的东西，我往往吃不下。只因为我研究中国思想史。我不能不研究中国佛教思想史，不料，我发掘出来的资料往往引起中国佛教界的抨击。我是受惯了四方八面抨击的人，所以我从不反驳，更不反驳那些太脆弱的抨击者。

但像你这样一位学佛的人而肯写这样坦白的信给我，我真感觉兴奋。我谢谢你给我的鼓励。这种鼓励在今日是不可多得的。

另寄上有关《神会遗集》的两个抽印本，乞赐存。

胡适敬上　五十，五，十九
（1961年5月19日）

我没有认错你的大名吗？

——《胡适之先生年谱长编初稿》第10册

# 致 许世英

**隽老：**

前奉五月七日大札，多谢多谢。

札中说的"'珣王'乃'惇王'之误，惇王载濂在光绪中叶亦属一时显贵"。此节仍似有误，故曾将大札及《回忆录》五期交青年朋友金承艺君（清宗室，北大毕业）代为一查史籍。（我还没有回到南港，手头没有书可查。）

金君有一信给我，今清抄一份送呈尊览。金君信到时，恰好李玄伯教授（宗侗，高阳相国的孙子）在我这里。玄伯是熟悉有清一代掌故的，故我请他也看看您的《回忆录》与金君的信。

玄伯先生也有信给我，我也请人清抄一份送呈尊览。

《回忆录》第五期，我最近始得读。其中汪精卫案，两次提到慈禧，有她在供词上批的话。玄伯已指出其时慈禧早已死了。又其中赛金花一案，前面泛叙赛金花在"八国联军打进北京以后"一大段，全是无根据的野史。《孽海花》小说造谣于前，以后越传越野，故记录您的《回忆录》的朋友竟说，"赛金花的功劳实还超过当时的议和大臣李鸿章。"

又说，"连朕即国家的慈禧太后也不得不仰仗于她。"

此皆毫无史实的根据。瓦德西到北京很晚，联军进北京的时候，瓦德西还没有到中国，他似尚在德国。此皆容易检查，我回到南港，当查明奉告。

您的《回忆录》，将来定有人视为史实，故我的朋友们都愿意替您做点检书的工作，想能蒙原谅宽恕吧！

匆匆敬祝

长年健好！

胡适敬上　五十，五，廿二

（1961年5月22日）

顷承"中央研究院"近代史研究所所长郭量宇先生（廷以）告知，联军进北京是在一九〇〇年八月十四日（阳历，下同）。瓦德西九月廿七日到天津，十月十七日才到北京。郭君也说，赛金花的故事全无历史事实的根据。

胡适又上　五十，五，廿三

（1961年5月23日）

——《胡适之先生年谱长编初稿》第10册

# ── 致 蒋梦麟

**孟邻吾兄：**

上次我们见面，得畅谈甚久，你说此后你准备为国家再做五年的积极工作，然后以退休之身，备社会国家的咨询。我听了你那天的话，十分高兴，我很佩服你的信心与勇气。我病后自觉老了，没有那么大的勇气了，故颇感觉惭愧。但我心里相信，也渴望你的精力还能够"为国家再做五年的积极工作"。

我们畅谈后不久，我就听说你在考虑结婚，又听说你考虑的是什么人。我最初听到这消息，当然替我的五十年老友高兴，当然想望你的续弦可能更帮助你实现"为国家再做五年的积极工作"的雄心。

但是，这十天里，我听到许多爱护你、关切你的朋友的话，我才知道你的续弦消息真已引起了满城风雨，甚至于辞修、岳军两先生也都表示很深刻的关心。

约在八天之前，我曾约遂羽来吃饭，我把我听到的话告诉他。这些话大致是这样：某女士已开口向你要二十万元，你只给了八万；其中六万是买订婚戒指，两万是做衣裳。这是某女士自己告诉人的，他觉得很委屈，很不满意。关心你幸福的朋友来向我说，要我出大力劝你"悬崖勒马"，忍痛牺牲已付出的大款，或可保全剩余的一点积蓄，否则你的余年决不会有精神上的快乐，也许还有很大的痛苦。

这是我八天之前对遂羽说的话。

遂羽说，他知道大律师□□先生认识某女士最久，最熟。所以遂羽曾向□□先生打听此人的底细。遂羽说，他听了□□先生的话，认为满意了。他又说，孟邻兄自己觉得这位小姐有能干，并且很老实。

根据□□律师的报告，和孟邻兄自己的考语，遄羽不愿劝阻，也劝我不要说话了。

但是，昨今两天（十七、十八）之中，我又听到五六位真心关切你的人的报告。他们说：现在形势更迫切了。某小姐已详细查明孟邻先生的全部财产状况了，将来势必闹到孟邻先生晚年手中不名一文，而永远仍无以满足这位小姐的贪心之一日！

总而言之，据这些朋友的报告，□□律师给遄羽的报告，是完全不可靠的。并非□□先生有心不说实话，只是因为他世故太深了，不愿破坏眼见快要成功的婚姻。

这些朋友说：这位小姐现在对待孟邻先生的手法，完全是她从前对待她前夫某将军的手法，也是她在这十七八年里对待许多男朋友的手法：在谈婚姻之前，先要大款子，先要求全部财产管理权。孟邻先生太忠厚了，太入迷了，决不是能够应付她的人。将来孟邻先生必至于一文不名，六亲不上门；必至于日夜吵闹，使孟邻先生公事私事都不能办！

她的前夫某将军是何等厉害的人！她结婚只七个月之后，只好出绝大代价取得离婚！

这些朋友说：适之先生八天之前不说话，是对不住老朋友，今天怕已太晚了。

我也知道太晚了，但我昨晚细想过，今天又细想过：我对我的五十年老友有最后忠告的责任。我是你和（陶）曾谷的证婚人，是你一家大小的朋友，我不能不写这封信。

我万分诚恳的劝你爱惜你的余年，决心放弃续弦的事，放弃你已付出的大款，换取五年十年的精神上的安宁，留这余年"为国家再做五年的积极工作"。这是上策。

万万不得已，至少还有中策：展缓结婚日期，求得十天半个月的平心考虑的时间。然后在结婚之前，请律师给你办好遗嘱，将你的财产明白分配：留一股给燕华兄妹，留一股给曾谷的儿女，留一股为后妻之用，——最后必须留一股作为"蒋梦麟信托金"（trust fund），在你生前归"信托金董事"执掌，专用其利息为你一人的生活补助之用，无论何人不得过问；你身后，信托金由信托金董事多数全权处分。

你若能如此处分财产，某小姐必定不肯嫁你了，故中策的效果也许可以同于上策。无论上策、中策，老兄似应与辞修、岳军两兄坦白一谈，老兄是一个"公家人"（a publicman），是国家的大臣，身系国家大事，责任不轻。尤其是辞修先生对老兄付托之重，全国无比！故老兄不可不与他郑重一谈。

你我的五十年友谊使我觉得不须为这封信道歉了。我只盼望此信能达到你一个人的眼里。你知道我是最敬爱你的。

适之 五十，六，十八夜十点二十分
（1961年6月18日）

——《胡适之先生年谱长编初稿》第10册

# 一 复苏雪林

**雪林：**

谢谢你两次问病的信，谢谢你介绍两种药的好意。

某君既是治音韵学的，你似可以劝他与"中央研究院"历史语言研究所专治语言学的董同龢、周法高两位先生通信请教，问问他们如何可以利用史语所的设备与环境，如何可以请求做所里的"助理研究员"，等等问题。

你也不可生气，作文写信都不可写生气的话。我们都不是年轻人了，应该约束自己，不可轻易发"正谊的火气"。

我曾观察王静安、孟心史两先生，他们治学方法何等谨严！但他们为了《水经注》的案子，都不免对戴东原动了"正谊的火气"，所以都不免陷入错误而不自觉。

何况此时此地写信发牢骚更是无益而有损的事？你难道不明白吗？

祝你好

适之　五十，七，廿四

（1961年7月24日）

——《胡适之先生年谱长编初稿》第10册

# 一 致 吴相湘

**相湘兄：**

前天我看见你给汉昇的信，汉昇正要回信，我觉得我有劝告你们两位的义务，所以我把你的原信收到我手里，现在送还给你，我劝汉昇不要写回信了。

在几年前，我给你题心史先生的遗墨，就指出一点：我劝告一切学人不可动火气，更不可动"正谊的火气"，一动了火气，——尤其是自己认为"正谊的火气"，——虽有方法最谨严的学人如心史先生，如王静庵先生，都会失掉平时的冷静客观，而陷入心理不正常的状态，即是一种很近于发狂的不正常心理状态。

我看你此信，内中有一段："本人自两次倦游归来，如此有经验，今后已不再作啃丐包想，胡不虞台端之任何破坏，但台端应知即此一端成行可能如何？"

我引此一长句让你明白：你若在正常心理状态之中，决不会写这样不能读的文字。

我的朋友，冷静冷静吧！不要生正谊的火气了！有空来看我谈谈吧。

适之　五十,八,四日下午
（1961年8月4日）

## —复 王姜贵

**姜贵先生：**

收到了八月七日的信，我遍找台北八月一日的报纸，只在《公论报》上看见一条关于你的"报导"，不知"官司"进行如何？

我想了多时，竟想不出一个有效的法子来帮助你。因为我不是"一个有办法的人"。我在社会上四十多年，从来没有一纸介绍信到任何机关或个人。

如果你能向任何机关，如农复会之类，自行介绍，自行申请工作，你可以提出我的姓名作一个"参考人"（Reference）。这是现代式的寻找工作方法。如果某一机关有心调查你的经历，他们自会写信去问"参考人"。

我送上支票一千元，请你收作暂时救急的费用，千万不要推却。

我当然继续想着你的问题。不消说得，我十分关切你的困难。

胡适敬上　五十，八，十

（1961年8月10日）

——《胡适之先生年谱长编初稿》第10册

# — 复 叶东明

**东明先生：**

你的八月十二日的信，我读了很感动，也很感谢。

我的心脏病早已好了，七月初偶有急性肠炎，大泻又大吐，使身体里的水分损失太大了（dehydration），影响到血压降低，身体无力。幸得台大医院的朋友尽心疗治，现在完全好了。承你关心，多谢多谢！

你的信上说你从我的一些说理的文章里"感受到一种完全客观的求真精神"，你自己觉得那种精神给你自己思想上起了很大的影响，你说你要感谢我给了你"对事物的许多正确信念以及思维的方法"。这些话都使一个老年人读了高兴，使他更相信他一生的努力并没有白费。我特别谢谢你。

我寄上一本小册子，——《师门五年记》，——也许是你没有见到的，因为那是非卖品。又寄上书目一张，如有你愿意看的书，不妨问我要。

祝你好。

下次你来南港，请来看我。

胡适　五十，八，十四

（1961年8月14日）

# ── 致 李孤帆

**孤帆兄：**

宗教史料两种的microfilm，上周已寄出，收到时请告我，费用甚微，请你看作我的一件小礼物罢。

我对于你选印《独秀文选》的事，颇不热心。第一，我自己就没有心力来写"介绍陈独秀的思想"的文字，因为那就需要我重读他的全部文字，而现在绝对无法搜集他的全部文字。第二，因为我觉得独秀早年的思想大都是很浅薄的；除了他晚年从苦痛中体验出来的"最后"几点政治思想是值得表彰的之外，我总觉他是一个没有受过严格学术训练的老革命党，而不是一个能够思想的人。第三，我觉得你也不是理想的"马二先生"（《儒林外史》里的"选家"），而这个时候也不是选印独秀文选的时候。我在六月初曾想批评你寄我的"我的宗教生活"几页，匆匆写了一点意思，后来，我觉得太直爽了，就删了，没有寄给你。今天检出来看看，索性寄给你，让你看看，也许你可以了解我说你不是理想的"马二先生"的意思。请你不要怪我太直率。

祝你好

适之　五十, 八, 廿八

（1961年8月28日）

谢谢你寄示自传目录及"宗教生活"一章。此章稍嫌引用议论过多，自述太少，但你保存了一个时代的一些有关宗教的辩论文字，自是有补益的事。

五十二页叙述耶稣会初来华传教的一段，颇嫌太简略，又多错误。如云"在朝的徐光启、李之藻等率先奉教"，即是错的。徐光启与基督教传教士接触，还在他在广东教书的秀才时期，他受洗也在他中进士之前。——因为你是天主教徒，而明末耶稣会学人取得中国最高知识分子的崇敬，"泰西新法"的历法取得学术上的绝大胜利，这都是耶稣会史上最光荣的事。故我劝你多参考史籍，或请教于天主教学人，将此节改正。

你在此章里的许多论断也不免有不知不觉之中受了一些幼稚左倾的党八股的影响，如页五六～五七的论断，是很幼稚的。

匆匆奉复，敬问

双安

适之　一九六一, 六, 五

（1961年6月5日）

可读费赖之（Aloys Pfister）的《入华耶稣会士列传》（商务）

罗光：《徐光启传》（香港公教真理学会）

《明志（史？）》的《历志》一

——《胡适之先生年谱长编初稿》第10册

# — 复 张作诚

**作诚先生：**

你给我的信（九月三日、九月十六日）和给科学委员会的信（九月三日），都收到了。九月十六日你要我代转的一信，我寄还你，因为我觉得这种信我没有代转的任务，我也劝你不要写这样的信。

你的信里有许多破口骂人的话，如"为人不齿"，如"极端卑鄙无耻"，如"自由中国科学界的流氓"，——你用这样的字句来骂你从前服务机关的主持人，这就先毁了你说话的身份。这种恶骂的信，我本可以不理不睬，我二十天不曾回信，实在是为了这缘故。

今天我想想，你的信显然表示你根本不了解我们工作的情形，根本不了解为什么请求补助的人有得的，有不得的。所以我要对你说几句很诚恳的话。

你说："研究补助费……生物组是绝对不公平的，尤其在糖试所，补助费之给予，完全凭李先闻君之所好。"

各组的研究补助费是必须经过各组专门科学委员会的审查、表决，才提向执行委员会推荐的。生物科学专门委员会七人之中，就有三位是和台糖有很长久的历史关系的。他们决不会容许某一个人的恩怨来决定或否决糖试所的某位先生的研究补助费。

我曾检查你和施君的全档。施君提交了九篇著作，都是与人合作的。你只提交了一篇著作，《台湾省强生草之分布情形与除灭途径》，是与施君合作的。

我们的科学专门委员都是工作很忙的人，无心的"忙中有错"是可能的，但我深信他们是公平的，决不会"绝对不公平的"。

我很诚恳的希望你不要失望，不要因失望而专责怪人，我更希望你能够心平气和的努力工作，努力作研究工作。

胡适敬复　一九六一,九,廿六
（1961年9月26日）

——《胡适之先生年谱长编初稿》第10册


# 一复苏雪林

**雪林：**

谢谢你的信。

这回你来南港小住，使我得多见你几次，我很高兴。可惜我们没能多谈谈。

我劝你不要轻易写谈《红楼梦》的文字了。你没有耐心比较各种本子，就不适宜于做这种文字。

《作品》上的文字是赵冈写的，不是赵聪写的。你给我的信上说是"赵聪文"，难道我抓住了这一个误字，就可以写一篇文章说苏雪林女士如何如何吗？

同一封信里，你把董同龢写作"董仲龢"，我抓住了第二个误字，难道又可以用作证据来证明什么吗？

赵冈先生是一位学经济学的，他在几年前偶然对《红楼梦》发生了兴趣，写了无数文字，越写越走上了一个牛角尖里去了。我也曾托人劝过他，他虽然不肯听，但他却真发愤搜集材料，搜集版本。他是很有耐心的，故能细心比较文字，有时有很可注意的发现。

你在这里小住的时候，我本想请你看看我的书房里现有的《红楼梦》版本：

甲戌脂本　存十六回

庚辰脂本　八十回本

戚蓼生本　八十回本

俞平伯的《红楼梦八十回校本》，这是一部最好的"汇校本"，单是"校字记"就有六百九十多页！

你连戚本都没有校过，又不曾比看[勘]俞平伯的汇校本，千万不可用庚辰本的"别字，错字，及不通文句"来说，"当亦出于曹雪芹手笔"！你没有做过比勘本子的工夫，那有资格说这样武断的话！难道别本上的不"别"字，不"错"字，"通"的文句就不"出于曹雪芹手笔"了吗？

不必听章君谷的话，你多挑一个题目写文字吧。办杂志的人叫你写《红楼梦》的文字，那是"唯恐天下不乱"的心理，他不管苏雪林女士晚年目力与体力与耐心是否适宜于做这种需要平心静气的工夫而不可轻易发脾气的工作！

你听听老师的好心话吧！

适之　五十，十，四
（1961年10月4日）

——据影印件

# ── 致《大华晚报》编辑

**编辑先生：**

　　这封信不是请贵报发表的，只是请贵报编辑先生们做一点侦探工作。

　　贵报十月廿三日《繁星》版登出了一篇《美国的接吻学校》，我想那是一篇完全无根据的"海外大奇谈"。这样毫无常识的造谣，实在是对于一个文明国家的教育的一种侮辱，也实在是对于贵报编辑部的一种侮辱，也实在是对于贵报的读者的常识的一种侮辱。所以我忍不住提出一个请求，请求先生转请此文作者举出他根据的来源，（如系外国报刊，请他详举原名及卷页。）并请他举出这两个学校在波士顿的何街何号及好莱坞的何街何号。

　　请不必发表我的抗议，但此文作者如有答复似是应该公布的。

　　敬祝

康健平安

胡适敬上　五十，十，廿五

（1961年10月25日）

──《胡适之先生年谱长编初稿》第10册

# 一九六二 年

## — 复程靖宇

**靖宇兄：**

收到你一月廿一日的信，我感觉的失望不下于前年收到你提议在香港办《自由中国》的时候。你什么名字不可以采用，为什么偏偏要用《自由中国》或《独立评论》的名字！为什么要这样"不独立"！要这样没有志气！

我们当年办《独立评论》的朋友有十二人，现在活在自由世界的只有蒋廷黻、陈之迈和我三个人了。——陈之迈似乎还不是最初十二人之一，——我们不能阻止任何人在香港办报用《独立评论》的名字。但我绝对不希望你和你的朋友们自称你们的刊物是当年《独立评论》的继续者。

当年的《独立评论》是真正独立的。民国三十五年（1946），我回国，就有人希望我再出《独立评论》。我说，"不行了。我们当年在五年之中，登出了一千几百篇文章，不曾出一文稿费，现在就不能不出稿费了。现在（抗战胜利之后）的排字工资比稿费更贵。我们穷书生已无法再办Pamphleteering的杂志了！"

我今天很明白的向你说：能不用《独立评论》的名字更好：

因为那是没有志气的依傍他人的行为，我不希望朋友们做的。如果你们一定要用这个名字，我无权力阻止你们，但我必需在台湾报纸上声明我绝对没关系。

其实现在的人还有几个人记得《独立评论》的名字。这个名字已没有广告作用了，你们青年人应该有志气开创你们自己的田地，大可以不必借用那个老名子。

劳贞一，早已去美国了。

适之　五一，一，卅

（1962年1月30日）

——《胡适之先生年谱长编初稿》第10册

# 后　记

　　为了做好这部书的文字校订工作，承蒙台北胡适纪念馆的郑凤凰小姐在馆长潘光哲先生的支持下，给我们提供了一批胡适书信的原稿或原抄录稿的复制件，使我们得以做成一部可以最接近胡适书信原始状态的胡适书信集的本子。在此，我们谨致以诚挚的谢意。我们专心做胡适研究的人，以及各种方式实力支持胡适研究的人，都是出于一种责任心和使命感。我们的能力很有限，我们希望我们编辑和出版的书，能给大家带来知识上的滋养和思想训练上的益处。

编者